ERNST DEUERLEIN

DEUTSCHLAND 1963–1970

EDITION ZEITGESCHEHEN

Edition Zeitgeschehen

ERNST DEUERLEIN

DEUTSCHLAND 1963–1970

Fackel träger

10. Auflage

Gesamtherstellung: ova, Hof
Printed in W. Germany 1981
ISBN 3 · 7716 · 2074 · 0 · ISSN 0070-9050

Inhalt

Bundesrepublik Deutschland

KABINETT ERHARD I 1963 — 1965

Der Übergang von Adenauer zu Erhard 9
Neues Grundsatzprogramm des DGB 15
Trauer um John F. Kennedy, Theodor Heuss und Erich Ollenhauer 16
Außenpolitische Standortbestimmung 18
Ablehnung einer politischen Union Europas 26
Kontroverse zwischen »Atlantikern« und »Gaullisten« 28
SPD als Alternative 29
Gründung der Nationaldemokratischen Partei Deutschlands (NPD) 30
Unterschiedliche Methoden für die Behandlung der deutschen Frage 33
Verjährung oder Nichtverjährung nationalsozialistischer Gewaltverbrechen 37
Krise der deutschen Präsenz im Nahen Osten 41
Aufnahme diplomatischer Beziehungen zu Israel 45
Abbruch der diplomatischen Beziehungen durch arabische Staaten 47
20. Jahrestag des Endes des Zweiten Weltkrieges 48
Krise der Europäischen Wirtschaftsgemeinschaft 1965 49
Urteilsverkündung im Auschwitz-Prozeß 51
Prognosen und Perspektiven für die Bundestagswahlen 1965 52

KABINETT ERHARD II 1965/66

Fortsetzung der Koalition CDU/CSU - FDP 55
Deutschland-Initiative im Herbst 1965 58
Ansätze einer deutsch-polnischen Verständigung 58
Verhandlungen über einen Redneraustausch zwischen SED und SPD 61
Verabschiedung des Gesetzes über eine befristete Freistellung von der deutschen Gerichtsbarkeit 68
Ansprachen Brandts, Wehners und Erlers vom 14. Juli 1966 69
Gründe für das Scheitern des Redneraustausches 70
Friedensnote der Bundesregierung vom 25. März 1966 71
Landtagswahlen in Nordrhein-Westfalen am 10. Juli 1966 75
Krise im Bundesverteidigungsministerium 77
Der Weg in die Rezession 1966/67 79
Das Ende der Koalition CDU/CSU - FDP 83
Die Landtagswahlen in Hessen und in Bayern 84

REGIERUNG DER GROSSEN KOALITION 1966 — 1969

Bildung der Großen Koalition 86
Außenpolitische Orientierungen 91
Aufnahme diplomatischer Beziehungen zwischen der Bundesrepublik Deutschland und der Sozialistischen Republik Rumänien 93
Vorschläge für eine Entspannung innerhalb Deutschlands 93
Der Tod Konrad Adenauers am 19. April 1967 95
Briefwechsel Stoph — Kiesinger 97
Der Kampf um die Hochschulreform 103
Beginn der Studentendemonstrationen 106
Osterkrawalle 1968 107
Erlaß der Notstandsverfassung 108
Deutsch-sowjetischer Notenwechsel über Gewaltverzichtserklärungen 109
Ergebnisse des Konjunkturaufschwungs 111
Rücktritt von Bundestagspräsident Gerstenmaier 113
Präsident Richard M. Nixon in Deutschland 114
Gustav Heinemann wird Bundespräsident 114
Wahlkampf 1969 116

KABINETT BRANDT

Ausgang der Bundestagswahlen vom 28. September 1969 117
Die Wahl Willy Brandts zum Bundeskanzler 118
Aufwertung der DM 119
Die Regierungserklärung des Bundeskanzlers Brandt vom 28. Oktober 1969 119
Die CDU/CSU als Opposition 120
Die Europa-Konferenz in Den Haag am 1./2. Dezember 1969 121
Das Treffen von Erfurt vom 19. März 1970 124
Das Treffen von Kassel vom 21. Mai 1970 128
Der Vertrag zwischen der Sowjetunion und der Bundesrepublik Deutschland vom 12. August 1970 131
Der Vertrag zwischen der Volksrepublik Polen und der Bundesrepublik Deutschland vom 7. Dezember 1970 133

BERLIN 1961 – 1970

Die Entwicklung nach dem Mauerbau vom 13. August 1961 136
Das erste Passierscheinabkommen (1963) 136
Sowjetischer Protest gegen die Einberufung der Bundesversammlung 1964 nach Berlin 138
Das zweite Passierscheinabkommen (1964) 139
Das dritte und vierte Passierscheinabkommen 140
Wechsel im Amt des Regierenden Bürgermeisters 141

Neuwahl des Abgeordnetenhauses vom 12. März 1967 142
Verstöße gegen die Bundespräsenz 144
Maßnahmen gegen den Berlin-Verkehr 146
Einführung von Paß- und Visumzwang 148
Störung des Berlin-Verkehrs anläßlich der Wahl des Bundespräsidenten (1969) 152
Bundeskanzler Brandt über die Verantwortung für Berlin 153
Beginn von Vier-Mächte-Verhandlungen 154
Probleme und Ziele einer Berlin-Regelung 155

Deutsche Demokratische Republik

Zunehmende Konsolidierung 157
Neuordnung der Verhältnisse in den Grenzbereichen 158
Das Jugendgesetz vom 4. Mai 1964 159
Vertrag über Freundschaft, gegenseitigen Beistand und Zusammenarbeit zwischen der DDR und der Sowjetunion vom 12. Juni 1964 161
Innenpolitische Maßnahmen 164
Das Gesetz über das einheitliche sozialistische Bildungswesen vom 24. Februar 1965 165
Fortentwicklung des Neuen Ökonomischen Systems 166
Finanzielle Forderungen an die Bundesrepublik Deutschland 167
Außenpolitische Standortbestimmung 168
Das Staatsbürgerschaftsgesetz vom 20. Februar 1967 171
Die »entwickelte sozialistische Gesellschaft« 172
Briefwechsel auf Regierungsebene 173
Neues Strafgesetzbuch 173
Die (zweite) Verfassung vom 9. April 1968 174
Vorschläge des Staatsrats 175
Beteiligung an der Aktion gegen die ČSSR 176
Agitation für eine europäische Sicherheitskonferenz 177
Ergebnis der Entwicklung 1949 bis 1969 177
Die Begegnungen von Erfurt und Kassel (1970) 178

Anmerkungen 180

Ausgewählte Literatur 192

Anhang

Bundestags- und Landtagswahlen 1963 – 1970 198
Bundesregierungen 1963 – 1970 204
Wirtschaftliche Statistiken 208
Vergleichende Zeittafel 213
Personenregister 222
Sachregister 228

Bundesrepublik Deutschland

Kabinett Erhard I 1963–1965

DER ÜBERGANG VON ADENAUER ZU ERHARD

Am 15. Oktober trat der erste Bundeskanzler der Bundesrepublik Deutschland, Konrad Adenauer (CDU), nach über vierzehnjähriger Tätigkeit von seinem Amte zurück. Am 16. Oktober wählte der 4. Deutsche Bundestag den bisherigen Bundesminister für Wirtschaft und Stellvertreter des Bundeskanzlers, Ludwig Erhard, zum Bundeskanzler. Abgegeben wurden 484 Stimmen und 20 Stimmen von Berliner Abgeordneten; davon lauteten auf Ja 279 (6 Berliner) Stimmen, auf Nein 180 (12 Berliner) Stimmen; 24 (2 Berliner) Abgeordnete enthielten sich der Stimme, 1 Stimmkarte war ungültig. Für Erhard sprachen sich die Abgeordneten der CDU/CSU und der FDP aus, gegen ihn die Vertreter der SPD. Noch am gleichen Tage erfolgte nach der inzwischen vorgenommenen Ernennung von Ludwig Erhard zum Bundeskanzler seine Vereidigung.[1]) Nach seiner Wahl trat Erhard der CDU bei.

Zur Person und zu dem erwarteten Regierungsstil des zweiten Bundeskanzlers schrieb die »Neue Zürcher Zeitung«: »*Die Popularität, die Erhard als dem Begründer und, in der Vorstellung breiter Schichten, dem Garanten des neuen Wohlstandes zufiel — ein nicht unbedeutendes Kapital an Sympathie für den wehrlosen Dulder der letzten Jahre kam hinzu –, war sein stärkster Trumpf im Spiel um die Nachfolge, und er hat den Ausschlag gegeben. Was die christlich-demokratische Partei von Erhard erwartet, der alles andere als ein Parteipolitiker ist, hat sie während der langwierigen Bemühung, ihn gegen den erklärten Willen Adenauers in den Sattel zu heben, deutlich genug erkennen lassen: sie erwartet von ihm den Wahlsieg im Jahre 1965, nicht mehr und nicht weniger. Wenn er im harten Regierungsgeschäft zwei Jahre lang heil über die Runden kommt und wenn die Prosperität, das Fundament seiner politischen Stellung, anhält, dann sind seine Aussichten, diese Erwartung zu erfüllen, nicht schlecht. Erhard ist sich dieser Trumpfkarte in seiner Hand wohl bewußt. Aber seine Ambition reicht weiter als zu einem Wahlsieg: er will ein politischer Gestalter sein. Er möchte in möglichst reiner Form jene freiheitliche Ordnung in Deutschland verwirklichen, an die er glaubt, deren Dynamik er vertraut und deren profilierter Repräsentant er ist; er möchte den Regierungsstil demokratisieren, das heißt, die Autokratie der ›einsamen Entschlüsse‹ und die politische Taktik durch ›Teamwork‹ und durch ein vernünftiges Zwiegespräch mit der Öffentlichkeit ersetzen und das Klima der innenpolitischen*

Auseinandersetzung verbessern. Die Postulate eines besseren ›Klimas‹ und besseren ›Stils‹ haben mit ihrer Vagheit in Deutschland in den letzten Jahren zwar oft einen Mangel an politischer Substanz der Kritik überdecken müssen; doch sind sie in einer spürbaren Autoritätsmüdigkeit der deutschen Öffentlichkeit begründet und entsprechen zweifellos den Erwartungen, die weitherum in Deutschland an eine Regierung Erhard geknüpft werden. Erhard hat bereits etwas deutlicher zu verstehen gegeben, wie er sich solche Stilwandlungen vorstellt. Er will, wo sich etwa Partikulärinteressen einer aufs Ganze gerichteten Politik in den Weg stellen, sich durch die Massenkommunikationsmittel direkt an das Volk wenden –, ›das Volk ansprechen‹, wie er zu sagen pflegt. Darin äußert sich eine gewisse plebiszitäre Neigung, nicht unähnlich der gaullistischen Methode, Politik zu führen. Erhard glaubt, mit Recht, das Vertrauen des ›einfachen Mannes‹ zu besitzen, zu dem er den Kontakt gefunden hat und der ihn als seinesgleichen oder als väterlichen Fürsorger und Anwalt seiner Interessen empfindet. Er möchte dieses Vertrauensverhältnis zur Basis des Regierens machen und all das, was sich hemmend und störend zwischen Regierung und Bürger drängen könnte – Interessengruppen, Parteipolitik, Koalitionsproblematik –, mit dem Appell an die Gemeinsamkeit auf diese Weise überspielen.« [2])

Die Erwartungen der Bevölkerung der Bundesrepublik Deutschland an die Bundesregierung Erhard faßte ein Bericht über die Umfrage-Ergebnisse des Allensbacher Instituts für Demoskopie zusammen: »*In einer im Oktober 1963 durchgeführten Umfrage stellte das Allensbacher Institut fest, daß die Wähler in der Bundesrepublik geteilter Auffassung sind, ob Erhard die Politik Adenauers fortsetzen solle. 36 Prozent plaidieren für eine Fortsetzung der Adenauerschen Politik, und eine fast ebenso große Gruppe von 35 Prozent möchte, daß Erhard eine andere politische Linie einschlägt. Eine dritte Fraktion von 29 Prozent ist unentschieden. Die Majorität der CDU/CSU-Anhänger setzt sich für die Fortführung der Adenauerschen Politik ein (60 Prozent), während die Mehrheit der SPD-Anhänger einen neuen Kurs wünscht (55 Prozent). Die FDP-Anhänger betrachten das Kabinett Erhard mit unterschiedlichen Erwartungen: Eine Mehrheit von 43 Prozent wünscht eine neue politische Linie, aber eine beträchtliche Minorität von 34 Prozent möchte an der Adenauerschen Politik festhalten. Die dritte Forderung lautet: den Einfluß der Kirche abbauen, die Kirche ganz aus der Politik heraushalten (40 Prozent). Der Verzicht auf die atomare Bewaffnung der Bundeswehr erscheint 38 Prozent erstrebenswert. 33 Prozent möchten, daß in Zukunft die demokratischen Spielregeln besser eingehalten werden. 31 Prozent plaidieren für eine andere Wirtschaftspolitik: zentrale Planung, feste Preise, Verstaatlichung der Grundindustrie. Die Lockerung einer zu einseitigen Bindung an Frankreich und eine Verbesserung des Verhältnisses zu England erwarten 27 Prozent vom Kabinett Erhard. Eine aktivere Wiedervereinigungspolitik ist, wie andere Umfragen wiederholt gezeigt haben, das Anliegen einer großen Mehrheit der Bevölkerung. Aber eine Politik, die bis zur Anerkennung der Ostzonen-Regierung geht, würden nur 26 Prozent dem Kabinett Erhard empfehlen. Weiter linksgerichtete Programme, wie die Lockerung des Bündnisses mit Amerika und vermehrte Bindungen mit dem Osten eingehen, oder die Kommunistische Partei wieder zulassen, finden kaum Resonanz.«* [3])

Am 17. Oktober 1963 stellte Bundeskanzler Erhard dem 4. Deutschen Bundestag sein Kabinett vor, dessen Mitglieder anschließend vereidigt wurden. Er setzte die von CDU/CSU und FDP im Herbst 1961 gebildete Koalition fort, nahm jedoch personelle Veränderungen vor (für die personelle Zusammensetzung vgl. S. 204). Der Vorsitzende der FDP, Erich Mende, trat als Bundesminister für gesamtdeutsche Fragen und Stellvertreter des Bundeskanzlers in das Kabinett ein. Tags darauf, am 18. Oktober, gab Bundeskanzler Erhard seine Regierungserklärung ab, die mit Spannung erwartet und mit Aufmerksamkeit zur Kenntnis genommen wurde, erhoffte man doch von ihr erste Aufschlüsse über die Unterschiede zwischen der Kanzlerschaft Adenauer und der Kanzlerschaft Erhard und erste Hinweise auf die beabsichtigte Profilierung des neuen Kabinetts. Erhard begann seine Darlegungen mit einer Würdigung Konrad Adenauers, den er bat, ihm als seinem Nachfolger auch in Zukunft seinen Rat nicht zu versagen. Im Anschluß gab er zunächst ein Bild des öffentlichen Lebens, eine Charakterisierung der weltpolitischen Situation, einen Bericht über den Stand der Einigung Europas, eine Beschreibung der deutschen Beziehungen zum Nahen und Fernen Osten, zu Afrika und zu Südamerika und eine Vorstellung seiner Auffassungen über die politische Zusammenarbeit sowohl zwischen Koalition und Opposition als auch zwischen Bund, Ländern und Gemeinden. Im Schlußteil ging Erhard auf die Aufgaben von Bildung und Forschung, auf die soziale und gesellschaftliche Situation ein.
In der Beschreibung der deutschen Situation führte Bundeskanzler Erhard aus: »*Eine oft ausschließlich materiell bestimmte Grundhaltung weiter Kreise der Bevölkerung charakterisiert die Lage – 18 Jahre nach Beendigung der größten Katastrophe deutscher Geschichte. Aus diesem Grunde bedeutet es eine wesentliche Aufgabe aller verantwortungsbewußten Kräfte im Lande, jenen Leistungswillen, der uns gerettet hat, für alle Zukunft wachzuhalten. Wie noch deutlich zu machen sein wird, müssen wir damit aufhören, unsere Kräfte und Mittel jeweils nur an speziellen und individuellen Forderungen auszurichten, sondern wir müssen das Ganze bedenken und alles Handeln an gemeinsamen Zielen messen. Ich bin gewiß, einer Sorge und zugleich einem Verlangen des deutschen Volkes Ausdruck zu geben, wenn ich Regierung und Parlament mahne, über Interessentenwünsche hinweg sich entschiedener den prinzipiellen Fragen der Politik zuzuwenden. Vor allem junge Menschen wollen nach übergeordneten Werten und Maßstäben handeln. Sie erwarten, daß sich auch der Staat an diese Maxime hält. Unsere Jugend will vor Aufgaben gestellt werden! Je bewußter und wahrhaftiger wir sie darauf ansprechen, um so besser wird es uns gelingen, sie von dem falschen Weg des nur Geldverdienen- und Versorgt-sein-wollens abzubringen.*« In der Analyse der deutschen Situation befaßte sich Bundeskanzler Erhard eingehend mit der Forderung nach Anerkennung der Realität in Europa und mit der Konsequenz der Teilung Deutschlands, wozu er erklärte: »*Die Vorstellungen der Bundesregierung über die Lösung der deutschen Frage gehen von der Überlegung aus, daß alle Schritte notwendig mit Maßnahmen auf dem Gebiet der Sicherheit verbunden sein müssen. Wir sind uns bewußt, daß dabei auch die Interessen anderer Völker und Länder berührt werden. Ebenso wie wir von unseren Nachbarn erwarten, daß sie Verständnis für unser Verlangen nach Freiheit und Wiederherstellung der Einheit unseres Volkes aufbringen wollen, so müssen wir bereit sein, ihren berechtigten*

Interessen Rechnung zu tragen.« Hinsichtlich der Situation in Berlin formulierte Erhard unabdingbare Grundsätze. In diesem Zusammenhang sprach er auch die Beziehungen zwischen der Bundesrepublik Deutschland und den Staaten des Warschauer Paktes an: *»Die Bundesregierung wird der weiteren Verbesserung des Verhältnisses zwischen der Bundesrepublik Deutschland und den osteuropäischen Staaten ihre volle Aufmerksamkeit widmen. Sie ist bereit, mit jedem dieser Staaten Schritt für Schritt zu prüfen, wie man auf beiden Seiten Vorurteile abbauen und vorhandenen Sorgen und Befürchtungen den Boden entziehen kann. Im Zuge eines solchen Prozesses ist die Bundesregierung auch bereit, im Rahmen ihrer Möglichkeiten den Wirtschaftsaustausch mit diesen Ländern zu erweitern. In gleicher Weise begrüßt sie die Verstärkung kultureller Kontakte, wie sie sich mit einigen Ostblockländern bereits angebahnt haben.«* Mit großer Entschiedenheit bekannte sich Erhard zur NATO. Er wiederholte die Bereitschaft der Bundesregierung, am Aufbau einer multilateralen nuklearen Streitmacht (MFL) mitzuwirken: *»Wir sind der Ansicht, daß eine solche voll integrierte Streitmacht, über die keine einzelne Nation ein autonomes Verfügungsrecht besitzt, neue Wege der politischen und militärischen Zusammenarbeit im Rahmen der NATO weisen wird. Die Bundesregierung würde es deshalb begrüßen, wenn sich möglichst viele NATO-Staaten an dieser integrierten Streitmacht beteiligen würden.«* Eingehend erörterte Erhard den Beitrag der Bundesrepublik Deutschland zur Integration Europas, deren Förderung er sich von der Intensivierung der deutsch-französischen Beziehungen erwartete. Er betonte in diesem Zusammenhang die Verflechtung der deutschen Volkswirtschaft mit der Weltwirtschaft, begründete den Wunsch nach Ausbau der Beziehungen der Bundesrepublik Deutschland zum Nahen und Fernen Osten, zu Afrika und Südamerika und wandte sich abschließend innenpolitischen Fragen zu. Dabei machte er seine Vorstellung vom Amt des Bundeskanzlers deutlich: *»Nach Herkommen und Gewöhnung und gewiß auch aus verwaltungstechnischen Notwendigkeiten ist es fast zur Selbstverständlichkeit geworden, die verschiedenen Lebensbereiche eines Volkes nach ressortmäßiger Aufgliederung zu behandeln. Zwar versucht die Regierung, einer einseitigen Betrachtung durch die Bildung von interministeriellen Ausschüssen zu begegnen, aber gleichwohl bleibt von der Sache und vom Effekt der Entscheidung her ein unbefriedigender Rest. Ich halte es für eine besonders wichtige Aufgabe, die Verwaltungstechnik und -praxis so zu reformieren, daß sie den Anforderungen eines modernen Staatswesens gerecht werden und aufgeschlossenem Bürgersinn entsprechen. Dem neuzubestellenden Bundesbeauftragten für Wirtschaftlichkeit eröffnet sich hier ein weites Betätigungsfeld. Alle meine Kabinettskollegen stimmen mit mir darin überein, daß sie sich nicht nur als Ressortminister, sondern nicht minder auch als Mitglieder des Gesamtkabinetts verantwortlich fühlen. Seien wir – ob Regierung oder Parlament – uns immer dessen bewußt, daß jede vermeidbare Reibung und unnütze Spannung in unserer Zusammenarbeit im deutschen Volke Unbehagen auslösen und dazu beitragen, das notwendige Vertrauen zwischen Volk, Parlament und Regierung zu erschüttern.«* In seinen Ausführungen über die Beziehungen zwischen Bund und Ländern betonte Bundeskanzler Erhard die Eilbedürftigkeit der anstehenden Finanzreform, deren Ziel eine klare Abgrenzung der Finanzverantwortlichkeiten und eine angemessene Verteilung der Steuereinnahmen sein solle. Über die bereits in den Mittelpunkt der Diskussion gerückten Fragen der Kulturpolitik führte er aus: »*So gewiß die Bundesregierung bereit ist, die Zuständigkeit der Länder in der Kulturpolitik zu respektieren, so gewiß hat doch die Bundesregierung die Pflicht, vorausblickend die Lebensbedingungen eines modernen Staates zu garantieren. Das aber bedeutet, den Menschen auf allen Bildungsstufen das geistige Rüstzeug an die Hand zu geben, ihnen die technischen Kenntnisse und Fertigkeiten zu vermitteln, deren sie und wir alle nicht entraten können, wenn wir in einer dynamischen Welt unseren Rang behaupten und unsere Zukunft gesichert wissen wollen. Ohne dieses Thema hier eingehender behandeln zu können, möchte ich doch ganz deutlich machen, daß sich hier ein weites Feld der Heran- und Fortbildung unserer Jugend eröffnet, das das allgemeine Schul- und Fachschulwesen wie auch Hochschulen und Universitäten bis zu Forschung und Lehre hin einschließt. Dieser kritische Situationsüberblick darf uns nicht übersehen lassen, daß es auch vorbildliche Leistungen gibt. Ich erinnere nur an unser Berufsausbildungs-System, das als mustergültig bezeichnet werden kann. Ohne Verstärkung der geistigen Investitionen müßte Deutschland gegenüber anderen Kultur- und Industrieländern zurückfallen. Das aber hieße, daß wir nicht nur den wirtschaftlichen Fortschritt und Wohlstand, sondern auch die soziale Sicherheit aufs Spiel setzen. Bund und Länder müssen zusammenwirken, um eine große, gemeinsame Aufgabe mit Tatkraft anzupacken. Es muß dem deutschen Volke bewußt sein, daß die Aufgaben der Bildung und Forschung für unser Geschlecht den gleichen Rang besitzen wie die soziale Frage für das 19. Jahrhundert.*« Abschließend behandelte Erhard Probleme des Wohnungsbaus und der Raumordnung, der Sozialgesetzgebung, der Familienförderung, der Sorge für die Alten, der Verbesserung der Kriegsopferversorgung und ging anschließend auf Probleme der Gesetzgebung, der Wirtschaft und der Verkehrspolitik ein. Am Ende seiner mit großem Pathos vorgetragenen Rede appellierte Erhard an die moralische Verantwortung des einzelnen und der Gesellschaft.[4])

Die Öffentlichkeit nahm die Regierungserklärung mit Interesse und Wohlwollen zur Kenntnis, verhehlte jedoch nicht ihre Enttäuschung darüber, daß sich diese in der Aufzählung aller Probleme der deutschen Politik erschöpfte, ohne sich von der vorausgegangenen Kanzlerschaft Adenauers bewußt abzusetzen und klar erkennbare Schwerpunkte zu bilden.

Diese Überzeugung äußerte in der Aussprache über die Regierungserklärung der stellvertretende Fraktionsvorsitzende der SPD, Fritz Erler; er gab zunächst zu bedenken, daß Erhard am Ende einer langen Auseinandersetzung, deren Narben noch nicht verheilt seien, gewählt wurde. In einer kritischen, aber sachlichen Beschäftigung stellte er den Ansichten der Bundesregierung die Auffassungen der Opposition, die alle angesprochenen Probleme der deutschen Politik berührten, entgegen. Das Gesamturteil der Opposition über die Regierungserklärung faßte er in seine mit Zustimmung und Widerspruch aufgenommenen Schlußworte zusammen: »*Die Regierungserklärung enthält eine Fülle annehmbarer Vorsätze. Darin unterscheidet sie sich nicht von ihrem Vorgänger. Sie enthält auch neue Gedanken und eine neue Art des Herangehens an manche Probleme. Was aber zählen wird, sind allein die Taten, die dieser Erklärung folgen. Die sozialdemokratische Fraktion wird gute Vorschläge der Regierung nicht deshalb bekämpfen, weil sie von der Regierung kommen, sondern sie fördern. Sie wird sich zur Wehr setzen, wenn politische und gesetzgeberische Schritte beabsichtigt sind, die sie für gefährlich hält. Sie wird vor allem über die Einhaltung der demokratischen Spielregeln wachen.«* Erler unterstrich die Notwendigkeit, die Opposition im Parlament als mögliche Regierungspartei zu verstehen. Unter Hinweis auf die im Herbst 1961 geführten Gespräche über die Bildung einer Regierung aus CDU/CSU und FDP bemerkte er: »*Seit den Verhandlungen vor einem Jahr sind die Parteien dieses Hauses und die Öffentlichkeit davon überzeugt, daß die Sozialdemokratische Partei eine durchaus mögliche Regierungspartei ist. Wir haben ja alle einmal miteinander darüber gesprochen.* (Heiterkeit.) *Ob sie es wird, ob das Interim, das wir jetzt begonnen haben, über den nächsten Wahltag hinausdauert,* (Abg. Majonica: *Wir wollen es hoffen!) darüber werden die Wähler nach Abschluß der zweiten Halbzeit dieses Bundestages zu entscheiden haben.* (Abg. Majonica: *Es ist gar kein Interim!) Eine Zahl gibt Ihren Hoffnungen einen kleinen Dämpfer; sie gibt einen Anhalt, wie sehr sich die Dinge gewandelt haben. Wenn wir uns zur Neuwahl des Bundespräsidenten in der Bundesversammlung vereinigen, wird es außer den Mitgliedern dieses Hauses eine andere Hälfte der Versammlung geben, die von den Landtagen entsandt wird, die zu 48 Prozent aus Freunden meiner Partei bestehen.* (Beifall bei der SPD.) *Das zeigt den Übergangscharakter des jetzigen Kabinetts. Eines aber wollen wir noch einmal festhalten: Dieser Staat ist unser aller Staat. Wir tragen ihn gemeinsam. Wir Sozialdemokraten haben die Bundesrepublik Deutschland und ihr Grundgesetz mitgeschaffen. Wir haben in diesem Hause in erheblichem Umfang unser Gedankengut mit in die Gesetzgebung hineinzubringen vermocht. Wir tragen die Regierungsverantwortung in der Hälfte der deutschen Länder und stellen die Oberhäupter der meisten deutschen Großstädte. Das macht klar, daß wir auf die vielfältigste Weise in dieses unser Staatswesen hineingewoben sind. Die Bundesrepublik Deutschland ist die staatliche Organisationsform im freien Teil unseres ganzen Vaterlandes, und sie wird einst aufgehen in einem freien Gesamtdeutschland. Das mindert ihre Würde nicht. Dieser Auftrag zwingt sogar zu zusätzlichen politischen Impulsen. Dieser unser Staat, das ist nicht eine Koalition, das ist auch keine Partei, das sind wir alle. Deshalb möchte ich – trotz der etwas selbstgefälligen abschließenden polemischen Bemerkungen des Kollegen Brentano – von mir aus mit dem Satze schließen: Wir sind ein Volk, da trägt ein jeder auch des anderen Last.* (Anhaltender lebhafter Beifall bei der SPD).«[5])

Am 27. Oktober 1963 fand in der Paulskirche zu Frankfurt am Main eine Feier zu Ehren des ehemaligen amerikanischen Außenministers, General George C. Marshall, statt, bei der Bundeskanzler Erhard sich über die Europäische Wirtschaftsgemeinschaft (EWG) und über das Verhältnis zu den Vereinigten Staaten von Amerika äußerte und Außenminister Dean Rusk sich mit Problemen der Atlantischen Allianz, der Deutschlandfrage und der NATO-Kernstreitmacht befaßte.

Bundeskanzler Erhard variierte in seinen Ausführungen seine in der Regierungserklärung vorgetragenen Vorstellungen, Außenminister Dean Rusk erinnerte an die Rede, die der Präsident der Vereinigten Staaten von Amerika, John F. Kennedy, während seines Deutschlandbesuches am 25. Juni 1963 an gleicher Stelle gehalten hatte.[6]) Er verteidigte die NATO; von ihrer Streitmacht sagte er, sie müsse sowohl nukleare als auch nichtnukleare Komponenten einschließen. Er gab zu bedenken, daß die Vereinigten Staaten von Amerika und die Bundesrepublik Deutschland die schwerste NATO-Bürde tragen. In diesem Zusammenhang erklärte er: »*Wir haben sechs Divisionen hier zu belassen, solange sie gebraucht werden – und unter den gegenwärtigen Umständen werden sie ohne Zweifel auch weiterhin gebraucht. Unsere Streitkräfte in Deutschland werden durch das größte logistische System der Welt versorgt, das sie mit Hilfe der modernsten und schlagkräftigsten Ausrüstung in höchster Einsatzbereitschaft hält, und unter ihnen stehen nukleare Streitkräfte von nahezu unvorstellbarer Schlagkraft.*« Dean Rusk versäumte nicht, den führenden deutschen Politikern seine Bewunderung zum Ausdruck zu bringen; er betonte, »*daß die Vereinigten Staaten von Amerika mit großer Genugtuung die außenpolitische Übereinstimmung zwischen Koalition und Opposition zur Kenntnis genommen hätten«. Abschließend wiederholte er die* Versicherung, daß die Vereinigten Staaten von Amerika zur Allianz stehen würden, gab jedoch gleichzeitig zu bedenken: »*Es wird in der weiteren Entwicklung der europäischen Integration und atlantischen Partnerschaft nicht an Schwierigkeiten fehlen. Bei einer Bewegung solchen historischen Ausmaßes können sie nicht ausbleiben. Wir müssen uns auf zeitweilig auftretende Verzögerungen und Enttäuschungen gefaßt machen. Aber wir bewegen uns mit dem Strom der Geschichte, und die Dinge können gar keinen anderen Verlauf nehmen. Wenn die Freiheit siegen soll, müssen wir mit tiefster innerer Überzeugung und Entschlossenheit voranschreiten.*« [7])

NEUES GRUNDSATZPROGRAMM DES DGB

Am 21./22. November 1963 fand in Düsseldorf ein außerordentlicher Kongreß des Deutschen Gewerkschaftsbundes (DGB) statt, auf dem ein neues Grundsatzprogramm gegen eine Stimme bei einer Enthaltung beschlossen wurde. Der DGB hatte bei seiner Gründung 1949 das sogenannte *Münchener Programm* als Grundsatzerklärung gutgeheißen. Seitdem hatte er keine Grundsatzentscheidungen, sondern nur punktuelle Kampfprogramme verkündet. Zur Verabschiedung eines neuen Grundsatzprogrammes, eines wirtschaftlichen und gesellschaftlichen Leitbildes des DGB, wurde ein außerordentlicher Kongreß berufen. Das von ihm verabschiedete Programm gliedert sich in Präambel, wirtschafts-, sozial- und kulturpolitische Grundsätze. Es fordert Vollbeschäftigung und stetiges Wirtschaftswachstum, gerechte Einkommens- und Vermögensverteilung, Stabilität des Geldwertes, Verhinderung des Mißbrauches wirtschaftlicher Macht und internationale wirtschaftliche Zusammenarbeit. Als Mittel der Wirtschaftspolitik erwähnt es den volkswirtschaftlichen Rahmenplan, den öffentlichen Haushalt, Finanz- und Steuerpolitik, die Investitionslenkung, die öffentliche und freie Gemeinwirtschaft, die Kontrolle der wirtschaftlichen Macht, die wirtschaftliche Mitbestimmung, Planung und Wettbewerb. Die sozialpolitischen Grundsätze formulieren die Grundrechte der Arbeit, das Recht auf Mitbestimmung der Arbeiter, Angestellten und Beamten und ihrer Vertretungen in Betrieben und Verwaltungen, die Gestaltungen der Arbeitsverhältnisse, die Freiheit der Berufswahl, den Schutz am Arbeitsplatz, die Gesundheitssicherung, soziale Selbstverwaltung, Arbeits-, Sozial- und Verwaltungsgerichtsbarkeit und internationale Sozialpolitik. Die kulturpolitischen Grundsätze äußern sich zu den Problemen: Gewerkschaften und Kulturpolitik, Kulturpolitik in Bund, Ländern und Gemeinden, Bildung und Erziehung, Wissenschaft und Forschung, Kunst, Presse, Hörfunk und Fernsehen und internationale Kulturbeziehungen. Besondere Bedeutung für die politische Diskussion hat die im Grundsatzprogramm formulierte Forderung nach wirtschaftlicher Mitbestimmung: »*Die paritätische Mitbestimmung der Arbeiter muß bei allen wirtschaftlichen, sozialen und personellen Entscheidungen gesichert sein. Sie muß in privaten, öffentlichen und gemeinwirtschaftlichen Unternehmen gelten. Zu ihrer Sicherung sind die betrieblichen Mitbestimmungsrechte auszubauen, sind bei allen Großunternehmen – unabhängig von ihrer Rechtsform – Aufsichtsräte zu bilden, die paritätisch aus Vertretern der Anteilseigner und der Arbeitnehmer zusammengesetzt sind, ist in die Vorstände und Geschäftsführungen aller Großunternehmen mindestens ein Mitglied zu berufen, das nicht gegen die Mehrheit der Stimmen der Arbeitnehmervertreter im Aufsichtsrat bestellt werden kann. Die überbetriebliche Mitbestimmung muß paritätisch aus Arbeitnehmervertretern und Unternehmervertretern besetzten Organen verwirklicht werden.*« [8])

Durch diese Formulierung belebte der DGB die Diskussion um die Mitbestimmung, um das Recht der Arbeitnehmer, bei sozialen, personellen und wirtschaftlichen Entscheidungen der Unternehmungen mitzuberaten und mitzubestimmen. Ansätze dazu enthielt das Betriebsrätegesetz von 1920, das auf eine »*Wirtschaftsdemokratie*« zielte. Nach 1945 erneut gefordert, wurde sie durch das am 10. April 1951 beschlossene »Gesetz über die Mitbestimmung in den Aufsichtsräten und Vorständen des Bergbaus und der eisen- und stahlerzeugenden Industrie« wenigstens teilweise verwirklicht. Ihre Übertragung auf alle Unternehmungen ist das Ziel des DGB-Programms, das die nachfolgenden wirtschaftspolitischen Auseinandersetzungen entscheidend beeinflußt hat.

TRAUER UM JOHN F. KENNEDY, THEODOR HEUSS UND ERICH OLLENHAUER

Am 22. November 1963 erschütterte ein Ereignis nicht nur die westliche Welt: In Dallas in Texas wurde auf den Präsidenten der Vereinigten Staaten von Amerika, John F. Kennedy, ein Attentat verübt, an dessen Folgen er, ohne das Bewußtsein wiedererlangt zu haben, 30 Minuten später starb.[9]) Kurze Zeit später wurde Vizepräsident Lyndon B. Johnson von der Bundesrichterin Sarah Hughes als 36. Präsident der Vereinigten Staaten von Amerika vereidigt. Die Welt hielt über die vierte Ermordung eines Präsidenten der Vereinigten Staaten von Amerika den Atem an, zumal Kennedy in seiner kurzen und bewegten Präsidentschaft zum Idol einer zukunftsorientierten Politik geworden war. Alle politischen Ereignisse, auch der erste Besuch des Bundeskanzlers Erhard in Paris am 21./22. November 1963, traten hinter diesem Ereignis zurück. Das Entsetzen über das Attentat auf Kennedy wurde erneut angefacht, als am 26. November der des Mordes an John F. Kennedy angeklagte Lee H. Oswald bei der Überführung vom Polizeihauptquartier in Dallas ins Gefängnis aus nächster Nähe erschossen wurde. Am 25. November erfolgte die Beisetzung des ermordeten Präsidenten Kennedy auf dem Nationalfriedhof Arlington bei Washington. Die Regierungen aller Staaten waren durch ihre Oberhäupter, Regierungschefs oder Sonderbotschafter vertreten. Die Delegation der Bundesrepublik Deutschland führten Bundespräsident Lübke und Bundeskanzler Erhard an. Der neue amerikanische Präsident Lyndon B. Johnson empfing nach den Trauerfeierlichkeiten auch Erhard zu einem politischen Gedankenaustausch.

Am 12. Dezember 1963 verstarb in Stuttgart der erste Präsident der Bundesrepublik Deutschland, Theodor Heuss. Bei der Trauerfeier am 17. Dezember hielt sein Nachfolger, Bundespräsident Lübke, die Gedenkrede, in der er die Bedeutung von Theodor Heuss für das Ansehen der Bundesrepublik Deutschland würdigte. Darüber hinaus zollte er der menschlichen Haltung seines Vorgängers hohe Achtung: »*Als eigentliche Aufgabe der Politik sah er den Dienst am Menschen an, später als Staatsoberhaupt empfand er es als seine vornehmste Pflicht, gerade hierin Vorbild zu sein. Diese Gesinnung, verbunden mit seiner ungewöhnlichen Begabung, alles Geschehen unserer Zeit einordnen zu können in die großen politischen, kulturellen und wirtschaftlichen Zusammenhänge, die den Strom der Geschichte ausmachen, haben sein Wirken und seine Lehren, seine Kämpfe und Leiden gezeichnet. Der Publizist, der homme de lettres, als der er sich immer gefühlt hat, der Gelehrte, der Politiker, der Staatsmann Theodor Heuss, hier hat er die eigentliche Mitte und den Sinn seines Lebens gefunden.*« [10])

Völlig unerwartet starb am 14. Dezember 1963 der Vorsitzende der Sozialdemokratischen Partei Deutschlands, Erich Ollenhauer. Bundeskanzler Erhard erinnerte in einer Fernsehansprache an die Ermordung Kennedys und an den Tod von Heuss. Zur Person des verstorbenen SPD-Vorsitzenden sagte er: »*Wer Erich Ollenhauer in seiner untadeligen menschlichen Haltung, in seinem lauteren politischen Willen erkannte, ja erlebte, wird mit mir spüren, daß das parlamentarische Leben einen seiner Großen, einen Politiker von hohem Rang verloren hat. Seine Verdienste um die Wiedererstarkung unseres jungen demokratischen Staatswesens und die Wiedererstarkung einer freiheitlichen Ordnung leben fort. Erich Ollenhauer konnte mannhaft streiten, wenn es um seine politischen Überzeugungen und seine Ideale ging, aber er war aufgeschlossen und gelöst genug, auch seinem Widersacher freundlich und vorurteilslos zu begegnen. Die noble Art, in der Erich Ollenhauer für Deutschland auch draußen im Ausland zeugte, hat wesentlich dazu beigetragen, uns wieder Freunde und Achtung in der Welt zu erwerben.*«[11]) Der Präsident des Bundesrates, der niedersächsische Ministerpräsident Georg Diederichs, schrieb in seinem Beileidstelegramm an den Vorstand der SPD und ihrer Fraktion im 4. Deutschen Bundestag: »*Mit Hingabe, Tatkraft und Umsicht hat sich Erich Ollenhauer mehr als ein Jahrzehnt der Leitung der Sozialdemokratischen Partei und ihrer Bundestagsfraktion gewidmet. In Verantwortung vor seiner Partei und seinem Volk war er zutiefst davon durchdrungen, daß die Wege zur Erfüllung der politischen Ideale ständig überdacht werden müssen und daß es ausschließlich darauf ankommt, die im Ringen der Meinungen gewonnene beste politische Einsicht durchzusetzen. Sein Idealismus gab ihm die Kraft zu den Entschlüssen, die ihm sein Wirkungsbereich abverlangte.«* [12])

AUSSENPOLITISCHE STANDORTBESTIMMUNG

Vom 27. bis 29. Dezember 1963 stattete Bundeskanzler Erhard dem amerikanischen Präsidenten Lyndon B. Johnson auf seiner Farm in Texas einen Besuch ab. Johnson brachte seinem deutschen Gast große Aufmerksamkeit entgegen, da er daran interessiert war, diesen für sich einzunehmen, sowohl als Gegenspieler gegenüber de Gaulle als auch für die Erfüllung der amerikanischen Vorstellungen und Forderungen über den Devisenausgleich usw.

Ungefähr zur gleichen Zeit wie Bundeskanzler Erhard weilte der Schweizer Journalist Fred Luchsinger in den Vereinigten Staaten von Amerika. Er bemühte sich dabei um die Beantwortung der Frage nach »Bonns Rolle in der amerikanischen Politik« nach dem Kanzlerwechsel in Bonn und dem Präsidentenwechsel in Washington. Die Ergebnisse seiner Gespräche, Beobachtungen und Auswertungen faßte er in einem unter diesem Titel veröffentlichten Leitartikel zusammen, an dessen Spitze er die Feststellung setzte: »*Die Abwertung des gaullistischen Frankreichs in der amerikanischen Politik zu einem Außenseiter, dessen Möglichkeit zu stören in Washington mit Unbehagen in Rechnung gestellt und der gegenwärtig nicht ›einzuordnen‹ ist, hat in den vergangenen Monaten eine zwar natürliche, aber doch überraschende komplementäre Erscheinung gezeigt: die Aufwertung der Deutschen Bundesrepublik.*« Von dieser Überzeugung ausgehend, besprach Luchsinger die rüstungspolitische Isolierung Frankreichs, die Bedeutung einer multilateralen atomaren Flotte (MFL) für die Bundesrepublik Deutschland, das Problem des Außenhandels, eine mögliche Wende in der Ostpolitik und die in den Vereinigten Staaten von Amerika deutlich erkennbare Modeströmung der Germanophilie. Er verschwieg jedoch nicht, daß vor einer Abstützung der Politik der Vereinigten Staaten von Amerika in Europa auf die Bundesrepublik Deutschland auch gewarnt wurde: »*Die Warnungen sind von der Sorge inspiriert, daß durch eine betonte Aufwertung Bonns ein latenter deutscher Nationalismus gefördert werde, vor allem durch jene Art von Aufwertung, die die Deutschen zu selbständigen Schritten in der deutschen Frage, etwa gegenüber dem Sowjetzonenregime, das heißt gegenüber Moskau, ermuntert. Das Mißtrauen gegenüber derartigen Entwicklungstendenzen in Deutschland ist auch in der gegenwärtigen deutschen ›Hausse‹ in Washington nach wie vor verbreitet. Die deutsche Angst, überspielt zu werden, hat im Verdacht, ›Rapallo‹-Neigungen könnten in Deutschland wieder überhandnehmen, ihr nicht weniger schwer zu beseitigendes amerikanisches Gegenstück. Man stellt oft die Frage nach der Tragfähigkeit der amerikanischen öffentlichen Meinung für eine mehr nach Frankreich oder mehr nach Deutschland orientierte Außenpolitik Washingtons.*« [13])

In der ersten Hälfte des Jahres 1964 setzte Bundeskanzler Erhard seine Reisen zu befreundeten Regierungen in der Absicht fort, seine Vorstellungen über die Integration Europas und über die Gestaltung des atlantischen Bündnisses bekanntzumachen. In London, Rom, Paris, Den Haag und Brüssel trug er als Nachfolger Adenauers seine Ansichten zur internationalen Entwicklung vor. Bei seinem Besuch in London äußerte er sich zu den Beziehungen zwischen den beiden europäischen Wirtschaftsordnungen, EWG und EFTA, wobei er besonders auf das Verhältnis Großbritanniens zu Europa einging: »*Daß der Kanal angesichts der modernen Technik, angesichts der vielen unzähligen Gemeinsamkeiten keine Trennungslinie mehr sein kann und der Begriff Kontinentaleuropa eigentlich nur eine geographische Reminiszenz, aber keine politische Wirklichkeit ist.*« [14]) Während seines Aufenthaltes in Rom stattete Bundeskanzler Erhard sowohl Ministerpräsident Aldo Moro als auch Papst Paul VI. einen Besuch ab. Am 14./15. Februar leitete er die deutsche Delegation für die im deutsch-französischen Freundschaftsvertrag vom 23. Januar 1963 vereinbarte Beratung. Bei seinen Besuchen in Den Haag betonte er die deutsch-niederländische Übereinstimmung in der Auffassung, die Europäische Wirtschaftsgemeinschaft für alle zu öffnen, die bereit sind, ihr beizutreten.

In seinem Rechenschaftsbericht vor dem 4. Deutschen Bundestag am 9. Januar 1964 nahm Bundeskanzler Erhard zu den politischen und staatsrechtlichen Konsequenzen des am 17. Dezember 1963 abgeschlossenen Passierscheinabkommens (vgl. S. 136 ff.) Stellung: »*Es wäre nämlich völlig falsch, verkennen zu wollen, daß sich hinter dieser Aktion auch ein politisches Problem verbirgt. Sie kennen die Sage vom trojanischen Pferd. Ja, meine Damen und Herren, die Passierscheinfrage bedeutet schon so etwas wie ein trojanisches Pferd. Mittels solcher List und Tücke soll die Drei-Staaten-Theorie zu uns hineingeschleust werden. Es geht um den bewußten Versuch, West-Berlin von der Bundesrepublik, aus der Verantwortung der Bundesrepublik zu lösen, ebenso natürlich auch das Verhältnis zu den westlichen Schutzmächten zu lockern. Ich bin sehr glücklich sagen zu können, daß, wenn sich auch manchmal da und dort in der Pflege der Kontaktaufnahme bei diesem Geschehen nicht alles ganz vollendet vollzog, doch zwischen der Bundesrepublik, dem Berliner Senat, den Botschaftern der Schutzmächte und den Kommandanten von Berlin zuletzt immer ein Einverständnis hergestellt werden konnte und daß vor allem die letzte Zustimmung, die wirklich an einem seidenen Faden hing, in sorgfältiger und wirklich höchst verantwortungsbewußter Weise schließlich von allen Beteiligten getroffen wurde.*« [15])

Am 10. Januar ersuchte der Erste Sekretär der seit 1956 in der Bundesrepublik Deutschland verbotenen Kommunistischen Partei Deutschlands (KPD), Max Reimann, den Bundeskanzler um die Aufhebung des KPD-Verbotes. Er begründete sein Ersuchen mit dem Hinweis, daß sich seit dem Verbot der KPD in der Welt und auch in der Bundesrepublik Deutschland bedeutsame Veränderungen vollzogen hätten. Wie u. a. das am 5. August 1963 unterzeichnete Abkommen über ein teilweises Kernwaffenversuchsverbot zeige, beginne sich die Einsicht in die Notwendigkeit und Möglichkeit einer politischen Entspannung durchzusetzen. Auch der Bundeskanzler habe sich in seiner Regierungserklärung für eine Politik der Entspannung und der Verständigung ausgesprochen. Das Schreiben wurde von Bundeskanzler Erhard weder entgegengenommen noch beantwortet. Es kann jedoch als das Markierungszeichen eines Umschwunges der öffentlichen Meinung in der Beurteilung des Verbotes der KPD angesprochen werden. In zunehmendem Maße verwarf ein immer größerer Teil das von Anfang an umstrittene Urteil des 1. Senats des Bundesverfassungsgerichts vom 17. August 1956 und befürwortete die Wiederzulassung der KPD. Da eine Aufhebung des Urteils unmöglich war, wurde eine Gesetzesinitiative erörtert. Sie kam nicht zustande, weshalb sich der Gedanke durchsetzte, eine kommunistische Partei, die sich zum Grundgesetz für die Bundesrepublik Deutschland bekannte, zu dulden. Diese Einstellung gewann an Boden, als die Konstituierung der Nationaldemokratischen Partei Deutschlands (NPD), einer extremen Rechtspartei, erfolgt war.

Die Bundestagsfraktion der FDP beschloß in ihrer am 14. Januar 1964 im Reichstagsgebäude zu Berlin abgehaltenen Sitzung, die Bemühungen um weitergehende Vereinbarungen über den Reiseverkehr in ganz Deutschland fortzusetzen. Auch ersuchte sie die Bundesregierung, im Sinne der Entschließung des Bundestages vom 13. Oktober 1962 sich für die Herbeiführung einer ständigen Vier-Mächte-Konferenz über Deutschland einzusetzen, deren Aufgabe es sein müsse, durch gesamtdeutsche technische Kommissionen die Voraussetzungen für die Wiederherstellung der deutschen Einheit zu klären.

Am 15. Januar 1964 beschloß der Staatsrat der DDR die Veröffentlichung des Schreibens, das sein Vorsitzender, Walter Ulbricht, am 6. Januar 1964 Bundeskanzler Erhard übermittelt hatte. In ihm hatte er den Beschluß eines Vertrages zwischen der Regierung der DDR und der Regierung der BRD über den umfassenden Verzicht auf Kernwaffen vorgeschlagen. Dem Schreiben lag ein Vertragsentwurf bei.

Der Wechsel im Amte des Bundeskanzlers, der Abschluß des Passierscheinabkommens vom 17. Dezember 1963 und die sie begleitende Diskussion lösten Erwartungen auf Überwindung der Stagnation der deutschen Frage aus. In einem Interview für die »Augsburger Allgemeine Zeitung« machte der Vizepräsident des Deutschen Bundestages, Thomas Dehler (FDP), auf die Voraussetzung dafür aufmerksam: *»Die Reisen von Bundeskanzler Erhard nach den Vereinigten Staaten und nach England haben ihren guten Sinn, aber sie dienen nicht und können nicht dienen dem Ziele der deutschen Einheit. Das Einverständnis mit den Westalliierten kann nur die Voraussetzung für eine wirksame Deutschland-Politik sein. Ich habe durch meine Reisen in die Sowjetunion, in die Tschechoslowakei und nach Indien darzutun versucht, daß es notwendig ist, politisch in den östlichen Raum zu wirken, wenn wir in der deutschen Frage aus der Stagnation herauskommen wollen. Wir werden niemals zur Überwindung der deutschen Spaltung kommen, wenn die deutschen Teile in die gegensätzlichen Machtblöcke eingegliedert bleiben. Die Grundlage für eine neue Ordnung im mitteleuropäischen Raum muß ein weitgespannter Sicherheitsvertrag sein, der Deutschland gegen jedwede Aggression durch das Bündnis mit den vier Siegermächten abdeckt. Diese Regelung müßte in einem Friedensvertrag erfolgen, in dem gleichzeitig der Weg zur deutschen Wiedervereinigung eröffnet wird. Die Form war bereits in der Genfer Konferenz 1959 vorgezeichnet, auf der von den vier Siegermächten in Anwesenheit der Vertretung der beiden deutschen Teile verhandelt wurde.«* [16])

Die vom Kuratorium Unteilbares Deutschland herausgegebene Zeitschrift »Unteilbares Deutschland« veröffentlichte am 22. Januar die Antworten auf zwei Fragen, die sie dem Bundesminister für gesamtdeutsche Fragen, Erich Mende, dem Regierenden Bürgermeister von Berlin, Willy Brandt, und dem stellvertretenden Vorsitzenden des Bundestagsausschusses für Gesamtdeutsche und Berliner Fragen, Johann Baptist Gradl, vorgelegt hatte: »*1. Welches politische Fazit ist heute zur Passierscheinfrage zu ziehen? 2. Welche Erwartungen und Vorstellungen werden an die Möglichkeit der Wiederaufnahme von Deutschland-Verhandlungen zwischen den Großmächten geknüpft?*« Erich Mende vertrat die Auffassung, daß die Passierscheinregelung »*kein Einbruch des Ostens in die Rechtsposition des Westens, sondern ein großer politisch-psychologischer Einbruch in die nach der Errichtung der Mauer erstarrte Deutschland-Frage*« sei. Unter Hinweis auf Resolutionen des Bundestages und Äußerungen der Bundesregierung bemerkte er, die Bundesregierung habe konkrete Vorstellungen über den Fortgang von Deutschland-Verhandlungen. »*Über Einzelheiten solcher Verhandlungen ist bisher in der Öffentlichkeit nicht gesprochen worden, und ich halte alle öffentlichen Erörterungen auch nicht für richtig.*« Willy Brandt verwies auf die »*besonders unmenschlichen Auswirkungen der Mauer*«, von denen er sagte, sie müßten gemildert werden. Er bestritt, daß die Vereinbarung vom 17. Dezember 1963 eine neue Politik einleitete. Über den Wert der Passierscheinaktion bemerkte er: »*In den Tagen der Jahreswende 1963/64 wurde der Welt unübersehbar und unüberhörbar deutlich gemacht, daß sich die Deutschen mit der Zerreißung ihres Vaterlandes nicht abgefunden haben, daß die Sehnsucht unseres Volkes nach Wiedervereinigung keine leere Formel in sonntäglichen Reden ist und daß die menschlichen Bindungen stärker als die dicksten Mauern sind. Davon sollte man auch in Moskau etwas verstanden haben.*« Mit großem Ernst erinnerte er an die am 25. Dezember 1963 an der Mauer gefallenen Schüsse, betonte, daß er weder vor dem 17. Dezember 1963 noch nach dem 5. Januar 1964 ein Illusionist war, sondern mit beiden Beinen auf dem Boden der Tatsachen stehe. In diesem Zusammenhang erläuterte er auch seine Vorstellung über den Gang der deutschen Politik: »*Eine Strategie des alles oder nichts wird uns nicht voranbringen. Es gibt leider keine rasche Lösung der deutschen Frage, aber wir dürfen auch auf den kleinsten Schritt nicht verzichten, wenn er den Menschen in unserem gespaltenen Vaterland helfen kann. Die Welt ist in Bewegung geraten, die geschichtliche Entwicklung bleibt an der Elbe nicht stehen. Wir bleiben aufgerufen, im kleinen und im großen unseren Beitrag zur Lösung unserer Probleme zu leisten.*« Johann Baptist Gradl stellte das menschliche Ergebnis der Passierscheinaktion in den Vordergrund, verwies jedoch auch darauf, »*daß die Machthaber in Ost-Berlin unter dem Mantel der Humanität Dinge zu erpressen versucht hätten, die auf eine Stützung der kommunistischen Drei-Staaten-These und damit auf eine politische und juristische Vertiefung der Teilung Deutschlands hinzielten*«. Hinsichtlich der Auswirkungen forderte er die Bloßstellung der sowjetischen Taktik und die Darlegung der westlichen Vorstellungen von einer »*realen, auch legitime sowjetische Gesichtspunkte beachtenden Entspannung in Mitteleuropa*«. Den Darlegungen gemeinsam war eine nüchterne Betrachtung der Passierscheinaktion, in deren Bewertung sie weithin übereinstimmten. In der Beurteilung der zu ergreifenden Maßnahmen wichen sie erheblich voneinander ab. Erich Mende empfahl das Abwarten geheimer Verhandlungen. Johann Baptist Gradl verlangte eine harte Stellungnahme gegenüber der Sowjetunion. Willy Brandt bekannte sich zu einer Politik der kleinen Schritte, von der er sich keine plötzliche, wohl aber eine allmähliche Verbesserung der Beziehungen der beiden Teile Deutschlands zueinander erhoffte.[17])

Die Befürchtungen hinsichtlich der sowjetischen Vertiefung der Drei-Staaten-Theorie erfüllten sich unverzüglich, teilte doch die Regierung der Sowjetunion am 23. Januar 1964 der Bundesregierung mit, daß sie das am 31. Dezember ausgelaufene Handelsabkommen nicht zu erneuern beabsichtige. Strittig war die Berlin-Klausel. Im Zusammenhang mit der Passierscheinaktion wurden Überlegungen über die Verbesserung des Reiseverkehrs zwischen der DDR und der BRD angestellt, wobei auch der Vorschlag gemacht wurde, diesen dadurch zu fördern, daß Besuchern aus der DDR und Ost-Berlin das Recht, in West-Berlin oder in der BRD sich dauernd niederzulassen, verweigert wurde. Mende meinte dazu in einer Ansprache über den Sender Rias Berlin vom 1. Februar 1964 an die Bevölkerung der DDR: *»Wir müssen schon versuchen, uns etwas anderes einfallen zu lassen, und Sie dürfen überzeugt sein, liebe Landsleute in Mitteldeutschland und Ost-Berlin, daß die Bundesregierung und der Berliner Senat jede menschlich und politisch vertretbare Möglichkeit prüfen und ausschöpfen werden, um in der Frage des innerdeutschen Reiseverkehrs einen Fortschritt erzielen zu können. Alle unsere Bemühungen um eine Wiederingangsetzung des innerdeutschen Personenverkehrs sind ein Teil der Politik der Bundesregierung zur allmählichen Überwindung der deutschen Spaltung.«* [18])

Bei der Ablehnung eines Passierscheinabkommens für Ostern 1964 (vgl. S. 138) kam es zu Meinungsverschiedenheiten, die Gegenstand eines Gespräches zwischen Bundeskanzler Erhard und dem Regierenden Bürgermeister Brandt am 6. März in Bonn waren. Das davon veröffentlichte Kommuniqué stellte als Ergebnis des Gedankenaustausches fest: *»Es ist Ziel der Bundesregierung und aller Parteien des Deutschen Bundestages, die volle Freizügigkeit in ganz Deutschland wieder herzustellen. Auf dem Wege sollen, wie bisher, gemeinsam alle Anstrengungen unternommen werden, um in vertretbaren Formen Erleichterungen für die Menschen im geteilten Berlin herbeizuführen . . . Der Bundeskanzler hat den Regierenden Bürgermeister erneut eingeladen, ihn jederzeit aufzusuchen, um mit ihm alle Fragen zu besprechen, die sich aus der Lage Berlins ergeben.«* [19])

Die Regierung der Sowjetunion hatte zum Wechsel im Amt des Bundeskanzlers sich zunächst nicht geäußert, offensichtlich bestrebt, die ersten Erklärungen und Maßnahmen der Bundesregierung Erhard abzuwarten. Am 7. März 1964 veröffentlichte die sowjetische Nachrichtenagentur TASS eine autorisierte Erklärung zur Deutschland-Frage, die die sowjetische Auffassung über den Stand der Beziehungen zwischen der Bundesrepublik Deutschland und der Sowjetunion eingehend darlegte. Als Anlaß benutzte sie die Veröffentlichung des Tätigkeitsberichtes der Regierung der Bundesrepublik Deutschland für das Jahr 1963, dem sie vorwarf, er erhebe revanchistische Forderungen nach Wiedervereinigung des Reiches, weiche dem Abschluß eines Friedensvertrages aus und spekuliere unbegründet auf das Selbstbestimmungsrecht. In diesem Zusammenhang führte die Erklärung aus: *»Die Entwicklung der Deutschen Demokratischen Republik wird von den werktätigen Klassen bestimmt, die mit der imperialistischen Politik der Aggression und der*

Kolonialabenteuer ein für allemal aufgeräumt haben. In der Bundesrepublik stehen an der Macht die gleichen Kräfte, die seinerzeit Hitler hervorgebracht haben und versuchen, die verbrecherische Politik des Reiches fortzuführen. Was die Willensäußerung des Volkes anbelangt, so haben die Werktätigen der Deutschen Demokratischen Republik schon längst von dieser Gebrauch gemacht, als sie die Bodenreform durchführten, die Herrschaft der Monopolisten, Militaristen, Junker beseitigten, die Kommandohöhen der Wirtschaft in das Eigentum des Volkes überführten, als sie Frieden, Freundschaft und Zusammenarbeit mit allen Staaten und Völkern zu der unerschütterlichen Grundlage ihrer Außenpolitik proklamierten. Wo kam denn die Willensäußerung des Volkes am vollständigsten und gerechtesten zum Ausdruck: dort, wo die Macht und der Reichtum des Landes in den Händen der Werktätigen, der Mehrheit der Bevölkerung, liegen, oder dort, wo sie in der Bundesrepublik Deutschland einem Haufen großer Monopolherren und Gutsbesitzer gehören, die gegenüber der Mehrheit der Bevölkerung wirtschaftliche und politische Herrschaft ausüben? Wenn man die Selbstbestimmung vom Standpunkt der Souveränität der Staaten aus betrachtet, so hat die Deutsche Demokratische Republik auch darin einen klaren Vorsprung gegenüber der Bundesrepublik Deutschland erreicht.« Im weiteren Verlauf ihrer Ausführungen warf die Verlautbarung der Bundesrepublik Deutschland vor, sie würde die von ihr proklamierte Hallstein-Doktrin nicht einhalten, in Moskau gebe es eine Botschaft der Deutschen Demokratischen Republik und der Bundesrepublik Deutschland. Auch ließe die Bundesregierung die Errichtung von Generalkonsulaten und Konsulaten der DDR in Ländern zu, mit denen sie diplomatische Beziehungen unterhalte. Schließlich beschuldigte die Erklärung die Bundesregierung, die Bundesrepublik Deutschland gebe für die Rüstung mehr aus als Hitler. Zu den Passierscheinverhandlungen im Spätherbst 1963 bemerkte sie, daß für den West-Berliner Senat der kürzeste Weg zu einem Abkommen nicht über Bonn, sondern direkt in die »*Hauptstadt der Deutschen Demokratischen Republik*«, nach Ost-Berlin, geführt hat. Abschließend stellte sie fest, daß das Memorandum der Bundesregierung an die Regierung der Sowjetunion vom 21. Februar 1962 [20]) nicht beantwortet würde, weil es ein »*ebenso unsachliches, ein revanchistisch-propagandistisches Dokument wie der Regierungsbericht selber sei*«.[21])

Auf dem Bundesparteitag der CDU kündigte Bundeskanzler Erhard am 16. März eine neue Deutschland-Initiative der drei Westmächte an. Zur TASS-Erklärung meinte er, sie stelle einen deutlichen Rückfall in die Vulgärpropaganda der stalinistischen Epoche dar. Im übrigen gab er der Erwartung Ausdruck, daß die Bundesregierung nach dem Abschluß von Vereinbarungen über Handelsvertretungen mit Polen, Rumänien, Ungarn und Bulgarien hoffe, auch mit der Tschechoslowakei zu einem guten Ergebnis zu gelangen.[22]) Den deutschen Standpunkt gegenüber der TASS-Erklärung unterstrich Außenminister Gerhard Schröder in einer am 3. April in München gehaltenen Rede, in der er erklärte, die Regierung der Sowjetunion habe mit der Verlautbarung vom 7. März klargelegt, »*daß sich ihre sogenannte Entspannungspolitik nicht auf Deutschland und Berlin erstreckt*«. Er versicherte, die publizistische Intervention der Sowjetunion werde die Bundesregierung nicht von der Fortsetzung ihrer Bemühungen um eine Verständigung mit den osteuropäischen Staaten abhalten: »*Nachdem wir Handelsvereinbarungen abgeschlossen haben, ist die Bundesregierung deshalb bereit, mit den Staaten Osteuropas, die es wünschen, auch über einen intensiveren Kulturaustausch zu sprechen. In unserer Osteuropa-Politik erwarten wir keine überraschenden politischen Erfolge, wenn wir aber unseren Kurs geduldig und folgerichtig weitersteuern, werden wir damit auch in Osteuropa das Verständnis für unsere Lage fördern.«* [23])

Das Bulletin des Presse- und Informationsamtes veröffentlichte am 10. April eine ausführliche Erwiderung der TASS-Erklärung vom 7. März; es wies die darin ausgesprochenen Geschichtsfälschungen und Anschuldigungen zurück, bemerkte, die TASS-Erklärung enthalte keinen einzigen positiven Beitrag für die deutsch-sowjetischen Beziehungen, und versicherte: *»Die sowjetisch besetzte Zone wird, solange unsere Landsleute nicht frei über ihr Schicksal entscheiden können, stets eine Belastung für die Sowjetunion und ihre Verbündeten bleiben. Ein freies und geeintes deutsches Volk würde ein Faktor der Ruhe und Sicherheit in Europa sein.«* [24])

In den folgenden Monaten wurden die sowohl in der Phase der Passierscheinverhandlungen und ihrer möglichen Fortsetzung als auch in der Zeitspanne der Diskussion über die TASS-Erklärung aufgegriffenen Probleme fortgeführt und abgewandelt. In zahllosen Reden verteidigte und begründete Bundeskanzler Erhard das Selbstbestimmungsrecht des deutschen Volkes. Der Vorsitzende des Staatsrats der DDR, Walter Ulbricht, schlug am 25. April einen beschränkten Zeitungsaustausch zwischen der DDR und der BRD vor. Er erklärte, die Regierung der DDR sei bereit, einige westdeutsche Zeitungen zum Verkauf auszulegen, wenn die Garantie dafür gegeben werde, daß in der Bundesrepublik Deutschland das »Neue Deutschland« in gleichem Maße öffentlich verkauft wird. Der Sprecher der Bundesregierung, Staatssekretär von Hase, bemerkte dazu, die Bundesregierung habe den Rechtsausschuß des 4. Deutschen Bundestages ersucht, zu prüfen, wie ein solcher Austausch möglich gemacht werden könne, da ein freier Verkauf des SED-Organs »Neues Deutschland« in der Bundesrepublik nicht möglich sei. Die Meinungen über die damit verfolgte Absicht Ulbrichts gingen in der Bundesrepublik Deutschland auseinander; die einen verwarfen sie als Propagandaaktion, andere betrachteten sie als einen Anknüpfungspunkt. Die überstürzte Ablehnung verriet mangelnde Reaktionsfähigkeit.

Am 4. Mai unterbreitete Walter Ulbricht Vorschläge zur Zusammenarbeit in Jugendfragen, die jedoch in der Bundesrepublik Deutschland unbeachtet blieben. Auch der am 12. Juni 1964 unterzeichnete »Vertrag über Freundschaft, gegenseitigen Beistand und Zusammenarbeit« zwischen der Sowjetunion und der DDR (vgl. S. 160 ff.) fand nicht die ihm zukommende Aufmerksamkeit. Bundesminister Erich Mende (FDP) sprach ihm zwar völkerrechtliche Verbindlichkeit zu, gab jedoch gleichzeitig zu bedenken: *»Denn wenn dieses Abkommen vielleicht auch keine unmittelbare Bedrohung des Friedens heraufbeschworen hat, so birgt dieser auf 20 Jahre abgeschlossene Pakt doch ernste Gefahren. Ging es allein nach dem Willen Moskaus, so wäre am 12. Juni 1964 die Teilung Deutschlands für weitere 20 Jahre besiegelt worden, aber es geht nicht allein nach dem Willen Moskaus! Auch die Bäume der sowjetischen Politik wachsen nicht in den Himmel. Die Sowjetunion ist vielmehr mehr und mehr neben ihren wirtschaftlichen Schwierigkeiten auch dem Spannungsfeld zur Volksrepublik China unmittelbar ausgesetzt. Dieses Spannungsfeld hat sich über die politisch-ideologische Rivalität bereits in* *den national-völkischen, in den rassischen, ja in den territorialen Bereich erweitert. Der Sowjetmacht sind Grenzen gesetzt.«* [25])

Mit diesem Hinweis sprach Erich Mende einen an Gewicht zunehmenden Faktor in der internationalen Entwicklung an. Die aus ideologischen Meinungsverschiedenheiten in machtpolitische Rivalitäten überführten Spannungen zwischen der Sowjetunion und der Volksrepublik China wurden als eine Beeinträchtigung der sowjetischen Handlungsfreiheit bezeichnet, die die Sowjetunion in besonderem Maße zwingen werde, die Verhältnisse an ihrer Westgrenze zu stabilisieren, um möglichen Entwicklungen an ihrer Ostgrenze entgegentreten zu können. Die Vorstellung einer Interdependenz zwischen dem Ansteigen der chinesisch-sowjetischen Spannungen und dem Nachlassen der Spannungen zwischen der Sowjetunion und der westlichen Staatengruppe wurde bewußt gepflegt. Auf eine wegen ihrer Schwierigkeiten mit der Volksrepublik China gegenüber dem Westen nachgiebige Sowjetunion setzten deutsche Politiker z. T. hochgespannte Erwartungen.

Trotz der durch die TASS-Erklärung ausgelösten Kontroverse zwischen der Regierung der Sowjetunion und der Regierung der Bundesrepublik Deutschland und der Stabilisierung der Beziehungen zwischen der Sowjetunion und der DDR durch den Vertrag vom 12. Juni ließ Bundeskanzler Erhard am 13. Juni dem Vorsitzenden des Ministerrats der UdSSR, N. S. Chruschtschow, eine Botschaft überreichen, in der er zu der ihm zugeleiteten TASS-Erklärung Stellung nahm. Wenige Tage später teilte Erhard mit, der Botschafter der Bundesrepublik Deutschland in Moskau, Horst Groepper, habe Chruschtschow gleichzeitig eröffnet, er könne mit einer offiziellen Einladung der Bundesrepublik Deutschland rechnen, falls er ein Zusammentreffen mit Erhard für nützlich halte oder irgendwelche Gesichtspunkte habe, deren Erörterung veranlaßt sei. Erhard ließ gleichzeitig jedoch versichern, er sehe für ein Gespräch keinen fruchtbaren Ansatzpunkt. Die Möglichkeit eines Besuches von N. S. Chruschtschow in der Bundesrepublik Deutschland war damit angesprochen. Er wurde als die noch ausstehende Erwiderung des Besuches der von Bundeskanzler Adenauer geführten deutschen Delegation in Moskau im September 1955 angesehen. Die Diskussion darüber zog sich über den Sommer und Herbst 1964 hin; sie wurde erst mit der Entlassung von Chruschtschow aus seinen Partei- und Staatsämtern am 15. Oktober 1964 beendet. In einem Gespräch mit dem Botschafter der Sowjetunion in der Bundesrepublik Deutschland, Andrej A. Smirnow, und dem Chefredakteur der Zeitung »Iswestija«, Alexej Adschubei, einem Schwiegersohn von N. S. Chruschtschow, erklärte Bundeskanzler Erhard am 27. Juli seine Bereitschaft zu einem Gespräch mit dem sowjetischen Partei- und Regierungschef. Am 2. September 1964 kündigte das Presse- und Informationsamt der Bundesregierung einen Besuch Chruschtschows in Bonn an. Ob und welche Rolle seine Absicht, die Bundesrepublik Deutschland zu besuchen, bei seiner am 15. Oktober 1964 erfolgten Entlassung spielte, ist mit Sicherheit nicht feststellbar.

Die öffentliche Meinung ließ sich durch gegenteilige Versicherung nicht von der Überzeugung abbringen, daß Bundeskanzler Erhard und Außenminister Schröder dem deutsch-französischen Vertrag vom 22. Januar 1963[26]) nicht die Bedeutung zulegten, die ihm Adenauer und de Gaulle beimaßen. Anläßlich des ersten Jahrestages der Unterzeichnung hielt Adenauer eine Rundfunkansprache, in der er ein leidenschaftliches Bekenntnis zu der Bedeutung des Vertrages ablegte: »*Deutschland und Frankreich sind Nachbarn für immer. Der sowjetische kommunistische Koloß ist weit nach dem Westen Europas vorgestoßen und unmittelbarer Nachbar von Westeuropa und insbesondere von Deutschland geworden. Das Schicksal Deutschlands wird das Schicksal Frankreichs sein und das Schicksal Frankreichs wird das Schicksal Deutschlands sein. Daher ist der deutsch-französische Vertrag gegenüber der Bedrohung durch die große sowjetische Macht, eine Lebensfrage für Deutschland und für Frankreich.*« [27]) Die Diskussion über den Vollzug des Vertrages hielt danach unvermindert an. Ihren Höhepunkt erreichte sie bei dem Arbeitsbesuch des französischen Staatspräsidenten de Gaulle am 3./4. Juli 1964 in Bonn. De Gaulle ließ sich, um die Bedeutung seines Besuches zu unterstreichen, von zahlreichen Ministern begleiten; er unterbreitete seinen deutschen Gesprächspartnern, vornehmlich Bundeskanzler Erhard, den Plan der Bildung einer Politischen Union, die eine Zusammenfassung der in Europa vorhandenen Möglichkeiten bieten sollte. Sein Vorschlag fand nicht die von ihm erhoffte Beachtung.

Nach Rückkehr von dem am 4. Juli zu Ehren von Staatspräsident de Gaulle in Schloß Ernich gegebenen Frühstück berichtete Konrad Adenauer in seinem Haus in Rhöndorf: »*De Gaulle habe ihm bei der Verabschiedung gesagt, die Ehe zwischen Frankreich und Deutschland sei zwar geschlossen, aber er fahre als Jungfrau nach Paris zurück. De Gaulle habe es bei diesen Worten belassen. Von deutscher Seite habe er folgendes erfahren: Staatspräsident de Gaulle habe in einer gemeinsamen Sitzung der deutschen und französischen Minister unter Anwesenheit von Bundeskanzler Erhard einen großartigen Appell zu einer engen deutsch-französischen Zusammenarbeit zum Nutzen Europas gehalten. Es sei eine meisterhafte Rede gewesen. Und das Echo? Der Bundeskanzler zuckte mit den Schultern. Enttäuscht und verstimmt sei de Gaulle nach Paris zurückgefahren. Aber der Bundeskanzler gab nicht auf. Der Beschluß über die Einsetzung der interministeriellen Kommissionen und ihre gemeinsamen Sitzungen war gefaßt, das war ein Faktum, und es mußte jetzt alles getan werden, damit sie so schnell wie möglich berufen und ihre Arbeit sich auswirken würde in dem Sinne, wie Konrad Adenauer es sich vorgestellt hatte. Der Beschluß, die deutsche Seite solle ihrerseits einen Vorschlag zur europäischen Politischen Union vorlegen, bot Möglichkeiten, den Europa-Gedanken vor dem weiteren Verblassen zu bewahren, so hoffte er trotz allem.*« [28])

Eingehend schilderte der Publizist Klaus Harpprecht die politische Problematik der deutsch-französischen Verhandlungen: »*Gab es seit dem 8. Mai 1945 eine peinlichere Situation der deutschen Zeitgeschichte, denn jenes minutenlange Schweigen, in dem der Kabinettssaal im Palais Schaumburg erstarrte, als Frankreichs*

Präsident (bei der letzten Konsultations-Visite) sein Konzept für die Welt von morgen auf den Tisch gelegt hatte? Niemand widersprach ihm, niemand stimmte ihm zu. Niemand widerlegte seine These, daß die Vereinigten Staaten im Gang der Jahrzehnte ihren Blick von Europa ab und dem Fernen Osten zuwenden würden, daß Amerika seine Zukunft nicht so sehr als atlantische, sondern als pazifische Macht erkenne – denn sein geschichtliches Gegenüber heißt morgen nicht mehr Rußland, sondern China: Das aber sei für Europa ein Signal, sein Schicksal in die eigenen Hände zu nehmen. De Gaulles Entwurf mag realistisch, er mag absurd sein, doch niemand hat das Recht, ihn mit Gleichgültigkeit vom Tisch zu putzen. Applaus oder Protest, Ergänzung, Korrektur, ein Gegenkonzept – alles war möglich, nur nicht das trübe, schwerköpfige Bonner Schweigen, die hüstelnde Peinlichkeit, die bemühte Kühle, alles, nur nicht die Aufforderung des deutschen Außenministers, man schreite am besten zum nächsten Punkt der Tagesordnung. Anderntags reiste der General nach seinen eigenen Worten ›wie eine verschmähte Braut davon‹: Mich suchte von Zeit zu Zeit der Alptraum heim, daß Schröder mit seiner mühsamen Routine (die einen ärgerlichen Mangel an intellektuellem Respekt bewies) in Wirklichkeit den 8. Mai 1945 noch einmal vollzog. Der deutsche Kanzler und sein Minister entzogen sich der großen schöpferischen Chance, die aus der Niederlage erwachsen ist. Sie verstanden sie nicht. Sie schielten auf den großen Bruder und das atomare Schwert. Sie krümmten sich unter dem Verdacht, ihr Ruf als atlantischer Musterknabe könne durch das tête-à-tête mit dem General beschädigt werden.«

Die gleichgültige, ja abweisende Haltung von Erhard und Schröder gegenüber dem Plan einer Europäischen Union durch eine Einigung von Frankreich und Deutschland blieb der Öffentlichkeit nicht verborgen. De Gaulle selbst gab seiner Enttäuschung offen Ausdruck, als er am Ende der zweitägigen Beratungen in einer die wesentlichen Punkte zusammenfassenden Rede erklärte, daß der deutsch-französische Vertrag noch nicht die Entwicklung genommen hätte, die man gewünscht habe. Europa werde keine Wirklichkeit, solange Deutschland und Frankreich nicht wirklich vereint sind. Da Deutschland und Frankreich keine gemeinsame Politik hätten, habe auch Europa keine gemeinsame Politik. Europa könnte nur zu einer gemeinsamen Politik kommen, wenn Deutschland und Frankreich diese gemeinsame Politik entwickeln und erarbeiten. Europa könne nur im Zusammenwirken von Deutschland und Frankreich entstehen. Der französische Informationsminister Alain Peyrefitte erklärte am 7. Juli vor der Presse in Paris, die französische Delegation habe feststellen müssen, daß die Bundesrepublik Deutschland noch nicht bereit sei zu der vorgeschlagenen und notwendigen gemeinsamen Politik. Der Vorsitzende der CDU, Adenauer, und der Vorsitzende der CSU, Strauß, besprachen am 8. Juli den Verlauf der deutsch-französischen Konsultationen. In dem darüber veröffentlichten Kommuniqué teilten sie ihren Entschluß mit, möglichst bald deutsche Vorschläge für eine europäische politische Zusammenarbeit vorzulegen. Das Bundeskabinett ließ nach einer Sitzung am 10. Juli erklären, ihm sei nicht bekannt, daß die französische Regierung eine deutsch-französische Zweierunion vorgeschlagen habe. Ein Europa, das nur aus diesen zwei Staaten bestehen würde, sei kein Europa, wie es der Bundesregierung vorschwebt. [29])

Auf der Landesversammlung der Christlich-Sozialen Union in München vom 10.

bis 12. Juli 1964 übte Franz Josef Strauß deutliche Kritik am Ausgang der deutsch-französischen Besprechungen. Er versicherte, ein Zusammengehen zwischen Deutschland und Frankreich würde die Wiedergeburt Europas bedeuten. Erhard, der auf der Veranstaltung sprach, erinnerte an das Recht des Bundeskanzlers, die Richtlinien der Politik zu bestimmen. Es gebe ein Mittel, sich von einem Kanzler zu befreien, der nicht mehr das Vertrauen besitze, das konstruktive Mißtrauensvotum. Mit Nachdruck betonte er die Notwendigkeit eines Vertrauensverhältnisses zu den Vereinigten Staaten, setzte jedoch hinzu: »*Ich fühle mich keineswegs als Satellit der Vereinigten Staaten, – für mich als Bundeskanzler kommt zuerst Deutschland, dann Europa und erst dann fühle ich mich auch mit den Vereinigten Staaten verbunden.*« [30]) In seiner Pressekonferenz am 23. Juli ging Staatspräsident de Gaulle auch auf seine Gespräche in Bonn ein, wobei er behutsam, aber nicht überhörbar feststellte, »*daß sich bis zur Stunde Deutschland und Frankreich nicht auf eine gemeinsame Politik geeinigt hätten, was unbestreitbar daran liege, daß Deutschland im Unterschied zu den französischen Vorstellungen bisher noch nicht meint, daß die europäische Politik, die Politik Europas, europäisch und unabhängig sein muß.*« [31])

KONTROVERSE ZWISCHEN »ATLANTIKERN« UND »GAULLISTEN«

Da Bundeskanzler Ludwig Erhard und Bundesaußenminister Gerhard Schröder als »anglophil« galten, wurden von Anfang an Mutmaßungen sowohl über die Orientierung als auch über die Akzentuierung der Außenpolitik des Kabinetts Erhard angestellt. Darüber kam der Gedanke einer Alternative für die Bundesrepublik Deutschland zwischen Frankreich und den Vereinigten Staaten von Amerika auf, die sich in der Konfrontation von »Gaullisten« und »Atlantikern« reflektierte. In einem im Deutschlandfunk am 29. Oktober 1963 gesendeten Interview erklärte Bundesaußenminister Schröder: »*Also, den Gedanken einer Wahl zwischen Washington und Paris habe ich immer für ganz fehl am Platze gehalten. Sehen wir uns doch einmal die Fälle an, in denen die Bundesrepublik sich anders entschieden hat als Frankreich. So ist die Bundesrepublik für eine baldige Mitgliedschaft Englands in der EWG eingetreten, während Frankreich glaubt, der richtige Zeitpunkt dafür sei noch nicht gekommen. In dieser Frage hat die Bundesrepublik nicht für Washington optiert, sondern für eine in den Römischen Verträgen vorgesehene Erweiterung des Gemeinsamen Marktes, die auch von den übrigen Mitgliedern des Gemeinsamen Marktes gefordert wurde, und die nach Auffassung der Bundesregierung dem deutschen Interesse ebenso gedient hätte wie dem Interesse der Gemeinschaft.*« [32])
Bei den deutsch-französischen Verhandlungen im Juli 1964 trat dieser Gegensatz offen in Erscheinung. Im Herbst 1964 machte Wolfgang Wagner auf die Auswirkungen dieser lang anhaltenden Kontroverse auf die deutsche Innenpolitik aufmerksam: »*Nichts trug so sehr zu der Rückenstärkung bei, die Erhard von der deutschen Öffentlichkeit erhielt, wie die Intervention von Strauß und Adenauer.*

In Kommentaren war warnend von einer Nebenregierung die Rede und Erhard wurde energisch aufgefordert, auf der im Grundgesetz verbürgten Kompetenz des Bundeskanzlers, die Richtlinien der Politik zu bestimmen, gegenüber allen Anfechtungen aus seiner Partei zu bestehen. Dieser Aufforderung folgte er in seiner Münchener Rede mit Nachdruck, indem er wiederholt auf die Richtlinien-Kompetenz hinwies. Erst später wurde die Öffentlichkeit darauf aufmerksam gemacht, daß diese Kompetenz des Bundeskanzlers nach dem Grundgesetz nur gegenüber dem Bundeskabinett gilt und nichts mit seinem Verhältnis zu den Parteien zu tun hat.« [33])

SPD ALS ALTERNATIVE

Nicht nur in der Auseinandersetzung über die Deutschland- und Ostpolitik meldete sich die SPD immer wieder zu Wort. Auf der Grundlage des Godesberger Programms und des in der Bundestagssitzung vom 30. Juni 1960 abgegebenen Bekenntnisses zum Bündnissystem der Bundesrepublik Deutschland war die SPD bemüht, sich den Wählerinnen und Wählern als Alternative für die CDU/CSU und für die immer wieder geschlossene Koalition CDU/CSU und FDP anzubieten, wobei sie auf ihre Erfolge bei den Kommunalwahlen und auch bei einigen Landtagswahlen hinweisen konnte. Sie glaubte, daß ihre Chancen bei der Bundestagswahl 1965 so groß seien, daß sie bei der Bildung einer Koalitionsregierung nicht übergangen werden könne. Wie für die Bundestagswahl 1961 benannte sie auch für 1965 den Regierenden Bürgermeister von Berlin, Willy Brandt, seit dem Tode von Erich Ollenhauer Vorsitzender der SPD, als ihren Kanzlerkandidaten. Der Vorbereitung ihres Wahlkampfes diente der 11. ordentliche Parteitag in Karlsruhe (23. – 27. November 1964). Ihre führenden Politiker erstatteten nicht nur Bericht – sie entwarfen auch ein Bild der Politik einer von der SPD geführten Bundesregierung und setzten sich kritisch mit der Situation der Koalitionsregierung aus CDU/CSU und FDP auseinander. Der Vorsitzende der SPD-Fraktion im 4. Deutschen Bundestag, Fritz Erler, gab in einem großen Referat eine Zusammenfassung der sozialdemokratischen Vorstellungen und Ziele, wobei er vor allem auch die Labilität der amtierenden Bundesregierung ansprach. Indem die SPD sich von der Koalition aus CDU/CSU und FDP absetzte, glaubte sie sich überzeugend zu profilieren und die Erscheinung, die ihr nach dem Ausgang der Bundestagswahlen 1957 und 1961 nachgesagt wurde, eine »Profilneurose«, zu überwinden. In den abschließenden Bemerkungen seines Referats verglich Erler die Situation der Koalitionsregierung mit der Struktur der SPD: »*In der zu Ende gehenden Legislaturperiode konnte keine neue Grundlage für die großen Aufgaben unserer Zeit im Parlament geschaffen werden. Das war dort angesichts der Mehrheitsverhältnisse nicht möglich. Immerhin haben wir mit dem Sturz des früheren Verteidigungsministers der Demokratie in der Rechtsstaatlichkeit einen Dienst erwiesen. Die Präambel zum Deutsch-Französischen Vertrag wurde vor allem von uns durchgesetzt, und jetzt ist die Regierung froh, daß es sie gibt. Daß Hunderttausende von Menschen die Mauer durchqueren können, ist auch auf unsere Beharrlichkeit mit zurückzuführen. Wir haben trotz des Widerstandes der CSU die deutsche Präsenz in Osteuropa unterstützt und den Vertrag über den Atomversuchsstop im Bundestag mit durchgedrückt. Innenpolitisch haben wir wesentliche Verbesserungen der Steuergesetzgebung beeinflußt, das drohende Versiegen der Mittel für den Straßenbau durch einen unserer Anträge verhindert, das Einschwenken der Regierung gegenüber den Kriegsopfern und das teilweise Einlenken bei den Telefongebühren durch Mobilisierung der öffentlichen Meinung herbeigeführt. Wir haben durch unseren Druck die Einsetzung des Sachverständigenrates für die Konjunkturentwicklung veranlaßt, der objektive Daten für die Wirtschaftspolitik und Alternativen auf den verschiedensten Gebieten vorlegen soll. In der Kultusministerkonferenz waren es unsere Freunde, die die jüngsten Beschlüsse über praktische Maßnahmen zur Überwindung des Bildungsnotstandes entscheidend gefördert haben. Das, was mit unserer zur Zeit noch begrenzten Kraft möglich ist, haben wir versucht. Wir hoffen, daß uns das künftige Mandat einen weiterreichenden Auftrag erteilt. Parteien müssen sich nach politischen Maßstäben unterscheiden. Sie haben entweder wie wir ein mehr dynamisches, vorwärtsdrängendes gesellschaftspolitisches Ordnungsbild oder sie sind wie die andere Seite mehr dem Konservativen und Beharrenden verhaftet. Beide Ordnungsbilder sind notwendig, weil man sonst zum Einparteienstaat käme. Der politische Wettbewerb der Ideen, der Leistungen und der Persönlichkeiten muß sich aber ohne staatliche oder – wie es leider manchmal noch geschieht – kirchliche Vorgaben abspielen. Wir wollen unsere Politik nicht hinter der evangelischen oder der katholischen Kirche verstecken. Wir halten es für besser für Kirche und Staat, wenn eine bestimmte Partei die Kirche nicht als Kugelfang für eine höchst irdische Politik mißbrauchen kann. Wir nehmen unser Programm ernst. Dies ist auch unser Staat, in dem wir um Einfluß ringen. Wir tragen diesen Staat mit den Pflichten, die sich aus unserer Sicherheit und unserer Verteidigung ergeben. Wir setzen uns für eine solide Wirtschaft ein, für ein sauberes Verhältnis zu den anderen demokratischen Parteien, für ein gutes Verhältnis auch zu den Kräften außerhalb des politischen Bereichs. Unsere Methoden müssen sich den wechselnden Umständen anpassen. Das Ziel bleibt. Das Godesberger Programm hat es auf eine sehr einfache Formel gebracht. Dort heißt es: ›Der Sozialismus ist eine dauernde Aufgabe, Freiheit und Gerechtigkeit zu erkämpfen, sie zu bewahren und sich in ihnen zu bewähren.‹ Ich halte eine manchmal etwas langweilige Demokratie immer noch für menschenwürdiger als die hektische Betriebsamkeit der totalitären Gewaltherrschaften.«* [34])

GRÜNDUNG DER NATIONALDEMOKRATISCHEN PARTEI DEUTSCHLANDS (NPD)

Im »Döhrener Maschpark« zu Hannover wurde am 28. November 1964 eine neue Partei, die Nationaldemokratische Partei Deutschlands (NPD), gegründet, die rasch große Beachtung fand. [35]) In- und ausländische Beobachter vertraten die

Auffassung, daß sich in der NPD organisatorische und ideologische Reste des Nationalsozialismus zusammenschlossen; sie betrachteten und erklärten die NPD als neonazistische Partei. Die Weltöffentlichkeit zeigte sich alarmiert, als die NPD bei den Bundestagswahlen am 19. September 1965, zehn Monate nach ihrer Gründung, 2,0 v. H. der abgegebenen gültigen Stimmen auf sich vereinigte. Bei den Kommunal- und Bürgerschaftswahlen in Schleswig-Holstein, Bayern und Hamburg im März 1966 erreichte sie einen durchschnittlichen Stimmenanteil zwischen 1,6 und 3,9 v. H. der abgegebenen gültigen Stimmen. Im gleichen Jahr gelang ihr der Sprung in den Hessischen und in den Bayerischen Landtag. Im Hessischen Landtag war sie mit 8, im Bayerischen Landtag mit 15 Abgeordneten vertreten. Dieser aus dem Stand heraus erfolgte Aufstieg wurde zu einem innen- und außenpolitischen Problem der Bundesrepublik Deutschland, dessen Gefährlichkeit allen, die sich der Demokratie verpflichtet wußten, bewußt war. Die öffentliche Meinung nicht nur in den östlichen, sondern auch in den westlichen Staaten zeigte sich aufs höchste beunruhigt, glaubte sie doch Grund zu der Annahme zu haben, in der NPD wiederhole sich die Entwicklung der NSDAP. Journalisten, Politiker und Politologen beschäftigten sich mit den Gründen, die den für unmöglich gehaltenen Aufstieg einer Rechtspartei ausgelöst oder begründet hatten. Nachdem es der NPD gelungen war, in die Landtage von Hessen und Bayern einzuziehen, wurde sie ein bevorzugtes Thema der deutschen Innenpolitik, über das die Meinungen auseinandergingen. Die einen sahen in ihr die Wiedergeburt des Nationalsozialismus, andere bezeichneten sie als eine rechtskonservative Gruppierung, wie sie gleich oder ähnlich in allen westlichen Ländern existiert.

Die Ergebnisse der zahlreichen Analysen über die Gründe, die zur Entstehung der NPD führten und deren raschen Aufstieg begünstigten, lassen sich wie folgt zusammenfassen: Als Kurt Schumacher (SPD) den 1. Deutschen Bundestag betrat, stellte er die Frage: »*Wo sind die Rechtsparteien?*«, von der Überlegung ausgehend, daß Parteien von der Art der Deutschnationalen Volkspartei (DNVP) in Deutschland immer ihre Anhänger und Wähler finden. Die Erfahrung mit dem Nationalsozialismus behinderte nach 1945 die Entfaltung von Rechtsparteien entscheidend. Zwar lizenzierten die Besatzungsmächte konservative und auch rechtsorientierte Parteien, doch fanden diese bei den Wahlen zum 1. Deutschen Bundestag am 14. August 1949 nur geringe Resonanz. Die in Niedersachsen 1946 gegründete Deutsche Reichspartei erhielt rund 5 v. H. der abgegebenen gültigen Stimmen und 5 Mandate. Von ihr spaltete sich ein starker radikaler Flügel ab, der sich als Sozialistische Reichspartei konstituierte. Der Rest der Deutschen Reichspartei fusionierte im Jahre 1950 mit der Deutschen Rechtspartei, behielt jedoch den Namen Deutsche Reichspartei bei. Vorsitzender wurde Adolf von Thadden. Die Deutsche Reichspartei kandidierte bei allen Bundestags-, den meisten Landtags- und zahlreichen Kommunalwahlen. Ihr Anspruch, die nationale Rechte zu repräsentieren, wurde von Gemeinschaften bestritten, die sich als Hüterinnen der nationalen Tradition ausgaben. Sie wechselten ihren Namen, fusionierten miteinander, spalteten sich auf, firmierten sich neu, tauschten ihre Funktionäre – sie wurden jedoch von der Öffentlichkeit nicht zur Kenntnis genommen. Das von der Bundesregierung beantragte und 1952 vom Bundesverfassungsgericht ausgesprochene Verbot der Sozialistischen Reichspartei, deren Mitglieder und

Wähler sich anderen Gruppen zuwandten, wirkte warnend und abschreckend. Der bei den Bundestagswahlen am 6. September 1953 einsetzende Trend zu zwei großen Parteien führte zu einem Zurückdrängen der zahllosen rechten Gruppen, die als Sektiererorganisationen angesehen wurden, was sie auch waren. Ihr Stimmenanteil betrug bei den Bundestagswahlen 1949 1,8, 1953 1,1, 1957 1,0 und 1961 0,8 v. H. der abgegebenen gültigen Stimmen. Der Trend zum Zwei-Parteien-System führte auch zum Niedergang konservativer Parteien von zunächst nennenswerter Anhängerschaft – des Gesamtdeutschen Blocks/BHE, der Bayernpartei und der Deutschen Partei. Ihre Funktionäre schlossen sich vor allem der CDU/CSU an. Die Existenz der Bundeswehr konfrontierte mit dem Problem der nationalen Tradition. Der zunehmende Abstand vom Ende des Zweiten Weltkrieges weckte in Teilen der Bevölkerung den Wunsch nach einem nationalen Selbstverständnis. Die Unzufriedenheit schließlich mit dem parlamentarischen System begünstigte das Aufkommen antiparlamentarischer Tendenzen. Vor allem in ländlichen und kleinstädtischen Gebieten breitete sich eine Unruhe über die sich abzeichnende Strukturveränderung, die parallel zu der Abschwächung der Hochkonjunktur verlief, aus. In dieser Situation sahen die zur Bedeutungslosigkeit herabgesunkenen nationalen Parteien und Gruppierungen eine Überlebenschance in einem Zusammenschluß.

Die Initiative dazu ging von Friedrich Thielen, Betonfabrikant in Bremen, zunächst Gründungsmitglied der CDU, später Mitglied der DP, aus – doch dienten die Reste der Deutschen Reichspartei als Organisationsbasis. Die Deutsche Reichspartei besaß einen Parteiapparat und in Adolf von Thadden einen gewandten und routinierten Redner. Aufgrund vorausgegangener Besprechungen und Verhandlungen kamen zahlreiche Gruppen und Einzelpersonen überein, eine nationale Sammlungspartei zu gründen, die alle mit den politischen, wirtschaftlichen und gesellschaftlichen Verhältnissen Unzufriedenen erfassen sollte. Die neugegründete Partei selbst erklärte sich im Paragraph 1 ihrer Satzung als den »*politischen Zusammenschluß nationaler Deutscher aller Stände, Konfessionen, Landsmannschaften und Weltanschauungen*«. In ihrem Manifest sprach die NPD zunächst die deutsche Teilung an, deren Fortdauer sie so lange für gegeben betrachtet, »*so lange sie das deutsche Volk gefügig hinnimmt und die Bundesregierung aus eigener Kraft nichts unternehmen will*«. Als ihr politisches Ziel proklamierte sie »*eine von fremden Interessen unabhängige deutsche Politik*«: »*Wir wenden uns an alle Deutschen, die entschlossen sind, mit uns diesem Ziel zu dienen. Wir rufen insbesondere die deutsche Jugend und jene Millionen enttäuschter Wähler auf, die nicht mehr bereit sind, sich dem Monopolanspruch der Bonner Parteien auf alleinige Macht zu unterwerfen. Unser Volk hat diese Führung nicht verdient. Wir wollen sie nicht mehr! In nationaler Freiheit und sozialer Grundhaltung sind wir die politische Bewegung der kommenden deutschen Einheit in einem europäischen Europa.*« Da sich die NPD kein Programm gab, galt der Vortrag des Historikers Ernst Anrich auf dem 1. NPD-Bundesparteitag 1966 in Karlsruhe »Mensch – – Volk – Staat und Demokratie« als ihre Ideologie.[36]) Anrich nahm völkische Vorstellungen und Forderungen auf, wie sie in der alldeutschen Bewegung und im Nationalsozialismus virulent waren. Die über die Mitglieder ihrer Gremien veröffentlichten Statistiken bewiesen die Richtigkeit der Behauptung, daß Mitglieder und Funktionäre der NSDAP in die NPD drängten. Darüber kam es in der Partei selbst zu Auseinandersetzungen, die Fritz Thielen veranlaßten, den Vorsitz niederzulegen. An seine Stelle trat Adolf von Thadden – womit die Kontinuität mit der Deutschen Reichspartei eindeutig sichtbar wurde. Erst die Wahlerfolge im Jahre 1966 machten die deutsche Öffentlichkeit auf die durch die NPD veranlaßte Gefahr für ihre innenpolitische Entwicklung und für ihr außenpolitisches Ansehen aufmerksam. Die Mehrheit der Weltmeinung sah in der NPD entweder eine nationalistische oder eine nazistische Partei. Ihr Erfolg wurde als ein Wiederaufleben nationalistischer und nationalsozialistischer Tendenzen in Deutschland bewertet. Einzelne Gruppen der Gesellschaft, vor allem Gewerkschaften und Jugendorganisationen, störten planmäßig Veranstaltungen der NPD. Ihre Erfolge bei den Landtagswahlen zwischen 1966 und 1968 rechtfertigten die Befürchtung, die NPD werde bei der Wahl des 6. Deutschen Bundestages die 5 %-Klausel überwinden und Abgeordnete entsenden. Die vorläufige Auseinandersetzung mit der NPD erreichte deshalb im Wahlkampf zum 6. Deutschen Bundestag im Januar 1969 ihren vorläufigen Höhepunkt.

Die Gründung und vor allem der Aufstieg der NPD beweisen die Existenz völkischer und nationalistischer Tendenzen, Vorstellungen und Strömungen im deutschen Volk. Die politische Erziehung zur Demokratie und zu einem neuen Verständnis der Zuordnung von Individuum, Gesellschaft und Staat war nicht in der Lage, diese Tendenzen zu absorbieren. Da die NPD bei den Wahlen zum 6. Deutschen Bundestag am 28. September 1969 nur 4,3 v. H. der abgegebenen gültigen Stimmen erhielt, entsandte sie keine Abgeordneten. Ihr Problem ist damit nicht gelöst. Die Auseinandersetzung mit dem Rechtsradikalismus ist eine fortbestehende Aufgabe der deutschen Politik. Jeder Rückfall in nationalistische Vorstellungen kann dem deutschen Volke einen nicht wiedergutzumachenden Schaden zufügen.

UNTERSCHIEDLICHE METHODEN FÜR DIE BEHANDLUNG DER DEUTSCHEN FRAGE

In seiner Neujahrsansprache vom 31. Dezember 1964 trug Walter Ulbricht einen »Humanisierungs-Plan« vor, an dessen erster Stelle ein Rüstungsstop in beiden deutschen Staaten stand. [37]) Indirekt ging Bundesminister Mende darauf ein, als er in einem Interview mit dem Westdeutschen Rundfunk am 5. Januar 1965 eine Bilanz der deutschen Situation gab. Er betonte, *»niemand glaubt heute noch wie etwa vor zehn Jahren, daß die Wiedervereinigung sehr schnell kommen kann«:* Die kleinen Schritte, wie sie Willy Brandt empfohlen hatte, lehnte er ab, weil sie nach seiner Meinung die deutsche Frage nicht lösen würden, die große Konzeption müsse hinzukommen: *»Bundestagspräsident D. Dr. Gerstenmaier hat ja in der letzten Plenarsitzung der 3. Legislaturperiode, am 30. Juli 1961, folgendes für das deutsche Volk erklärt: Wir wollen den Friedensvertrag. Und dieser Friedensvertrag muß dem deutschen Volke drei Dinge bringen: 1. eine Klärung des militärischen*

Status, eben im Rahmen neuer europäischer und vielleicht auch Ostwest-Sicherheits-Konstruktionen. 2. Er muß über die endgültigen Grenzen Deutschlands im Osten eine Auskunft geben. Und 3. er muß dem deutschen Volk das Selbstbestimmungsrecht bringen. Niemand kann doch von uns verlangen, daß wir jetzt, bevor wir am Verhandlungstisch sitzen, alle die Einzelheiten möglicher Lösungen öffentlich verkünden. Die Sowjets pflegen dann das, was man an Kompromißlösungen anbietet, als bereits gegeben hinzunehmen und von dort aus weitere Fortschritte in ihrem Sinne anzustreben. Sie wollen ja schließlich das kommunistische Gesamtdeutschland. Das ist ihr Konzept. Wir wollen ein freies, nichtkommunistisches Gesamtdeutschland. Das ist unser Konzept. Beide Vorstellungen von einem Friedensvertrag, der sowjetische vom Januar 1959, der westliche vom Mai 1959, in Genf durch Christian Herter vorgelegt, liegen miteinander unvereinbar auf dem Tisch.« [38])

Am 25. Januar 1965 veröffentlichte der Vorstand der SPD ein Memorandum des Regierenden Bürgermeisters von Berlin, Willy Brandt, zu Fragen der Ostpolitik – eine Aufzeichnung von Überlegungen, die Brandt bei seinem Besuch in Washington im Mai 1964 in Gegenwart des Botschafters der Bundesrepublik Deutschland dem amerikanischen Außenminister Dean Rusk vortrug. Auf seinen Wunsch erstellte er eine schriftliche Fassung, die am 26. August 1964 durch den amerikanischen Gesandten in Berlin Außenminister Rusk zugeleitet wurde. Die Veröffentlichung erfolgte später, weil es zu Meinungsverschiedenheiten zwischen der Bundesregierung und dem Senat von Berlin über die außenpolitische Aktivität des Regierenden Bürgermeisters gekommen war. Das Memorandum entstand aus der täglichen Konfrontation mit der Situation in Berlin. Es versuchte die dabei gewonnenen Erkenntnisse in Empfehlungen für die deutsche Politik, vornehmlich gegenüber dem Osten, umzusetzen. Im einzelnen befaßte es sich mit 1. Beziehungen zu osteuropäischen Staaten und Völkern; 2. Nationalbewußtsein in Osteuropa; 3. handelspolitischen Kontakten; 4. gemeinsamen technischen Großprojekten; 5. kulturellen Beziehungen; 6. dem Problem der DDR und 7. mit dem Zusammenhang dieser Themen mit der deutschen Frage.[39]) Das erkennbare Ziel der Denkschrift war die Empfehlung, nicht auf die erhoffte *große* Chance zu warten, sondern die bereits bestehenden Möglichkeiten zu nützen, ohne dabei Voraussetzungen für eine Gesamtbereinigung zu zerstören. Während die Ostpolitik des Bundesministers Schröder die politischen Fragen an den Anfang stellte und ihre Klärung zur Voraussetzung weiterer Kontakte machte, sprach sich Brandt für die Ausschöpfung der unpolitischen Möglichkeiten einer Zusammenarbeit aus, in der erkennbaren Erwartung, dadurch der Lösung der politischen Probleme näherzukommen und sie zugleich zu erleichtern.

Die Veröffentlichung des Memorandums wurde als Alternative zur Deutschland- und Ostpolitik der Bundesregierung verstanden, weshalb es über sie zu einer lebhaften Diskussion, die in den Sog der Wahlen zum 5. Deutschen Bundestag am 19. September 1965 geriet, kam.

Wenige Tage nach der Veröffentlichung des Memorandums des Regierenden Bürgermeisters von Berlin, Willy Brandt, beschäftigte sich Staatspräsident de Gaulle mit dem deutschen Problem, indem er auf der Pressekonferenz vom 4. Februar 1965 die »Europäisierung« der deutschen Frage forderte. Anknüpfend und bezugnehmend auf die Gespräche mit Bundeskanzler Erhard führte er aus: *»Das* *deutsche Problem ist das europäische Problem par excellence. Europäisch – denken Sie nur zurück – seit dem Entstehen des Römischen Reiches, das heißt, seitdem das geschichtliche Europa aufgehört hat, auf das Mittelmeerbecken beschränkt zu sein, um sich bis zum Rhein zu erstrecken. Europäisch wegen des Siedlungsraumes der Germanen im Herzen unseres Kontinents zwischen den Galliern, Lateinern und Slawen. Europäisch, weil es im Laufe einer langen und harten Geschichte mit vielen Fermenten und Folgewirkungen beladen wurde, die bei allen Nachbarvölkern dieses in einem ewigen Werden begriffenen Landes ihm gegenüber von Jahrhundert zu Jahrhundert bitteren Groll und viele Vorurteile zurückgelassen haben. Europäisch, weil das deutsche Volk ein großes Volk ebenso auf dem Gebiete der Wirtschaft wie dem des Geistes, der Wissenschaft und der Kunst sowie im Bereich der militärischen Fähigkeit ist und weil Europa in ihm einen wesentlichen Bestandteil seiner selbst erblickt. Europäisch, weil Deutschland seit jeher erfüllt ist von Angst und bisweilen von Zorn – geboren aus der eigenen Unsicherheit hinsichtlich seiner Grenzen, seiner Einheit, seiner politischen Ordnung und internationalen Rolle –, und die deshalb sein Schicksal dem ganzen Kontinent ständig um so beunruhigender erscheinen lassen, je länger es ungewiß bleibt.«* [40])

Der Bonner Korrespondent der »Neuen Zürcher Zeitung«, Fred Luchsinger, nahm an der Pressekonferenz im Elysée-Palast teil. Im Anschluß führte er Gespräche mit französischen Politikern, die ihm die Intentionen de Gaulles erläuterten. Das Ergebnis seiner Bemühungen um ein Verständnis der durch de Gaulle artikulierten französischen Deutschlandpolitik brachte er in einem Leitartikel zum Ausdruck, in dem er die Bedeutung der Forderung de Gaulles nach einer Europäisierung der deutschen Frage erläuterte: *»Der Entwuf, den Präsident de Gaulle in seiner Pressekonferenz für die Lösung der deutschen Frage vorgelegt hat – Schaffung einer ausgeglichenen west-östlichen kontinentalen Struktur, eines großen europäischen Rahmens, der den ›germanischen‹ Block einzufassen vermag –, ist Zukunftsvision.«* [41])

Die Erklärung de Gaulles veranlaßte den amerikanischen Präsidenten Johnson in einem Gespräch mit dem Botschafter der Bundesrepublik Deutschland in Washington, Heinrich Knappstein, zu der Erklärung der *»vollen und unaufhörlichen Unterstützung der Vereinigten Staaten für einen ernsthaften Fortschritt auf dem Weg zur Wiedervereinigung Deutschlands«*.[42])

Die Erklärungen sowohl de Gaulles als auch Johnsons bildeten die Grundlagen der am 10. Februar 1965 im 4. Deutschen Bundestag im Rahmen einer aktuellen Stunde erfolgten Diskussion über die Deutschlandpolitik. Im Vordergrund standen dabei die Äußerungen de Gaulles, die einen anhaltenden Wellenschlag ausgelöst hatten. Fritz Erler betonte den hohen Wert der Erklärung de Gaulles und erinnerte an die Verantwortung der drei Mächte für die Wiedervereinigung. Über die Befürchtungen seiner Partei in bezug auf die Äußerung de Gaulles bemerkte er: *»Ich glaube, wir sind durch einige Perspektiven beunruhigt. Ich kann mir nicht vorstellen, daß es die Meinung dieses Hauses ist, die Wiedervereinigung Deutschlands werde erst erreichbar, wenn die Sowjetunion nicht mehr totalitär, also nicht mehr kommunistisch sei, und Osteuropa frei werde. Das wäre eine völlige Abkehr von der bisherigen Deutschlandpolitik dieses Hauses.«* [43])

Den Erklärungen Erlers antwortete Bundeskanzler Erhard, wobei er sich auf seine

Gespräche mit Präsident de Gaulle in Rambouillet bezog. Er widersprach de Gaulle insofern, als er darauf hinwies, daß es dem deutschen Volke nichts nütze, wenn man ihm sage, *»in 20, 30 oder 40 Jahren kann vielleicht ein Prozeß heranreifen, der Euch die Wiedervereinigung bringen wird. Neben diesem Prozeß, den ich nicht weiter beurteilen will – es steht mir auch keine Kritik zu –, bedarf es der Politik des Tages und des Augenblicks«.*[43])
An der in Gang gekommenen Diskussion beteiligte sich auch der britische Außenminister Michael Stewart, der am 11. Februar in Brüssel erklärte, die britische Regierung werde in Konsultationen mit ihren Verbündeten alles in ihrer Macht Stehende tun, *»um es dem deutschen Volk zu ermöglichen, von seinem Recht auf Selbstbestimmung Gebrauch zu machen«.*[44]) Diese Diskussion war, wie bereits bemerkt, begleitet von Erklärungen und Bemühungen, normale Beziehungen zwischen der Bundesrepublik Deutschland und den osteuropäischen Staaten herzustellen. Auch Vertreter osteuropäischer Staaten gaben zu erkennen, daß sie an einer Erweiterung der wirtschaftlichen Beziehungen interessiert seien. So erklärte der Erste Sekretär der Ungarischen Sozialistischen Arbeiterpartei, Janos Kadar, am 11. Februar, die Volksrepublik Ungarn sei solidarisch mit der DDR, wünsche jedoch eine Erweiterung ihrer Beziehungen zur Bundesrepublik Deutschland.[45]) Diesem Verlangen kam der Präsident des Bundes der Vertriebenen, der Bundestagsabgeordnete Wenzel Jaksch (SPD), entgegen, indem er einen Plan für eine großzügige Wirtschaftshilfe an die osteuropäischen Staaten vorlegte. Mit diesem Plan, an dem sich die Bundesrepublik Deutschland mit 30 Milliarden DM beteiligen sollte, könnte eine zweite Phase seiner neuen elastischen deutschen Ostpolitik eingeleitet werden.[46]) Der Vorschlag de Gaulles über eine »Europäisierung« der deutschen Frage fand auch in der Sowjetunion Beachtung. Die Parteizeitung »Prawda« stimmte de Gaulle in der Auffassung bei, *»daß jede Lösung des Deutschland-Problems unbedingt eine Regelung des Problems der deutschen Grenzen und des Problems der deutschen Bewaffnung aufgrund von Abkommen einschließen«* müsse.[47]) Der polnische Außenminister Adam Rapacki beschuldigte in einem in Brüssel gehaltenen Vortrag den amerikanischen Außenminister John F. Dulles, das deutsche Problem durch folgende drei Maßnahmen kompliziert zu haben: 1. durch die Wiederbewaffnung Westdeutschlands, 2. durch die Nichtanerkennung der DDR, 3. durch die Nichtanerkennung der Ostgrenzen.[48]) Die auf breiter Grundlage geführte Diskussion versuchte die Bundesregierung in eine neue Deutschland-Initiative zu kanalisieren, hatte dabei jedoch nur teilweisen Erfolg, wurde doch das Interesse der öffentlichen Meinung vor allem durch zwei Probleme in Anspruch genommen – durch die Frage möglicher Verjährung nationalsozialistischer Gewaltverbrechen und durch die Krise der Beziehungen der Bundesrepublik Deutschland zu den arabischen Staaten.

VERJÄHRUNG ODER NICHTVERJÄHRUNG NATIONALSOZIALISTISCHER GEWALTVERBRECHEN

Das Strafgesetzbuch (StGB) sieht vor, daß alle früher mit der Todesstrafe, seit ihrer Abschaffung durch das Grundgesetz mit lebenslänglichem Zuchthaus bedrohten Straftaten, also auch Mord, Beihilfe zum Mord und Mordversuch, nach 20 Jahren verjähren. Diese Tatsache bedeutete, daß die Verfolgung nationalsozialistischer Verbrechen nach dem 8. Mai 1965 nicht mehr möglich war – wenn es nicht zu einer Änderung der entsprechenden Bestimmung des StGB kam. Diese Situation war Anlaß für eine Diskussion, an der das Inland und das Ausland leidenschaftlich Anteil nahmen. Die Front der unterschiedlichen Auffassungen zeichnete sich sehr früh ab. Die Gegner einer Verjährung brachten vor, daß nach dem Ablauf der Verjährungsfrist nationalsozialistische Gewaltverbrecher auftauchen und sich in Deutschland frei bewegen könnten; das deutsche Volk wäre gezwungen, mit Mördern zu leben. Vor allem die Völker der Staaten, die im Zweiten Weltkrieg von deutschen Truppen besetzt waren, und die Juden in aller Welt bezeichneten es als unerträglich, daß nazistische Gewaltverbrechen nicht mehr verfolgt würden. Die Befürworter des Eintritts der Verjährungsfrist beriefen sich auf rechtspolitische und politische Gesichtspunkte; sie betonten, daß eine Manipulation der Bestimmungen des StGB in einem Rechtsstaat nicht möglich sei; der Grundsatz »Nulla poena sine lege« – keine Strafe ohne ein im Zeitpunkt der Straftat geltendes Gesetz – habe unabdingbaren Vorrang. Diese Auffassung wurde vor allem von Politikern der FDP vertreten. Andere Befürworter der Verjährung gaben zu bedenken, daß im Interesse einer Beruhigung die Strafverfolgung von Gewaltverbrechern, die sehr häufig im Befehlsnotstand gehandelt hatten, ein Ende nehmen müsse. Etliche von ihnen brachten vor, daß nur die von Deutschen begangenen Verbrechen, nicht aber die an Deutschen verübten Verbrechen unbegrenzt verfolgt würden. Das Interesse der Weltöffentlichkeit wuchs mit dem Näherrücken des Verjährungsdatums. Am 1. September 1964 verabschiedete die Volkskammer der DDR ein »Gesetz über die Nichtverjährung der Kriegsverbrechen«, welches vorsah, daß auch in Zukunft kein Schuldiger der Strafverfolgung entgehen konnte.[49]) Am 20. November beschloß die Bundesregierung, in einem Appell alle Staaten zu ersuchen, ihr alle Unterlagen über Naziverbrechen zur Verfügung zu stellen.[50]) Der 4. Deutsche Bundestag forderte am 9. Dezember 1964 Bundesjustizminister Bucher (FDP) auf, bis zum 1. März 1965 zu berichten, ob in allen in Betracht kommenden Mordfällen der NS-Zeit Ermittlungen eingeleitet sind und die Unterbrechung der Verjährung sichergestellt ist, die aufgrund der bestehenden Gesetze am 8. Mai 1965 eintreten würde.[51]) Das sowjetische Außenministerium übergab am 16. Januar 1965 dem Botschafter der Bundesrepublik Deutschland in Moskau, Horst Groepper, eine Verbalnote, in der sie, unter Bezugnahme auf ihre Erklärung vom 24. Dezember 1964, behauptete: »*Der Appell der Bundesregierung an alle Regierungen, Organisationen und Privatpersonen, bis zu einem bestimmten Zeitpunkt verfügbare Unterlagen über Naziverbrechen zu übergeben, läßt sich nicht anders qualifizieren, denn als unlauterer Versuch, eine de-facto-Amnestierung der faschistischen Mörder zu tar-*

nen und diese rechtswidrigen Verbrechen vor der Weltöffentlichkeit zu rechtfertigen. Die Sowjet-Regierung möchte daran erinnern, daß aufgrund der Prinzipien des modernen Völkerrechts allen Staaten die Pflicht auferlegt ist, Verbrechen gegen den Frieden und die Menschlichkeit zu untersuchen und zu bestrafen. Das gilt in vollem Maße auch für die Bundesrepublik Deutschland, der zudem die besondere Pflicht obliegt, alle im Hoheitsgebiet der Bundesrepublik befindlichen Naziverbrecher zur gerichtlichen Verantwortung zu ziehen und zu bestrafen.« [52])
Botschafter Groepper erhielt am 17. Januar Instruktionen, die sowjetische Verbalnote zurückzuweisen, da die Behauptung, es handle sich bei den Bemühungen der Bundesrepublik Deutschland um den Versuch einer getarnten Amnestierung der Naziverbrecher, eine schwere Beleidigung darstelle.[53]) Am 3. Februar 1965 richtete die Volkskammer der DDR an alle Parlamente der Welt die Aufforderung, die Einstellung der Strafverfolgung von NS- und Kriegsverbrechen in der Bundesrepublik Deutschland zu verhindern. Auch sie behauptete, die Bundesregierung beabsichtige, den 8. Mai 1965 zum »Tag der Generalamnestie für Tausende von Nazi- und Kriegsverbrechern zu machen«: *»Diese ungeheuerliche Absicht widerspricht zutiefst dem Gerechtigkeitsempfinden der Völker. Sie stellt zugleich eine ernste Bedrohung des Friedens und der Sicherheit der Völker sowie ihres friedlichen Zusammenlebens dar. Sie verstößt gegen den Völkerrechtsgrundsatz der universellen und durch keine Fristen begrenzten Strafverfolgung aller Verbrechen gegen den Frieden, Kriegsverbrechen und Verbrechen gegen die Menschlichkeit.«* [54])
In einem unter der Überschrift »Verjährung nationalsozialistischer Verbrechen?« veröffentlichten Kommentar beschrieb der Bonner Korrespondent der »Neuen Zürcher Zeitung«, Fred Luchsinger, das Dilemma, in das die Bundesrepublik Deutschland gerate, wenn die Bundesregierung die im StGB vorgesehene Verjährung eintreten lasse: *»Die Bundesrepublik könnte, wenn sie die Verjährung eintreten läßt, in hochpeinliche Situationen geraten – dann, wenn bisher nicht aktenkundige Gewaltverbrecher, seien es Würger oder ›Schreibtischmörder‹, auftauchen und der Justiz die Hände gebunden sind. Kein Zweifel, daß in östlichen Archiven solche ›Entdeckungen‹ heute auf diesen Zeitpunkt hin präpariert werden. Der demokratische deutsche Staat wäre einer wirkungsvollen Propaganda damit wehrlos ausgeliefert. Man mag sich, wie Äußerungen von Ministern andeuten, in Bonn damit abfinden, ›mit Verbrechern‹, unbestraften, zu leben und also die Ansprüche an die öffentliche moralische Hygiene fortan herabzusetzen. Jenseits der deutschen Grenzen wird Verständnis für diese Art des Zusammenlebens mit der Vergangenheit schwerlich zu wecken sein . . . Außerhalb Deutschlands ist keine Neigung zu einer milderen Beurteilung des Nationalsozialismus und seiner Ungeheuerlichkeiten festzustellen. Geht die Tendenz in Deutschland selber in Richtung der Indulgenz?«* [55])
Fast alle an der Bildung der öffentlichen Meinung direkt und indirekt beteiligten Personen äußerten sich zu der Frage der Verjährung, die zu einer das Ansehen der Bundesrepublik Deutschland bestimmenden Qualifikation wurde. Der Hamburger Theologe Helmut Thielicke legte, wie er betonte, als Nichtjurist, im Februar 1965 seine Vorstellungen eingehend dar, wobei er eine kritische Frage an Unbekannt richtete: *»Hat denn niemand in Regierung, Opposition und Parlament vorausgesehen, daß der Tag der Verjährung am 8. Mai 1965 kommen*

würde? Hat niemand bedacht, daß Entscheidungen, die mit diesem Tag zusammenhängen, nicht im letzten Augenblick gefällt werden können – einfach deshalb nicht, weil dann nicht nur der Zeitdruck der Größe des Problems unangemessen ist, sondern weil der moralische, der politische und der Terrordruck (letzterer vom Osten her) eine erst fünf Minuten vor zwölf gefällte Entscheidung verfälscht und unglaubwürdig macht?« [56]) Der Philosoph Karl Jaspers äußerte sich in einem Gespräch mit dem Herausgeber des Nachrichtenmagazins »DER SPIEGEL«, Rudolf Augstein, das am 10. März 1965 unter der Überschrift »Für Völkermord gibt es keine Verjährung« veröffentlicht wurde. Jaspers betonte dabei, erst nach 1945 das Ausmaß des planmäßigen Vergasens erfahren zu haben – eine Feststellung, zu der Rudolf Augstein bemerkte: *»Ich auch.«* Im Laufe der eingehenden Diskussion über alle Aspekte des Verjährungsproblems verwies Jaspers auf seine Studie, die er Ende 1945 über die Schuldfrage veröffentlichte. Auf Wunsch von Rudolf Augstein faßte er die Aspekte, die er für das Wesentliche in der Entscheidung über die Verjährungsfrage hielt, in folgender Bemerkung zusammen: »*Sie wird durch die Weise, wie sie getroffen und wie sie begründet wird, durch die Sprache unserer Parlamentarier, durch den Ton ihrer Äußerungen, ein Zeugnis sein für die sittlich-politische Verfassung der heute in der Bundesrepublik maßgebenden Führer und damit für die Bundesrepublik selber in ihrem heutigen Zustand. Was entschieden wird, ist in bezug auf die materielle Realität ganz unbedeutsam. Aber in bezug auf die Erscheinung unseres politischen Wesens kann die Bedeutung gar nicht hoch genug eingeschätzt werden. Denn viele Dinge würden dann in anderer Richtung als bisher von der Bundesrepublik entschieden werden. Nehmen wir teil an dem einmütigen Gewissen des Abendlandes oder nicht? Behandeln wir auch solche Dinge opportunistisch, mit Halbheiten, mit Tricks, mit Hintergedanken? Begründen wir eine neue Verlogenheit? Oder wird der Ernst unseres politischen Willens einfach, schlicht, in klarer Sprache überzeugend in dem Parlament, das uns vertritt, in Erscheinung treten?«* [57])

Am 10. März erstattete Bundesjustizminister Bucher den ihm am 9. Dezember 1964 vom 4. Deutschen Bundestag aufgetragenen Bericht. Etwa 80 000 Deutsche seien bisher von deutschen Gerichten, ausländischen Gerichten und alliierten Militärgerichten unter der Beschuldigung, Kriegsverbrechen oder NS-Straftaten begangen zu haben, verurteilt worden. Die Staatsanwaltschaften der Bundesrepublik Deutschland hätten gegen mehr als 61 000 Personen Strafverfahren eingeleitet, durch die bisher 6 100 Personen rechtskräftig verurteilt worden seien. Gegen fast 14 000 Personen seien noch Verfahren anhängig, in denen die Verjährung entweder bereits unterbrochen sei oder bis zum 8. Mai 1965 unterbrochen werden könne. Neben den über 6 000 in der Bundesrepublik Deutschland und den unter 5 000 von den drei westlichen Besatzungsmächten verurteilten Personen seien weitere 12 000 durch Gerichte in der sowjetischen Besatzungszone, mindestens 24 000 durch sowjetische Gerichte, fast 17 000 durch polnische Gerichte und über 16 000 durch tschechoslowakische Gerichte, eine nicht bekannte Anzahl weiterer Deutscher durch Gerichte im übrigen Ausland verurteilt worden. Bucher versicherte, angesichts dieser Tatsachen könne man kaum die Behauptung ernst nehmen, in der Bundesrepublik Deutschland oder in der Welt befänden sich noch 10 000 von nationalsozialistischen Mördern auf freiem Fuß, fügte jedoch hinzu, wenn auch ein großer Teil der Tatkomplexe umfassend aufgeklärt worden sei, so könne doch nicht ausgeschlossen werden, daß nach dem 8. Mai 1965 noch bisher unbekannte Taten von Bedeutung oder unbekannte Beschuldigungen von Rang bekannt würden. Für das Bundeskabinett versicherte er die Bereitschaft, den Bundestag in seinem Bemühen zu unterstützen, in dieser Frage eine Lösung zu finden, die der Gerechtigkeit Genüge tue und den rechtsstaatlichen Voraussetzungen und Bedingungen Rechnung trage.

In der sich anschließenden Aussprache begründete Ernst Benda (CDU) den von ihm und anderen Abgeordneten seiner Fraktion eingebrachten Gesetzentwurf, wonach für die mit lebenslangem Zuchthaus bedrohten Verbrechen überhaupt keine Verjährung eintreten solle. Der Abgeordnete Martin Hirsch (SPD) begründete zwei Anträge seiner Fraktion; der eine sah die Änderung des StGB in Richtung auf völlige Aufhebung der Verjährung bei Mord vor. Der andere hatte eine Änderung des Grundgesetzes zum Ziel, durch die festgestellt werden sollte, daß es keine Verjährung wegen Mord gibt. Der Vorsitzende der CDU/CSU-Fraktion, Rainer Barzel, erklärte, die Frage der Verjährung sei allein eine Frage des deutschen Volkes, das nicht kollektiv schuldig geworden sei. Jeder Abgeordnete müsse nach seinem Gewissen entscheiden. Er gab zu bedenken, daß die deutsche Geschichte nicht nur aus den zwölf Jahren der Nazi-Herrschaft bestehe. In einer persönlichen Stellungnahme legte Bundesjustizminister Bucher (FDP) die Gründe seiner Ablehnung einer Verlängerung der Verjährung durch ein rückwirkendes Gesetz dar. Der Abgeordnete Gerhard Jahn (SPD) bezeichnete die Frage als entscheidend, ob das ungeheuerliche Ausmaß an Verbrechen, wie sie in dieser Form, in dieser Größenordnung und auch in dieser Grausamkeit in der Geschichte einmalig seien, einfach nur mit juristischen Erwägungen beantwortet werden sollte, oder ob man nicht vielmehr aufgefordert sei, auch und in erster Linie eine politisch-moralische Entscheidung zu dieser Frage zu treffen. Thomas Dehler (FDP) erklärte, daß der Wunsch, im Einklang mit dem Willen der Welt zu sein, vom deutschen Volk erfordere, nur schlicht und fest seinen Willen zum Recht darzutun. Zu diesem Recht gehöre aber auch, daß jede Schuld verjähre; Mangel an Recht und an Rechtsstaatlichkeit bringe Schaden. Der Weg zum Unrechtsstaat sei gebahnt worden dadurch, daß der Wille zum unbedingten Rechtsstaat nicht lebendig genug gewesen sei. Für die CSU-Landesgruppe empfahl Stefan Dittrich, eine Anregung Adenauers aufzugreifen und den Beginn der Verjährung anders zu setzen, nämlich mit dem Gründungstag der Bundesrepublik Deutschland. Die anschließenden Sprecher befürworteten die Notwendigkeit, eine befriedigende Lösung zu finden.[58]) Der Bundesrat brachte am 12. März seine Auffassung zum Ausdruck, »*daß eine Strafverfolgung von Mordtaten, die zur Zeit noch nicht verjährt sind, auch nach dem 8. Mai möglich sein muß*«.[59]) In den sich anschließenden Ausschußberatungen wurde eine Kompromißlösung, die in Verhandlungen zwischen CDU/CSU und SPD vereinbart worden waren, angenommen. Die FDP lehnte eine Mitwirkung ab, weil sie sich aus verfassungsrechtlichen Gründen gegen jede rückwirkende Verlängerung der Verjährung ausgesprochen hatte. Das Ergebnis der von CDU/CSU und SPD getroffenen Entscheidung war das »Gesetz über die Berechnung strafrechtlicher Verjährungsfristen«, das vom Bundestag am 25. März geschlossen verabschiedet wurde. Bei der namentlichen Abstimmung

stimmten mit Ja 344 Abgeordnete und 20 Berliner Abgeordnete, mit Nein 96 Abgeordnete (FDP und etwa 30 Abgeordnete der CDU/CSU und der SPD). 4 Mitglieder enthielten sich der Stimme. Das Gesetz wurde am 13. April 1965 verkündet; es hat folgenden Wortlaut: »*§ 1 Ruhen der Verfolgungsverjährung. (1) Bei der Berechnung der Verjährungsfrist für die Verfolgung von Verbrechen, die mit lebenslangem Zuchthaus bedroht sind, bleibt die Zeit vom 8. Mai 1945 bis zum 31. Dezember 1949 außer Ansatz. In dieser Zeit hat die Verjährung der Verfolgung dieser Verbrechen geruht. (2) Absatz 1 gilt nicht für Taten, deren Verfolgung beim Inkrafttreten dieses Gesetzes bereits verjährt ist. § 2 Anpassung des Ersten Gesetzes zur Aufhebung des Besatzungsrechts. Soweit die Verjährung der Strafverfolgung nach § 1 ruht, findet § 5 Abs. 1 des Ersten Gesetzes zur Aufhebung des Besatzungsrechts vom 30. Mai 1956 (Bundesgesetzbl. I S. 437) keine Anwendung. § 3 Land Berlin. Dieses Gesetz gilt nach Maßgabe des § 13 Abs. 1 des Dritten Überleitungsgesetzes vom 4. Januar 1952 (Bundesgesetzbl. I S. 1) auch im Land Berlin.*« [60])
Nach der Verabschiedung des Gesetzes durch den 4. Deutschen Bundestag bot Bundesjustizminister Ewald Bucher Bundeskanzler Erhard seinen Rücktritt mit der Begründung an, daß er als Gegner der Verlängerung der Verjährungsfrist sich außerstande sehe, das vom Bundestag verabschiedete Gesetz zu unterzeichnen. Erhard nahm den Rücktritt an und forderte die FDP-Fraktion auf, einen neuen Bundesjustizminister vorzuschlagen. Die FDP lehnte das Angebot ab, da sie sich einheitlich gegen die Verlängerung der Verjährungsfrist ausgesprochen habe. Daraufhin schlug Bundeskanzler Erhard Bundespräsident Lübke die Entlassung Buchers und die Ernennung des Bundestagsabgeordneten Karl Weber (CDU) zum neuen Bundesjustizminister vor.

KRISE DER DEUTSCHEN PRÄSENZ IM NAHEN OSTEN

Die Diskussionen über eine Deutschland-Initiative, über die Aufnahme von Beziehungen zu den osteuropäischen Ländern und über die Konsolidierung der Situation von (West-) Berlin wurden unterbrochen durch die Krise der Beziehungen der Bundesrepublik Deutschland zu den Ländern vornehmlich des östlichen Mittelmeerraumes, wobei zwei Bestrebungen aufeinanderstießen. Die Bundesrepublik Deutschland betrachtete die Aufnahme normaler diplomatischer Beziehungen zum Staate Israel als eine konsequente Fortsetzung ihrer Bemühungen, trotz der Verbrechen der nationalsozialistischen Gewaltherrschaft am Judentum zu einer Verständigung mit dem Staate Israel zu gelangen. Diesem Ziel diente der Abschluß des Israel-Vertrages vom 10. September 1952, der einen Akt der möglichen materiellen Wiedergutmachung darstellte. Schon bei seiner Unterzeichnung war es zu Protesten der arabischen Staaten gekommen, die die Bundesrepublik Deutschland durch wirtschaftliche Hilfe abwehrte. Die arabischen Staaten befanden sich teilweise in innerer Umgestaltung und äußerer Umorientierung.

Putsche von Offizieren lösten die feudalen Regime ab. Die neuen Regierungen bezeichneten sich als sozialistisch; der Staatschef der Vereinigten Arabischen Republik (VAR), Gamal Abdel Nasser, sprach vom »arabischen Sozialismus«. Die dadurch bedingte Hinwendung zur Sowjetunion wurde durch außen- und wirtschaftspolitische Ereignisse entscheidend forciert.
Zur Hebung des Lebensstandardes in Ägypten plante Nasser den Bau eines großen Staudammes bei Assuan, der weite Gebiete des Landes fruchtbar machen sollte. Über die Finanzierung des gewaltigen Projektes kam es zu internationalen Auseinandersetzungen. Großbritannien, Frankreich und die Bundesrepublik erklärten ihre Bereitschaft, sich an der Finanzierung zu beteiligen. Die entscheidende Hilfe erwartete sich Nasser von der Regierung der Vereinigten Staaten von Amerika und von der Weltbank, die seine Wünsche jedoch ablehnten. In dieser Situation unterbreitete die Sowjetunion Nasser ein verlockendes Angebot, das er angesichts der Ablehnung seiner Wünsche durch die Vereinigten Staaten von Amerika und die Weltbank anzunehmen gezwungen war, wenn er den Assuan-Staudamm bauen wollte. Nasser reagierte auf das Verhalten vornehmlich der Vereinigten Staaten von Amerika durch die am 28. Juli 1956 erfolgte Verstaatlichung des Suez-Kanals. Großbritannien und Frankreich versuchten durch eine gemeinsame militärische Intervention im Herbst 1956 Nasser zur Zurücknahme dieser Maßnahme zu veranlassen. Die Vereinigten Staaten von Amerika lehnten die militärische Aktion ab, die Sowjetunion drohte mit dem Einsatz von Langstreckenraketen für den Fall, daß die Truppen Frankreichs und Großbritanniens ihre Unternehmungen nicht einstellten. Konrad Adenauer bezeichnet in seinen »Erinnerungen 1955 - 1959« *»die plötzliche Ablehnung des Kredites für den Bau des Assuan-Staudammes politisch für einen der schwersten Fehler, der im Vorderen Orient gemacht werden konnte. Die amerikanische Regierung hätte sich doch sagen müssen, daß Nasser eine derart eklatante Niederlage, die er in einer äußerst wichtigen Angelegenheit erfuhr, nicht ruhig einstecken würde«.*[61])
Diese durch wirtschaftliche Maßnahmen erzwungene Ausrichtung der arabischen Politik auf die Sowjetunion führte zu Spannungen zwischen den Ländern der NATO und den arabischen Staaten. Kritisch beobachteten die arabischen Staaten auch die Beziehungen zwischen der Bundesrepublik und Israel. Gespräche zwischen dem Bundesverteidigungsminister Franz Josef Strauß und einer israelischen Delegation im Dezember 1957 begründeten eine materielle Zusammenarbeit – die Bundesrepublik Deutschland stellte dem Staat Israel Verteidigungswaffen zur Verfügung, während der Staat Israel Lieferungen für die Bundeswehr tätigte. Diese Geschäftsbeziehungen waren den Regierungen der arabischen Staaten bekannt, die deutsche Öffentlichkeit wurde erst spät darüber orientiert. Im Juni 1964 ersuchte der amerikanische Präsident Lyndon B. Johnson Bundeskanzler Erhard bei seinem Aufenthalt auf seiner Ranch in Texas, einen Teil der von der Bundeswehr ausrangierten amerikanischen Panzer vom Typ M 48 nicht an die Vereinigten Staaten von Amerika zurückzugeben, sondern nach Neapel zu verschiffen, damit sie nach Überholung nach Israel weitergeleitet werden könnten. Die Panzer waren von den Vereinigten Staaten von Amerika der Bundeswehr zur Verfügung gestellt worden, sie waren jedoch deutsches Eigentum, über das die Bundesregierung uneingeschränkt verfügen konnte. Ihre Weitergabe an Israel

waren nicht amerikanische, sondern deutsche Waffenlieferungen. Die Bundesregierung glaubte sich dazu nicht nur berechtigt, sondern hielt sich auch verpflichtet, da sowohl der Prozeß gegen Adolf Eichmann als auch die Tätigkeit deutscher Wissenschaftler in Ägypten, vor allem bei der Entwicklung eines ägyptischen Kampfflugzeuges, in Israel anhaltende Empörung ausgelöst hatten.[62])
In der Haushaltsdebatte des 4. Deutschen Bundestages am 15. Oktober 1964 führte Bundeskanzler Erhard aus: »*Die Spannungen im Nahen Osten stellen nach wie vor einen Gefahrenherd für den Weltfrieden dar. Unsere Nahost-Politik bedarf daher ganz besonderer Sorgfalt und Behutsamkeit. Wir haben in diesem Gebiet keine politischen Sonderinteressen, sondern wünschen nur, daß seine Völker, mit denen wir gleichmäßig gute Beziehungen pflegen wollen, in einer friedlichen Ordnung wirtschaftliche und soziale Fortschritte erzielen können.*« Im Anschluß äußerte sich Erhard über die Reaktion der israelischen Öffentlichkeit zur Tätigkeit deutscher Wissenschaftler in Ägypten und über die verständnisvollen Äußerungen des israelischen Ministerpräsidenten Eschkol.[63]) Die Anfrage des Abgeordneten Karl Mommer (SPD) zu dem seit langem diskutierten Thema der Aufnahme diplomatischer Beziehungen zwischen der Bundesrepublik Deutschland und dem Staate Israel beantwortete Bundesaußenminister Schröder (CDU/CSU) am 3. Dezember: »*Ich meine, es liegt auf der Hand, daß wir uns darüber Gedanken machen sollen. Ich will nicht ungebührlich der Zukunft vorgreifen, aber ich bin der festen Überzeugung, daß sich beiderseits befriedigende Lösungen finden lassen.*«[64]) Eine Verschlechterung der Beziehungen der Bundesrepublik Deutschland zu den arabischen Staaten, vornehmlich zur VAR, war für den Fall der Aufnahme diplomatischer Beziehungen zwischen der Bundesrepublik Deutschland und Israel vorauszusehen, da sich die VAR mit erkennbarer Entschiedenheit auf die sowjetische Politik hinorientierte. Im Herbst 1964 stattete der sowjetische stellvertretende Ministerpräsident Alexander Schelepin Kairo einen Besuch ab, der eine neue Phase der Beziehungen zwischen der Sowjetunion und der VAR einleitete. Sie begann mit einer eindeutigen Demonstration gegenüber der Bundesrepublik Deutschland. Das Organ der SED »Neues Deutschland« gab am 27. Januar 1965 bekannt, daß der Präsident der VAR, Gamal Abdel Nasser, den Vorsitzenden des Staatsrates der DDR, Walter Ulbricht, zu einem Freundschaftsbesuch in die VAR eingeladen habe; die Einladung sei angenommen worden. Am 31. Januar wurden in Kairo drei Abkommen zwischen der VAR und der DDR paraphiert; diese sahen vor, daß sich die DDR an Industrialisierungsvorhaben des zweiten Fünf-Jahres-Planes der VAR mit Investitionen und Ausrüstungen im Werte von 17 Millionen US-Dollar beteiligen wird, daß die Außenhandelsorgane der DDR für mehrere Vorhaben der VAR Kredite gewähren werden und daß die wissenschaftlich-technische Zusammenarbeit beider Staaten erweitert wird. Da Nasser bereits vorher eine Einladung der Bundesregierung erhalten hatte, erklärte Bundesaußenminister Schröder, daß im Falle einer Durchführung des Besuches von Ulbricht in der VAR der Plan eines Besuches Nassers in der Bundesrepublik Deutschland in Frage gestellt sei. Der Botschafter der Bundesrepublik Deutschland in Kairo, Georg Federer, hatte am 31. Januar eine Aussprache mit Nasser, in der die Probleme der Beziehungen der Bundesrepublik Deutschland zu der VAR und zu Israel erörtert wurden.

Der Sprecher der Bundesregierung, Karl Günther von Hase, erklärte am 1. Februar, der Besuch Ulbrichts in Kairo werde schwerwiegende Änderungen im Verhältnis zwischen dem deutschen und dem arabischen Volk und den beiden Regierungen zur Folge haben. Die VAR reagierte darauf am 7. Februar mit der Drohung, die diplomatischen Beziehungen zur Bundesrepublik Deutschland abzubrechen, wenn diese nicht die Waffenlieferungen an Israel einstelle. Am 12. Februar erklärte der Sprecher der Bundesregierung, durch die Einladung Ulbrichts nach Ägypten und Pressemeldungen über ein deutsches Hilfsprogramm für Israel seien Schwierigkeiten für die Beziehungen der Bundesrepublik Deutschland zum Nahost-Raum eingetreten. Die Bundesregierung sehe sich Forderungen von beiden Seiten, Ägypten und Israel, ausgesetzt, die nach keiner Seite hin voll erfüllt werden könnten. Von Hase teilte mit, daß die Bundesregierung die Einstellung von Waffenlieferungen in Spannungsgebiete beschlossen habe. Vor dem 4. Deutschen Bundestag interpretierte Bundeskanzler Erhard am 17. Februar die Nahost-Politik der Bundesregierung: *»Die Spannungen mit Ägypten sind nicht entstanden, weil Deutschland Israel Waffen lieferte, sondern weil die Regierung in Kairo, die mit kommunistischer Hilfe selbst in einem unerhörten Maße aufrüstet, Ulbricht einlud. Israel hat bekanntlich von vielen Staaten militärische Ausrüstung erhalten. Wegen eines Teiles unserer so gearteten Hilfe, die wir in einer Ausnahmesituation gewährten und in der wir uns in Übereinstimmung mit unseren Alliierten befanden, sind nun Schwierigkeiten aufgetreten.«* Erhard sprach sowohl die Beziehungen der Bundesrepublik Deutschland zu den arabischen Staaten als auch zu Israel an: *»Den arabischen Staaten gegenüber konnten unsere Beziehungen auf eine lange Tradition nie getrübter Freundschaft gestützt werden. Unsere Beziehungen zu Israel hingegen waren auf das Schwerste belastet. Deutschland stand und steht unter der Schuld, die ihm das Dritte Reich aufgebürdet hat. Dem Frieden wäre ein guter Dienst geleistet worden, wenn die arabischen Staaten, deren stolze Geschichte viele Beispiele von Größe und Edelmut aufweist, die Ahnenschuld des deutschen Volkes gegenüber den Juden besser verstanden und ihrer Tilgung durch die Bundesrepublik nicht ständig Schwierigkeiten in den Weg gelegt hätten.«* [65])
Der Vorsitzende des Staatsrates, Walter Ulbricht, stattete vom 24. Februar bis 2. März 1965 der VAR einen Freundschaftsbesuch ab.[66]) Die Bundesregierung beschäftigte sich vom 4. bis 7. März mit den Problemen der Nahost-Krise. Das Ergebnis ihrer Sitzungen faßte sie in einer Erklärung zusammen, in der fünf Entscheidungen des Bundeskanzlers mitgeteilt wurden: 1. Die Bundesrepublik Deutschland gewährt der VAR keine weitere Kapitalhilfe und lehnt es ab, Ägypten einen Plafond für längerfristig staatlich verbürgte Kredite einzuräumen. 2. Die Aufwertung der Herrschaft des Gewaltregimes in der DDR wird als unfreundlicher Akt betrachtet. 3. Die Bundesregierung strebt die Aufnahme diplomatischer Beziehungen zu Israel an. 4. Die Bundesregierung erneuert ihren Entschluß, in Spannungsgebiete künftig keine Waffen mehr zu liefern. 5. Die Bundesregierung bemüht sich mit ihren Verbündeten um den Abbau der Spannungen im Nahen Osten. Der Rat der Arabischen Liga empfahl auf seiner Sitzung am 9. März seinen Mitgliedstaaten den Abbruch der diplomatischen Beziehungen zur Bundesrepublik Deutschland und die Überprüfung der Wirtschaftsbeziehungen, wenn die Bundesrepublik Deutschland diplomatische Beziehungen zu Israel aufnimmt.

Lediglich der Staatspräsident von Tunesien, Habib Bourgiba, kritisierte die Deutschland- und Palästina-Politik der arabischen Staaten, wobei er bemerkte, er habe den Vorgang für beigelegt erachtet, als die Bundesrepublik Deutschland die Einstellung von Waffenlieferungen an Israel bekanntgab. Eine außerordentliche Konferenz der Außenminister der Arabischen Liga befaßte sich am 14./15. März in Kairo mit der Frage der diplomatischen Beziehungen der arabischen Staaten zur Bundesrepublik Deutschland. Sie empfahl den Mitgliedstaaten den Abbruch der diplomatischen Beziehungen, wenn die Bundesrepublik Deutschland diplomatische Beziehungen mit Israel aufnimmt. Ein Beschluß über die Aufnahme der diplomatischen Beziehungen zur DDR kam nicht zustande, da sich Lybien, Tunesien, Marokko, Libanon, Jordanien und Saudiarabien weigerten, die Möglichkeit einer Anerkennung der DDR in Erwägung zu ziehen.

AUFNAHME DIPLOMATISCHER BEZIEHUNGEN ZU ISRAEL

Auf Ersuchen von Bundeskanzler Erhard reiste Kurt Birrenbach (CDU/CSU) als Sonderbotschafter am 7. März nach Israel, um mit dem israelischen Ministerpräsidenten Eschkol das Thema der Ablösung der Waffenhilfe und die Frage der Aufnahme diplomatischer Beziehungen zu erörtern. Am 14. März beschloß die Regierung Israels, das Angebot der Bundesrepublik Deutschland, alsbaldige diplomatische Beziehungen mit Israel herzustellen, anzunehmen. Am 16. März stimmte das israelische Parlament, Knesseth, mit 66 gegen 29 Stimmen bei 9 Enthaltungen der Aufnahme diplomatischer Beziehungen zu. Zwischen dem 10. und 18. März beriefen 9 von 13 arabischen Staaten ihre Botschafter aus Bonn ab. Am 16./17. März kam es in Beirut, Bagdad und Taizz zu Demonstrationen und Beschädigungen der deutschen Missionen. Am 27. März erfolgte ein Attentat gegen die Botschaft der Bundesrepublik in Benghazi. Nach Erledigung der üblichen Formalitäten gaben am 12. Mai 1965 die Bundesrepublik Deutschland und Israel bekannt, miteinander diplomatische Beziehungen aufzunehmen. Die Unterrichtung der Öffentlichkeit erfolgte durch ein Kommuniqué, eine deutsche Regierungserklärung und einen Briefwechsel zwischen Bundeskanzler Erhard und Ministerpräsident Eschkol. Das Kommuniqué hatte folgenden Wortlaut: »*Die Regierung der Bundesrepublik Deutschland aufgrund einer ihr von dem Bundespräsidenten erteilten Ermächtigung und die israelische Regierung sind übereingekommen, zwischen ihren beiden Ländern diplomatische Beziehungen aufzunehmen.*« In der Erklärung rechtfertigte die Bundesregierung ihre Maßnahme, wobei sie betonte: »*Die Aufnahme richtet sich gegen niemanden und schadet keinem, insbesondere nicht den Völkern der arabischen Staaten, denen sich das deutsche Volk in Freundschaft verbunden weiß.*« Bundeskanzler Erhard richtete an Ministerpräsident Eschkol folgendes Schreiben: »*Die Haltung der Bundesrepublik Deutschland in der Vergangenheit beweist, daß sie sich der besonderen Lage der Deutschen gegenüber den Juden in aller Welt einschließlich Israel bewußt ist. Es erfüllt mich mit*

Genugtuung, daß eine Einigung über den Austausch voller diplomatischer Beziehungen zwischen unseren beiden Ländern erzielt worden ist. Mit Befriedigung stelle ich ferner fest, daß es gelungen ist, die aus früheren Vereinbarungen mit Israel über Waffenlieferungen noch ausstehenden Restlieferungen in gegenseitigem Einvernehmen umzuwandeln. Die Bundesregierung ist bereit, in naher Zukunft, das heißt in etwa zwei bis drei Monaten, in Gespräche mit der israelischen Regierung über künftige wirtschaftliche Hilfe einzutreten. Was die Frage der Tätigkeit deutscher Fachleute im Ausland angeht, so ist ein großer Teil der deutschen Wissenschaftler, Techniker und Experten, die im militärischen Bereich in Ländern außerhalb der NATO tätig waren, während der letzten Monate nach Deutschland zurückgekehrt. Die Bundesregierung hat Grund zu der Annahme, daß ein weiterer Teil der noch verbliebenen Experten, vor allem derer, die im Raketenbau beschäftigt sind, gleichfalls die Absicht hat, in nächster Zeit nach Deutschland zurückzukehren. Die deutschen Behörden gehen mit den gesetzlich dafür vorgesehenen Mitteln gegen solche Personen vor, die deutsche Staatsangehörige ohne Erlaubnis zur Aufnahme einer wissenschaftlichen, technischen oder Sachverständigentätigkeit im militärischen Bereich ins Ausland abzuwerben suchen. Ich hoffe, daß die von unseren beiden Regierungen getroffene Entscheidung über die Herstellung voller diplomatischer Beziehungen den Weg in eine glücklichere Zukunft der Beziehungen unserer beiden Völker ebnen wird.«[67]) Noch am gleichen Tage beantwortete Ministerpräsident Eschkol das Schreiben des Bundeskanzlers Erhard: »*Ich danke Ihnen für Ihren Brief vom 12. Mai 1965, in dem Sie die in den letzten Wochen geführten Verhandlungen rückschauend würdigen. Von der Entscheidung der israelischen Regierung, Ihr durch Ihren Sonderbeauftragten Dr. Kurt Birrenbach übermitteltes Angebot vom 8. März 1965, volle diplomatische Beziehungen zwischen unseren beiden Ländern zu eröffnen, anzunehmen, sind Sie bereits unterrichtet worden. Unsere beiden Regierungen haben ihre Entscheidungen vor einem düsteren geschichtlichen und einem stürmischen politischen Hintergrund getroffen. Ich teile Ihre Hoffnung, daß sich unsere gemeinsame Entscheidung als ein wesentlicher Schritt in eine bessere Zukunft erweisen wird. Ich teile auch Ihre Auffassung, wie bedeutsam es ist, daß wir für die in Ihrem Brief als ausstehend erwähnten Angelegenheiten eine Lösung gefunden haben. Die Ausführungen Ihres Briefes zur Frage der Wissenschaftler nehme ich zur Kenntnis und gebe meiner Hoffnung Ausdruck, daß die Einstellung und die Absichten, die Sie in Ihrem Brief in Einklang mit früher von Ihnen abgegebenen Erklärungen zum Ausdruck bringen, die rasche Erledigung dieser Angelegenheit bewirken werden. Aus unserem früheren Briefwechsel ist Ihnen gewiß klar, welche Bedeutung ich immer der Frage der Aufhebung der Verjährungsfrist, die verständlicherweise für uns ein Gegenstand tiefer Sorge bleiben wird, beigemessen habe. Ich bin mir der Tatsache bewußt, sehr geehrter Herr Bundeskanzler, daß es Ihrer persönlichen Initiative und Entschlossenheit zuzuschreiben ist, daß wir an dieser bedeutsamen Wegmarke in den Beziehungen zwischen unseren beiden Ländern eine befriedigende Lösung gefunden haben.«*[67])

Am 19. August 1965 übergab Rolf Pauls als erster Botschafter der Bundesrepublik Deutschland dem israelischen Staatspräsidenten Salman Schasar in Jerusalem sein Beglaubigungsschreiben. Wenige Tage später überreichte Asher Ben Natan als erster Botschafter des Staates Israel Bundesratspräsident Georg August Zinn, der Bundespräsident Lübke vertrat, sein Beglaubigungsschreiben. Damit waren die diplomatischen Beziehungen zwischen der Bundesrepublik Deutschland und dem Staat Israel hergestellt.

ABBRUCH DER DIPLOMATISCHEN BEZIEHUNGEN DURCH ARABISCHE STAATEN

Bereits am 9. Mai hatte Bundeskanzler Erhard jeden der zwölf arabischen Staatschefs in einem persönlichen Schreiben von der bevorstehenden Aufnahme diplomatischer Beziehungen mit Israel unterrichtet. Er hatte gleichzeitig die Notwendigkeit betont, die deutsch-arabische Freundschaft zu erhalten. Dieser Appell hatte nur teilweisen Erfolg. Am 13. Mai gaben die VAR, Syrien, Libanon, Algerien, Jordanien, Jemen, Saudi-Arabien und am 16. Mai der Sudan den Abbruch der diplomatischen Beziehungen zur Bundesrepublik Deutschland bekannt. Die Regierung von Kuweit beschloß am 13. Mai, ihre Zusage, diplomatische Beziehungen mit der Bundesrepublik Deutschland aufzunehmen, zu widerrufen. In einer Pressekonferenz am 14. Mai erklärte Bundeskanzler Erhard dazu: »*Die Reaktion von seiten der arabischen Staaten war in etwa zu erwarten, und wir wollen sie mit Ruhe und Besonnenheit hinnehmen, wollen nicht aus emotioneller Aufwallung jetzt Antwort geben auf den Abbruch der diplomatischen Beziehungen seitens der Regierungen dieser Länder, denn wir haben ein gutes Gewissen. Wir haben uns immer als gute Freunde der arabischen Länder gezeigt, haben das bewiesen – wir waren in keine politischen Händel in diesem Raum verstrickt, – und wir bedauern es lebhaft, daß die arabischen Länder und Regierungen uns nicht das zuerkennen wollen, was 85 Staaten der Welt tun, nämlich gleichzeitig diplomatische Beziehungen mit Israel und den arabischen Ländern aufrechtzuerhalten.*« [68]) Das Organ der SED »Neues Deutschland« veröffentlichte am 15. Mai eine Erklärung, in der es hieß: »*Die Herstellung diplomatischer Beziehungen der Bonner Regierung zur Regierung Israels ist nichts anderes als ein Komplott der Vorwärtsstrategen Europas mit den Vorwärtsstrategen des Nahen Ostens. Sie entspricht der Militärpolitik der NATO, in der die USA und Westdeutschland die aggressivsten Staaten sind. In allen Erdteilen mischen sie sich völkerrechtswidrig in die Angelegenheiten anderer Staaten ein und unternehmen sie militärische Aggressionen, die eine allgemeine Verschärfung der Spannungen hervorrufen.*« [69])

20. JAHRESTAG DES ENDES DES ZWEITEN WELTKRIEGES

Der 20. Jahrestag der Kapitulation der deutschen Wehrmacht am 8./9. Mai 1945 war Anlaß zu zahlreichen Erklärungen und Äußerungen. Während die Sowjetunion und die DDR dieses Ereignisses in Festveranstaltungen gedachten, verwiesen die Regierungen der drei Westmächte und die Bundesregierung auch auf den 10. Jahrestag der Souveränitätserklärung der Bundesrepublik Deutschland. In Ost-Berlin fand am 7. Mai ein Festakt aus Anlaß des 20. Jahrestages der Befreiung vom Hitler-Faschismus statt, an dem zahlreiche Partei- und Regierungsdelegationen sozialistischer Staaten teilnahmen. Die Partei- und Regierungsdelegation der Sowjetunion wurde von Ministerpräsident Kossigyn geführt.[70]) Der amerikanische Präsident Johnson und der Premierminister Großbritanniens, Wilson, äußerten sich in Grußbotschaften an den Bundespräsidenten bzw. Bundeskanzler über die politische Situation. Präsident Johnson führte aus: »*Bis Deutschland in Freiheit wiedervereinigt ist, bleibt die Regierung der Bundesrepublik der einzige rechtmäßige Sprecher des deutschen Volkes.*« [71]) Premierminister Wilson betonte: »*Ein geteiltes Deutschland stellt keine Sicherheitsgarantie für seine Nachbarn im Westen und Osten dar, sondern einen Brennpunkt der Spannungen zwischen ihnen. Solange die Teilung Deutschlands andauert, kann es keine endgültige oder gerechte europäische Regelung und kein dauerhaftes System europäischer Sicherheit geben.*« [72]) Bundeskanzler Erhard betonte am 7. Mai in einer Rundfunk- und Fernsehansprache: »*Das deutsche Volk hat hinsichtlich der Erfüllung seiner nationalen Anliegen eindeutig – und wiederholt bekräftigt – der Gewalt abgeschworen. Das weiß die ganze Welt, das wissen auch die kommunistischen Machthaber. Wir sind aber nicht bereit, duldsam gegenüber dem Unrecht zu sein und zu schweigen, wo uns brutale Gewalt das natürliche und feierlich proklamierte Recht der Selbstbestimmung vorenthalten will.*« [73])

Vor der Beratenden Versammlung des Europarates ging der Vorsitzende des auswärtigen Ausschusses des amerikanischen Senats, Senator Fulbright, am 3. Mai auch auf die Frage der Wiedervereinigung Deutschlands ein. Er erklärte, überzeugt zu sein, »*daß ein indirekter Fortschritt zur Wiedervereinigung Deutschlands durch die Ausweitung der wirtschaftlichen und kulturellen Beziehungen zwischen Osteuropa und dem Westen erzielt werden könne*«. Er betonte die Bedeutung, die Beziehungen auf dem Gebiete der Kultur und der wirtschaftlichen Entwicklungen dabei haben könnten, gab jedoch gleichzeitig zu bedenken: »*Sicherlich ist dies ein langer und mühsamer und indirekter Weg des Fortschritts in der Sache der deutschen Wiedervereinigung. Aber er kann sich letzten Endes als der schnellste erweisen. Es scheint auf jeden Fall klar, daß die Herstellung herzlicher Beziehungen zwischen der Bundesrepublik Deutschland und den zunehmend nationalistischen Ländern Osteuropas zu einer Abnahme der Verpflichtungen gegenüber dem ostdeutschen Rumpfstaat führen muß, dessen Regime entsprechend unterminiert würde. Damit würde ein Weg mit der schließlichen Verschmelzung mit der Bundesrepublik geebnet.*« [74])

Diese Ausführungen sind insofern bemerkenswert, als sie Vorstellungen ansprachen, die immer stärker wurden. Sie gingen von der Annahme aus, daß die Bundesrepublik Deutschland durch Intensivierung ihrer Beziehungen zu den osteuropäischen Staaten die DDR ausmanövrieren könne, indem sie das gegen die Bundesrepublik Deutschland bestehende Mißtrauen abbaue und die wirtschaftlichen Leistungen der DDR gegenüber den osteuropäischen Staaten übernehme. Fulbright formulierte, was zahlreiche deutsche Politiker dachten und hofften, indem sie glaubten, die Ostpolitik der Bundesrepublik Deutschland sei in der Lage, durch eine Intensivierung der Beziehungen zu den osteuropäischen Staaten zwei Ziele zu erreichen, das Gewicht der Sowjetunion in der Deutschlandfrage entscheidend zu mindern und die DDR zu isolieren und damit bedeutungslos zu machen.

KRISE DER EUROPÄISCHEN WIRTSCHAFTSGEMEINSCHAFT 1965

Die Probleme, die 1965 zu einer ernsten Krise der Europäischen Wirtschaftsgemeinschaft führten, waren vielschichtig. Sie ergaben sich unter anderem aus der Abneigung des französischen Staatspräsidenten, General de Gaulle, gegen den Anspruch der Brüsseler Kommission »Dinge entscheiden zu wollen, für die sie nicht verantwortlich sei, Dinge auszuführen, die sie nicht ausführen könne«.[75]) Aus dieser Polarität zwischen dem »Europa der Vaterländer« und dem »Europa der Kommissionen« entwickelte sich auch das »Nein« de Gaulles gegen den Beitritt Großbritanniens zum Gemeinsamen Markt. Für de Gaulle war die Aufnahme Großbritanniens eine politische Frage, die von den Regierungen entschieden werden sollte und die nicht in den Kompetenzbereich der Brüsseler Kommission fiel.

Die Pressekonferenz de Gaulles vom 14. Januar 1963, auf der er sein Veto gegen den Beitritt Großbritanniens begründete[76]), bedeutete einen Wendepunkt. Zum ersten Mal entstand unter den sechs Mitgliedstaaten der Gemeinschaft durch das Veto de Gaulles ein politischer Gegensatz, der, auf Jahre hinaus, die europäischen Staaten in zwei Lager spaltete. Der eigenwillige und selbstherrliche Schritt de Gaulles wurde von den fünf Partnern Frankreichs mit Mißbilligung und Enttäuschung zur Kenntnis genommen. Der Geist der Zusammenarbeit war gestört, was bei den Schlußverhandlungen zur Finanzierung der gemeinsamen Agrarpolitik offenbar werden sollte.

Auf der 172. Tagung des Ministerrates der Europäischen Wirtschaftsgemeinschaft (EWG) vom 28. bis 30. Juni 1965 befaßten sich die Außen- und Landwirtschaftsminister erneut mit der seit langem diskutierten Finanzierung der gemeinsamen Agrarpolitik, mit eigenen Einnahmen der EWG und mit den Zuständigkeiten des europäischen Parlaments. Trotz intensiver Verhandlungen wurde keine Einigung erzielt. Nach Beendigung der Tagung erklärte der amtierende Präsident des Ministerrates, der französische Außenminister Couve de Murville, *»die EWG gehe einer schweren Krise entgegen, man solle nicht glauben, daß sie schnell vorübergehen werde«*.[77]) Am 6. Juli gab das Generalsekretariat der Räte der Europäischen Gemeinschaften bekannt, daß der ständige Vertreter Frankreichs bei den Europäischen Gemeinschaften, Botschafter Jean-Marc Boegner, von seiner Regierung nach Paris zurückberufen wurde; das Generalsekretariat sei unterrichtet worden, daß die französische Delegation vorläufig nicht an den Tagungen des Rates der EWG teilnehmen werde. Frankreich werde auch den Tagungen des Ausschusses der ständigen Vertreter und der Ausschüsse und Gruppen, die im Hinblick auf die Verwirklichung der Wirtschaftsunion Entwürfe ausarbeiten oder Untersuchungen durchführen, fernbleiben. Zu den Verhandlungen, welche die Kommission im Auftrage des Rates führe, werde es keine Beobachter entsenden. Ursache und Verlauf dieser Krise schildert Paul-Henri Spaak in seinen »Memoiren eines Europäers«, wobei er einen Einblick in die Problematik der mit dem Ziel einer politischen Einigung betriebenen wirtschaftlichen Integration Europas gibt: »*Am 30. Juni um Mitternacht machte Couve de Murville, da es zu keiner Einigung gekommen war, den Debatten ein Ende und stellte ihr Scheitern fest. In dieser Angelegenheit (= Finanzierung der gemeinsamen Agrarpolitik) war Frankreich nicht im Unrecht, doch seine Reaktion war in der Folge wieder einmal unzulässig. Es weigerte sich, im Widerspruch zu seinen Verpflichtungen, am Ministerrat und am Stellvertreterrat teilzunehmen und behinderte durch diese Abwesenheit die Tätigkeit der Gemeinschaft. Eine derartige Haltung war rechtswidrig. Der Vertrag verpflichtet die Mitgliedstaaten, die Tätigkeit der Gemeinschaft nicht zu behindern. Durch seinen ›Streik‹ verletzte General de Gaulle eine der wichtigsten Regeln. Diese Krise hielt sechs Monate an. Bald kam es zu einem Umschwung. Dank der fortgesetzten Arbeit der Fachleute und der von der Kommission erstellten Vorschläge, die glücklicherweise wieder die Initiative ergriff, zeichnete sich eine Einigung für die Agrarfinanzierung ab. Das genügte nicht, um die Franzosen wieder an den Beratungstisch zu bringen. Sie erweiterten ihre Beschwerden, und die französische Regierung suchte eine Änderung des Vertrags im Sinne der Abschaffung der Verfügung über die Mehrheitsbeschlüsse zu erreichen. Gleichzeitig brachte sie eine Reihe von Forderungen vor, die im Falle ihrer Annahme das Prestige und die Autorität der Kommission herabgesetzt hätten.*« [78])

Der allgemein bekannte Widerstand des französischen Staatspräsidenten de Gaulle gegen die nach seiner Meinung eigene Politik der Kommissionen in Brüssel veranlaßte eine Abwertung des europäischen Gedankens. Nationale Vorstellungen traten mehr und mehr an die Stelle europäischer Erwartungen. De Gaulle betrieb mit großer Entschiedenheit Frankreichs Eintritt in den Kreis der Weltmächte, weshalb er sowohl der NATO als auch der EWG gegenüber eine distanzierte Haltung einnahm. Vom Zurückdrängen des amerikanischen Übergewichts in Europa erwartete er sich eine »Europäisierung« nicht nur der deutschen Frage, sondern auch der europäischen Integration. Er glaubte ein von Frankreich geführtes Europa so eigenständig machen zu können, daß es nach Minderung seiner Abhängigkeit von den Vereinigten Staaten von Amerika einen Beitrag dazu leisten könne, daß die nach Herkunft, Kultur und Geschichte Europa zugehörigen Länder Ost- und Südosteuropas sich aus der Abhängigkeit der Sowjetunion befreien könnten. Zwangsläufig begünstigte er damit politische Tendenzen auch in der Bundesrepublik Deutschland, die die Nationalisierung der französischen Politik als einen Rückfall in eine überwundene Vergangenheit ansahen und sich notgedrungen nach Großbritannien und vor allem den Vereinigten Staaten von Amerika ausrichteten. Die Befürworter sowohl einer starken Präsenz der NATO in Europa als auch des Beitritts aller europäischen Staaten, die um Aufnahme in die EWG bereits gebeten oder zu erkennen gegeben hatten, daß sie daran interessiert sind, gerieten in Gegensatz zu der Politik der »Europäisierung« Europas, wie sie de Gaulle zielbewußt und unnachgiebig betrieb.

URTEILSVERKÜNDUNG IM AUSCHWITZ-PROZESS

Am 19. August 1965 verkündete das Schwurgericht beim Landgericht Frankfurt am Main nach einem 20 Monate dauernden Verfahren, das als Auschwitz-Prozeß in die Justizgeschichte einging und im In- und Ausland großes Aufsehen erregte, seine Urteile: *Stefan Baretzki,* 46, SS-Rottenführer, Blockführer, lebenslang Zuchthaus. *Emil Bednarek,* 58, Blockältester der Strafkompanie, lebenslang Zuchthaus. *Wilhelm Boger,* 59, SS-Oberscharführer, Angehöriger der Politischen Abteilung (Lager-Gestapo), lebenslang Zuchthaus. *Arthur Breitwieser,* 55, SS-Rottenführer, Freispruch. *Perry Broad,* 44, SS-Oberscharführer, 4 Jahre Zuchthaus. *Victor Capesius,* 58, SS-Sturmbannführer, 9 Jahre Zuchthaus. *Klaus Dylewski,* 49, SS-Oberscharführer, 5 Jahre Zuchthaus. *Willy Frank,* 62, SS-Hauptsturmführer, 7 Jahre Zuchthaus. *Emil Hantl,* 63, SS-Unterscharführer, 3 Jahre und 6 Monate Zuchthaus; die Strafe gilt durch die erlittene Untersuchungshaft als verbüßt. *Franz Hofmann,* 49, SS-Hauptsturmführer, Schutzhaftlagerführer, lebenslang Zuchthaus (Hofmann ist schon wegen zweier Morde im KZ Dachau rechtskräftig zu lebenslangem Zuchthaus verurteilt). *Oswald Kaduk,* 59, SS-Oberscharführer, Rapportführer, lebenslang Zuchthaus. *Josef Klehr,* 61, SS-Oberscharführer, lebenslang Zuchthaus. *Franz Bernhard Lucas,* 54, SS-Obersturmführer, 3 Jahre und 3 Monate Zuchthaus. *Robert Mulka,* 70, SS-Obersturmführer, 14 Jahre Zuchthaus. *Willi Schatz,* 60, SS-Untersturmführer, Freispruch. *Herbert Scherpe,* 58, SS-Oberscharführer, 4 Jahre und 6 Monate Zuchthaus. *Bruno Schlage,* 62, Aufseher im Arrestblock, 6 Jahre Zuchthaus. *Johann Schobert,* 43, SS-Unterscharführer, Freispruch. *Hans Stark,* 44, SS-Untersturmführer, 10 Jahre Jugendstrafe.

Der Auschwitz-Prozeß machte auf eindrucksvolle Weise die in der Verjährungsdebatte sichtbar gewordene Problematik deutlich. Er stellte in einem umsichtig geführten Verfahren die Verbrechen, die in den Vernichtungslagern des nationalsozialistischen Regimes begangen wurden, fest und fragte nach der Entstehung der sittlichen Mängel im Bewußtsein des einzelnen und des ganzen deutschen Volkes, die solche Verbrechen zuließen. Das erkennende Gericht betonte in seiner Urteilsbegründung mit Nachdruck, daß es nicht berufen und auch nicht in der Lage war, die deutsche Vergangenheit zu bewältigen. Ein Teil der deutschen Öffentlichkeit neigte gerade im Zeitpunkt des Auschwitz-Prozesses der Auffassung zu, durch die Aburteilung nationalsozialistischer Gewalttäter werde die deutsche Vergangenheit überwunden. Die Meinungen über die in Frankfurt am 19. August 1965 verkündeten Urteile waren unterschiedlich. Die meisten hielten sie im Vergleich zu den Straftaten als völlig unzureichend, gaben jedoch zu, daß die rechtlichen Möglichkeiten nicht ausreichten, um eine den Straftaten angemessene Aburteilung vorzunehmen.

PROGNOSEN UND PERSPEKTIVEN FÜR DIE BUNDESTAGSWAHLEN 1965

Wie vor allen Wahlen zum Deutschen Bundestag gerieten auch im Frühjahr und Sommer 1965 die außen- und innenpolitischen Probleme und Entscheidungen in den Sog der anstehenden Wählerentscheidung. Die CDU/CSU erwartete, daß Bundeskanzler Erhard die in ihn gesetzte Hoffnung als »Wahllokomotive« erfüllen würde; sie stellte Erhard als den »Vater des Wirtschaftswunders« und den Nachfolger Konrad Adenauers heraus. Die SPD erwartete sich die Auswirkungen ihrer 1959 und 1960 getroffenen Entscheidungen; sie hatte sich 1959 in ihrem Godesberger Programm als Volkspartei erklärt und 1960 zur Gemeinsamkeit der außenpolitischen Verantwortung bekannt. Als Kanzlerkandidat benannte sie erneut den Regierenden Bürgermeister von Berlin, Willy Brandt. Die FDP glaubte, ihren am 17. September 1961 erzielten Stimmenanteil nicht nur behaupten, sondern vergrößern zu können. Ihr Bundesvorsitzender, Erich Mende, konnte als Stellvertreter des Bundeskanzlers und Bundesminister für gesamtdeutsche Fragen auf seinen und seiner Partei Anteil an der Tätigkeit des Kabinetts Erhard verweisen. Weithin unbeachtet blieb die Agitation der NPD, die mit der Losung »Man kann wieder wählen« Nichtwähler und enttäuschte Wähler zu gewinnen hoffte. Die öffentliche Meinung interessierte sich vor allem für das Abschneiden der beiden großen Parteien, der CDU/CSU und SPD; begierig nahm sie die ununterbrochen veröffentlichten Ergebnisse von Befragungen demoskopischer Institute zur Kenntnis. Diese wiesen bis zum Wahltag hin ein Kopf-an-Kopf-Rennen von CDU/CSU und SPD aus, wobei die Frage, wer die stärkste Fraktion im 5. Deutschen Bundestag stellen würde, offen war.

Die Unzufriedenheit eines Teiles der CDU/CSU mit der Tätigkeit des Bundeskanzlers Erhard und die Notwendigkeit, bei der Verabschiedung der seit Jahren diskutierten »Notstandsverfassung« über eine Zweidrittelmehrheit des Parlamentes zu verfügen, lösten eine Diskussion über die nach den Wahlen einzugehende Regierungskoalition aus, die an die im Herbst 1962 hergestellten Kontakte zwischen CDU/CSU und SPD anknüpfte. Ein Teil der Öffentlichkeit war überzeugt, daß vor allem Bundespräsident Lübke eine Große Koalition aus CDU/CSU und SPD befürwortete. Die Koalitionsfrage wurde zum entscheidenden Problem des Wahlkampfes. Auf die Frage: »*Können wir aus Ihren bisherigen Bekundungen den Schluß ziehen, daß Sie im Falle einer Großen Koalition keinesfalls mit von der Partie wären?*«, antwortete Bundeskanzler Erhard am 8. September in einem Gespräch mit dem Nachrichtenmagazin »DER SPIEGEL«: »*Ich bin davon überzeugt, daß es keine Große Koalition geben wird. Ich bin durch alle Länder gefahren, ich habe mit allen Vorsitzenden der CDU-Landesverbände gesprochen und habe nicht einen einzigen gefunden, der dem Gedanken einer Großen Koalition zustimmt.*« Auf den Einwand: »*Aber der Vorsitzende Ihrer Partei hat jüngst einige Argumente für die Große Koalition gebracht, die nicht ohne weiteres von der Hand zu weisen sind*«, erklärte Erhard: »*Diese Argumente betreffen einen echten Notstand, der nicht gegeben ist. Das Versagen der SPD als Opposition ist zwar bedauerlich, aber gewiß kein nationaler Notstand.*« [79])

Im Septemberheft der Zeitschrift *»Die politische Meinung«* äußerte sich Konrad Adenauer, noch immer Vorsitzender der CDU, über *»Möglichkeiten einer Koalition«*. Er hatte dabei eine Große Koalition keinesfalls als die *»Idealform der parlamentarischen Demokratie«* genannt, jedoch zu bedenken gegeben, man dürfe deswegen nicht die Argumente kurzerhand vom Tisch wischen, die für die Große Koalition oder gar die Allparteienkoalition sprechen. Adenauer verwies auf die *»Mängel in unserer Verfassungsstruktur, in unserem Sozialrechtssystem und unserem Parlamentswesen«* und erinnerte an die ausstehende Notstandsverfassung und an *»strenge Sparsamkeit der öffentlichen Hand, des Bundes, der Länder, der Gemeinden, damit die Kaufkraft der Deutschen Mark nicht verfällt«*. Das Ergebnis seiner Überlegungen faßte er in der Feststellung zusammen: *»Das gilt, was oft übersehen wird, nicht bloß für die Notstandsverfassung, sondern auch für die Finanzreform. Die Grundlagen unseres Wohlstands, unsere Position auf den auswärtigen Märkten, ja die geordnete Verwaltung unseres Staatswesens werden binnen kurzem aufs äußerste bedroht sein, wenn wir uns der Neuordnung unserer öffentlichen Finanzen noch länger entziehen. Sie verlangt eine Selbstbeschränkung der Ausgaben-Kompetenz des Parlaments, aber auch eine bessere gegenseitige Abgrenzung der Bundes- und der Länder-Aufgaben sowie der Aufgaben der Gemeinden – als Voraussetzung dafür, daß die Steuer-Einnahmen besser verteilt werden können. Die erforderlichen Grundgesetzänderungen sind jedoch ohne die SPD nicht möglich. Es ist ferner kaum anzunehmen, daß man ohne Mitwirkung der SPD zu einer vernünftigen Mäßigung der Lohnpolitik und der Sozialausgaben kommen kann. Schließlich muß man die Möglichkeit ins Auge fassen, daß die amerikanisch-britische Entspannungs-Politik – deren Friedensziel wir durchaus bejahen – Gefahren für unseren Rechtsbestand und unsere Sicherheit heraufführt. Zu deren Abwehr bedarf es des Zusammenstehens der tragenden politischen Kräfte. Vielleicht müssen auch sehr schmerzliche Entscheidungen gefällt werden, die unsere Zukunft auf lange Zeit bestimmen können. Vielleicht müssen wir Opfer bringen oder neue Lasten auf uns nehmen. Diese Verantwortung könnte so schwer sein, daß sie nur zu tragen ist, wenn sie alle oder wenigstens die beiden großen Parteien gemeinsam auf sich nehmen.«* [80])

In einem späteren Gespräch mit Günter Gaus erklärte Herbert Wehner über seine Ansichten und Einstellungen zu einer Großen Koalition: *»Von mir ist ja bekannt, daß ich im Jahre 1962 Gespräche geführt habe über eine mögliche zeitweilige Regierungszusammenarbeit von CDU und SPD. Diese Gespräche haben damals zu sachlich wertvollen Erklärungen geführt, aber nicht zu einer Regierungsumbildung. Im September 1964 habe ich mit dem schwer erkrankten Vorsitzenden der CDU/CSU-Fraktion, Heinrich von Brentano, auf seinen Wunsch ein sehr langes persönliches Gespräch geführt, in dem er mir seine Auffassungen von der deutschen politischen Lage und den vorauszusehenden Entwicklungen darlegte. Wir gingen nach diesem mehr als dreistündigen Gespräch mit dem gegenseitigen Versprechen auseinander, bis zur Bundestagswahl im Herbst 1965 in unseren Bereichen keine Verhandlungen über eine Große Koalition zu führen oder zu begünstigen, aber dafür zu sorgen, daß nach der Wahl die beiden großen Parteien miteinander eingehend darüber sprechen, wie es weitergehen soll mit Deutschland. Heinrich von Brentano hat mir wenige Tage vor seinem Tod mitteilen lassen,* *daß er dieses Gespräch nicht vergessen werde. Noch vor der Wahl 1965 hat der langjährige Bundeskanzler Adenauer nicht nur die Möglichkeit, sondern aufgrund seiner Vorstellungen von der weiteren politischen Entwicklung sogar die Notwendigkeit einer Koalition zwischen CDU und SPD dargelegt und vertreten.«* [81])

Kabinett Erhard II 1965/66

FORTSETZUNG DER KOALITION CDU/CSU-FDP

Bei den Bundestagswahlen am 19. September 1965 waren wahlberechtigt 38 132 852. Zur Wahl gingen 33 137 475; die Wahlbeteiligung betrug 86,9 v. H. Die Zahl der gültigen Stimmen lautete 32 346 435; ungültig waren 791 032 Zweitstimmen. Es entfielen auf:

Parteien	1965	1961	1965	1961
CDU/CSU	15 392 973	14 239 980	47,6 v. H.	45,4 v. H.
SPD	12 711 726	11 400 353	39,3 v. H.	36,2 v. H.
FDP	3 062 948	4 009 988	9,5 v. H.	12,8 v. H.
AUD	52 668		0,2 v. H.	
CVP	19 904		0,1 v. H.	
DFU	432 221	607 836	1,3 v. H.	1,9 v. H.
FSU	10 763		0,0 v. H.	
NPD	658 250		2,0 v. H.	
UAP	3 966		0,0 v. H.	
EFP	1 016		0,0 v. H.	
DRP		267 294		0,8 v. H.
DG		26 798		0,1 v. H.
GDP		871 208		2,8 v. H.

Die Sitze im 5. Deutschen Bundestag verteilten sich wie folgt:

Fraktionen	1965	1961
CDU/CSU	245	242
SPD	202	190
FDP	49	67

Da die demoskopischen Umfragen ein Kopf-an-Kopf-Rennen von CDU/CSU und SPD angekündigt hatten, war der Ausgang der Wahl eine Überraschung. Bereits in der Wahlnacht beschuldigte der FDP-Vorsitzende Erich Mende die demoskopischen Institute, durch die von ihnen veröffentlichten Ergebnisse die Wählerentscheidung manipuliert zu haben. Die CDU/CSU zeigte sich mit dem Wahlausgang zufrieden. Die SPD verwies zwar auf ihren Stimmenzuwachs, verschwieg jedoch nicht, daß sie das angestrebte Ziel nicht erreicht hatte. Die FDP zeigte sich über den Stimmenverlust beunruhigt. Mehr im Ausland als im Inland wurde der Erfolg der NPD beachtet. Nicht nur die Sowjetunion sprach von einer »neonazistischen« Gefahr.

Über die politische Konsequenz des Wahlausganges schrieb das Nachrichtenmagazin »DER SPIEGEL«: »*Pläne, Ludwig Erhard aus dem Sattel zu heben und eine Große Koalition zu bilden, wie sie Bundespräsident Heinrich Lübke und Altbundeskanzler Adenauer hegten, sind durch das Wahlergebnis gegenstandslos geworden. Gleichwohl stehen dem Kanzler harte Kämpfe um die Zusammensetzung seines Kabinetts bevor, insbesondere um den Posten des Außenministers. Wochenlang hatten die beiden großen Parteien ein Kopf-an-Kopf-Rennen prophezeit. Die Ungewißheit, wer mit wem schließlich regieren wird, hatte viele Wähler vor der Wahl unsicher gemacht. Noch niemals, so hatten die Parteizentralen wenige Tage vor den Wahlen vor dem 19. September festgestellt, wußten so viele Menschen so kurz vor dem Wahltermin noch nicht, wen sie wählen würden. Es waren in erster Linie die Stimmen dieser Zaudernden, die den Ausschlag gaben.«* [82])

Wie angenommen, gestaltete sich die Bildung einer neuen Bundesregierung schwierig. Erhard hatte sich bereits vor der Wahl gegen eine Große Koalition ausgesprochen. Er verwies bei ihrer Ablehnung auf das Votum der Wähler. Die von Erich Mende geführte FDP-Fraktion versuchte mit allen Mitteln das Zustandekommen einer Großen Koalition zu verhindern. Weder Lübke noch Adenauer sahen angesichts des Wahlausganges eine Möglichkeit für eine Große Koalition. Diese Klärung schien die Bildung einer Koalition aus CDU/CSU und FDP zu erleichtern. Andere Fragen verzögerten sie jedoch über Gebühr; so die Entscheidung über die Person des Bundesaußenministers und über das Problem, ob der Landesvorsitzende der CSU, Franz Josef Strauß, der im Herbst 1962 im Verlauf der SPIEGEL-Affäre aus dem Kabinett ausgeschieden war, in die Bundesregierung zurückkehren solle. Über beide Fragen kam es innerhalb der CDU/CSU zu zum Teil sehr heftigen Auseinandersetzungen. Die Befürworter eines Wiedereintritts von Franz Josef Strauß in das Bundeskabinett waren bereit, Gerhard Schröder weiterhin als Außenminister zu akzeptieren; für den Fall, daß Franz Josef Strauß ein Ministersitz versagt bliebe, forderten sie die Ablösung von Schröder. Die FDP widersetzte sich einer erneuten Berufung von Strauß als Bundesminister, worüber es zur Entfremdung zwischen FDP und CSU kam.

Am 20. Oktober wurde Ludwig Erhard in seinem Amt als Bundeskanzler bestätigt. Das von ihm gebildete Kabinett, eine Koalition aus CDU/CSU und FDP, wurde am 26. Oktober vereidigt. Gegenüber dem Kabinett Erhard I war das Kabinett Erhard II personell nur geringfügig verändert. Neu traten ein Richard Jäger (CSU) als Bundesjustizminister, Johann Baptist Gradl (CDU) als Bundesminister für Vertriebene, Flüchtlinge und Kriegsgeschädigte und Gerhard Stoltenberg (CDU) als Bundesminister für wissenschaftliche Forschung. (Für die personelle Zusammensetzung vgl. S. 204, 205).

Der Korrespondent der »Neuen Züricher Zeitung«, Fred Luchsinger, verwies in einem unter dem Titel »Schlechter Start in Bonn« veröffentlichten Leitartikel auf die bei der Regierungsbildung ungelöste Problematik der Außenpolitik, auf die Rolle der FDP und auf mögliche Auswirkungen der Koalitionsverhandlungen: *»Die Verhandlungen um die Regierungsbildung in Bonn sind ihrem Stil nach schonungslos wie ein Pokerspiel geführt worden. Der erzieherische Wert solcher Vorstellungen dürfte, besonders wenn sie sich alle vier Jahre wiederholen, zweifelhaft sein in einem Staat, in dem die parlamentarische Demokratie noch immer nicht so viel Vertrauenskapital besitzt, daß sie es verschleudern könnte. Der Eindruck des Wählers, daß die ›Wahl nach der Wahl‹, zu der er nichts mehr zu sagen hat, die ihm aber als ein langwieriger Ämterschacher nicht behagt, seine Stimme entwertet, vertieft sich auf diese Weise.«* [83])

Am 10. November trug Bundeskanzler Erhard dem 5. Deutschen Bundestag seine Regierungserklärung vor. Sie befaßte sich in erster Linie mit sozialen und wirtschaftlichen Fragen, ging jedoch auch auf die internationale Situation der Bundesrepublik Deutschland ein. Zur gesellschaftlichen Situation bemerkte er, die deutsche Gesellschaft habe ihren Charakter als Klassengesellschaft verloren; an ihre Stelle sei eine Leistungsgesellschaft getreten, doch müsse sie sich zur »formierten Gesellschaft« entwickeln, die auf der Überzeugung beruhe, »*daß die Menschen nicht nur durch Gesetze, sondern aus Einsicht das ihrem eigenen Wohle Dienende zu tun bereit sind*«. In diesem Zusammenhang betonte er: »*Eine formierte Gesellschaft setzt eine informierte Gesellschaft voraus. Der Bürger kann nur entscheiden, wenn er umfassend informiert ist.*« Eine eindeutige und deshalb überzeugende Bestimmung des Begriffes »formierte Gesellschaft«, der vorübergehend ein politisches Modeschlagwort wurde, gab er nicht; er ließ jedoch erkennen, darunter eine aufgeklärte Gesellschaft, die das freiheitliche Herrschaftssystem der parlamentarischen Demokratie akzeptiert, zu verstehen. In seinen Ausführungen über die internationale Situation der Bundesrepublik Deutschland versuchte Erhard die ausschließlich rückwärts gerichtete Betrachtungsweise der deutschen Politik zu überwinden. Er erinnerte an die Folgen des Zweiten Weltkrieges, betonte jedoch: »*Die Bezugspunkte in der Arbeit des 5. Deutschen Bundestages und der Politik der Bundesregierung dürfen dennoch nicht mehr die Kriegs- und Nachkriegszeit sein. Sie liegen nicht hinter uns, sondern vor uns. Die Nachkriegszeit ist zu Ende!*« Erhard fuhr danach fort: »*Deutschland ist geteilt – ist zur Hälfte dem Machtanspruch einer Siegernation unterworfen.*« Erhard forderte das Selbstbestimmungsrecht des deutschen Volkes, womit er sich in Widerspruch setzte zu einer Bemerkung in seiner Rede vom 17. Juni 1965, es gäbe keinen Rechtsanspruch auf Wiedervereinigung. Mit Nachdruck verwies er auf die Frage des Sicherheitsbedürfnisses des russischen Volkes. In diesem Zusammenhang erinnerte er daran, daß er unmittelbare Gespräche mit den sowjetischen Führern gesucht habe. Er betonte: »*Das deutsche Volk und jede gesamtdeutsche Regierung werden bereit sein, Garantien dafür zu geben, daß der Sowjetunion und den östlichen Nachbarn aus der Wiedervereinigung Deutschlands keine Gefahr erwächst.*« Im übrigen Teil seiner Ausführungen wiederholte er die überkommenen Vorstellungen. Er versicherte, die Bundesregierung sehe in »*einer Anerkennung oder einer internationalen Aufwertung der Zone einen unfreundlichen Akt, der sich gegen die Wiederherstellung der deutschen Einheit richtet*«. Die Notwendigkeit, zu den Staaten Ost- und Südosteuropas Beziehungen aufzunehmen, erkannte er an, blieb in seinen Ausführungen darüber jedoch allgemein und unverbindlich.[84]) Die außenpolitischen Ausführungen der Regierungserklärung enttäuschten, weil sie keine Ansatzpunkte für neue Initiativen boten – worauf die SPD als Opposition in ihrer Erwiderung aufmerksam machte. Diese Tatsache überraschte um so mehr, als im Herbst 1965 Versuche zur Verbesserung der Beziehungen der Bundesrepublik Deutschland zu den Staaten Ost- und Südosteuropas unternommen wurden.

DEUTSCHLAND-INITIATIVEN IM HERBST 1965

Unmittelbar nach der Wahl zum 5. Deutschen Bundestag, am 23. September 1965, veröffentlichte der geschäftsführende Vorsitzende des Kuratoriums »Unteilbares Deutschland«, Wilhelm Wolfgang Schütz, eine Denkschrift »Reform der Deutschlandpolitik«, die sich mit den Gegebenheiten in und den Möglichkeiten für Deutschland eingehend auseinandersetzte. Sein erkennbares Ziel war eine Versachlichung der emotionell angereicherten Diskussion für alle Probleme, weshalb er forderte: »*Was Anerkennung ist, bedarf der kühlen und nüchternen Überprüfung.*« Im übrigen schlug er vor, in Berlin und mit Berlin den ersten Schritt zur Wiedervereinigung zu tun. Er forderte, einen klaren Trennstrich zum Kalten Krieg zu ziehen, um die Voraussetzungen dafür zu schaffen, daß die Bundesrepublik Deutschland ein ganzes System von Freundschaftsverträgen errichtet. Für die deutsche Ostpolitik nannte er zwei große Aufgaben: »*1. Die Sowjetunion und die anderen Staaten Osteuropas müssen an den Verhandlungstisch gebracht werden; 2. Die Lösung der deutschen Frage muß für diese Regierungen interessant genug sein, daß sie darauf eingehen können, ohne das Lebensrecht und die Freiheit Deutschlands zu gefährden.*« Von der Funktion der Grenze sagte er, sie bestehe künftig darin, die Völker zu verbinden, das Mißtrauen zu überwinden, Gemeinsamkeiten zu schaffen statt zu verhindern. Den Entwurf eines Friedensvertrages, der mindestens die wesentlichen Gesichtspunkte für ein in Freiheit gesichertes Deutschland enthält, bezeichnete er als längst überfällig.[85])

Der Staatssekretär im Auswärtigen Amt, Karl Carstens, vertrat anläßlich des Deutschen Tages der Moskauer Internationalen Chemieausstellung am 22. September 1965 die Bundesrepublik Deutschland. Er hatte ein dreistündiges Gespräch mit dem amtierenden sowjetischen Außenminister W. Kusnezow in Gegenwart des stellvertretenden Außenministers W. S. Semjonow. Radio Moskau bezeichnete in einem Kommentar den Besuch von Carstens als ein positives Anzeichen, nämlich einer Verbesserung der Beziehungen zwischen der Bundesrepublik Deutschland und der Sowjetunion, wandte sich jedoch scharf gegen die in der Bundesrepublik Deutschland vorhandene Tendenz der »*Aufsaugung der DDR durch Westdeutschland, sozusagen mit friedlichen Mitteln*«. [86])

ANSÄTZE EINER DEUTSCH-POLNISCHEN VERSTÄNDIGUNG

Am 14. Oktober 1965 veröffentlichte die Evangelische Kirche Deutschlands (EKD) eine am 1. Oktober von ihrer Kammer für öffentliche Verantwortung verabschiedete Denkschrift »*Die Lage der Vertriebenen und das Verhältnis des deutschen Volkes zu seinen östlichen Nachbarn*«. Die sehr umfangreiche Darstellung, die eine lange anhaltende und teilweise mit großer Leidenschaft geführte Diskussion auslöste, beschrieb zunächst Umfang und Zusammensetzung der Probleme, untersuchte die Stellung der Vertriebenen in Gesellschaft und Kirche, skizzierte die gegenwärtige Lage jenseits der Oder-Neiße-Linie, setzte sich mit völkerrechtlichen Fragen auseinander, griff die in diesem Zusammenhang sich anbietenden theologischen und ethischen Erwägungen auf und bezeichnete das Problem der deutschen Ostgrenzen als eine politische Aufgabe. Die Studie war ein Versuch, die auf Rechtspositionen eingeschworenen Vorstellungen über die Gebiete ostwärts der Oder-Neiße-Linie zu präzisieren, um dadurch das Verständnis für die Notwendigkeit, die geschaffene Situation hinzunehmen, zu vergrößern. Sie gab zu bedenken, daß die Vertreibung für die davon Betroffenen in der Mehrzahl mit einer sozialen Deklassierung verbunden war: »*Von den erwerbstätigen Vertriebenen sind 62,9 v. H. Arbeiter gegenüber 47,9 v. H. bei den Einheimischen.*« Ausführlich ging sie auf die Situation in den Gebieten ostwärts der Oder-Neiße-Linie ein, offensichtlich bestrebt, dadurch die in der Bundesrepublik Deutschland propagierten Auffassungen ihrer Verwüstung und Verelendung zu beseitigen. Kritisch setzte sie sich mit den völkerrechtlichen Fragen auseinander, wobei sie betonte: »*Eine volle Wiederherstellung alten Besitzstandes, die in den ersten Jahren nach 1945 noch möglich gewesen wäre, ist 20 Jahre später unmöglich, weil sie Polen jetzt in seiner Existenz bedrohen würde, die Deutschland nach dem Gesagten zu respektieren hat.*« In der Beschreibung der theologischen und ethischen Erwägungen sprach sie sich gegen eine Überhöhung des Heimatverständnisses und für eine Versöhnung aller betroffenen Völker aus. In den abschließenden Bemerkungen bezeichnete sie das Problem der deutschen Ostgrenze als eine politische Aufgabe: »*Die Unterstellung eines Viertels des früheren deutschen Staatsgebietes unter fremde Verwaltung und die Vertreibung der Bevölkerung aus ihr stellen an die nationale Disziplin des ganzen Volkes so hohe Anforderungen, daß die Gefahr einer nationalistisch bestimmten Radikalisierung jedenfalls nicht von der Hand zu weisen war.*« [87])

Im gleichen Zeitpunkt kam es, am Ende des II. Vatikanischen Konzils, über das Problem einer Aussöhnung zwischen Deutschen und Polen zu einer Korrespondenz zwischen dem polnischen und dem deutschen Episkopat. Die polnischen Konzilsväter luden am 18. November 1965 die deutschen Konzilsväter zur Teilnahme an den Feierlichkeiten zur 1000-Jahr-Feier der Christianisierung in Tschenstochau im Jahre 1966 ein, wobei sie ihre Ansichten zu den polnisch-deutschen Beziehungen darlegten. In diesem Zusammenhang erklärten sie: »*Die polnische Westgrenze an Oder und Neiße ist, wie wir wohl verstehen, für Deutschland eine äußerst bittere Frucht des letzten Massenvernichtungskrieges, zusammen mit dem Leid der Millionen von Flüchtlingen und vertriebenen Deutschen.*« Gleichzeitig gaben sie zu bedenken: »*Für unser Vaterland, das aus den Massenmorden nicht als Siegesstaat, sondern bis zum äußersten geschwächt hervorging, ist das eine Existenzfrage; keine Frage größeren ›Lebensraumes‹, es sei denn, daß man ein über 30-Millionen-Volk in den engen Korridor eines ›Generalgouvernements‹ wie 1939 - 1945 hineinpressen wollte, ohne Westgrenze.*« Nach der sehr eindrucksvollen Schilderung der Situation sowohl des polnischen als auch des deutschen Volkes empfahlen die polnischen Bischöfe ihren deutschen Amtsbrüdern: »*Versuchen wir zu vergessen! Die Polemik, kein weiterer Kalter Krieg, aber der Anfang eines Dialogs, wie er heute vom Konzil und von Papst Paul VI. überall angestrebt wird. Wenn echter guter Wille beiderseits besteht – und das ist wohl nicht zu bezweifeln -, dann muß ja ein ernster Dialog gelingen und mit der Zeit gute Früchte bringen – trotz allem, trotz heißer Eisen. Wir bitten Sie, katholische Hirten des deutschen Volkes, versuchen Sie auch, auf Ihre eigene Art und Weise unser christliches Millennium mitzufeiern, sei es durch Gebet, sei es durch einen besonderen Gedenktag. Für jede Geste dieser Art werden wir Ihnen dankbar sein. Überbringen Sie auch, wir bitten Sie darum, von uns Grüße und Dank den deutschen evangelischen Brüdern, die sich mit uns und mit Ihnen abmühen, Lösungen für unsere Schwierigkeiten zu finden.«* Der deutsche Episkopat antwortete am 5. Dezember 1965 in einem Schreiben, das von 41 deutschen Konzilsvätern unterzeichnet wurde. Zum Dialog zwischen Polen und Deutschland bemerkte er: *»Furchtbares ist von Deutschen und im Namen des deutschen Volkes dem polnischen Volke angetan worden. Wir wissen, daß wir die Folgen des Krieges tragen müssen, die auch für unser Land schwer sind. Wir verstehen, daß die Zeit der deutschen Besatzung eine brennende Wunde hinterlassen hat, die auch bei gutem Willen nur schwer heilt. Um so mehr sind wir dankbar, daß Sie angesichts dieser Tatsache mit wahrhaft christlicher Großmut anerkennen, wie in der Zeit des Nationalsozialismus auch ein großer Teil der deutschen Bevölkerung unter schwerem Gewissensdruck gestanden hat. Wir sind dankbar, daß Sie auch angesichts der Millionen polnischer Opfer jener Zeit sich an die Deutschen erinnern, die dem Ungeist widerstanden und zum Teil ihr Leben dafür hingegeben haben.«* [88]) Die deutschen Bischöfe schlossen diesen Teil ihrer Darlegungen mit dem Hinweis, daß eine Aufrechnung von Schuld und Unrecht nicht weiterhelfen könne: *»So bitten auch wir zu vergessen, ja wir bitten zu verzeihen. Vergessen ist eine menschliche Sache, die Bitte um Verzeihung ist ein Anruf an jeden, dem Unrecht geschah, dieses Unrecht mit den barmherzigen Augen Gottes zu sehen und einen neuen Anfang zuzulassen.«* Im Anschluß versuchten sie den Begriff des Rechtes auf Heimat, so wie er von den Organisationen der Vertriebenen gebraucht wird, zu erklären: *»Wenn diese Deutschen von ›Recht auf Heimat‹ sprechen, so liegt darin – von einigen Ausnahmen abgesehen – keine aggressive Absicht. Unsere Schlesier, Pommern und Ostpreußen wollen damit sagen, daß sie rechtens in ihrer alten Heimat gewohnt haben und daß sie dieser Heimat verbunden bleiben. Dabei ist ihnen bewußt, daß dort jetzt eine junge Generation heranwächst, die das Land, das ihren Vätern zugewiesen wurde, ebenfalls als Heimat betrachtet. Christliche Liebe versucht sich jeweils in die Sorgen und Nöte des anderen hineinzuversetzen und so Spannungen und Grenzen zu überwinden. Sie will den Ungeist des Hasses, der Feindschaft und des Revanchismus ausmerzen. Sie will dazu beitragen, daß alle unseligen Folgen des Krieges in einer nach allen Seiten befriedigenden und gerechten Lösung überwunden werden. Sie dürfen überzeugt sein, daß kein deutscher Bischof etwas anderes will und jemals etwas anderes fordern wird, als das brüderliche Verhältnis beider Völker in voller Aufrichtigkeit und ehrlichem Dialog.«* Anschließend versicherten die deutschen Bischöfe, als Zeichen ihres guten Willens wollten sie in aufrichtiger Dankbarkeit als Pilger zum polnischen Marien-Heiligtum nach Tschenstochau kommen.[89])

Am 16. Dezember 1965 befaßte sich die »Neue Zürcher Zeitung« unter der Überschrift »Christlicher Brückenschlag an der Oder« sowohl mit der Denkschrift der EKD als auch mit dem Briefwechsel zwischen den polnischen und den deutschen

Bischöfen: »*Die politischen Resultate dieser Versöhnungsschritte dürften noch in weiter Ferne liegen. Der Wall der Vorbehalte wird auch auf deutscher Seite nicht fallen wie die Mauern von Jericho beim Trompetenschalle. Solange die Fronten in der deutschen Frage starr bleiben, in der Warschau sich völlig negativ verhält und zu der es den Schlüssel ohnehin nicht in Händen hat, ist in Bonn der Impuls, das Grenzproblem mit einem Verzicht zu bereinigen, matt. Die letzte Bundestagsdebatte hat neuerdings gezeigt, wie stark das deutsche Bedenken gegen eine ›Vorleistung‹ solcher Art nach wie vor ist. Deshalb ist der Schritt der Kirchen aber nicht sinnlos, auch politisch nicht. Er hat einen Dialog von Partnern eingeleitet, die einander jetzt hören und verstehen können oder wenigstens wollen. Die Lösung des deutsch-polnischen Problems liegt letztlich bei der Politik. Ohne daß moralische Unterschichten aufgelockert werden, wird sie jedoch nicht möglich sein. Diese Lockerung in Gang gebracht zu haben, ist das hoch einzuschätzende Verdienst der Kirchen beiderlei Konfession.*« [90])

VERHANDLUNGEN ÜBER EINEN REDNERAUSTAUSCH ZWISCHEN SED UND SPD

Im Auftrag des ZK der SED richtete Walter Ulbricht am 7. Februar 1966 an die »*Delegierten des Dortmunder Parteitages der SPD und an alle Mitglieder und Freunde der SPD in Westdeutschland*« einen »*Offenen Brief*«, in dem er seine Auffassung über die Lage in Deutschland vortrug, der SPD Fragen stellte und sie zugleich zu gemeinsamem Handeln aufforderte. Von der Feststellung ausgehend, SED und SPD seien die bei weitem stärksten Parteien Deutschlands, betonte er, die Politik der Annäherung der SPD an die CDU habe nicht zu dem erhofften Vertrauensvotum der Bevölkerung Westdeutschlands für die SPD geführt. Die SPD stehe an einem Scheideweg: »*Das Eintreten der SPD für die freie Marktwirtschaft des Kapitalismus kann offensichtlich doch kein geeignetes Mittel sein, um bei den Werktätigen Westdeutschlands Stimmen zu gewinnen.*« Im Anschluß nannte Ulbricht drei Grundfragen des Deutschlandproblems: »*1. Bist Du für Verhandlungen und für die Verständigung der Regierungen der beiden deutschen Staaten mit dem Ziel der Entspannung und der Schaffung der Voraussetzungen für ihre Zusammenarbeit und schrittweise Vereinigung? 2. Wie stehst Du zum Friedensvertrag? Welche Vorstellung hat die SPD von der Vorbereitung und vom Inhalt des Friedensvertrages? 3. Wie soll das einige Deutschland aussehen, das Du erstrebst? Soll es ein Deutschland sein, in dem das Volk bestimmt, oder sollen in ihm die Multimillionäre und Hitlergenerale den Ton angeben? Soll es ein wirklich demokratisches Deutschland sein, in dem die braunen Beamten, die unserem Vaterland solchen furchtbaren Schaden zugefügt haben, aus dem Staatsapparat entfernt werden? Soll es ein Deutschland ohne Militarismus und Neonazismus sein oder ein Deutschland, in dem das Volk unter der Todesdrohung der Atombombe und dem Diktat der Rüstungsmillionäre lebt? Soll es ein Deutschland der sozialen Gerechtigkeit sein oder ein Deutschland, in dem die Unter-*

nehmerverbände regieren? Soll es ein Deutschland sein, in dem das Volk das geistige Leben im Sinne des Humanismus gestaltet, oder soll es den kapitalistischen Meinungsfabriken gestattet sein, das geistige Leben zu deformieren und zu vergiften?« Im weiteren Verlauf seiner Ausführungen kritisierte Ulbricht die verfehlte Politik der CDU/CSU und warb für eine, wie er sagte, Verständigung aller Gegner des deutschen Militarismus, der Atomrüstung und des Neonazismus. Über die Möglichkeiten der SED sagte er: *»Wir geben offen zu, daß die SED allein die Deutschlandfrage auch nicht lösen kann. Aber die beiden größten Parteien Deutschlands könnten gemeinsam den entscheidenden Beitrag zur Lösung der Deutschlandfrage leisten, wenn sie wenigstens ein Mindestmaß an Annäherung und Übereinstimmung in den Fragen des Friedens und an Zusammenarbeit bei der Überwindung der Spaltung fänden. Es sollte doch möglich sein, daß SED und SPD ihre Positionen auf der Grundlage solcher Vorschläge einander annähern, wie sie z. B. im Januar 1966 vom Staatsrat der Deutschen Demokratischen Republik dem Bundestag der westdeutschen Bundesrepublik übermittelt worden sind. Sie lauten: Beide deutschen Staaten verzichten auf Atomrüstung und Beteiligung an der Verfügungsgewalt über atomare Waffen in jeglicher Form; beide deutschen Staaten anerkennen die bestehenden Grenzen in Europa; die Deutsche Demokratische Republik und die westdeutsche Bundesrepublik nehmen – im Interesse des europäischen Friedens und der europäischen Sicherheit – diplomatische Beziehungen zu allen Staaten der NATO bzw. zu allen Staaten des Warschauer Vertrages auf; beide deutsche Staaten leisten feierlich Verzicht auf solche Maßnahmen, Gesetze und Anordnungen, die den Weg zur Überwindung der Spaltung und zur Wiedervereinigung blockieren, wie z. B. atomare Aufrüstung, Notstandsgesetzgebung usw.; die Regierungen beider deutscher Staaten treten in Verhandlungen mit dem Ziel ein, die Beziehungen zwischen den deutschen Staaten und ihren Bürgern zu normalisieren.«* Mit großem Nachdruck widersprach Ulbricht der Befürchtung, bei einer entschiedenen Hinwendung auf den Weg zur Verständigung könnte die SPD unter die Räder kommen. Er rühmte die Zusammenarbeit von Arbeitern, Bauern, Intelligenz und Gewerbetreibenden in der DDR. Dem stellte er die Tatsache gegenüber, daß die SPD in der Bundesrepublik Deutschland auf Teilnahme an der Regierung auf Länderebene und sonst vor allem auf die Leitung von Städten und Gemeinden beschränkt ist. Als Mittel dazu, *»die deutsche Frage endlich aus der Sackgasse der CDU/CSU-Politik zu befreien«*, schlug er die Bildung eines Gremiums für die offene Aussprache der Deutschen aus Ost und West vor. Abschließend richtete er an die »werten sozialdemokratischen Genossen« die Bitte, diesen *»Beitrag zur Befreiung der deutschen Frage vom Eis des Kalten Krieges aufmerksam zu lesen und mit ihren Freunden zu diskutieren«: »Gelingt das Werk einer Verständigung zwischen SED und SPD nicht, dann müßten die Gefahren für den Frieden in Deutschland und Europa weiter wachsen.«* [91])

In einer gemeinsamen Sitzung von Parteivorstand, Fraktionsvorstand, Kontrollkommission und den Landes- und Bezirksvorständen wurde am 18. März 1966 eine »Offene Antwort« der SPD auf den »Offenen Brief« beschlossen. An ihre Spitze stellten die Gremien der SPD zwei grundsätzliche Feststellungen: *»1. Die Sozialdemokratische Partei Deutschlands setzt sich im Sinne ihres Grundsatzprogramms dafür ein, daß die Demokratie die allgemeine Staats- und Lebensordnung* *wird, weil sie allein Ausdruck der Achtung vor der Würde des Menschen und seiner Eigenverantwortung ist. 2. Die Sozialdemokratische Partei Deutschlands steht zum Grundgesetz für die Bundesrepublik Deutschland. Damit steht sie auch zum Artikel 146 dieses Grundgesetzes, der lautet: ›Dieses Grundgesetz verliert seine Gültigkeit an dem Tage, an dem eine Verfassung in Kraft tritt, die von dem deutschen Volke in freier Entscheidung beschlossen worden ist.‹«* In der weiteren Auseinandersetzung erklärte die SPD, sie verhehle nicht, »*daß es ihr außerordentlich schwerfällt, den Offenen Brief zum Ausgangspunkt der öffentlichen Diskussion zu machen, der die Unterschrift desselben Mannes trägt, der bewirken könnte, daß der Schießbefehl aufgehoben wird*«. Anschließend richtete der Vorstand der SPD an das ZK der SED sieben Fragen: »*1. Wie soll denn in Deutschland offen und unbefangen diskutiert werden, wenn auf Menschen geschossen wird, weil sie aus dem durch Minenfelder, Mauer und Drahtverhaue abgetrennten Teil ihres deutschen Vaterlandes ausbrechen wollen? Oder weil sie einfach nur von Deutschland nach Deutschland wollen – zu ihren Angehörigen, ihren Freunden, ihren Landsleuten. 2. Ist die SED bereit, nicht nur ausgewählten Funktionären, sondern jedem Mitglied ihrer Partei und allen ›Bürgern der DDR‹ – nicht nur Rentnern, sondern auch jüngeren Menschen – zu erlauben, die Bundesrepublik zu besuchen und sich hier ein eigenes Urteil über die tatsächliche Lage zu verschaffen? 3. Ist die SED bereit, im Bereich ihrer Verantwortung dazu beizutragen, daß den Menschen im gespaltenen Deutschland das Leben leichter gemacht wird? 4. Ist die SED bereit, ihre feindselige und schikanöse Haltung gegenüber Berlin aufzugeben? 5. Ist die SED zu einer freimütigen Diskussion in beiden Teilen Deutschlands bereit? 6. Ist die SED bereit, das Spielen mit dem Kriege aufzugeben? 7. Will sich die SED für praktische Erleichterungen im geteilten Deutschland einsetzen?*« Den Vorschlag des ZK der SED, ein Gremium für die offene Aussprache der Deutschen aus Ost und West zu schaffen, beantwortete der Vorstand der SPD mit dem Gegenvorschlag, »*die offene Aussprache aller Parteien in allen Teilen Deutschlands einzuleiten*«. Er schlug vor, Voraussetzungen dafür zu schaffen, daß Vertreter der im Deutschen Bundestag und der in der Volkskammer vertretenen Parteien in allen Orten ihre Auffassungen über die Deutschlandfrage offen darlegen, vertreten und austragen können. Gleichzeitig kündigte er an die Veröffentlichung seiner Stellungnahme und auch des »Offenen Briefes« der SED, »*obgleich dieser eine völlig verfälschte und verzerrte Darstellung der wirklichen Verhältnisse in der Bundesrepublik Deutschland und der Politik der SPD enthält*«.[92])

In seinem zweiten »Offenen Brief« beantwortete das ZK der SED am 25. März 1966 einen Teil der ihm von der SPD gestellten Fragen. Es wiederholte die von ihm gestellten Fragen mit dem Zusatz, die Antwort des Parteivorstandes der SPD enthalte keine Antworten auf diese Kernfragen. In einer sehr umfangreichen, teilweise historischen, teilweise politischen Analyse kritisierte es die Verhältnisse in der Bundesrepublik Deutschland und in Berlin. Auch warf es der Bundesrepublik Deutschland vor, der DDR einen Schaden zugefügt zu haben, den der frühere SPD-Bundestagsabgeordnete Baade auf 85 Milliarden Mark schätzt, ihre eigenen Berechnungen seien weit höher. Seine Darlegungen beendete es, indem es den von der SPD gemachten Vorschlag aufgriff: »*Mit Interesse haben wir den Vorschlag des Parteivorstandes der SPD zur Kenntnis genommen, gemeinsame Versamm-*

lungen in beiden deutschen Staaten durchzuführen, auf denen die beiderseitigen Standpunkte offen dargelegt werden können. Das Zentralkomitee der SED schlägt vor, mit einem praktischen Beispiel den ersten Schritt bald zu tun und dabei gleichzeitig Erfahrungen zu sammeln. Anknüpfend an die Gedanken der SPD schlagen wir vor, daß zunächst auf einer SED-Veranstaltung in Karl-Marx-Stadt Vertreter der SPD und der SED das Wort ergreifen. Wir schlagen ferner vor, daß auf einer SPD-Veranstaltung in Essen ebenfalls Vertreter der SED und der SPD das Wort ergreifen. Wir können die Zusage geben, daß die von der Sozialdemokratischen Partei delegierten Redner volle persönliche Sicherheit und Redefreiheit haben werden. Wir schlagen vor, daß der Parteivorstand der SPD sich bei den zuständigen Innenministerien der westdeutschen Bundesrepublik vergewissert, daß eine solche Versammlung in Essen ungehindert stattfinden kann und daß die von der SED delegierten Redner ebenfalls volle Sicherheit und Redefreiheit genießen. Nach den Erfahrungen dieses ersten Versuchs könnten dann zwischen dem Parteivorstand der SPD und dem Zentralkomitee der SED weitere Schritte beraten und vereinbart werden. Wir erwarten auf unseren Vorschlag die Antwort der SPD. Was ähnliche Veranstaltungen anderer Parteien betrifft, so fühlen wir uns nicht dazu berufen, für die CDU, die LDPD und die NDPD, die DBD und für die demokratischen Massenorganisationen der DDR zu sprechen. Falls also die westdeutsche CDU oder FDP oder andere Parteien oder Organisationen den Wunsch haben sollten, ähnliche gemeinsame Veranstaltungen durchzuführen, müßten sie sich mit den entsprechenden Parteien oder Organisationen in der Deutschen Demokratischen Republik in Verbindung setzen, sich mit ihnen verständigen und die notwendigen Schritte bei den zuständigen Behörden hüben und drüben unternehmen.« Zum Abschluß seines Briefes betonte das ZK der SED zwar, daß es viele Fragen gebe, über die gesprochen werden könnte, daß der Anfang dabei jedoch schwierig sei. Mit Nachdruck erinnerte es nochmals daran, daß SED und SPD die größten Parteien der beiden deutschen Staaten seien; auch versicherte es, es könne zwischen SED und SPD nicht darum gehen, »*daß einer über den anderen obsiegt, sondern beide müssen wir gewinnen, zum Wohle der deutschen Arbeiterklasse und der glücklichen Zukunft des deutschen Volkes*«.[93])

Der Vorstand der SPD verfolgte in seiner Antwort vom 15. April, wie er eingangs bemerkte, zwei Ziele, nämlich »*den Austausch von Argumenten über die Kernfragen der deutschen Politik in Gang zu bringen und den Menschen im gespaltenen Deutschland das Leben zu erleichtern*«. Im Anschluß äußerte er sich zu dem Vorschlag des ZK der SED: »*Der Vorstand der SPD greift die Anregung auf, daß Vertreter der SPD auf einer Veranstaltung in Chemnitz (Karl-Marx-Stadt) das Wort erhalten werden. Eine Veranstaltung der SPD, auf der Vertreter der kommunistischen SED zu Wort kommen können, findet in Hannover statt. An unserer Beurteilung der SED hat sich nichts geändert. Für eine Zusammenarbeit mit der SED fehlen alle Voraussetzungen. Dies gilt für jede Gliederung und alle Mitglieder der SPD. Wir sind unverändert für die offene Aussprache aller Parteien in allen Teilen Deutschlands. Gleichwohl schlagen wir vor: 1. Die von der SED einzuberufende Veranstaltung in Chemnitz (Karl-Marx-Stadt) findet zwischen dem 9. und 13. Mai 1966 statt. Als unsere Redner benennen wir den Vorsitzenden der SPD, Willy Brandt, und die stellvertretenden Parteivorsitzenden Herbert Wehner und*

Fritz Erler. 2. Die von der SPD einzuberufende Veranstaltung in Hannover wird in der Zeit zwischen dem 16. und 20. Mai 1966 durchgeführt. Unsere Redner werden sein: Willy Brandt, Fritz Erler, Herbert Wehner. 3. Unsere Redner werden in beiden Städten über die Kernfragen der deutschen Politik sprechen; das heißt heute vor allem, wie den Menschen im gespaltenen Deutschland das Leben leichter gemacht werden kann. 4. Wir werden uns bei den zuständigen Behörden vergewissern, daß den Rednern der SED aus Anlaß ihrer Teilnahme an der Veranstaltung in Hannover keine Schwierigkeiten erwachsen. 5. Wir werden die im Bundestag vertretenen Parteien einladen, sich an unserer Veranstaltung in Hannover zu beteiligen. Der SED stellen wir anheim, den übrigen in der Volkskammer vertretenen Parteien auf ihrer Veranstaltung in Chemnitz (Karl-Marx-Stadt) die gleiche Möglichkeit zu geben. Im Interesse der Verwirklichung unseres Vorschlages, ›die offene Aussprache aller Parteien in allen Teilen Deutschlands einzuleiten‹, läge es, wenn darüber hinaus auch die außer uns im Deutschen Bundestag vertretenen, die Bundesregierung tragenden Parteien auf der Veranstaltung der SED zu Wort kämen, wenn sie dies wünschen. 6. Auf beiden Seiten müssen die Voraussetzungen dafür geschaffen werden, daß über die Veranstaltungen durch Presse, Hörfunk und Fernsehen korrekt und umfassend berichtet werden kann. Eine gleichmäßige Unterrichtung der Menschen in beiden Teilen Deutschlands muß sichergestellt sein. 7. Wir haben den Sprecher unseres Parteivorstandes, Fritz Stallberg, und den Geschäftsführer unseres Bezirkes Hannover, Hans Striefler, beauftragt, mit den zuständigen Mitarbeitern der SED die erforderlichen technischen Absprachen über die Durchführung der Veranstaltungen und über die mit der Berichterstattung verbundenen Fragen zu treffen. Das Ergebnis dieser technischen Absprachen werden unsere Mitarbeiter öffentlich bekanntgeben.« In den weiteren Darlegungen seiner »Offenen Antwort« ging der Vorstand der SPD auf die Bemerkungen und Feststellungen des ZK der SED ein, wobei er sowohl grundsätzliche Feststellungen traf als auch praktische Vorschläge unterbreitete.

Die letzteren faßte er in folgende Forderungen zusammen: »*8. Die SPD besteht darauf und wird dafür sorgen, daß ihre weiteren Fragen auf der Tagesordnung bleiben: Ist die SED bereit, nicht nur ausgewählten Funktionären, sondern jedem Mitglied ihrer Partei und allen ›Bürgern der DDR‹ – nicht nur Rentnern, sondern auch jüngeren Menschen – zu erlauben, die Bundesrepublik zu besuchen und sich hier ein eigenes Urteil über die tatsächliche Lage zu verschaffen? Ist die SED bereit, im Bereich ihrer Verantwortung dazu beizutragen, daß den Menschen im gespaltenen Deutschland das Leben leichter gemacht wird? Ist die SED bereit, ihre feindselige Haltung gegenüber Berlin aufzugeben? Ist die SED zu einer freimütigen Diskussion in beiden Teilen Deutschlands bereit? Ist die SED bereit, das Spielen mit dem Kriege aufzugeben? Will sich die SED für praktische Erleichterungen im geteilten Deutschland einsetzen? 9. Für die Menschen im geteilten Deutschland tätig sein, das heißt unter anderem: Nachbarschaftsverkehr an der Zonengrenze, in Anlehnung an die Berliner Passierscheinregelungen; in Berlin selbst weitere Schritte in Richtung auf freien Personenverkehr; Möglichkeiten des Vertriebs bzw. der Postzustellung von Zeitungen und Zeitschriften in beiden Teilen Deutschlands; Abbau unnötiger Fesseln für den Austausch auf den Gebieten von Wirtschaft, Wissenschaft und Kultur. Dies sind Fragen, die Millionen von Menschen in beiden*

Teilen Deutschlands lebhaft interessieren. Hiervon kann man nicht ablenken, indem man – wie das Zentralorgan der SED – behauptet, dies seien ›Einzelheiten der Innenausstattung‹, und man baue ein Haus nicht ›vom Dach aus nach unten‹. Dies sind in Wirklichkeit aktuelle Lebensfragen für unser Volk. Und dies sind die Fragen, mit denen man eben ›unten‹ anfangen muß, wenn man die Lage für die Menschen im geteilten Deutschland verbessern will.« Der Vorstand der SPD nahm in seinen weiteren Darlegungen Bezug auf die Note der Bundesregierung vom 25. März 1966 und stellte unter Bezugnahme auf das Godesberger Programm fest: »*Wir wollen nicht den Menschen verstaatlichen; wir wollen den Staat vermenschlichen. Denn das ist der Sinn der Demokratie*« und wies den Vorwurf zurück, die Veröffentlichung der bisher vorliegenden »Offenen Briefe« sei in Westdeutschland in geringerem Maße als in der Zone erfolgt.[94])

Auf seiner Tagung am 27./28. April 1966 beschäftigte sich das ZK der SED mit dem bisherigen Verlauf des Meinungsaustausches zwischen SED und SPD. Im Anschluß veröffentlichte es seine Stellungnahme, in der es erneut seine im »Offenen Brief« vom 7. Februar erstmals gestellten Fragen wiederholte. Mit Karl-Marx-Stadt als Versammlungsort erklärte es sich einverstanden. Als Versammlungsort in der Bundesrepublik Deutschland wünschte es nicht die vom Parteivorstand der SPD vorgeschlagene Stadt Hannover, sondern Essen, »*weil diese Stadt bedeutende Traditionen in der deutschen Arbeiterbewegung besitzt und führende Genossen des ZK der SED früher eng mit der Arbeiterklasse des Ruhrgebietes verbunden waren*«. Die nachfolgenden Darlegungen polemisierten sowohl gegen die Politik der CDU/CSU als auch gegen die geschaffenen politischen und gesellschaftlichen Verhältnisse. Erneut klagte das ZK der SED die Bundesrepublik an, gegenüber der DDR eine Politik der Ausblutung betrieben zu haben.[95])

Im Anschluß an diesen öffentlich ausgetragenen Meinungsaustausch kam es zu Besprechungen und Verhandlungen von Beauftragten der SPD und der SED über die Abwicklung der geplanten Veranstaltungen. Am 3. Mai unterrichtete Erich Honecker, Mitglied des Politbüros der SED, den Vorsitzenden der SED, Ulbricht, über das Ergebnis dieser Beratungen. Willy Brandt nahm dazu am 4. Mai auf einer Pressekonferenz Stellung; er teilte mit, daß die SED an Essen festhalte, während die SPD weiterhin Hannover als Versammlungsort vorschlage. Er bedauerte, daß die SED den von der SPD vorgeschlagenen Termin, Mai 1966, nicht akzeptiere und dafür Juli 1966 benenne. Abschließend versicherte Brandt: »*Viele Menschen in beiden Teilen Deutschlands und ganz besonders drüben werden es bedauern, daß die von uns vorgeschlagene erste Runde nun nicht im Mai stattfindet. Ich bedaure das auch. Wir haben unseren Teil versucht, aber wir sind mit zäher Geduld gewappnet.*«[96])

Am 29. Mai richtete das ZK der SED seinen dritten »Offenen Brief« an die Delegierten des Dortmunder Parteitages der SPD und an alle Mitglieder und Freunde der Partei in Westdeutschland. Es wiederholte dabei seine immer wieder gestellten Fragen, verwarf die Note der Bundesregierung vom 25. März 1966 und benannte erneut Diskussionsgegenstände, die nach seiner Ansicht in den bisherigen Ausführungen des Vorstandes der SPD unberücksichtigt geblieben waren. Eingehend setzte es sich mit dem Verhältnis zwischen SED und SPD und den Beziehungen zwischen beiden deutschen Staaten auseinander. Abschließend kritisierte es, daß

Herbert Wehner in seiner Rede vom 30. Juni 1960 den Deutschlandplan der SPD vom 18. März 1959 verworfen hatte. Unmittelbar an die Adressaten gewandt, bat das ZK der SED, *»darüber nachzudenken und kluge, der Arbeiterklasse und dem ganzen Volke, der Sache des Friedens und der Verständigung der beiden deutschen Staaten dienende Entschlüsse zu fassen«.*[97])
Zum dritten »Offenen Brief« der SED gab das Präsidium der SPD am 10. Juni eine in sechs Punkte gegliederte Erklärung ab, in der sie ihre Ansicht der Auffassung der SED gegenüberstellte. Unter Bezugnahme auf den vom 12. Ordentlichen Parteitag in Dortmund einstimmig gefaßten Beschluß über die Unterstützung der eingeleiteten »offenen Auseinandersetzung« mit der kommunistischen SED betonte sie, nach dem Dortmunder Parteitag wisse jedermann, daß die SPD die Zeit für gekommen halte, *»die Auseinandersetzung darüber, was aus Deutschland werden soll, in eine neue Runde überzuleiten. Es genügt nicht mehr zu deklamieren, wie Deutschland nach den Vorstellungen der einen oder der anderen Seite geordnet werden könnte. Die Zeit der Deklamationen und der Rezepte ist abgelaufen. Es ist Zeit, darüber zu reden, wie den Menschen im gespaltenen Deutschland das Leben leichter gemacht werden kann, weil davon weitere Schritte abhängen, die dem ganzen deutschen Volk endlich Frieden innen und außen bringen werden.«*
Nach Versicherung seiner Illusionslosigkeit über die Anstrengungen der nächsten Runden beschäftigte sich das Präsidium der SPD mit der Haltung der SED. Es bedauerte die Bemühungen der SED, *»die Delegierten des Dortmunder Parteitages durch ein wortreiches Schreiben eingehend mit dem SED-Konzept und der SED-Kritik bekanntzumachen«*. Im Anschluß daran stellte es fest: *»Was immer über die Nachkriegsentwicklung in Deutschland gedacht oder gesagt werden mag, keine Seite kann der anderen Seite ihre Auffassung aufzwingen.«* Mit Bedauern nahm es zur Kenntnis, daß die SED in ihrem dritten »Offenen Brief« mit dem Gedanken spielte, *»schon erprobte Erleichterungen in Frage zu stellen, wenn ihre Ansprüche auf formelle Besiegelung der Trennung Deutschlands nicht erfüllt würden«*. Gegen den Vorwurf, die SPD treibe eine *»Politik mit doppeltem Boden«*, setzte sich das Präsidium der SPD mit großer Entschiedenheit zur Wehr, wobei es auf seine Bemühungen und Beschlüsse um Rüstungsbegrenzung, Rüstungskontrolle und internationale Abrüstung verwies. Schließlich ging es auf die Anschuldigungen der SED gegen die Innenpolitik der Bundesrepublik Deutschland ein. Es lehnte die von der SED vertretene Forderung ab, in der Bundesrepublik Deutschland *»stehe man 1966 dort, wo 1932 die Weimarer Republik gestanden hat«*, und betonte, *»die SPD bedarf bei ihrer harten Auseinandersetzung mit anderen Parteien in der Bundesrepublik Deutschland nicht unerbetener Ratschläge oder gar der Inspiration seitens der SED«*. Zum Abschluß analysierte die SPD-Führung die Politik des dritten »Offenen Briefes«, die dem Dortmunder Parteitag vorgelegten Entwürfe des Parteivorstandes zur Deutschlandpolitik und zu Fragen der Innenpolitik, indem sie zu bedenken gab, daß die Beratungen und die Entscheidungen des Parteitages darauf geantwortet hätten. Seine Erklärung beschloß das Präsidium der SPD mit der Versicherung, *»seine Bemühungen fortzusetzen, um vor den Menschen in ganz Deutschland den Austausch von Argumenten über die Kernfragen der deutschen Politik in Gang zu bringen und den Menschen im gespaltenen Deutschland das Leben leichter zu machen«.*[98])

VERABSCHIEDUNG DES »GESETZES ÜBER EINE BEFRISTETE FREISTELLUNG VON DER DEUTSCHEN GERICHTSBARKEIT«

Während der Erörterungen über einen Redneraustausch zwischen SPD und SED tauchte die Möglichkeit auf, daß Funktionäre der SED beim Betreten der Bundesrepublik Deutschland festgenommen werden könnten, weil gegen sie Anzeigen vorlägen, die eine sofortige Inhaftierung bedingten. Das Problem der Sicherheit der SED-Funktionäre spielte auch in den Gesprächen zwischen Vertretern der SPD und der SED eine erhebliche Rolle. Bestrebt, die damit verbundenen rechtlichen Schwierigkeiten aus dem Wege zu räumen, verabschiedete der 5. Deutsche Bundestag am 23. Juni 1966 gegen 50 Stimmen der CDU/CSU und 2 der FDP den Entwurf eines »*Gesetzes über eine befristete Freistellung von der deutschen Gerichtsbarkeit*«, das am 29. Juni verkündet wurde.[99]) Das Gesetz ermächtigte die Bundesregierung, »*Deutsche, die ihren Wohnsitz oder gewöhnlichen Aufenthalt außerhalb des Geltungsbereiches des Grundgesetzes haben, von der deutschen Gerichtsbarkeit*« freizustellen, »*wenn sie es bei Abwägung aller Umstände zur Förderung weiterer öffentlicher Interessen für geboten hält*«. Vor der dritten Lesung des Gesetzentwurfes gab Bundesjustizminister Richard Jaeger (CSU) dazu eine Erklärung der Bundesregierung ab, in der er deren Einstellung zu dem Gesetz präzisiert.[100]) Bei der Partei- und Staatsführung der DDR löste es schärfste Kritik aus. Bereits in seiner Vorbereitungsphase, am 15. Juni, hatte sich der Vorsitzende des Ministerrates der DDR, Stoph, an Bundeskanzler Erhard mit der Aufforderung gewandt, auf eine annexionistische Gesetzgebung zu verzichten: »*Die DDR ist ein souveräner und demokratischer Staat, der seine Hoheitsrechte und die Rechte seiner Bürger gegen solche völkerrechtswidrigen aggressiven Handlungen zu schützen weiß. Im Interesse der dringend notwendigen Entspannung und der Normalisierung der Beziehungen zwischen beiden deutschen Staaten, im Interesse der Erhaltung des Friedens in Europa, wende ich mich im Namen der Regierung der DDR und im Namen aller friedliebenden Deutschen an die Regierung der westdeutschen Bundesrepublik, an Sie, Herr Bundeskanzler, mit der Aufforderung, die völkerrechtswidrige Ausschließlichkeitsanmaßung aufzugeben und insbesondere alle gesetzlichen Bestimmungen und Grundsatzurteile, die auf den revanchistischen Forderungen nach den Grenzen des Deutschen Reiches von 1937 basieren, aufzuheben; die Ausdehnung des Geltungsbereiches aller gesetzlichen Bestimmungen der Bundesrepublik auf Bürger der DDR und anderer Staaten sofort zu beenden.*« [101]) Das Gesetz vom 29. Juni 1966 ging von der Annahme aus, daß angesichts des Fortbestandes des Deutschen Reiches alle Gesetze, vor allem auch alle Strafgesetze, auf alle Deutschen anzuwenden sind, auch wenn sie *nicht* im Geltungsbereich des Grundgesetzes für die Bundesrepublik Deutschland wohnen. Aufgrund dieser Auffassung konnten und wurden SED-Funktionäre festgenommen und z. T. auch abgeurteilt. In diesem Vorgehen sah die DDR die »*Praxis des Alleinvertretungsanspruches*«. Partei- und Staatsführung entfesselten eine langanhaltende Kampagne gegen das Gesetz vom 29. Juni 1966, das sie als »Handschellengesetz« qualifizierten, womit sie zum Ausdruck brachten, daß Bürger der DDR beim Besuch der Bundesrepublik Deutschland Gefahr liefen, in Handschellen abgeführt zu werden.

ANSPRACHEN BRANDTS, WEHNERS UND ERLERS VOM 14. JULI 1966

Die für den 14. Juli 1966 in Karl-Marx-Stadt geplante Veranstaltung, auf der im Rahmen eines Rednerаustausches SPD-Politiker sprechen sollten, kam nicht zustande. Die SED erklärte sich dazu nicht in der Lage. Die Rundfunk- und Fernsehanstalten der Bundesrepublik gaben am Abend des 14. Juli 1966 dem Vorsitzenden der SPD, Willy Brandt, und seinen beiden Stellvertretern, Herbert Wehner und Fritz Erler, die Möglichkeit, den Menschen in beiden Teilen Deutschlands die Grundgedanken der Ausführungen darzulegen, die sie in Karl-Marx-Stadt vorgetragen hätten. Willy Brandt führte dabei aus: »*Die Gegensätze zwischen Sozialdemokratie und Kommunisten, zwischen Demokratie und Diktatur lassen sich weder wegzaubern noch wegerklären. Aber eine solche Feststellung allein hilft nicht weiter. Haß und Verteufelung lösen keine Probleme.*« Er stellte fest: »*Auch unser Volk hat ein Recht auf Selbstbestimmung, auf nationale Einheit.*« Zu den innerdeutschen Beziehungen stellte er die Frage: »*Deshalb fragen wir auch heute wieder: Warum soll es nicht möglich sein, daß Deutsche in Deutschland ungehindert reisen können? Daß den Berlinern nicht soviel Schikanen bereitet werden? Daß jedenfalls Verwandte einander sehen dürfen? Warum soll es nicht möglich sein, daß zwischen den deutschen Gebieten mehr Handel getrieben wird? Daß wir uns wieder begegnen in den Bereichen der Technik, der Wissenschaft, der Kultur? Daß wir zueinander finden durch Zeitungsaustausch und sportliche Begegnungen?*« Auch wenn die Auseinandersetzungen ergebnislos waren – Willy Brandt verstand sie als ein Ereignis mit fortwirkender Kraft: »*Was in den letzten Monaten geschehen ist, kann nicht mehr aus der Welt geschafft werden. In Deutschland ist wieder viel über Deutschland gesprochen worden. Der Wille, ein Volk zu bleiben, ist stark sichtbar geworden. Wege, praktische Möglichkeiten wurden sichtbar. Diese Erfahrung und dieses Erlebnis dürfen und werden nicht mehr verlorengehen.*«[102]) Herbert Wehner gab seiner Überzeugung anschließend Ausdruck, »*daß es schließlich doch zur Entkrampfung der Beziehungen im gespaltenen Deutschland kommen werde*«, betonte jedoch, daß SPD und SED als politische Parteien in ihren Zielen und Methoden nichts gemeinsam hätten. Über die Möglichkeiten, die innerdeutschen Beziehungen zu aktivieren, führte er aus: »*Es kommt auf die Versuche an, Formen, und damit auch Rechtsformen, zu finden, durch die beide Seiten in Deutschland miteinander verkehren können, obwohl keine Seite die andere Seite als ihresgleichen anerkennt. Das muß der Menschen willen möglich gemacht werden. Aber wir sagen auch, was wir zu tun bereit und imstande sind, damit die Menschen in Deutschland ihren Frieden finden, ohne daß wir von den Kommunisten verlangen, sie müßten vorher aufhören, Kommunisten zu sein. Das gehört zu der Friedenspolitik in, um und für Deutschland, wie es Willy Brandt erklärt hat. Wir können den wirtschaftlichen Austausch im gespaltenen Deutschland von vielen Fesseln und Hemmungen frei machen. Der innerdeutsche Handel kann ein viel größeres Ausmaß annehmen. Es muß doch endlich möglich gemacht werden, den sportlichen Verkehr und den Kulturaustausch wie unter normalen Menschen florieren zu lassen. Und warum müssen Zeitungen, Zeitschriften und Bücher daran gehindert werden, in jedem Teil Deutschlands gelesen zu werden? Nachbarschaftsverkehr könnte, selbst wenn er zunächst nur nach dem Modell der Berliner Passierscheinregelungen versucht würde, ein Anfang für mehr normalen Verkehr werden. Will eigentlich jemand behaupten, es seien schlechte Erfahrungen mit den Rentnerbesuchen gemacht worden? Doch wohl nicht.«* [103]) In den Mittelpunkt seiner Ausführungen stellte Fritz Erler den deutschen Beitrag zur Abrüstung und zur Entspannung, wobei er von der Tatsache ausging, *»die Teile Deutschlands gehören verschiedenen Bündnissystemen an, das sollte kein Anlaß sein, Haß zwischen den Menschen zu schüren«*. Er fragte: *»Was soll die ständige Propaganda der Atomweltmacht Sowjetunion gegen Deutschland?«* An das Ende seiner Ausführungen stellte er die Bemerkung: *»Wir Sozialdemokraten arbeiten für den Frieden. Wir sind weder Kriegstreiber noch Revanchisten. Aber wir wollen unser eigenes Volk auch nicht fremder Gewalt unterwerfen. Wer in seinem Herrschaftsbereich komplette Notstandsbefugnisse bis zur allgemeinen Dienstverpflichtung aller Arbeitnehmer ohne jede parlamentarische Kontrolle hat, wer über die Armee hinaus Kinder und Jugendliche militärisch vorbereitet, wer am Weltfeiertag der Arbeit drohende Militärparaden für angemessen hält, dem fehlt jede Legitimation, uns Ratschläge darüber zu erteilen, wie wir unter Wahrung der Freiheitsrechte der Bürger und der Stellung des frei gewählten Parlaments für den Fall der Not für die Menschen sorgen und die freiheitlich-demokratische Grundordnung vor Gefahren schützen wollen.«* [104])

GRÜNDE FÜR DAS SCHEITERN DES REDNERAUSTAUSCHES

Die Frage nach den Gründen für das Scheitern des Redneraustausches zwischen SPD und SED kann noch nicht *eindeutig* beantwortet werden. Die SED nannte als Gründe Weigerungen sowohl der Bundesregierung als auch des Parteivorstandes der SPD, die von ihr für unerläßlich erachteten Voraussetzungen zu schaffen, um einen geordneten Ablauf sicherzustellen. So kam es zwischen den Beauftragten der SPD und der SED für die vorbereiteten technischen Gespräche zu einer Meinungsverschiedenheit über den Ort ihrer Verhandlungen. Die Beauftragten der SPD hatten Ost-Berlin als Verhandlungsort akzeptiert, die Beauftragten der SED lehnten West-Berlin mit der Begründung ab, die Gespräche würden in diesem Falle außerhalb der Bundesrepublik Deutschland geführt. Das »Gesetz über eine befristete Freistellung von der deutschen Gerichtsbarkeit« betrachteten die SED-Funktionäre als eine Provokation. Diese Gründe wurden in der Bundesrepublik Deutschland als Ausflüchte angesehen. Als eigentliche Ursache der Ablehnung galt die Befürchtung der SED, die Redner der SPD würden mit einem nicht kontrollierbaren Beifall begrüßt und gefeiert werden. Die »offensive Auseinandersetzung« war zwar ergebnislos hinsichtlich der Durchführung der beiden geplanten Veranstaltungen, jedoch nicht hinsichtlich der Artikulation der beiden Standpunkte; sie trug wesentlich zur Klärung der Meinungsverschiedenheiten über Deutschland bei, indem sie die gegenseitigen Standpunkte aufzeigte, gleichzeitig jedoch einen freilich langsam verlaufenden politischen Denkprozeß einleitete.

FRIEDENSNOTE DER BUNDESREGIERUNG VOM 25. MÄRZ 1966

Die Diskussion über den Redneraustausch zwischen SED und SPD wurde unterbrochen und danach begleitet von einer weltweiten Diskussion über die Note, die die Regierung der Bundesrepublik Deutschland am 25. März 1966 allen Regierungen der Welt, auch den Regierungen, mit denen sie keine diplomatischen Beziehungen unterhielt, zuleitete. Die Absendung der Note teilte Bundeskanzler Erhard am gleichen Tage dem Deutschen Bundestag mit, wobei er die Absicht, welche die Bundesregierung dabei geleitet hatte, erläuterte: »*Die Note zeichnet ein Bild der deutschen Friedenspolitik. Die Bundesregierung geht davon aus, daß die alte nationalstaatliche Ordnung unseres Erdteils den großen politischen, geistigen und wirtschaftlichen Aufgaben der Zukunft nicht mehr gewachsen sein wird. Diese Aufgaben lassen sich nur gemeinsam lösen. Aus diesem Grund wird sich die Bundesregierung wie in der Vergangenheit an den Vorhaben beteiligen, die auf einen europäischen Zusammenschluß gerichtet sind. Diese Zusammenschlüsse dienen dem Frieden. Deutschland und Europa brauchen den Frieden, wenn sie ihre Ziele erreichen wollen. Die Bundesregierung ist von der Überzeugung erfüllt, daß alle Bemühungen um Sicherheit und Abrüstung nur dann entscheidenden und dauerhaften Erfolg haben können, wenn zugleich auch die Ursachen der Spannungen beseitigt werden. Das heißt: In Europa muß vor allem die Deutschlandfrage in gerechter Weise dadurch gelöst werden, daß dem deutschen Volk das Recht gewährt wird, frei über sein Schicksal zu bestimmen.*« Die sehr umfangreiche Friedensnote, in sechs Abschnitte gegliedert, unterbreitete den Regierungen »*folgende Gedanken und Vorschläge zur Abrüstung und Sicherung des Friedens*«: »*1. Die Bundesregierung ist sich der Gefahren bewußt, die mit einer Weiterverbreitung der Atomwaffen verbunden sind. Wenn eine umfassende Regelung des Nichtverbreitungsproblems sich als zu schwierig erweist, hält es die Bundesregierung für ratsam, schrittweise vorzugehen. Offensichtlich gibt es für einen Staat nur zwei Möglichkeiten, in den Besitz von Kernwaffen zu kommen: entweder diese Waffen selbst zu produzieren oder sie von einer Atommacht zu erhalten. Beide Möglichkeiten sollten ausgeschlossen werden. Was die erste Möglichkeit betrifft, so hat die Bundesrepublik Deutschland schon im Jahre 1954 auf die Herstellung atomarer Waffen verzichtet und sich insoweit einer internationalen Kontrolle unterworfen. Darauf aufbauend appelliert die Bundesregierung an alle Nicht-Nuklear-Staaten, die Militärallianzen in Ost und West angehören, den gleichen Verzicht auszusprechen und sich einer entsprechenden internationalen Kontrolle zu unterwerfen. Weitere Schritte, die allianzfreien Staaten betreffend, sollten hinzukommen. Um auch die zweite Möglichkeit der Verbreitung von Kernwaffen auszuschalten, regt die Bundesregierung an, daß die Nuklear-Mächte übereinkommen, keine Kernwaffen in die nationale Kontrolle anderer Länder zu geben. 2. Niemand wird behaupten können, daß das Wettrüsten mit atomaren Vernichtungswaffen die Sicherheit in Europa und der Welt erhöht. Die Bundesregierung erklärt sich daher bereit, einem Abkommen zuzustimmen, in dem die in Frage kommenden Staaten sich verpflichten, die Zahl der Atomwaffen in Europa nicht weiter zu erhöhen, sondern sie stufenweise zu verringern. Ein solches Abkommen müßte sich auf ganz Europa erstrecken, das*

Kräfteverhältnis insgesamt wahren, eine wirksame Kontrolle vorsehen und mit entscheidenden Fortschritten bei der Lösung der politischen Probleme in Mitteleuropa verbunden werden. 3. Die Bundesrepublik Deutschland hat sich als Empfängerland von spaltbarem Material internationalen Kontrollen unterworfen, die sicherstellen, daß dieses Material nicht zur Herstellung von Kernwaffen verwendet wird. Als Lieferland ist die Bundesrepublik Deutschland bereit, in ihren Lieferverträgen mit Empfängerländern außerhalb des Euratom-Gebietes allgemein entsprechende Kontrollen durch die Internationale Atom-Energie-Organisation zu fordern. Sie geht davon aus, daß andere Lieferländer die gleiche Auflage machen. 4. Die Bundesrepublik Deutschland hat bereits mit ihren westlichen Verbündeten Gewaltverzichtserklärungen ausgetauscht. Da die Regierungen der Sowjetunion und einiger osteuropäischer Staaten wiederholt ihre – wenn auch unbegründete – Sorge über einen deutschen Angriff ausgedrückt haben, schlägt die Bundesregierung vor, auch mit den Regierungen der Sowjetunion, Polens, der Tschechoslowakei und jedes anderen osteuropäischen Staates, der dies wünscht, förmliche Erklärungen auszutauschen, in denen jede Seite gegenüber dem anderen Volk auf die Anwendung von Gewalt zur Regelung internationaler Streitfragen verzichtet. 5. Um das Mißtrauen vor angeblichen deutschen Aggressionsabsichten zu zerstreuen, schlägt die Bundesregierung ferner bilaterale Vereinbarungen mit der sowjetischen, polnischen, tschechoslowakischen, ungarischen, rumänischen und bulgarischen Regierung über den Austausch militärischer Beobachter bei Manövern der Streitkräfte vor. 6. Schließlich ist die Bundesregierung bereit, an einer Weltabrüstungskonferenz oder an jeder anderen Abrüstungskonferenz, soweit sie Erfolg versprechen, teilzunehmen und in konstruktivem Geist mitzuarbeiten.« [105])

Mit der Note versuchte die Regierung Erhard das Gesetz des diplomatischen Handelns wieder an sich zu bringen, indem sie ihre Bereitschaft zum Ausdruck brachte, vertraglich auf die Anwendung jedweder Gewalt zu verzichten, wobei sie davon ausging, daß auch der oder die Vertragspartner der Bundesrepublik Deutschland auf die Androhung oder die Anwendung von Gewalt verzichten würden. Die Note fand in der Bundesrepublik Deutschland große Beachtung, galt sie doch als ein nicht aussichtsloser Versuch, die Stagnation in der deutschen Frage durch die Abkehr von den zu Formeln erstarrten Forderungen zu überwinden. Die Note war an die Regierungen fast aller Staaten der Erde gerichtet, ihre eigentlichen Adressaten waren jedoch die Staaten des Warschauer Paktes, ausgenommen die DDR, der sie nicht zugestellt wurde.

Die Reaktion auf das als Friedensnote apostrophierte diplomatische Schriftstück war unterschiedlicher Art. Die Regierungen der Westmächte erklärten ihre volle Übereinstimmung mit dem Schritt der Bundesregierung, – sie waren über diesen auf diplomatischem Wege unterrichtet worden. Die Presse sowohl der Bundesrepublik Deutschland als auch der westlichen Länder unterstützte vorbehaltlos die Aktion. Die öffentliche Meinung und die Regierungen der Staaten des Warschauer Paktes nahmen eine ablehnende Stellung ein. Auf dem XXIII. Parteitag der KPdSU am 29. März 1966 richtete der Erste Sekretär des ZK, Leonid Breshnew, leidenschaftliche Anschuldigungen gegen die Bundesrepublik Deutschland.[106]) Am 27. April nahm der Außenminister der DDR, Otto Winzer, auf einer Tagung des ZK der SED zur Note vom 25. März Stellung, wobei er zunächst betonte, daß bereits 1959 der Außenminister der DDR, Lothar Bolz, Bundesaußenminister von Brentano den Abschluß eines Nichtangriffspaktes vorgeschlagen habe, der eine feierliche Gewaltverzichtserklärung einschließen sollte. Im Anschluß daran führte Winzer aus: »*Dieser Gewaltverzicht ist heute so aktuell wie damals. Die DDR ist bereit, diesen Gewaltverzicht beider Staaten auch durch den Austausch förmlicher Erklärungen zu vereinbaren, wie ihn die Bonner Regierung den anderen sozialistischen Staaten Europas in der durchsichtigen Absicht vorgeschlagen hat, sie gegen die DDR auszuspielen. Der Gewaltverzicht beider deutscher Staaten wäre, territorial gesehen, auch eine Friedenssicherung für die östlichen Nachbarn Deutschlands. Solange die Bonner Regierung sich weigert, einen Gewaltverzicht mit der DDR zu vereinbaren, stellt sie ihre ganze Friedensnote als ein durchsichtiges Tarnmanöver aggressiver Politik bloß. Das Gegenteil kann sie nur durch die Vereinbarung eines Gewaltverzichts beider deutscher Staaten beweisen. Vor diese klare Alternative ist die Bonner Regierung samt ihrer Note durch die Friedenspolitik der DDR gestellt.*« [107]) Am 29. April 1966 übergab der Botschafter der Volksrepublik Polen in Kopenhagen dem Botschafter der Bundesrepublik Deutschland die Antwortnote der polnischen Regierung auf die Friedensnote von 25. März. In sechs Punkten legte die polnische Regierung ihren Standpunkt sowohl zu der Note der Bundesregierung als auch zu der politischen Situation in Europa dar, wobei sie mit einer Charakterisierung des Polen unmittelbar betreffenden Problems der Oder-Neiße-Linie begann: »*Die Note, die die Regierung der Bundesrepublik Deutschland als einen Akt des guten Willens hinstellt, enthält das absurde Argument, daß Deutschland weiterhin in seinen Grenzen von 1937 bestehe. Die Regierung der Volksrepublik Polen hat wiederholt darauf hingewiesen, daß eine derartige Einstellung jeder Grundlage entbehrt, und sie weist sie erneut kategorisch zurück. Die Grenze an Oder und Lausitzer Neiße ist endgültig. Sie wurde auf der Potsdamer Konferenz durch Beschluß der Siegermächte im Namen der Anti-Hitler-Koalition unter Berücksichtigung der Stimme Polens festgelegt. Dieser Beschluß, ein Akt historischer Gerechtigkeit, wurde u. a. durch die Verwirklichung der Bestimmungen, die sich auf die Umsiedlung der deutschen Bevölkerung aus den westlichen und nördlichen, an Polen zurückgegebenen Gebieten bezogen, unverzüglich durchgeführt.*« Im weiteren Fortgang der Darlegungen über die Oder-Neiße-Linie erklärte die polnische Note: »*Es gibt kein Grenzproblem. Allerdings gibt es das Problem des Friedens in Europa, weil die territorialen Ansprüche der Bundesrepublik Deutschland gegenüber Polen den Frieden gefährden.*« In den folgenden Punkten ihrer Erwiderung kritisierte die polnische Regierung die Politik der Regierung der Bundesrepublik Deutschland gegenüber der DDR, die Forderung nach Wiedervereinigung Deutschlands, das Interesse der Bundesrepublik Deutschland an einer Beteiligung an der Aufstellung atomar gerüsteter Streitkräfte, das Festhalten an der nach polnischer Meinung »Fiktion von der Einheit des deutschen Volkes« und die Behauptungen über eine angebliche Bedrohung der Sicherheit der Bundesrepublik Deutschland durch die Sowjetunion. [108]) Die Regierung der ČSSR ließ durch Vermittlung der Botschaft der Vereinigten Staaten von Amerika in Prag am 5. Mai der Bundesregierung ihre Antwort zukommen. Die darin erhobenen Forderungen stimmten mit den Postulaten überein, die die Regierung der Volksrepublik Polen erhoben hatte. Die anomale Lage in den gegenseitigen Beziehungen zwischen der Bundesrepublik Deutschland und der ČSSR bezeichnete sie als das Ergebnis der Politik der Bundesregierung, die »*die Verantwortung für die Folgen der Naziaggression zurückweist, die Initiativverträge der Regierung der ČSSR ignoriert und weiter eine negative Haltung gegenüber der Schaffung normaler diplomatischer Beziehungen einnimmt, wie man sie zwischen zwei Nachbarstaaten erwarten sollte*«.[109]) Am ausführlichsten beantwortete die Note vom 25. März die Regierung der Sowjetunion am 17. Mai. In zehn Punkten gab sie eine Darlegung ihrer Auffassungen von der Lage in Europa. Dabei wies sie die Behauptung zurück, daß es eine Gefahr für die Bundesrepublik Deutschland gebe. Sie erinnerte an die im Zweiten Weltkrieg durch deutsche Truppen erfolgten Zerstörungen in der Sowjetunion und zahlreichen europäischen Ländern. Sie forderte, daß im Interesse der europäischen Sicherheit alle Staaten die in Europa bestehenden Grenzen respektieren und ihre Unantastbarkeit wahren. Die Veränderungen, die sich in Europa vollzogen hätten, seien die »*geschichtlichen Folgen des langen und schweren Kampfes der Völker gegen den deutschen Militarismus. Die in Potsdam im Jahre 1945 gefaßten internationalen Beschlüsse über die Nichtzulassung des Wiedererstehens des deutschen Militarismus und Nazismus waren vor allem für die Zukunft gedacht, damit ein dauerhafter Friede in Europa gesichert ist, woran auch das Volk der Bundesrepublik Deutschland interessiert sein muß*«. Eingehend beschäftigte sich die sowjetische Antwort mit Rüstungsproblemen, wobei sie vor allem die Versuche der Bundesrepublik Deutschland beanstandete, ganz oder teilweise Verfügungsgewalt über nukleare Waffen zu erhalten. Auch gab sie zu bedenken, daß die Aussicht auf die Wiedervereinigung Deutschlands mit jedem Jahr illusorischer werde. Abschließend betonte die Regierung der Sowjetunion ihre Bereitschaft, zur Gesundung der internationalen Lage, der Festigung des Friedens und dem Ausbau friedlicher Zusammenarbeit zwischen den Staaten beizutragen, und gab gleichzeitig der Erwartung Ausdruck, über die im einzelnen aufgeführten acht Fragen zu einer Verständigung mit der Regierung der Bundesrepublik Deutschland zu kommen. Die acht Punkte stimmten mit den Voraussetzungen überein, die die Regierung der Volksrepublik Polen genannt hatte, waren jedoch detaillierter.[110]) Am 26. Mai veröffentlichte der Ministerrat der DDR eine Stellungnahme zur Note vom 25. März, wobei er erklärte: »*Die westdeutsche Bundesrepublik ist zum zweiten Zentrum der Kriegsgefahr in der Welt und zum Hauptstörenfried in Europa geworden. Der Ministerrat der DDR bringt die völlige Übereinstimmung der DDR mit dem in den Antworten und Stellungnahmen der Regierungen der UdSSR, der VR Polen und der ČSSR und anderer sozialistischer Staaten dargelegten Standpunkt zur Note der Regierung der westdeutschen Bundesrepublik zum Ausdruck. Er erklärt seine volle Zustimmung zu den darin enthaltenen Vorstellungen zur Sicherung des Friedens und der Entwicklung einer friedlichen Zusammenarbeit zwischen den Völkern.*« [111]) Die ungarische Nachrichtenagentur MTI veröffentlichte am 3. Juni eine als autorisiert bezeichnete Erklärung zur Note vom 25. März.[112]) Am 27. Juli beantwortete die Regierung der Sozialistischen Föderativen Republik Jugoslawien die Note vom 25. März. Sie erinnerte an den Abbruch der diplomatischen Beziehungen zwischen der Bundesrepublik Deutschland und Jugoslawien 1957 und brachte ihre Überzeugung zum Ausdruck, »*daß nur ein realistisches Verhältnis der Regierung der Bundesrepublik Deutschland zur*

Lage, die durch den Zweiten Weltkrieg in Europa geschaffen wurde – d. h. die offizielle Anerkennung der Unantastbarkeit der bestehenden Grenzen, die Erfüllung der Verpflichtungen, die aus dem Zweiten Weltkrieg hervorgingen, der Verzicht auf irgendeine Form des Besitzes oder des Mitbestimmens über die Anwendung der Kernwaffen und die Aufnahme normaler Beziehungen mit allen europäischen Ländern, das bestehende Mißtrauen vieler europäischer Völker gegenüber der Bundesrepublik Deutschland beseitigen und damit eine günstige Atmosphäre zur Lösung der deutschen Frage und der europäischen Sicherheit schaffen könnte«.[113])
Das Presse- und Informationsamt der Bundesregierung veröffentlichte am 29. Juli die Texte der bis zu diesem Zeitpunkt eingegangenen Antwortnoten auf die Note vom 25. März, wobei es eine wertende Übersicht über die vorliegenden Stellungnahmen gab. Dabei erinnerte es daran, daß die Ministerkonferenz in Brüssel am 7./8. Juni 1966 und die Versammlung der Westeuropäischen Union (WEU) am 14. Juni die Bedeutung der Note betont hätten. Zu ihrer politischen Wirkung bemerkte das Presse- und Informationsamt: »*Als Ergebnis unserer Bemühungen bleibt festzuhalten, daß sich die Bundesregierung wirkungsvoll in die Entspannungsdiskussion eingeschaltet und ihre Position zu den Fragen Abrüstung und Sicherheit klar und allgemein verständlich gemacht hat.*«[114]) Ohne unmittelbar auf die Note Bezug zu nehmen, erklärte der Vorsitzende des Ministerrates der Sowjetunion, Alexej Kossygin, am 3. August vor dem Obersten Sowjet: »*Die Hauptvoraussetzungen für die Gewährleistung der europäischen Sicherheit sind die Unantastbarkeit der bestehenden Grenzen einschließlich der Oder-Neiße-Grenze und der Grenze zwischen beiden deutschen Staaten, sowie die Verhinderung eines Zugangs Westdeutschlands, in welcher Form auch immer, zu den Atomwaffen. Wir bekräftigen, daß wir bestrebt sind, die Suche nach Wegen zu einer deutschen Friedensregelung auf der Grundlage der Anerkennung der Existenz zweier deutscher Staaten fortzusetzen.*« [115])

LANDTAGSWAHLEN IN NORDRHEIN-WESTFALEN AM 10. JULI 1966

Nach dem Ausgang der Bundestagswahlen vom 19. September 1965 hatte Bundeskanzler Erhard erklärt, er verstehe die bevorstehenden Landtagswahlen in Nordrhein-Westfalen als eine Bestätigung des Votums der Bundestagswahlen, womit er die Landtagswahlen im bevölkerungsstärksten Bundesland als Testwahlen deklarierte. Der Wahlkampf wurde von den Parteien hart und unter Einsatz aller zur Verfügung stehenden Mittel geführt. Bundeskanzler Erhard beteiligte sich am Wahlkampf, fand jedoch sowohl mit seiner stereotyp wiederholten Forderung nach Maßhalten in Konsum und Investition als auch mit seinen Auseinandersetzungen mit Intellektuellen, die er als »Pinscher« apostrophierte, nicht die erwartete Resonanz. Entgegen der seit 1871 geübten Praxis, vor Wahlen die Gläubigen aufzufordern, christlichen Politikern und Parteien ihre Stimme zu geben, unterließen es die katholischen Bischöfe von Nordrhein-Westfalen, eine Partei zu empfehlen. In einer Verlautbarung betonten sie: »*Niemand hat das Recht, die kirchliche Autorität ausschließlich für sich und seine eigene Meinung zu beanspruchen . . . Für den Aufbau eines wirklich menschenwürdigen politischen Lebens ist nichts so wichtig wie die Pflicht des Sinnes für Gerechtigkeit, Wohlwirken im Dienst am Gemeinwohl, sowie die Schaffung fester Grundüberzeugungen über das wahre Wesen politischer Gemeinschaften.*«[116]) Einen großen Raum der Wahlkampfdiskussion beanspruchte die Strukturkrise des Ruhrgebietes, verursacht durch Absatzschwierigkeiten der auf Halden liegenden Kohle und durch die Notwendigkeit, veraltete Zechen stillzulegen. Nicht nur unter den Bergarbeitern, sondern auch unter der gesamten Bevölkerung machte sich die Sorge um die wirtschaftliche Zukunft breit. Die von Ministerpräsident Franz Meyers (CDU) geführte Landesregierung legte zwar Programme für eine Umgestaltung der überkommenen Struktur des Ruhrgebietes vor, konnte damit jedoch nicht überzeugen. Bereits im Wahlkampf wurde deutlich, daß der Ausgang der Wahlen Rückwirkungen auf die Bundespolitik haben kann. Bei der am 10. Juli 1966 durchgeführten Landtagswahl erhielten CDU 42,8 (1962 46,4), SPD 49,5 (1962 43,3), FDP 7,4 (1962 6,9) v. H. der abgegebenen gültigen Stimmen. Die SPD wurde in Nordrhein-Westfalen zum erstenmal stärkste Partei. Die Sitze im neugewählten Landtag verteilten sich wie folgt: CDU 86 (1962 96), SPD 99 (1962 90), FDP 15 (1962 14). Die SPD verfehlte die absolute Mehrheit der Sitze im Landtag um zwei Mandate. Der Ausgang der Landtagswahlen in Nordrhein-Westfalen wurde von der CDU/CSU als Alarmzeichen betrachtet. Führende Funktionäre erkannten und sprachen es in den folgenden Wochen auch offen aus, daß Ludwig Erhard als Bundeskanzler nicht in der Lage sei, die Bundespolitik mit der gebotenen Entschiedenheit und Bestimmtheit zu führen, worüber seine Anziehungskraft sichtbaren Schaden genommen habe. Bei der Regierungsbildung in Nordrhein-Westfalen versuchten die bisherigen Koalitionspartner CDU und FDP das Wahlergebnis zu korrigieren, indem sie eine Koalition gegen die stärkste Partei, die SPD, schlossen. Am 25. Juli wurde der bisherige Ministerpräsident Franz Meyers im zweiten Wahlgang mit 100 von 200 Stimmen wieder zum Ministerpräsidenten gewählt. Auf den sozialdemokratischen Gegenkandidaten Heinz Kühn entfielen 99 Stimmen, da es auch eine Stimmenthaltung gab. Ein zweiter Wahlgang war notwendig, weil nach der Landesverfassung von Nordrhein-Westfalen im ersten Wahlgang mehr als die Hälfte der gesetzlichen Abgeordnetenzahl, also mindestens 101 von 200, für einen Kandidaten stimmen müssen, wenn eine gültige Wahl zustande kommen soll. Im zweiten Wahlgang zählen nur noch die tatsächlich abgegebenen Stimmen. Das Stimmenverhältnis war in beiden Wahlgängen gleich. Da die SPD-Fraktion geschlossen für ihren Kandidaten, Heinz Kühn, stimmte, muß die Stimmenthaltung aus den Reihen der Koalitionsparteien, CDU und FDP, gekommen sein.

Die Verschlechterung der wirtschaftlichen Situation und die Verschärfung der politischen Lage veranlaßten Vertreter der CDU, am 4. November 1966, ohne Verständigung des Koalitionspartners FDP, Kontakte zur SPD aufzunehmen, womit sie die Absicht verfolgten, parallel zu den in Bonn laufenden Bestrebungen, eine Große Koalition aus CDU und SPD zu bilden, da sie der Meinung waren,

die wirtschaftlichen Probleme des Landes würden am besten gelöst werden, wenn die Regierungen in Bonn und Düsseldorf aus identischen Koalitionen bestünden. Die SPD-Fraktion führte daraufhin eine geheime Probeabstimmung über den ihr von Heinz Kühn unterbreiteten Vorschlag, eine Koalition mit der CDU einzugehen, durch; dieser wurde mit 78 gegen 16 Stimmen, bei 5 Abwesenheiten, abgelehnt. Daraufhin nahm Heinz Kühn Verhandlungen mit der FDP auf, die am 1. Dezember 1966 zu einer Koalitionsvereinbarung führten. Die SPD-Landtagsfraktion hatte der Bildung einer SPD-FDP-Koalition mit 73 gegen 21 Stimmen bei 2 Enthaltungen und 3 Abwesenheiten zugestimmt. Am 8. Dezember 1966 nahmen die beiden neuen Koalitionspartner SPD und FDP durch die Anwendung des konstruktiven Mißtrauens eine Neubildung der Landesregierung vor. Indem sie mit 112 von 197 abgegebenen Stimmen Heinz Kühn zum neuen Ministerpräsidenten des Landes wählten, stürzten sie seinen Vorgänger, Franz Meyers. Der Versuch einer Gleichschaltung zwischen Bundespolitik und Landespolitik von Nordrhein-Westfalen war damit gescheitert.
Sowohl der Ausgang der Landtagswahlen vom 10. Juli 1966 als auch die Vorgänge bei der Bildung der Landesregierungen am 25. Juli und 8. Dezember 1966 hatten Auswirkungen auf die politische Entwicklung der Bundespolitik und auf die Beziehungen von CDU/CSU, SPD und FDP. Nach den Bundestagswahlen vom 28. September 1969 traten Heinz Kühn und sein Stellvertreter Willy Weyer als entschiedene Befürworter einer Bundeskoalition aus SPD und FDP auf.

KRISE IM BUNDESVERTEIDIGUNGSMINISTERIUM

Die sich häufenden Abstürze von Maschinen der Luftwaffe der Bundeswehr vom Typ Lockheed F 104 G »Starfighter« verursachten eine wachsende Beunruhigung sowohl der Truppe als auch der Öffentlichkeit. Auf der Suche nach einem Schuldigen machten beide dafür das Bundesverteidigungsministerium verantwortlich; es habe die Ausrüstung der Maschinen mit entsprechend geeigneten Schleudersitzen verzögert; auch habe es die Einheiten der Luftwaffe nicht mit den die Bergung abstürzender Piloten erleichternden Ausrüstungen versehen. So soll sich die Bergung des am 18. Juli 1966 abgestürzten Oberleutnants Siegfried Arndt über der Nordsee deshalb verzögert haben, weil die Einheit, der Arndt angehörte, nicht mit orangefarbenen Schwimmwesten ausgerüstet war, andersfarbige Schwimmwesten aber aus der Luft kaum ausgemacht werden können. Der Inspekteur der Luftwaffe, Generalleutnant Werner Panitzki, ersuchte am 12. August den Bundesminister der Verteidigung, Kai Uwe von Hassel, um Entbindung vom Amt. Am 20. August übte er in einem der »Neuen Rhein-Ruhr-Zeitung« gewährten Interview scharfe Kritik sowohl an der Anschaffung und der technischen Ausrüstung des »Starfighters« als auch an der Organisation des Bundesverteidigungsministeriums. Auf die Frage, wie das Bundesministerium der Verteidigung zu organisieren sei, erwiderte Panitzki: *»Ein modernes Management wie in den USA mit einer größeren*

Entscheidungsbefugnis für die Luftwaffe wäre notwendig. Das setzt jedoch eine verbesserte Personallage voraus.« [117])
Am 1. August erließ der Bundesminister der Verteidigung den sogenannten Gewerkschaftserlaß, in dem er sich zu dem Koalitionsrecht der Soldaten äußerte: *»1. Der Soldat hat wie jeder andere Staatsbürger das Recht, zur Wahrung und Forderung der Arbeits- und Wirtschaftsbedingungen Berufs- und Fachverbände zu bilden, solchen Vereinigungen beizutreten und für sie tätig zu werden. Das gilt auch für den Beitritt und die Betätigung in Gewerkschaften. 2. Die Betätigung im Rahmen des Koalitionsrechts findet ihre Grenzen in den gesetzlich begründeten Pflichten der Soldaten. Dienstliche Belange, insbesondere die Sicherheit der Bundeswehr, können weitere Einschränkungen gebieten.«* [118]) Der Generalinspekteur der Bundeswehr, General Heinz Trettner, bat am 13. August um Entbindung von seinem Amte. Als Grund gab er an, daß er in einer so wichtigen Angelegenheit wie dem Gewerkschaftserlaß vom 1. August nicht gehört worden sei. In der deutschen Publizistik wurde übereinstimmend berichtet, der wahre Grund des Rücktrittsgesuchs des Generals Trettner sei der Umstand, daß dieser mit seinem Wunsche nicht durchgedrungen war, in den Entwurf eines Organisationsgesetzes für das Verteidigungsministerium eine Bestimmung einzufügen, wonach die höchste militärische Spitze, sowohl der Generalinspekteur wie der zivile Staatssekretär, die Befehls- und Kommandogewalt im militärischen Bereich stellvertretend für den abwesenden Minister und Oberbefehlshaber haben sollte. Im Entwurf des Gesetzes wurde zwar die Position des Generalinspekteurs verstärkt, doch blieb der zivile Staatssekretär weiterhin Stellvertreter des Ministers und Oberbefehlshabers. Am 21. August unterrichtete Bundesminister von Hassel Bundeskanzler Erhard vom Rücktrittsgesuch des Generalinspekteurs. Am 24. August beantragte der Befehlshaber im Wehrbereich III mit Sitz in Düsseldorf, Generalmajor Günther Pape, die Versetzung in den einstweiligen Ruhestand. Auch er begründete sein Ersuchen mit dem Gewerkschaftserlaß. Der im Herbst 1962 zurückgetretene Bundesminister der Verteidigung, Franz Josef Strauß, sagte in einem Interview am 25. August, der Rücktritt der Generale Trettner, Panitzki und Pape habe nicht eine Vertrauenskrise geschaffen, sondern eine schwelende Vertrauenskrise offenbar gemacht. Es sei zu fordern, daß die Gründe für diese Vertrauenskrise erkannt würden und entsprechend gehandelt werde.[119]) Ein Sprecher der Bundesregierung lehnte solche Deutungen ab, indem er darauf hinwies, daß die Rücktrittsgesuche der Generale Trettner und Panitzki unterschiedliche Ursachen hätten. Die Situation bedurfte einer raschen Klärung, die Bundesminister von Hassel auch herbeiführte. Er händigte am 25. August den Generalen Trettner und Panitzki die Urkunden, mit denen sie in den einstweiligen Ruhestand versetzt wurden, aus. Anschließend nahm er die notwendigen Neuernennungen vor. Generalinspekteur der Bundeswehr wurde der bisherige Inspekteur des Heeres, General Ulrich de Maizière, Generalinspekteur des Heeres der stellvertretende Inspekteur, Generalleutnant Josef Moll, Inspekteur der Luftwaffe Generalleutnant Johannes Steinhoff. Weder die Opposition noch ein Teil der deutschen Öffentlichkeit betrachtete die Krise der Bundeswehr damit als behoben. Beide verwiesen darauf, daß durch den Personenwechsel die Ursachen nicht beseitigt worden seien. Sie lagen in den mit der Aufstellung der Bundeswehr geschaffenen Problemen von Tradition, Stellung des Soldaten-

standes in der Gesellschaft, Methoden der Führung einer vollmotorisierten Armee und Anpassung des Verteidigungskonzepts an die Wandlungen der Weltpolitik. Ihre Gesamtheit war ein Symptom einer bereits eingeleiteten allgemeinen Veränderung, die zur Kenntnis zu nehmen Teile des Volkes sich weigerten.

DER WEG IN DIE REZESSION 1966/67

Die anhaltende Hochkonjunktur veranlaßte sowohl Bundestag als auch Bundesregierung in der 4. Legislaturperiode 1961–1965 zu einer expansiven Ausgabenpolitik, die schließlich die finanzpolitische Entwicklung aus dem Auge verlor. In einem Interview mit dem Nachrichtenmagazin DER SPIEGEL erklärte Bundesfinanzminister Rolf Dahlgrün (FDP) am 17. November 1965: »*Die Bundesregierung bemüht sich erst seit wenigen Jahren, das Wachstum der Ausgaben am Sozialprodukt auszurichten. Früher sind die Ausgaben des Bundes jährlich schneller gewachsen als das Sozialprodukt. 1962 stiegen zum Beispiel die Bundesausgaben gegenüber dem Vorjahr um 14,9 %, das Sozialprodukt um 8,7 %. 1963 wuchs das Sozialprodukt um 6,3 %; die Bundesausgaben nahmen um 9,7 % zu. Erstmals 1964 wurde das Ziel erreicht. Die Bundesausgaben stiegen um 6,5 %, das Sozialprodukt um 9,7 %.*« Auf die Frage, ob er diese Relation zwischen Bundesausgaben und Sozialprodukt im laufenden Haushaltsjahr 1965 halten könne, antwortete Dahlgrün: »*Wir werden eine stärkere Erhöhung der Ausgaben des Bundes zu verzeichnen haben, als geplant war. Die Bundesbahn fordert die im Haushaltsplan eingesetzten Beträge hinaus namhafte Zuschüsse. Die Steigerungsrate der Bundesausgaben wird 1965 jedoch voraussichtlich nicht höher sein als der Zuwachs des Sozialprodukts um etwa 8,6 %.*« Dahlgrün mußte jedoch zugeben, daß das Kabinett Erhard II im Interesse des Ausgleichs des Bundeshaushalts gezwungen war, zugesagte finanzielle Verbesserungen entweder auszusetzen oder entscheidend zu kürzen. Er glaubte jedoch, daß ein Ausgleich zwischen Bundesausgaben und Sozialprodukt sowohl 1965 als auch 1966 erreicht werden könne[120]), – worin er sich jedoch täuschte, denn die Volkswirtschaft der Bundesrepublik Deutschland geriet nach vorübergehenden Stagnationen zum erstenmal in eine existentielle Krise, in eine in diesem Ausmaß nicht für möglich gehaltene Rezession. Das Bruttosozialprodukt blieb hinter den Prognosen zurück, und da die Ausgaben der Öffentlichen Hand, von Bund, Ländern und Gemeinden, nur zögernd verringert wurden, entstand eine sich rasch vergrößernde Haushaltskrise.
Über die zu ergreifenden Maßnahmen gingen die Meinungen zunächst auseinander. Bundeskanzler Erhard forderte das deutsche Volk auf, Maß zu halten, hatte mit seinem moralischen Appell jedoch keinen Erfolg. Nur zögernd fand er sich bereit, die unumgänglich gewordenen Maßnahmen zu ergreifen, zugesagte Verbesserungen sozialer Leistungen zu vermindern oder ganz zu streichen. Auch in der CDU/CSU-Fraktion stieß seine Bereitschaft, Zahlungen und Einkäufe zum Ausgleich des Haushalts der Vereinigten Staaten von Amerika zu übernehmen, auf Widerspruch. Die Alarmzeichen der Volkswirtschaft blieben unbeachtet. Als nach

dem Auseinanderbrechen der CDU/CSU-FDP-Koalition im Herbst 1966 die Zeitung »Die Welt« am 10. November 1966 in einem Artikel »FDP verschleierte die Haushaltslage« behauptete, Bundesfinanzminister Rolf Dahlgrün (FDP) habe auf Druck seiner Fraktion bis zum 26. Oktober die tatsächlichen Zahlen der Haushaltslage bis 1971 verschwiegen und erst auf das Drängen des Bundeskanzlers am 26. Oktober seinem Staatssekretär die Genehmigung erteilt, dem Bundeskabinett das Zahlenwerk vorzulegen, veröffentlichte Dahlgrün am 18. November in der gleichen Zeitung den Wortlaut des Briefes, den er am 15. Juni 1965 an Bundeskanzler Erhard gerichtet, am 17. Juni Bundeskanzler Erhard und Bundesminister Westrick, dem Chef des Bundeskanzleramtes, erläutert und am 23. Juni 1965 dem Bundeskabinett vorgelegt habe. Aus ihm ging hervor, daß Dahlgrün bereits im Sommer 1965 auf die sich verschärfende Haushaltslage des Bundes nachdrücklich aufmerksam gemacht hatte. Trotzdem hatte Bundeskanzler Erhard im Herbst 1965 nur ungenügende Maßnahmen ergriffen, die zudem von seiner eigenen Fraktion scharf kritisiert wurden. Erhard lehnte die immer lauter geforderte Finanzplanung, eine Gegenüberstellung der zu erwartenden Einnahmen und der Ausgaben für die bisherigen und für neue Aufgaben, kategorisch ab. Die Folge war ein wachsendes Mißtrauen in die Bereitschaft Erhards, die anstehenden Maßnahmen durchzuführen. Der Ausgang der Landtagswahlen in Nordrhein-Westfalen verschlechterte die Beziehungen zwischen Bundeskanzler Erhard und der CDU/CSU-Fraktion. Der Vorsitzende der CSU, Franz Josef Strauß, verwies Erhard im Sommer 1966 auf die rasche Verschlechterung der allgemeinen Wirtschaftslage, ohne daß dieser den Beschwörungen besondere Aufmerksamkeit schenkte. Während der Parlamentsferien 1966 formte sich in der CDU/CSU-Fraktion die Überzeugung, daß ein Verbleib von Erhard im Amte des Bundeskanzlers den Verlust der politischen Führungsrolle der CDU/CSU bedeuten würde. Erhard wurde vorgeworfen, das Kabinett als ein Diskussions-, nicht aber als ein Entscheidungsforum zu betrachten, von der ihm zustehenden Richtlinienkompetenz keinen oder keinen ausreichenden Gebrauch zu machen, die finanz- und wirtschaftspolitische Entwicklung treiben zu lassen und dem allgemeinen politischen Trend nicht die ihm zukommende Aufmerksamkeit zu schenken. Die Sorge um das Abschneiden der CDU bzw. CSU in den bevorstehenden Landtagswahlen in Hessen und Bayern vergrößerte die Abneigung gegen Erhard, der sich gegenüber der Entwicklung untätig verhielt, glaubte er doch, daß es sich um eine vorübergehende Entfremdung handle, die keine politischen Konsequenzen habe. Auf die Diskussion über die Nachfolge Erhards übte die nicht mehr bestreitbare Verschlechterung der wirtschaftlichen und finanzpolitischen Situation der Bundesrepublik Deutschland beschleunigenden Einfluß aus.

Die Volkswirtschaft geriet im Spätsommer 1966 in eine Rezession. Das »Jahresgutachten 1967 des Sachverständigenrates zur Begutachtung der gesamtwirtschaftlichen Entwicklung« bezeichnete die wirtschaftspolitischen Ereignisse zwischen dem Herbst 1966 und dem Sommer 1967 als die *»erste scharfe Rezession, die die Wirtschaft der Bundesrepublik seit ihrem Bestehen erlebt hat«*. Zur Charakterisierung dieser Feststellung führte das Jahresgutachten 1967 aus: *»Derart scharf und umfassend wie in der Bundesrepublik zwischen Herbst 1966 und Frühjahr 1967 ist nach dem Zweiten Weltkrieg die Nachfrage noch in keinem der großen* *westeuropäischen Industrieländer zurückgegangen. Während der Aufschwungphasen der vorangegangenen drei Wachstumszyklen wurde in der Bundesrepublik zwar in einzelnen Bereichen die Produktion gedrosselt; im ganzen aber hatte sich lediglich das Expansionstempo abgeschwächt. Im ersten Halbjahr 1967 lag das reale Bruttosozialprodukt, das bereits im zweiten Halbjahr 1966 nicht mehr gewachsen war, um fast 2 v. H. unter dem entsprechenden Vorjahresstand. Im Spätsommer 1967 unterschritt die Industrieproduktion noch den vergleichbaren Stand von 1965. Im ersten Halbjahr 1967 waren bei den Arbeitsämtern fast 300 000 mehr Arbeitslose gemeldet als ein Jahr zuvor; die Zahl der Erwerbstätigen war sogar um 800 000 niedriger. Der Mangel an inländischer Nachfrage hat außenwirtschaftliche Überschüsse von bisher nicht erlebtem Ausmaß hervorgerufen.«* Über die Auswirkungen der Rezession auf den deutschen Außenhandel stellte das »Jahresgutachten 1967« fest: *»Daß diese Rezession mit dem Nachlassen der Auftriebskräfte in wichtigen Welthandelsländern zusammentraf, hat den Anstieg unserer Gesamtausfuhr nicht wesentlich beeinträchtigt. Dagegen scheint der scharfe Rückgang unserer Importe die Wirtschaftstätigkeit in einigen Partnerländern gedämpft zu haben, so vor allem in den Benelux-Ländern, in Frankreich und in Österreich.«* Über die Ursachen der ersten scharfen Rezession der Bundesrepublik Deutschland bemerkte das »Jahresgutachten 1967«: *»Eingeleitet hat den Schrumpfungsprozeß der Rückgang der privaten und öffentlichen Investitionsnachfrage. So gingen, von Saisonschwankungen abgesehen, die Inlandsbestellungen beim Maschinenbau bereits seit dem Frühjahr 1965, die Baugenehmigungen im Hochbau und die öffentlichen Tiefbauaufträge seit dem Frühjahr 1966 zurück. Die Lager wuchsen im ersten Halbjahr 1966 insgesamt noch an; doch zum größten Teil betraf es wohl Absatzlager und geschah ungewollt.«* Das »Jahresgutachten 1967«, die ohne Zweifel zuverlässigste und genaueste Analyse der Rezession von 1966/67, nannte auch die Faktoren, die auf diesen Prozeß Einfluß nahmen: *»Verschärft hat den zyklischen Rückgang der Investitionsnachfrage eine zunehmende restriktive Geld- und Kreditpolitik. Sie konnte wirksam werden, da Geld auch im Ausland überall teurer wurde. Steigende Löhne und Preise veranlaßten die Bundesbank noch im Herbst 1966, ihren restriktiven Kurs zu bekräftigen. Sie erhöhte den Diskontsatz um einen ganzen Prozentpunkt auf 5 %, obwohl die Produktion in vielen großen Bereichen schon damals stagnierte, zum Teil sogar schrumpfte.«* Auch zu der Frage der Verantwortung für die Rezession äußerte sich das »Jahresgutachten 1967«: *»Dieser Fehlentwicklung sind die wirtschaftspolitischen Instanzen zu spät und zu zögernd entgegengetreten. Obwohl sich seit dem Frühjahr 1966 die Zeichen für eine stärkere Konjunkturabschwächung mehrten, blieb die Wirtschaftspolitik bis zum Jahresende 1966 auf Restriktionskurs. Die Bundesbank unterließ es zwar, den Zustrom von Liquidität zu neutralisieren, der mit dem zunehmenden Zahlungsbilanzüberschuß einherging. Darüber hinaus aber tat sie nichts, um der Anspannung an den Kapitalmärkten entgegenzuwirken, die im Sommer 1966 ein seit langem nicht gekanntes Maß erreicht hatte. Dies zwang letztlich auch die staatlichen Institutionen, zahlreiche Projekte zurückzustellen, obwohl die nachlassende private Investitionstätigkeit das Gegenteil erfordert hätte.«* [121])

Die Rezession fand einen Niederschlag u. a. in der Zahl der gemeldeten Arbeitslosen und der ausländischen Arbeitnehmer [122]):

Jahr/Monat	Zahl der Arbeitslosen	Zahl der ausländischen Arbeitnehmer
1966		
Juli	101 476	1 314 031
August	105 743	
September	112 726	1 313 491
Oktober	145 804	
November	216 382	1 105 756
Dezember	371 623	
1967		
Januar	621 156	1 068 025
Februar	673 572	
März	576 047	1 054 639
April	501 303	
Mai	458 461	
Juni	400 773	1 023 747

Über die psychologische Wirkung dieser wirtschaftspolitischen Entwicklung sagte der marxistische Publizist Ernest Mandel in seiner Studie: »Die deutsche Wirtschaftskrise – Lehren der Rezession 1966/67« mit Recht: »*Die Wirtschaftsrezession der Jahre 1966 und 1967 hat auf die Bundesrepublik wie ein Schock gewirkt. Die gesellschafts- und innenpolitischen Auswirkungen werden noch jahrelang nachhallen. Die traumatischen Ergebnisse auf psychologischem und ideologischem Gebiet können nur am Rand erfaßt werden; sie dürften aber weit tiefer gehen, als die Schwankungen in den Wahlergebnissen erkennen lassen.*« Als Marxist fügte Mandel dieser unbestreitbaren Feststellung die Bemerkung an: »*Eine Legende ist in diesen Tagen zusammengebrochen: ›Jene der krisenfesten und einen steten Fortschritt des Lebensstandards gewährleistenden sozialen Marktwirtschaft. Mit dieser Legende ist auch die langfristige politische Stabilität der Bundesrepublik zum Tode verurteilt.‹*« [123]) Obwohl alle an der Wirtschaft Beteiligten modifiziert dieser Beurteilung zustimmten, bezeichneten Kommentatoren die Rezession als einen begrüßenswerten Vorgang. So schrieb Max Kruk unter dem Titel »Das Jahr des Aufräumens« in der »Frankfurter Allgemeinen Zeitung« am 7. Mai 1968: »*Die vielbeklagten Mißstände im Personalwesen, die stete Fluktuation, die übermäßigen Krankmeldungen, die Bummelei, der Schlendrian am Arbeitsplatz, das Bemühen der Fabrikleiter, nur jeden Mann zu halten, auch wenn er im Moment vielleicht gar nicht gebraucht wurde, all das hört schlagartig auf, wenn Kurzarbeit oder Arbeitslosigkeit plötzlich zur drohenden Realität wird. Kein Zweifel, das Jahr der Rezession war ein Jahr des großen Aufräumens in den Betrieben, und kein verantwortlicher Unternehmensführer ist betrübt darüber, daß die Atempause eine solche Reinigungskur möglich gemacht hat.*« [124])

Die Rezession 1966/67 löste vor allem bei den älteren Generationen Assoziationen an die Wirtschaftskrise in Deutschland aus, die, subkutan vorbereitet, 1929 voll in Erscheinung trat und die Agonie des Staates von Weimar bedingte. Die beunruhigenden Erinnerungen an Arbeitslosigkeit und Kurzarbeit führten zwangsläufig zu einer Aktivierung der deutschen Politik, mehrten sich doch im Spätsommer und im Herbst 1966 Anzeichen dafür, daß unter dem Eindruck der wirtschaftlichen Stagnation eine sozietäre Desintegration erfolgte – ein Auseinanderfallen der auf einen Mittelpunkt hin orientierten Gesellschaft in sich bekämpfende extreme radikale Gruppen sowohl auf der äußersten Rechten als auch auf der äußersten Linken. Unter diesem Gesichtspunkt wurde auch die Agitation der NPD betrachtet und beurteilt. Die im Auftrage der Bundesregierung und der Landesregierungen erstellten periodischen demoskopischen Umfragen ergaben ein Ansteigen der NPD, die mit der Möglichkeit, daß sie bei den nächsten Landtagswahlen die Hürde der 5- bzw. 10%-Klausel überspringt und Abgeordnete entsendet, rechnete. Gleichzeitig verstärkten sich die Bemühungen um die Wieder- oder Neubegründung einer kommunistischen Partei.

ENDE DER KOALITION CDU/CSU-FDP

Unter dem Druck der öffentlichen Meinung und vor allem seiner eigenen Fraktion ließ Bundeskanzler Erhard nach dem Ende der politischen Sommerpause die Bereitschaft erkennen, geeignete Maßnahmen zu ergreifen und durchzuführen. Am 29. September 1966 verabschiedete die Bundesregierung den Bundeshaushalt 1967, der ein Volumen von 73,9 Milliarden DM hatte. Nur durch drastische Sparmaßnahmen, erhebliche Einschränkungen der Ausgaben, radikale Streichung von Steuervergünstigungen konnte er ausgeglichen werden. Die FDP-Fraktion erklärte, sie werde die Pläne der Bundesregierung zur Beschränkung der Bundesförderung ablehnen; da ihr die Höhe des Defizits unbekannt war, lehnte sie, wie Finanzminister Dahlgrün, Steuererhöhungen ab. Auch Bundeskanzler Erhard verwarf den Gedanken von Steuererhöhungen. Am 14. Oktober forderte der FDP-Vorsitzende Mende eine durchgreifende Strukturveränderung des Bundeshaushaltes. Der FDP-Vorstand erklärte nach einer Sitzung, aus der Haushaltssituation seien »*harte Konsequenzen zu ziehen*«. Am 18. Oktober teilte das Bundesfinanzministerium mit, im Haushaltsjahr 1967 sei mit rund einer Milliarde DM weniger Steuereinnahmen zu rechnen, als im Haushaltsentwurf veranschlagt sei. Die CDU/CSU-Fraktion gab nach einer Sitzung in Berlin bekannt, den Haushaltsausgleich durch Einsparungen und den Abbau von Steuererleichterungen erreichen zu wollen; als »*allerletztes Mittel*« solle auch über Steuererhöhungen gesprochen werden. In Bonn verlautete, daß zum Ausgleich des Bundeshaushaltes auch an eine Erhöhung von Verbrauchssteuern gedacht werde. Am 19. Oktober kündigte die FDP auf einer Pressekonferenz an, daß sie den Haushalt ohne Steuererhöhungen ausgleichen wolle. Zwei Tage später, am 21. Oktober, bezeichnete Mende den Bundeshaushalt als Prüfstein der Regierungskoalition. Am 24. Oktober begannen fast pausenlose Beratungen der Koalitionsparteien für ein neues Koalitionsgespräch, das am Abend bei Bundeskanzler Erhard stattfand. Beide Koalitionspartner hielten dabei an ihren Auffassungen fest. Die CDU/CSU empfahl Kürzungen und den Abbau von Steuervorteilen und als allerletztes Mittel Steuer-

erhöhungen. Die FDP lehnte Steuererhöhungen grundsätzlich ab – sie forderte, den Haushalt durch drastische Kürzungen auszugleichen. Die Verhandlungen verliefen ergebnislos. Auch ein am 25. Oktober durchgeführtes zweites Koalitionsgespräch erbrachte kein Ergebnis. Gleichzeitig unterrichtete der Vorsitzende der CDU/CSU-Fraktion, Rainer Barzel, Bundespräsident Lübke über die Situation der Koalition. Bundeskanzler Erhard schlug eine Ergänzungsabgabe auf die Einkommen- und Körperschaftssteuer vor, die jedoch von der FDP abgelehnt wurde. In den Fraktionssitzungen am 26. Oktober wiederholten die beiden Koalitionsfraktionen ihre Standpunkte. Rainer Barzel (CDU/CSU) bezeichnete die von der FDP eingenommene Haltung als eine Kampfansage: »*Wenn das mit den Erklärungen der FDP so weitergeht, ist die Koalition kaputt.*« Die Bundesregierung beriet in einer zehnstündigen Sitzung die finanzpolitische Gesamtsituation. Das Ergebnis bezeichnete Ewald Bucher (FDP) als einen Kompromiß. Am 27. Oktober veröffentlichte die auflagenstarke BILD-Zeitung das Foto eines liegenden Mende mit der höhnischen Bemerkung, daß die FDP wieder »umfalle«. Die Reaktion der FDP erfolgte umgehend und unmißverständlich. Nach mehrstündiger Beratung teilte die FDP-Fraktion mit, daß die FDP-Minister Mende, Bucher, Dahlgrün und Scheel ihren Rücktritt erklären. Sie fügte hinzu: »*Die von der CDU/CSU beabsichtigten Steuererhöhungen, die der angestrebten langfristigen Stabilität entgegenwirken, können die politischen Schwierigkeiten nicht beseitigen.*« Bundeskanzler Erhard entsprach den Entlassungsgesuchen der FDP-Minister; er erklärte gleichzeitig, »*er beabsichtige nicht, die ausscheidenden Minister der FDP zu ersuchen, ihre Geschäfte weiterzuführen, sondern Bundesminister der CDU/CSU zu beauftragen, neben ihren Ressorts die Geschäfte der freigewordenen Ministerien vorübergehend wahrzunehmen*«, was er auch umgehend tat. Gleichzeitig kündigte er an, er werde bemüht sein, »*sobald als möglich wieder eine parlamentarische Mehrheit für die Bundesregierung zu schaffen*«.
Am 27. Oktober 1966 war die 1949 begonnene und nur vorübergehend unterbrochene parlamentarische Zusammenarbeit von CDU/CSU und FDP beendet. Das Kabinett Erhard II war von diesem Tag an eine Minderheitsregierung, die sich vor die Notwendigkeit gestellt sah, angesichts der finanz- und wirtschaftspolitischen Situation sobald als möglich wieder eine Mehrheitsregierung zu bilden.

DIE LANDTAGSWAHLEN IN HESSEN UND IN BAYERN

Während der Regierungskrise in Bonn fanden in Hessen und in Bayern Landtagswahlen statt. Bei den Landtagswahlen in Hessen am 6. November 1966 erhielten SPD 51,0 (1962 50,8), CDU 26,4 (1962 28,8), FDP 10,4 (1962 11,5), GDP/BHE 4,3 (1962 6,4), NPD 7,9 v. H. (1962 nicht kandidiert) der abgegebenen gültigen Stimmen. Die restlichen Stimmen entfielen auf Splittergruppen. Die Sitze im Hessischen Landtag verteilten sich wie folgt: SPD 52 (1962 51), CDU 26 (1962 28), FDP 10 (1962 11), GDP/BHE 0 (1962 6), NPD 8 (1962 nicht kandidiert).
Zwei Wochen später, am 20. November, fanden in Bayern Landtagswahlen statt.

Dabei entfielen auf CSU 48,2 (1962 47,5), SPD 35,8 (1962 35,3), FDP 5,1 (1962 5,9), Bayernpartei 3,4 (1962 4,8), NPD 7,4 (1962 nicht kandidiert), GDP 0,1 (1962 5,1). Die Sitze des Bayerischen Landtags verteilten sich wie folgt: CSU 110 (1962 108), SPD 79 (1962 79), FDP 0 (1962 9), Bayernpartei 0 (1962 8), NPD 5 (1962 nicht kandidiert). Die Eigentümlichkeit des Bayerischen Landeswahlrechts erklärt die Umsetzung der Wählerstimmen in Mandatszahlen. Das Bayerische Landeswahlgesetz sieht vor, daß eine Partei mindestens in einem Regierungsbezirk 10 % der abgegebenen gültigen Stimmen erreichen muß. Diesen Prozentsatz erreichte die FDP 1966 nicht. Dagegen konnte die NPD, obwohl sie sich kaum mit landespolitischen Angelegenheiten beschäftigte, in Mittelfranken 12,2 % der abgegebenen gültigen Stimmen gewinnen.
Die Tatsache, daß die NPD nach Hessen auch in Bayern in den Landtag einzog, fand weltweite Beachtung. Die Ergebnisse der Landtagswahlen in Hessen und Bayern nahmen Einfluß auf den Gang der nach Bildung von Kommissionen und der Benennung eines Kanzlerkandidaten der CDU/CSU einsetzenden Koalitionsverhandlungen. Die über die beiden Wahlen vorliegenden demoskopischen Umfragen hatten nach Meinung der Öffentlichkeit den Entschluß der FDP, das Kabinett Erhard zu verlassen, entscheidend gefördert.

Regierung der Großen Koalition 1966–1969

BILDUNG DER GROSSEN KOALITION

Der Zerfall der CDU/CSU-FDP-Koalition löste eine lebhafte politische Tätigkeit aus, an der die öffentliche Meinung leidenschaftlichen Anteil nahm. Da angesichts der wirtschafts- und finanzpolitischen Situation das Minderheitskabinett Erhard keine Überlebenschance hatte, war die Koalitionsfrage gestellt. Verfassungsrechtlich bestanden die Möglichkeiten der Bildung einer neuen Koalitionsregierung und – freilich erschwert – der Auflösung des Bundestages, wozu sich CDU/CSU und FDP nicht verstanden. Für die Bildung einer neuen Koalitionsregierung gab es rechnerisch drei Lösungen: die Erneuerung der Koalition von CDU/CSU und FDP, die Bildung einer Großen Koalition von CDU/CSU und SPD und die Schaffung einer Koalition aus SPD und FDP. Bundeskanzler Erhard, der den Ablauf der Krise mit demonstrativer Indifferenz verfolgte, erklärte am 2. November, daß die Bildung einer von einer parlamentarischen Mehrheit getragenen Bundesregierung nicht an seiner Person scheitern werde, womit er der gegen ihn gerichteten Stimmung der CDU/CSU-Fraktion entsprach. Bereits am 31. Oktober brachte die SPD-Fraktion im 5. Deutschen Bundestag folgenden Antrag ein: »*Der Bundestag wolle beschließen: Der Bundeskanzler ersucht den Bundestag gemäß Artikel 68 des Grundgesetzes, einen Antrag vorzulegen, ihm das Vertrauen auszusprechen.*« Darüber kam es am 8. November zu einer heftigen Aussprache, wobei SPD und FDP die CDU/CSU, die den Antrag für unzulässig bezeichnete, überstimmten. Bundeskanzler Erhard führte aus: »*Ich werde dem Ersuchen, das Vertrauen des Hauses für mich zu erbitten, unter gar keinen Umständen nachkommen, und zwar weil ich nicht gegen Geist und Sinn der Verfassung verstoßen möchte... Meine eigene Haltung habe ich deutlich genug gemacht, indem ich wiederholt erklärt habe, ich klebe nicht an diesem Sessel; an mir wird eine regierungsfähige Mehrheit nicht scheitern. Ich glaube, klarer kann eine Aussage nicht lauten. Aber ich lehne es ab, hier an einem Schauprozeß teilzunehmen, um so mehr als ein rechtskräftiges Urteil von Ihnen überhaupt nicht gefällt werden kann und nicht gefällt werden darf.*« [125]) Noch am gleichen Tage bildete die SPD eine Kommission für Koalitionsverhandlungen, die aus Willy Brandt, Herbert Wehner, Alex Möller, Karl Schiller, Fritz Erler und Helmut Schmidt bestand. Der Bundesvorstand der CDU veröffentlichte einen Beschluß der Fraktion, als Kandidaten für das Amt des Bundeskanzlers Rainer Barzel, Eugen Gerstenmaier, Kurt Georg Kiesinger und Gerhard Schröder vorzuschlagen. Auch empfahl er die Bildung einer Kommission für Koalitionsverhandlungen. Bundestagspräsident Gerstenmaier trat am 9. November von seiner Kandidatur zurück. Am 10. November ermittelte die Bundestagsfraktion der CDU/CSU einen Kandidaten für das Amt des Bundeskanzlers, wozu drei Wahlgänge erforderlich waren. Im ersten Wahlgang erhielten Rainer Barzel 56, Walter Hallstein 14, Kurt Georg Kiesinger 97, Gerhard Schröder 76, Franz Josef Strauß 1 Stimme. Die für Strauß abgegebene Stimme wurde für ungültig erklärt. Im zweiten Wahlgang wurden abgegeben für Barzel 42, Hallstein

3, Kiesinger 118, Schröder 80 Stimmen. Im dritten Wahlgang entfielen auf Barzel 26, Kiesinger 137, Schröder 81 Stimmen. Kiesinger nahm die Wahl an.
Nach einer gemeinsamen Sitzung des SPD-Vorstandes und des Vorstandes der SPD-Bundestagsfraktion veröffentlichte der SPD-Pressedienst am 11. November eine sieben Punkte umfassende Verlautbarung, in der er die SPD-Ansichten zur Regierungskrise zusammenfaßte. Die SPD bedauerte, daß CDU/CSU und FDP eine Neuwahl des Deutschen Bundestages ablehnten; sie kündigte die Veröffentlichung eines Acht-Punkte-Programms für die »Aufgaben einer neuen Bundesregierung« an und teilte die Bildung einer Kommission für Verhandlungen über die innen- und außenpolitischen Sachfragen mit. Die gleichzeitig vorgeschlagene Beratung der Notwendigkeiten der deutschen Politik nach außen und innen wurde von der CDU/CSU abgelehnt, von der FDP dagegen angenommen. Trotzdem kam es zu Koalitionsverhandlungen zwischen SPD und CDU/CSU. Im Verlauf der Erörterungen erklärte sich die FDP bereit, im Falle einer Kandidatur den Vorsitzenden der SPD, Willy Brandt, mit allen Stimmen zu unterstützen. Da für die Bildung einer Koalition aus SPD und FDP die Qualifikation der Stimmen der Berliner Abgeordneten von Bedeutung war, kam es über das eingeschränkte Stimmrecht der Berliner Vertreter im Deutschen Bundestag zu Meinungsverschiedenheiten. Sprecher sowohl der amerikanischen Botschaft als auch des amerikanischen Außenministeriums erklärten, daß sich die Haltung der Alliierten zur Frage des Stimmrechts der Berliner Abgeordneten nicht geändert habe – die Berliner Stimmen hätten kein faktisches Gewicht bei der Wahl des Bundeskanzlers. Willy Brandt erklärte dazu: »*Alliierte Behörden sollten nicht in Anspruch genommen werden, um Vorentscheidungen für die Wahl des neuen Bundeskanzlers zu beeinflussen. Alliierte Sprecher sollten auch nicht den Eindruck aufkommen lassen, als mischten sie sich in die Entscheidungen der deutschen Volksvertretungen ein. Auf dem Boden des Grundgesetzes ist der Kanzler durch die Abgeordneten des Bundestages und durch niemand sonst zu wählen.*« [126])
Die Meinung der SPD über den Eintritt in eine mit der CDU/CSU zu bildende Große Koalition war geteilt. Die SPD-Fraktion stimmte nach einer zehnstündigen Sitzung am 26./27. November der Fortführung der Koalitionsverhandlungen im Sinne eines positiven Abschlusses mit der CDU/CSU mehrheitlich zu. Parteirat, Parteivorstand und Kontrollkommission der SPD billigten nach ebenfalls zehnstündigen Beratungen am 29. November mit 73 gegen 19 Stimmen den Beschluß der SPD-Fraktion. Diese erklärte sich nach einer siebenstündigen Sitzung am 1. Dezember mehrheitlich mit den Koalitionsabsprachen einverstanden. Die entsprechende Resolution wurde mit 126 gegen 53 Stimmen bei 8 Enthaltungen angenommen.
Am 1. Dezember wählte der 5. Deutsche Bundestag den Ministerpräsidenten von Baden-Württemberg, Kurt Georg Kiesinger, zum dritten Bundeskanzler der Bundesrepublik Deutschland. Die Zahl der abgegebenen Stimmkarten: 473 und 22 von Berliner Abgeordneten; 1 Stimmkarte war ungültig. Mit Ja stimmten 340 und 10 Berliner Abgeordnete, mit Nein stimmten 109 und 3 Berliner Abgeordnete, weiße Stimmkarten gaben 23 und 3 Berliner Abgeordnete ab. Im Anschluß wurde Kiesinger vereidigt. Noch am gleichen Tage erfolgte die Vereidigung des von ihm gebildeten Kabinetts, dem die maßgebenden Politiker von CDU/CSU und SPD

angehörten. Nachdem Kiesinger am 23. Juni 1967 zum Vorsitzenden der CDU gewählt worden war, waren die Vorsitzenden von CDU, SPD und CSU Kabinettsmitglieder.

Der dritte Bundeskanzler der Bundesrepublik Deutschland, Kurt Georg Kiesinger, wurde am 6. April 1904 in Ebingen (Württemberg) geboren. Nach dem Studium der Rechtswissenschaft ließ er sich zunächst in Würzburg und später in Berlin als Rechtsanwalt nieder. Er war zunächst Mitglied der Deutschen Zentrumspartei. Am 1. Mai 1933 trat er der NSDAP bei. Während des Zweiten Weltkrieges wurde er als wissenschaftlicher Hilfsarbeiter für das Auswärtige Amt dienstverpflichtet. Sowohl seine Mitgliedschaft in der NSDAP als auch seine Tätigkeit im Auswärtigen Amt waren Anlässe zum Teil heftiger Attacken. 1948 eröffnete er in Tübingen eine Anwaltspraxis; im gleichen Jahr wurde er Landesgeschäftsführer der CDU Württemberg-Hohenzollern. 1949 im Wahlkreis Ravensburg in den 1. Deutschen Bundestag gewählt, trat er als Redner der CDU/CSU in den Debatten über die Westorientierung und den Verteidigungsbeitrag der Bundesrepublik Deutschland hervor. Sowohl als Generalsekretär der CDU als auch für Minister- und Regierungsämter war er wiederholt im Gespräch. Da er in der Bundespolitik nicht reüssierte, nahm er am 17. Dezember 1958 die Wahl zum Ministerpräsidenten von Baden-Württemberg an. Die von ihm geführte CDU erhielt bei den Landtagswahlen am 26. April 1964 46,2 v. H. (Landtagswahlen vom 15. Mai 1960 39,5 v. H.). Kiesingers Interesse gilt vor allem theoretischen Überlegungen über Politik, Staat und Gesellschaft – seine Vorliebe für den französischen Schriftsteller Alexis de Tocqueville bekennt er häufig. Seiner Taktik, schwierige Fragen in kleinem Kreise vorzubereiten und vorzuentscheiden, kam die Bildung des nach einem Urlaubsaufenthalt in Kreßbronn am Bodensee benannten »Kreßbronner Kreises«, dem Willy Brandt, Herbert Wehner, Franz Josef Strauß, Bruno Heck und teilweise auch die Fraktionsvorsitzenden der Koalitionsparteien angehörten, entgegen.

Die am 1. Dezember 1966 erfolgte Bildung der Großen Koalition wurde in der Öffentlichkeit unterschiedlich aufgenommen. In zahlreichen Städten kam es zu Demonstrationen und Protestaktionen. Ein Teil der SPD-Anhänger und ein Teil der Jugend verurteilte den Eintritt der SPD in eine Regierungskoalition mit der CDU/CSU, wobei sie vor allem die Berufung von Strauß in die Bundesregierung scharf mißbilligte. Vereinzelt gaben SPD-Mitglieder ihr Mitgliedsbuch zurück. Die öffentliche Meinung erkannte die Notwendigkeit, die Regierungskrise zu überwinden, bezweifelte jedoch die Dauerhaftigkeit der Großen Koalition. Sprecher sowohl der CDU/CSU als auch der SPD wiesen darauf hin, daß die Koalitionsabsprache nur bis zur Bundestagswahl 1969 gelte; eine Verlängerung des Wahlbündnisses sei weder erwogen noch vereinbart. Die CDU/CSU brachte die Hoffnung zum Ausdruck, daß in der zur Verfügung stehenden Zeit eine Änderung des Wahlrechts im Sinne des Mehrheitswahlrechts möglich sei, wodurch das Problem von Koalitionsbildungen hinfällig werde. Angesichts der Erfolge der NPD hatte die SPD ihre Bereitschaft zu Gesprächen über eine Änderung des Wahlrechts betont, jedoch auf die Zuständigkeit ihres Bundesparteitages verwiesen.

Die Unzufriedenheit mit der in Bildung befindlichen Regierung der Großen Koalition artikulierte der Schriftsteller Günter Grass in einem am 30. November veröffentlichten Brief an Willy Brandt, indem er u. a. schrieb: *»20 Jahre verfehlte*

Außenpolitik werden durch Ihr Eintreten in eine solche Regierung bemäntelt sein. Der unheilbare Streit der CDU/CSU wird auf die SPD übergreifen. Ihre Vorstellung vom ›anderen Deutschland‹ wird einer lähmenden Resignation Platz machen, die große und tragische Geschichte der SPD wird für Jahrzehnte ins Ungefähre münden. Die allgemeine Anpassung wird endgültig das Verhalten zu Staat und Gesellschaft bestimmen. Die Jugend unseres Landes wird sich nach links und rechts verrennen, sobald diese miese Ehe beschlossen sein wird. Meine kritische Sympathie Ihnen und der Sozialdemokratischen Partei Deutschlands gegenüber verpflichtet mich, Ihnen diese Gedanken mitzuteilen. Ich weiß, daß Herbert Wehner allzu rasch geneigt ist, im Andersdenkenden einen Neurotiker zu vermuten, dennoch bitte ich Sie, diesen Brief der Fraktion zu verlesen. Nichts soll unversucht bleiben.« [127]) In seiner Antwort an Günter Grass erläuterte Willy Brandt die Motive seiner Partei: »*Nach sehr ernster Prüfung und [vor] dem Hintergrund der dürren Zahlen im Bundestag und angesichts der Aufgaben im Innern und nach außen, habe ich zu dem Ergebnis kommen müssen, daß der andere Weg nicht gangbar war. Wenn sich die SPD, schwer genug, zur Großen Koalition durchringt, gibt es alles andere als die Selbstgefälligkeit, ›es geschafft zu haben‹. Wir wissen, daß wir Zähigkeit und Kraft und Nüchternheit brauchen, damit der Schritt der SPD unserem Volke nützt und Ihre Sorgen nicht Wirklichkeit werden. Es wird kein Zudecken von Versäumnissen und Fehlern und keinen faden politischen Eintopf geben. Die Große Koalition wird zu einem Fehlschlag führen, wenn sie sich nicht deutlich von dem abhebt, was in die Regierungskrise geführt hat, dies ist die begrenzte, heute mögliche Alternative zum bisherigen Trott. Die SPD wird sich messen lassen an ihren bisherigen Forderungen. In einer Koalition gleichwertiger Partner wird Politik erst recht nicht gegen die SPD gemacht werden können. Sorgen um das Profil Willy Brandts sollten Sie sich nicht machen. Sie, Ihre Freunde und viele der kritischen jungen Menschen dürfen sich gerade jetzt nicht in das Abseits der Resignation und des bloßen Protestes stellen. Die demokratische Linke und unser Land würden nicht nur ärmer, sondern auch schwächer werden. Das Gewissen der Sozialdemokratischen Partei schlägt nicht außerhalb dieser Partei. Niemand sollte den Stab brechen, solange wir nicht die Chance gehabt haben zu beweisen, was jetzt möglich ist. Für uns ist dies ein neuer Beginn. Wir werden in das neue Kapitel der deutschen Geschichte wesentlich neue Elemente einführen. Dafür werden wir Verantwortung tragen und gerade das geistige Deutschland nicht enttäuschen.«* [128])

Am 13. Dezember verlas Bundeskanzler Kurt Georg Kiesinger vor dem 5. Deutschen Bundestag die erste Regierungserklärung der Großen Koalition, die sich sowohl mit den innen- als auch mit den außenpolitischen Verhältnissen ausführlich befaßte. Zu den angesprochenen Problemen gab sie eine Situationsanalyse und eine Darlegung der Haltung, die sie dazu einnahm. An die Spitze seiner Ausführungen stellte Kiesinger die Bemerkung, daß die Uneinigkeit über den Ausgleich des Bundeshaushaltes 1967 zum Auseinanderbrechen der bisherigen Koalition geführt habe. Zur Vermeidung einer ähnlichen Situation forderte er ein neues Wahlrecht, »*das für künftige Wahlen zum Deutschen Bundestag nach 1969 klare Mehrheiten ermöglicht. Dadurch wird ein institutioneller Zwang zur Beendigung der Großen Koalition und eine institutionelle Abwehr der Notwendigkeit zur Bildung von Koalitionen überhaupt geschaffen. Die Möglichkeit für ein Übergangswahlrecht für die Bundestagswahl 1969 wird von der Regierung geprüft.«* Im Anschluß gab er ein düsteres Bild der Finanzlage, sprach die Voraussetzungen einer Neuorientierung der Haushaltspolitik an, ging auf das Verhältnis der Beziehungen zwischen Bund und Ländern ein und beschrieb die Zielsetzungen der Wirtschaftspolitik. Einen breiten Raum widmete Kiesinger der Darstellung der außenpolitischen Lage der Bundesrepublik Deutschland: *»Die deutsche Regierung tritt daher für eine konsequente und wirksame Friedenspolitik ein, durch die politische Spannungen beseitigt und das Wettrüsten eingedämmt werden. Wir werden an Vorschlägen zur Rüstungskontrolle, Rüstungsminderung und Abrüstung mitarbeiten.«* Ausführlich ging er auf die Probleme der Europäischen Gemeinschaft, der deutsch-französischen Beziehungen, des Selbstbestimmungsrechtes, des Alleinvertretungsanspruches und des Verhältnisses zur DDR ein. Zu dem in der Friedensnote vom 25. März 1966 angebotenen Austausch von Gewaltverzichtserklärungen bemerkte er: *»Die Bundesregierung wiederholt heute dieses auch an die anderen osteuropäischen Staaten gerichtete Angebot. Sie ist bereit, das ungelöste Problem der deutschen Teilung in dieses Angebot einzubeziehen«* – womit er zum Ausdruck brachte, daß die von ihm geführte Bundesregierung ein Gewaltverzichtsabkommen auch mit der DDR abzuschließen bereit war. Nach der Darlegung der Auffassung der Bundesregierung über das Selbstbestimmungsrecht des deutschen Volkes äußerte er sich zum Verhältnis zur DDR: *»Auch diese Bundesregierung betrachtet sich als die einzige deutsche Regierung, die frei, rechtmäßig und demokratisch gewählt und daher berechtigt ist, für das ganze deutsche Volk zu sprechen. Das bedeutet nicht, daß wir unsere Landsleute im anderen Teil Deutschlands, die sich nicht frei entscheiden können, bevormunden wollen. Wir wollen, soviel an uns liegt, verhindern, daß die beiden Teile unseres Volkes sich während der Trennung auseinanderleben. Wir wollen entkrampfen und nicht verhärten, Gräben überwinden und nicht vertiefen. Deshalb wollen wir die menschlichen, wirtschaftlichen und geistigen Beziehungen mit unseren Landsleuten im anderen Teil Deutschlands mit allen Kräften fördern. Wo dazu die Aufnahme von Kontakten zwischen Behörden der Bundesrepublik Deutschland und solchen im anderen Teil Deutschlands notwendig ist, bedeutet dies keine Anerkennung eines zweiten deutschen Staates. Wir werden diese Kontakte von Fall zu Fall so handhaben, daß in der Weltmeinung nicht der Eindruck erweckt werden kann, als rückten wir von unserem Rechtsstandpunkt ab.«* Gegenüber den anläßlich des Erfolges der NPD bei den Landtagswahlen in Hessen und Bayern geäußerten Befürchtungen über das Entstehen eines neuen deutschen Nationalismus bemerkte Kiesinger abschließend: *»Dies ist nicht die Geburtsstunde eines neuen Nationalismus in Deutschland, nicht in dieser Regierung, nicht in diesem Hohen Hause und nicht in unserem Volk! Auch bei den letzten Landtagswahlen hat sich die überwiegende Mehrheit der Wähler, in Hessen 92,1 v. H., in Bayern 92,6 v. H., zu den demokratischen Parteien bekannt, die während der beiden letzten Jahrzehnte den Aufbau eines demokratischen Staates und die Eingliederung der Bundesrepublik Deutschland in die europäische, die westliche Völkerfamilie vollzogen haben, deren Ideale und deren politisches Ethos wir teilen.«* [129])

Am Vorabend der Tagung des NATO-Rates in Paris, am 14. Dezember 1966, nahmen die Außenminister Frankreichs, Großbritanniens und der Vereinigten Staaten von Amerika die Absicht der Bundesregierung, »*menschliche, wirtschaftliche und kulturelle Kontakte zwischen den beiden Teilen Deutschlands zu entwickeln*« [130]), zur Kenntnis. In einem Interview äußerte sich Bundesminister Willy Brandt zur Außenpolitik der neuen Bundesregierung, wobei er vor allem den Wunsch der Bundesregierung nach Ausweitung der menschlichen, wirtschaftlichen, wissenschaftlichen, technischen und kulturellen Bindungen zwischen den beiden Teilen Deutschlands äußerte: »*Wir werden auch den Kontakt mit den Behörden im anderen Teil Deutschlands nicht scheuen, wenn er dem Menschen dient und der Sache nützt, das heißt: Wir werden Initiativen ergreifen, damit sich die Menschen in den beiden Teilen unseres Vaterlandes nicht weiter auseinanderleben. Dabei bin ich mir voll der Tatsache bewußt, daß wir nicht weiterkommen, wenn die andere Seite mauert. Aber ich bin ebenso davon überzeugt, daß die kommunistischen Führer auf die Dauer gegenüber einer illusionslosen und auf die Menschen bezogenen Politik der Entspannung nicht werden bestehen können.*« [131])

In einer Rede anläßlich der Verleihung des Lenin-Ordens an das Gebiet Gorki führte der Generalsekretär des ZK der KPdSU, Leonid Breshnew, am 13. Januar aus, die Zielsetzungen der neuen Bundesregierung seien die alten geblieben: »*Wir hören erneut von der Anmaßung der Bundesrepublik, ›ganz Deutschland zu vertreten‹. Das bedeutet aber ›Nichtanerkennung‹ der DDR, bedeutet faktisch das weitere Bestreben, diesen sozialistischen Staat zu verschlingen. In Bonn erhebt man erneut Anspruch auf West-Berlin, obwohl es in keiner Beziehung zu der Bundesrepublik steht. Die Regierung der Bundesrepublik nimmt nach wie vor eine gefährliche Einstellung zu den Nachkriegsgrenzen in Europa, davon auch zur Grenze zwischen der Bundesrepublik und der DDR, ein. Die Regierung der Bundesrepublik hat auch noch nicht darauf verzichtet, sich Zugang zu Kernwaffen zu verschaffen. Die neue Regierung der Bundesrepublik Deutschland spricht zwar von ihrer Absicht, die Entspannung in Europa zu fördern, Kanzler Kiesinger sagte nämlich, seine Regierung werde bestrebt sein, mit der Sowjetunion Verständigung und Vertrauen zu vertiefen, um Voraussetzungen für zukünftige erfolgreiche Gespräche und Verhandlungen zu schaffen. Doch all das bleibt vorläufig noch Gerede, und dieses Gerede wird übrigens durch andere Erklärungen widerlegt, die im Programm der neuen Regierung der Bundesrepublik Deutschland enthalten sind.*« [132])

Im Anschluß an seinen ersten Besuch bei Staatspräsident de Gaulle am 13./14. Januar 1967 äußerte sich Bundeskanzler Kiesinger sowohl auf einer Pressekonferenz als auch vor dem 5. Deutschen Bundestag zu seiner Außenpolitik. Als das wichtigste Ergebnis seines Gespräches mit de Gaulle bezeichnete er ein »*Zusammenwirken beider Regierungen auf dem weiten Feld einer europäischen Ostpolitik*«. Zur Begründung führte er aus: »*Von 1939 bis heute ist viel geschehen, daß unser Vorhaben manchen unrealistisch anmuten mag, aber . . . jedes Volk braucht, wenn es überhaupt Politik im Sinne eines großen Entwurfs und nicht nur im Sinne der administrativen Einzelprobleme und Tagesfragen betreiben will, das, was Toynbee die ›historische Herausforderung‹ genannt hat. Die friedliche Neugestaltung unserer Beziehungen zum Osten, und darin eingeschlossen die Lösung der deutschen Frage, sehen wir als eine solche Herausforderung, als die große Aufgabe unserer Generation an. In diesem Sinne begrüße ich es, daß Herr Breshnew in Gorki gesagt hat, die Sowjetunion werde alle vernünftigen und für den Frieden in Europa nützlichen Schritte – davon auch die entsprechenden Schritte der Bundesrepublik Deutschland, sollte sie welche unternehmen – natürlich unterstützen. Es entspricht meiner Absprache mit dem französischen Präsidenten, daß die Bundesregierung derartige Schritte erwägt in dem Bemühen, gemeinsam eine europäische und dauerhafte Friedensordnung in Europa mitzugestalten.«* [133])

Am 28. Januar 1967 übermittelte die Regierung der Sowjetunion den Regierungen Frankreichs, Großbritanniens, der Vereinigten Staaten von Amerika und der Bundesrepublik Deutschland eine Note, in der sie in schärfster Form gegen die Kräfte des Nazismus und Militarismus in der Bundesrepublik Deutschland polemisierte und auch zur Regierung der Großen Koalition Stellung nahm. Sie bezog sich dabei auf die Bestimmungen des Abkommens von Potsdam, die sie als durch die Politik der Bundesregierung verletzt bezeichnete. Hinsichtlich der Großen Koalition erklärte sie: »*Die ersten Schritte der neuen Regierung in der Bundesrepublik, gebildet unter Beteiligung der SPD, geben leider keinen Grund zu dem Schluß, daß der Kurs des Landes mit dem Geist der Zeit und den realen Gegebenheiten in Europa etwa in Einklang gebracht wird. Vieles spricht dafür, daß das neue Kabinett, ganz gleich, welche Nuancen von Meinungen darin vertreten sind, nicht nur mit Sympathie an seine Vorgänger denkt, sondern offensichtlich in nicht geringem Grade das Wesen ihrer Politik ererbt.*« Die Regierung der Sowjetunion wiederholte die Forderungen, deren Erfüllung nach ihrem Dafürhalten Voraussetzung für die Sicherung und Vertiefung des Friedens in Europa sei. Sie betonte in diesem Zusammenhang, sie gehe davon aus, »*daß die Mächte der Anti-Hitler-Koalition gemäß ihren Verpflichtungen nach dem Potsdamer und anderen internationalen Abkommen weiter dafür verantwortlich sind, daß eine Wiederholung des deutschen Militarismus und Nazismus verhindert wird*«.[134])

In einer Rede in Saarbrücken am 30. Januar setzte sich Bundeskanzler Kiesinger mit der sowjetischen Erklärung auseinander, wobei er vor allem den Vorwurf zurückwies, die Bundesrepublik Deutschland wolle sich die DDR einverleiben: »*Wir wollen weder die sogenannte DDR uns einverleiben noch wollen wir uns von der sogenannten DDR einverleiben lassen. Wir wollen die Wiedervereinigung unseres Volkes in Freiheit und Frieden. Daß dazu nicht einfach eine Abstimmung genügt, das wissen auch wir, daß das ein sehr schwieriges Problem im Herzen Europas ist, daß Voraussetzungen geschaffen werden müssen, daß vor allem ein Klima des gegenseitigen Vertrauens und der gegenseitigen Verständigung entstehen muß als Voraussetzung für die Lösung dieses schwierigsten europäischen Problems, das ist der Bundesregierung wohl bewußt.*« [135]) Am gleichen Tage wiesen Sprecher des amerikanischen und des britischen Außenministeriums die sowjetischen Vorwürfe gegen die Bundesrepublik Deutschland zurück. Der britische Sprecher zitierte eine Bemerkung des britischen Außenministers George Brown, man müsse vermeiden, »*die Fehler der zwanziger und dreißiger Jahre gegenüber Deutschland zu wiederholen. Die Bundesrepublik Deutschland verdiene heute jedes Vertrauen*«.[136])

AUFNAHME DIPLOMATISCHER BEZIEHUNGEN ZWISCHEN DER BUNDESREPUBLIK DEUTSCHLAND UND DER SOZIALISTISCHEN REPUBLIK RUMÄNIEN

Am 30. Januar 1967 kamen die Sozialistische Republik Rumänien und die Bundesrepublik Deutschland überein, diplomatische Beziehungen auf Botschafterebene aufzunehmen. Der Beschluß wurde anläßlich eines Besuches des rumänischen Außenministers Corneliu Manescu in der Bundesrepublik gefaßt und bekanntgegeben. Zur Wahrung des deutschen Rechtsanspruches der Alleinvertretung des deutschen Volkes gab Bundeskanzler Kiesinger am 1. Februar vor dem Bundestag eine Erklärung ab, in der er betonte: *»Die Aufnahme diplomatischer Beziehungen mit der Sozialistischen Republik Rumänien bedeutet keine Änderung des – auch in der Regierungserklärung vom 13. Dezember 1966 wiederholten – deutschen Rechtsstandpunktes, daß die Bundesregierung allein berechtigt ist, für das ganze deutsche Volk zu sprechen. Wir vertrauen darauf, daß diese unsere unveränderte Haltung in gleicher Weise wie bisher verstanden und gewürdigt wird.«* [137]) Die Regierung der Sozialistischen Republik Rumänien nahm dazu am 2. Februar Stellung, indem sie es als notwendig erachtete, *»erneut ihre wohlbekannte Position zu versichern, gemäß der eine der fundamentalsten Realitäten, die in Europa als Folge des Zweiten Weltkrieges und der anschließenden Entwicklung entstanden, die Existenz der beiden deutschen Staaten, der Deutschen Demokratischen Republik und der Bundesrepublik Deutschland, ist. Die Anerkennung dieser Realität ist eine der Voraussetzungen zur Entwicklung der Zusammenarbeit der europäischen Länder und der Verbesserung der politischen Atmosphäre auf unserem Kontinent. Nach Überzeugung der rumänischen Regierung bedeutet die Aufnahme diplomatischer Beziehungen zwischen der Sozialistischen Republik Rumänien und der Bundesrepublik Deutschland einen Beitrag zur Festigung der Sicherheit auf unserem Kontinent und zur Entwicklung von günstigen Bedingungen für den Frieden.«* [138])

Die Aufnahme diplomatischer Beziehungen zwischen Bukarest und Bonn bedeutete das Ende der Hallstein-Doktrin – die Bundesregierung erklärte sich damit einverstanden, daß nicht nur die Sowjetunion mit beiden deutschen Staaten diplomatische Beziehungen unterhält, womit sie den Alleinvertretungsanspruch aufgegeben hat.

VORSCHLÄGE FÜR EINE ENTSPANNUNG INNERHALB DEUTSCHLANDS

Am 12. April 1967 gab Bundeskanzler Kiesinger eine Regierungserklärung ab, in der er praktische Vorschläge zur Erleichterung des täglichen Lebens im geteilten Deutschland machte. Er nahm dabei Bezug auf die Regierungserklärung vom 13. Dezember 1966; seine Empfehlungen präzisierte er in folgenden Punkten: *»I. Maßnahmen zur Erleichterung des täglichen Lebens für die Menschen in den beiden Teilen Deutschlands, wie a) verbesserte Reisemöglichkeiten vor allem für*

Verwandte, mit dem Ziel der Entwicklung eines normalen Reiseverkehrs, b) Passierscheinregelungen in Berlin und zwischen den Nachbargebieten beider Teile Deutschlands, c) Erleichterung des Zahlungsverkehrs durch innerdeutsche Verrechnung und beiderseitige Bereitstellung von Reisezahlungsmitteln, d) Erleichterung des Empfangs von Medikamenten und Geschenksendungen, e) Ermöglichung der Familienzusammenführung, insbesondere der Kinderrückführung. II. Maßnahmen zur verstärkten wirtschaftlichen und verkehrspolitischen Zusammenarbeit, wie a) Ausweitung und Erleichterung des innerdeutschen Handels, dazu auch öffentliche Bürgschaften und Einräumung von Kreditlinien, b) Austausch zwischen den beiderseitigen Energiemärkten, Herstellung einer rationellen Elektrizitätsverbundwirtschaft, c) gemeinsamer Ausbau der Herstellung neuer Verkehrsverbindungen: insbesondere Brücken, Autostraßen, Wasserstraßen, Eisenbahn, d) verbesserte Post- und Telefonverbindungen, insbesondere Wiederherstellung des Telefonverkehrs in ganz Berlin, e) Erörterung wirtschaftlicher und technischer Zweckgemeinschaften. III. Rahmenvereinbarungen für den wissenschaftlichen, technischen und kulturellen Austausch, wie a) entbürokratisierter Verkehr zwischen Hochschulen, Forschungsinstituten und wissenschaftlichen Gesellschaften, b) zeitgemäße Formen der wissenschaftlichen und technischen Zusammenarbeit, c) schrittweise Freigabe des ungehinderten Bezugs von Büchern, Zeitschriften und Zeitungen, d) Besuche von Jugendgruppen und Schulklassen, e) freier innerdeutscher Sportverkehr, f) freier Austausch und Verkehr kultureller Vereine und Institutionen.« [139])

Am gleichen Tage, dem 12. April, richtete der Parteivorstand der SPD an die Delegierten des bevorstehenden VII. Parteitages der SED einen »Offenen Brief«, in dem er unter Bezugnahme auf die beiliegende Regierungserklärung Kiesingers vom gleichen Tage die Delegierten ansprach. Der von Willy Brandt unterzeichnete Brief erinnerte an die erfolglosen Bemühungen von SPD und SED über einen Redneraustausch: *»Wenn und solange die Führung der SED aber einen offenen Meinungsaustausch in ihrem eigenen Machtbereich nicht zulassen will, sollte sie – im Interesse des für den Frieden und die europäische Sicherheit erforderlichen Zusammenlebens der Menschen im gespaltenen Deutschland – doch wenigstens keine Hindernisse dagegen errichten oder zusätzlich verstärken, daß die Beziehungen zwischen den Menschen in beiden Teilen Deutschlands erleichtert werden.«* [140])

In einem Fernsehinterview erläuterte Bundesminister Wehner die Vorstellungen sowohl der Bundesregierung als auch des SPD-Bundesvorstandes. Er gab offen zu, daß es sich bei den Vorschlägen vom 12. April um Kompromißformeln handle, die nicht in allen Punkten den Vorstellungen der SPD entsprächen. In einem Interview mit dem Deutschlandfunk erinnerte Herbert Wehner am 16. April an die Vorschläge Ulbrichts vom 31. Dezember 1966, die in einigen Punkten mit den Vorschlägen der Bundesregierung übereinstimmten. Ulbricht nahm auf dem VII. Parteitag der SED zu der Initiative sowohl der Bundesregierung als des SPD-Vorstandes ausführlich Stellung. Er nannte die Bedingungen für eine Verständigung der beiden deutschen Staaten, schlug ein Treffen zwischen Bundeskanzler Kiesinger und dem Vorsitzenden des Ministerrats der DDR, Stoph, vor und betonte, die SED habe niemals den einheitlichen und antiimperialistischen deutschen Staat abgeschrieben: *»Die SED, wir deutschen Marxisten und Leninisten, haben niemals den einheitlichen, friedlichen und fortschrittlichen, den demokratischen und antiimperiali-*

stischen deutschen Staat abgeschrieben und werden dies auch niemals tun, und unsere größten Vorkämpfer, Marx, Engels und Karl Liebknecht, waren die großen deutschen Patrioten. Aber ich möchte erklären, was der Imperialismus gesprengt hat, wird die Arbeiterklasse der beiden deutschen Staaten in engstem Bündnis untereinander wieder einen. Die Imperialisten haben Deutschland gespalten. Die Arbeiterklasse der beiden deutschen Staaten wird es wieder zusammenführen.« [141])

Auch die Konferenz der kommunistischen und Arbeiterparteien Europas in Karlsbad vom 24. bis 26. April 1967 nahm ausführlich Stellung zu den Beziehungen zwischen der Bundesrepublik Deutschland und den Staaten des Warschauer Paktes. Sie wiederholte dabei die Bedingungen einer Annäherung, die sie in der von ihr verabschiedeten »Erklärung für den Frieden und die Sicherheit in Europa« [142]) präzisierte. Die Redner der Konferenz, Antonin Novotny, Leonid Breshnew, Walter Ulbricht und Wladislaw Gomulka, betonten, daß die bisherigen Erklärungen der Bundesregierung keine Aussichten für eine Änderung der bisherigen Politik der Bundesrepublik Deutschland böten. Eine grundsätzliche Änderung bezeichneten sie jedoch als Voraussetzung für eine Annäherung zwischen der Bundesrepublik Deutschland einerseits und den Staaten des Warschauer Paktes andererseits. Die Minister der Großen Koalition gingen auf die Feststellungen sowohl des VII. Parteitages der SED als auch der Karlsbader Konferenz ein. Herbert Wehner erklärte in einem Fernsehinterview zur Haltung der SED: *»Hier geht es ja der Gegenseite, der SED-Führung, darum, ihre eigene Position, zu der auch gehört, daß sie sich anmaßt, allen anderen vorschreiben zu wollen, wie sie sich zu verhalten hätten, diese Position zu zementieren. Das ist das, was unter dem im Ausland häufig irrtümlich verstandenen und ausgelegten Begriff ›Status quo darf nicht verändert werden‹ gemeint ist.«* [143])

DER TOD KONRAD ADENAUERS AM 19. APRIL 1967

An den Folgen eines grippalen Infektes starb am 19. April 1967 in seinem Haus in Rhöndorf Konrad Adenauer. Sein Tod löste in der ganzen Welt Anteilnahme aus. Der Präsident des Deutschen Bundestages, Eugen Gerstenmaier, brachte in seiner am gleichen Tage gehaltenen Gedenkansprache die Überzeugung nicht nur der deutschen Öffentlichkeit zum Ausdruck: *»Wir müssen Abschied nehmen von dem Mann, der einer Epoche der deutschen Geschichte den Namen gab. Er wurde geliebt und er wurde gehaßt. Lange schieden sich an ihm die Geister – so wie es eben das Schicksal derer ist, die zur Führung und Entscheidung berufen sind. In den letzten Jahren seiner Regierung und seines Lebens ebbten die Stürme ab. Ungebeugt und von der Welt bewundert hat er ihnen standgehalten.«* [144])

Nach seinem Ausscheiden aus dem Amt des Bundeskanzlers am 15. Oktober 1963 hatte sich Adenauer weiterhin als Vorsitzender der CDU der politischen Entwicklung gewidmet. Nur widerwillig hatte er, wie seine Mitarbeiterin Anneliese Poppinga berichtet, [145]) mit der Niederschrift seiner Memoiren begonnen. Sie sind, 2071 Seiten umfassend, fast so umfangreich wie die »Denkwürdigkeiten« des Reichskanzlers Bernhard Fürst von Bülow, umfangreicher als Bismarcks »Gedanken und Erinnerungen« [146]) und stellen eine wertvolle Quelle für das Verständnis der Entwicklung in der Bundesrepublik Deutschland zwischen 1945 und 1963 dar. Ihr Schwerpunkt liegt in der Beschreibung der außenpolitischen Bemühungen und Verhandlungen Adenauers 1949–1963. Ihre Mitteilungen über die innenpolitische Entwicklung sind bis auf wenige Vorgänge außerordentlich dürftig, womit zum Ausdruck kommt, daß Adenauer in erster Linie an der außenpolitischen Stellung der Bundesrepublik Deutschland interessiert war.

Am 23. März 1966 trat er vom Vorsitz der CDU zurück, – blieb der Partei, die er zwar nicht begründete, deren Erscheinungsbild er jedoch entscheidend bestimmt hatte, als Ehrenvorsitzender verbunden. Im Mai 1966 besuchte er den Staat Israel, wo er, wie er selbst bekannte, stärkste Eindrücke gewann. Im Februar 1967 stattete er Spanien einen Besuch ab. Im Ateneo von Madrid hielt er am 10. Februar eine Rede über das Schicksal und die Zukunft Europas.[147]) Nach Rhöndorf zurückgekehrt, nahm er am 28. Februar an der Verleihung der von der Deutschlandstiftung e. V. verliehenen ersten »Konrad-Adenauer-Preise« in München teil. Bei beiden Reisen hatte er sich einen grippalen Infekt zugezogen. An seinen Folgen starb er am 19. April 1967.

Die Beisetzung Adenauers war ein Trauerakt, an dem Delegationen aus 54 Staaten, 14 internationalen Organisationen und 4 Kirchenorganisationen teilnahmen. Die Liste der prominenten Trauergäste wurde angeführt vom amerikanischen Präsidenten Lyndon B. Johnson, vom französischen Staatspräsidenten Charles de Gaulle, dem britischen Premierminister Harold Wilson, dem italienischen Ministerpräsidenten Aldo Moro; der Staat Israel war durch den ehemaligen Ministerpräsidenten David Ben Gurion und Außenminister Abba Eban vertreten. Am 25. April fanden die offiziellen Trauerfeierlichkeiten statt: Bei dem Staatsakt im Plenarsaal des Deutschen Bundestages um 10.00 Uhr sprachen Bundespräsident Heinrich Lübke, der Präsident des Deutschen Bundestages, Eugen Gerstenmaier, und Bundeskanzler Kurt Georg Kiesinger. Um 14.00 Uhr zelebrierte im Dom zu Köln der Erzbischof von Köln, Josef Kardinal Frings, ein Pontifikalrequiem. Anschließend wurde der Sarg auf den Waldfriedhof in Rhöndorf übergeführt, wo im engsten Familienkreis in den frühen Abendstunden die Beisetzung stattfand.

In einem kritischen Nachruf schrieb »The Times«: *»Adenauer band Westdeutschland in die europäische Gemeinschaft ein, mußte aber die Ideale des europäischen Föderalismus vor seinen Augen verblassen sehen. Er hinterließ seinen Nachfolgern ein blühendes und stabiles Land, das von Zweifeln und Fragen gepeinigt wird, die er weitgehend zu ignorieren verstand. Obwohl er der Architekt eines modernen Industriestaates war, war er in vieler Hinsicht ein traditioneller deutscher Konservativer. Er mißtraute der menschlichen Natur und liebte die Bemerkung, daß Gott einen schlechten Kompromiß geschlossen habe: Wären die Menschen intelligenter geschaffen, sagte er, würden sie begreifen, was getan werden müsse; wenn weniger intelligent, wären sie leichter zu regieren. Mit Bismarck teilte er die Ungeduld gegenüber der parlamentarischen Demokratie, und er ging heftig und nachlässig mit ihren Verfahrensweisen um. Er sah sie aber auch als notwendigen Teil der westlichen Kultur und als Kennzeichen der westlichen Respektabilität in der westlichen Allianz an – vorausgesetzt, sie benahm sich ordentlich. Er war sich durchaus bewußt, daß die verheerende Erfahrung der Weimarer Republik seinen Landsleuten ein tiefes Mißtrauen gegenüber Parlamenten und Parteien hinterlassen hat.«*[148])

BRIEFWECHSEL STOPH—KIESINGER

Am 10. Mai 1967 richtete der Vorsitzende des Ministerrates der DDR, Willi Stoph, an Bundeskanzler Kurt Georg Kiesinger ein Schreiben, das am 11. Mai im Bundeskanzleramt übergeben und am gleichen Tage veröffentlicht wurde: *»Staatsrat und Ministerrat der Deutschen Demokratischen Republik haben mehrfach die Initiative für die Normalisierung der Beziehungen zwischen beiden deutschen Staaten ergriffen. So schlug der Vorsitzende des Staatsrates der DDR und Erste Sekretär des Zentralkomitees der Sozialistischen Einheitspartei Deutschlands, Walter Ulbricht, auf dem VII. Parteitag bekanntlich die Aufnahme von Verhandlungen zwischen der Regierung der Deutschen Demokratischen Republik und der Regierung der westdeutschen Bundesrepublik vor. Die von der Verantwortung für die Erhaltung des Friedens getragene Politik unserer Regierung geht von den elementarsten Interessen der Bürger beider deutscher Staaten aus, die ihre Zukunft in Frieden und schöpferischer Arbeit im freundschaftlichen Zusammenleben mit allen Völkern gesichert sehen möchten. Mit ihren Vorschlägen entspricht die Regierung der Deutschen Demokratischen Republik auch dem zunehmenden Verlangen der europäischen Völker und vieler Staaten nach Beseitigung der bestehenden Spannungen und der Entwicklung einer gleichberechtigten Zusammenarbeit. Immer stärker wird die Erkenntnis, daß die Normalisierung der Beziehungen zwischen beiden deutschen Staaten wesentlich zur Festigung des Friedens und der Sicherheit in Europa beitragen und die Lösung auch anderer europäischer Probleme erleichtern würde. Der Vorsitzende des Staatsrates der DDR, Walter Ulbricht, hat in seiner Neujahrsbotschaft 1967 Vorschläge für die nächsten Schritte, die im Interesse des Friedens und der Entspannung gegangen werden sollten, unterbreitet und sie vor kurzem erneut bekräftigt. Ausgehend hiervon schlage ich Ihnen vor, in direkte Verhandlungen einzutreten mit dem Ziel, ordnungsgemäße Vereinbarungen herbeizuführen über – die Aufnahme normaler Beziehungen zwischen beiden deutschen Staaten; – den Verzicht beider deutscher Staaten auf die Anwendung von Gewalt in den gegenseitigen Beziehungen; – die Anerkennung der gegenwärtig bestehenden Grenzen in Europa, insbesondere der Grenze zwischen beiden deutschen Staaten; – die Herabsetzung der Rüstungsausgaben beider deutscher Staaten um jeweils die Hälfte; – den Verzicht beider deutscher Staaten auf Besitz, Verfügungsgewalt oder Beteiligung an der Verfügungsgewalt über Kernwaffen in jeglicher Form sowie über ihre Bereitschaft zur Teilnahme an einer atomwaffenfreien Zone in Mitteleuropa; – das Eintreten der Regierung der DDR und der Regierung der Bundesrepublik für normale Beziehungen beider deutscher Staaten zu den anderen europäischen Staaten und für die Herstellung diplomatischer Beziehungen aller europäischen Staaten zu beiden deutschen Staaten. Die Regierung der Deutschen Demokratischen Republik ist auch bereit, Vorschläge der Regierung der Bundesrepublik zur Regelung dieser und anderer Grundfragen zu prüfen. Es ist verständlich, daß eine Vereinbarung über die Normalisierung der Beziehungen zwischen beiden deutschen Staaten der erste und wichtigste Schritt ist, der eine wesentliche Quelle der Spannungen in Europa zum Versiegen bringen und zugleich eine ordnungsgemäße Regelung vieler Fragen zwischen der DDR und der Bundesrepublik ermöglichen würde. Wir wiederholen in diesem Zusammenhang* *unsere Vorschläge zur Entwicklung normaler zwischenstaatlicher Beziehungen, u. a. auf den Gebieten der Wirtschaft und des Handels, des Verkehrs, des Post- und Fernmeldewesens, und erneuern unsere Bereitschaft zum Abschluß entsprechender ordnungsgemäßer Abkommen. Notwendig ist, daß die Bundesregierung, ausgehend von den Realitäten, ihre ebenso rechtswidrige wie unfriedliche Alleinvertretungsanmaßung aufgibt. Wenn die Bundesregierung wirklich für einen Gewaltverzicht zwischen beiden deutschen Staaten wäre, wie sie mehrfach erklärte, so kann dies nicht unter Umgehung der Deutschen Demokratischen Republik über dritte Staaten erfolgen. Mit der notwendigen friedenssichernden Wirkung und völkerrechtlichen Verbindlichkeit kann der Gewaltverzicht nur zwischen den Beteiligten, der Regierung der Deutschen Demokratischen Republik und der Regierung der westdeutschen Bundesrepublik, vereinbart werden. Wenn Ihrer Regierung wirklich daran gelegen sein sollte, das Verhältnis zwischen beiden deutschen Staaten zu entkrampfen, dann wäre es auch eine zwingende Notwendigkeit, daß die Bundesregierung ihren finanziellen und anderen Verpflichtungen gegenüber der Deutschen Demokratischen Republik nachkommt. Dabei handelt es sich um die Ihnen bekannten umfangreichen Verpflichtungen der westdeutschen Bundesrepublik und die hohen Schulden einzelner Bundesministerien. Gelegentliche Erklärungen der Bundesregierung, daß sie an einer Entwicklung des Handels mit der Deutschen Demokratischen Republik oder an anderen wirtschaftlichen Regelungen interessiert sei, stehen im Widerspruch zu den von der Bundesregierung selbst geschaffenen und die DDR diskriminierenden Schranken, deren Beseitigung die Regierung der Deutschen Demokratischen Republik wiederholt gefordert hat und weiterhin fordert. Die Regierung der Bundesrepublik Deutschland sollte sich in dieser Zeit, da die Lösung dringender Probleme im Interesse der Erhaltung des Friedens und der Sicherheit unerläßlich ist, endlich von den Realitäten leiten lassen. Das hartnäckige Negieren der im Ergebnis des zweiten Weltkrieges entstandenen realen Lage in Europa widerspricht den Interessen der europäischen Sicherheit und kann der westdeutschen Bevölkerung selbst nur zum Nachteil gereichen. Es ist an der Zeit, die Beziehungen zwischen beiden deutschen Staaten zu normalisieren. Zur Aufnahme entsprechender Verhandlungen, die von den Außenministern beider deutscher Staaten vorbereitet werden könnten, lade ich Sie zu einem noch zu vereinbarenden Termin in den Amtssitz der Regierung der Deutschen Demokratischen Republik ein. Ich wäre auch bereit, mich mit Ihnen in Ihrem Amtssitz in Bonn zu treffen. Ich sehe Ihrer Antwort entgegen.«* [149])

Erst am 13. Juni antwortete Bundeskanzler Kiesinger; unter Bezugnahme auf die Regierungserklärung vom 12. April 1967 setzte er sich kritisch mit den Vorschlägen der Regierung der DDR auseinander: *»Ihren Brief vom 10. Mai habe ich erhalten. Leider geht er auf meine Regierungserklärung vom 12. April 1967 nicht ein; ich füge ihren Wortlaut bei. Sinn und Zweck dieser Erklärung ist: solange grundlegende Meinungsverschiedenheiten eine gerechte Lösung der Deutschen Frage verhindern, muß im Interesse des Friedens unseres Volkes und der Entspannung in Europa nach innerdeutschen Regelungen gesucht werden, welche die menschlichen, wirtschaftlichen und geistigen Beziehungen zwischen den Deutschen in Ost und West soweit wie möglich fördern. Sie hingegen sagen: Alles oder nichts! Sie erheben Forderungen nach der politischen und völkerrechtlichen Anerkennung einer Spaltung Deutschlands, die dem Willen der Menschen in beiden Teilen unseres Vaterlandes* *widerspricht. Sie machen die Erfüllung dieser Ihrer Forderungen zur Voraussetzung von Gesprächen. Wollte ich wie Sie verfahren, so müßte ich eine unverzügliche, geheime und international kontrollierte Volksabstimmung fordern. In der gegenwärtigen Lage führt uns eine solche Konfrontation jedoch nicht weiter. Dagegen halte ich es für geboten, darüber zu sprechen, wie wir verhindern können, daß die Deutschen in der Zeit der erzwungenen Teilung sich menschlich auseinanderleben. Das darf um so weniger in einer Epoche geschehen, in der sogar lange verfeindete europäische Völker immer näher zusammenrücken! Das Leben im geteilten Deutschland muß erträglicher werden. Es ist die Pflicht aller Verantwortlichen, nach besten Kräften dazu beizutragen. Das Wohl unseres Volkes gebietet, die Spannungen in Deutschland nicht zu vermehren, sondern zu mindern. Mit unserer Rechtsauffassung, an der wir uneingeschränkt festhalten, beabsichtigen wir alles andere als die Bevormundung der Menschen im anderen Teil Deutschlands. Nur solange es diesen Menschen versagt bleibt, ihren Willen über das Schicksal unserer Nation zweifelsfrei zu bekunden, obliegt es der frei gewählten Bundesregierung, auch für sie zu sprechen. Auch Sie bejahen die Verantwortung, unserem Volk den Frieden zu erhalten. Zu den zahlreichen Schritten, die die Bundesregierung zur Sicherung dieses Friedens unternommen hat, gehört unser feierlicher Verzicht auf Gewalt zur Durchsetzung politischer Ziele. Er gilt allgemein und duldet keine Ausnahme. Deshalb muß die Bundesregierung mit allem Nachdruck darauf bestehen, daß auch im andern Teil Deutschlands auf die Anwendung von Gewalt verzichtet wird. Sie fordern mich auf, von den ›Realitäten‹ auszugehen. Die Realität, die Sie und ich anerkennen müssen, ist der Wille der Deutschen, e i n Volk zu sein. Ich schlage deshalb vor, daß von Ihnen und von mir zu bestimmende Beauftragte ohne politische Vorbedingungen Gespräche über solche praktischen Fragen des Zusammenlebens der Deutschen aufnehmen, wie sie in meiner Erklärung vom 12. April enthalten sind.«*[150])

Am 14. Juni erläuterte Bundeskanzler Kiesinger vor dem Deutschen Bundestag seine Auffassung zur deutschen Frage. Gleichzeitig verlas er eine Erklärung, die die Bundesregierung den Regierungen der Staaten, mit denen sie diplomatische Beziehungen unterhielt, zustellte. Sie hat folgenden Wortlaut: *»Das deutsche Volk ist gegen seinen Willen heute noch geteilt. Die Demarkationslinie, die im Jahre 1945 für die Zwecke der militärischen Besetzung gezogen worden war, trennt weiterhin Menschen eines Volkes. Noch ist nicht abzusehen, wann und auf welchem Wege die Einheit Deutschlands wiederhergestellt werden kann. Die Bundesregierung bleibt bemüht, die Einheit des Volkes zu wahren und im Sinne ihrer Politik der Entspannung und Verständigung in Europa das Verhältnis zwischen beiden Teilen Deutschlands zu entschärfen. Sie wird alle Maßnahmen unterstützen, die geeignet sind, die künstlich errichteten Gräben zwischen den Menschen in beiden Teilen Deutschlands zu überbrücken. Die Menschen im anderen Teil Deutschlands sollen nicht darunter leiden, daß sie unter einem von ihm nicht frei gewählten Regime leben müssen. Die Bundesregierung ist bereit, im Zusammenwirken der zuständigen Stellen zweckmäßige und sachgerechte Regelungen herbeizuführen. Was die Bundesregierung in dieser Hinsicht zu tun für geboten halten wird, bedeutet keine Änderung ihres Rechtsstandpunktes, daß eine Anerkennung dieses anderen Teiles Deutschlands als eines zweiten deutschen Staates nicht in Betracht gezogen werden kann.«* [151])

Eine Flut von Erklärungen und Gegenerklärungen, Reden, Offenen Briefen und

Offenen Antworten begleitete die Korrespondenz zwischen dem Vorsitzenden des Ministerrats der DDR, Stoph, und Bundeskanzler Kiesinger. [152]) Das ZK der verbotenen KPD richtete am 23. Juni einen Offenen Brief an die SPD. [152]) Das ZK der SED wandte sich am 27. Juni in einem Offenen Brief an CDU und CSU.[152]) Die Korrespondenz zwischen Stoph und Kiesinger wurde am 18. September fortgesetzt, indem der Vorsitzende des Ministerrats der DDR den Brief Kiesingers vom 13. Juni beantwortete, dem er als Anlage den *»Entwurf eines Vertrages über die Herstellung und Pflege normaler Beziehungen zwischen der DDR und der BRD«* beifügte. In seinem Brief brachte Stoph sein Bedauern darüber zum Ausdruck, daß Kiesinger nicht auf seine Vorschläge eingegangen war. Er wiederholte diese Vorschläge, gleichzeitig erneuerte er seine Bereitschaft, sich mit Kiesinger an dessen Amtssitz in Bonn zu treffen. Die technischen Voraussetzungen dafür sollten durch den Leiter des Büros des Ministerrats der DDR und den Staatssekretär im Bundeskanzleramt der BRD geschaffen werden. Der dem Brief beigefügte Entwurf hatte folgenden Wortlaut:

»Von dem Streben geleitet, einen wirkungsvollen Beitrag zur Gewährleistung des Friedens und der Sicherheit in Europa zu leisten und ein friedliches Verhältnis zwischen beiden deutschen Staaten – der sozialistischen Deutschen Demokratischen Republik und der Bundesrepublik Deutschland – als Voraussetzung für ihre Annäherung im Interesse der Zukunft der Nation zu schaffen, sind die Regierung der Deutschen Demokratischen Republik und die Regierung der Bundesrepublik Deutschland übereingekommen, folgendes zu vereinbaren:

Artikel 1

Die Deutsche Demokratische Republik und die Bundesrepublik Deutschland nehmen normale Beziehungen zueinander auf.

Artikel 2

In den Beziehungen der sozialistischen Deutschen Demokratischen Republik und der Bundesrepublik Deutschland, die Beziehungen souveräner Staaten deutscher Nation sind, die nach friedlichem Nebeneinander und schrittweiser Annäherung streben, kommen die allgemein anerkannten Prinzipien des Völkerrechts grundsätzlich zur Anwendung.

Die Regierungen beider deutscher Staaten treffen eine Vereinbarung über Gewaltverzicht.

Die Regierung der Deutschen Demokratischen Republik und die Regierung der Bundesrepublik Deutschland verpflichten sich, den gegenseitigen Beziehungen nachfolgende Prinzipien zugrunde zu legen:

– die Achtung der Souveränität, der Gleichberechtigung und der Nichteinmischung in die inneren Angelegenheiten,

– die Achtung der territorialen Integrität der europäischen Staaten,

– die Anerkennung der bestehenden Grenzen in Europa, einschließlich der Oder-Neiße-Grenze und der Grenze zwischen der Deutschen Demokratischen Republik und der Bundesrepublik Deutschland,

– die Anerkennung Westberlins als selbständige politische Einheit,

– die Anerkennung der Nichtigkeit des Münchener Abkommens von Anfang an sowie

– den Verzicht beider deutscher Staaten, in irgendeiner Form Zugang zu Kernwaffen zu erlangen oder Kernwaffen auf ihren Territorien zu lagern.

Artikel 3

Zur Aufnahme und Pflege normaler Beziehungen zwischen der Deutschen Demokratischen Republik und der Bundesrepublik Deutschland werden solche direkten Kontakte hergestellt, wie sie zwischen Staaten üblich sind.

Artikel 4

Auf der Grundlage des gegenseitigen Vorteils und mit dem Ziel der Herbeiführung eines geregelten friedlichen Nebeneinander werden die erforderlichen Vereinbarungen auf den Gebieten der Wirtschaft, des Handels, des Post- und Fernmeldewesens, des Verkehrs und auf weiteren Gebieten abgeschlossen.

Artikel 5

Die Regierung der Deutschen Demokratischen Republik und die Regierung der Bundesrepublik Deutschland verpflichten sich, Vereinbarungen über weitere Beiträge der beiden deutschen Staaten zur Gewährleistung der europäischen Sicherheit sowie zur Abrüstung, insbesondere über den Verzicht auf Zugang zu Kernwaffen in jeglicher Form und auf deren Lagerung, zu treffen.

Artikel 6

Die Regierungen der beiden deutschen Staaten erklären ihre Bereitschaft, nach der Normalisierung ihrer Beziehungen, nach Durchführung einer vereinbarten Abrüstung und dem Abschluß eines Abkommens über europäische Sicherheit sowie unter der Voraussetzung der Überwindung des Militarismus, Neonazismus und der Macht der Monopole Verhandlungen mit dem Ziel der friedlichen Lösung der nationalen Fragen einzuleiten.

Artikel 7

Dieser Vertrag wird gemäß Artikel 102 der Charta der Vereinten Nationen beim Sekretariat der Organisation der Vereinten Nationen registriert.« [153])

Wenige Tage später, am 28. September, beantwortete Bundeskanzler Kiesinger den Brief Stophs vom 18. September, ohne auf den beigefügten Entwurf näher einzugehen: *»Ihren Brief vom 18. September 1967 habe ich erhalten und veröffentlicht. Die Dinge, über die wir sprechen, gehen alle Deutschen an. Es wäre daher der Sache dienlich, wenn Sie diesen Brief und mein Schreiben vom 13. Juni 1967 der Bevölkerung im anderen Teil Deutschlands nicht vorenthalten würden. Nach unserer Überzeugung ist die deutsche Nation, deren Existenz ja auch Sie anerkennen, politisch mündig und soll sich selbst ein Urteil über unsere Standpunkte bilden. Polemik führt nicht weiter. Der alleinige Souverän, das deutsche Volk, will nach unserer Überzeugung vereint in einem Staate leben. Dieser Wille der Nation bestimmt unser Handeln. Das Recht der Selbstbestimmung ist unter den Völkern der Welt unbestritten. Der Tag wird kommen, an dem dies Recht auch dem deutschen Volk nicht mehr verweigert werden kann. Diese Lösung der deutschen Frage in Frieden und Gerechtigkeit anzubahnen, ist Pflicht aller Deutschen. Auf dem Wege zur*

Wiedervereinigung könnte ein Programm von der Art, wie ich es bereits in meinen Vorschlägen vom 12. April und in einem Brief vom 13. Juni 1967 umrissen habe, gemeinsam entworfen und verwirklicht werden, um wenigstens die Not der Spaltung zu mildern und die Beziehungen der Deutschen in ihrem geteilten Vaterland zu erleichtern. Die Bundesregierung ist bereit, im Interesse aller Deutschen, aber auch im Dienste der Entspannung und des Friedens in Verhandlungen über ein derartiges Programm einzutreten. Zu diesem Zweck steht der Staatssekretär des Bundeskanzleramtes jederzeit in Bonn oder Berlin zur Verfügung.« [154])

Seine mit seinem Brief verfolgte Absicht erläuterte Kiesinger am 29. September in einer Ansprache im Deutschen Fernsehen. Dabei rechtfertigte er seine Beantwortungen der Briefe Stophs und äußerte sich zur Frage der Wiederherstellung der Einheit des deutschen Volkes. Er meinte in diesem Zusammenhang, es gebe einen einfachen Weg, um festzustellen, was das deutsche Volk will, eine freie Volksabstimmung, dazu sei die DDR jedoch nicht bereit. Gegenüber pessimistischen Ansichten verteidigte er seine Initiative, indem er jedoch gleichzeitig versicherte: *»Nun, niemand soll glauben, daß die Bundesregierung sich Illusionen macht und die Schwierigkeiten verkennt, aber wir wollen trotz dieser Schwierigkeiten nicht aufhören, alles was an uns liegt zu tun, um zu verhindern, daß sich das deutsche Volk immer weiter auseinanderlebt.«* [155])

Bundesminister Wehner verteidigte in einem Interview mit der Wochenzeitung »Vorwärts« die Initiative der Bundesregierung: *»Der Bundeskanzler hat mit seinem Brief vom 28. September die Bereitschaft der Bundesregierung erklärt, ohne Vorbedingungen in Verhandlungen über ein Programm, das gemeinsam entworfen und verwirklicht werden könnte, einzutreten. Ein Programm, durch das wenigstens die Not der Spaltung gemildert und die Beziehungen der Deutschen in ihrem geteilten Vaterland erleichtert würden. Die ausdrückliche Bereitschaft, im Dienste der Entspannung und des Friedens in Verhandlungen über ein derartiges Programm einzutreten, wird vom Bundeskanzler als im Interesse aller Deutschen liegend angesehen.«* [156]) In der Regierungserklärung vom 13. Oktober ging Bundesaußenminister Brandt auch auf die Kontakte zwischen der DDR und der BRD ein, wobei er versicherte, *»solange wir die einzige Regierung auf deutschem Boden sind, die vom Volk in freien Wahlen gewählt worden ist, ergeben sich für uns besondere Pflichten, und soweit wir dazu in der Lage sind, haben wir uns um die Einheit der Nation zu kümmern und für das Selbstbestimmungsrecht unseres Volkes einzutreten. Wir haben keinen Anspruch darauf erhoben, gegenüber dem anderen Teil Deutschlands behördliche Macht auszuüben, aber von uns wird auch niemand mit dem Leben bedroht, der von Deutschland nach Deutschland will.«* [157]) Bundeskanzler Kiesinger setzte sich in seiner Rede vor dem Deutschen Bundestag am 13. Oktober auch mit der Ost- und Deutschlandpolitik auseinander. Er bekräftigte die am gleichen Tage von Bundesaußenminister Brandt abgegebene Erklärung, *»die völkerrechtliche Anerkennung des Regimes werden wir nicht hinnehmen, werden wir nicht mitmachen, und darüber werden wir auch nicht reden«.* [158]) Am gleichen Tage erläuterte der Bundesminister für gesamtdeutsche Fragen, Herbert Wehner, vor allem die deutschlandpolitischen Zielsetzungen der Großen Koalition. Er beschwor alle dafür Verantwortlichen, eine Verschärfung innerhalb Deutschlands zu vermeiden, betonte die Notwendigkeit innerdeutscher Regelungen noch vor dem Friedensvertrag und betonte, daß unterschiedliche Rechtsstandpunkte kein Hindernis für Entspannung sein dürften. Im übrigen gab er zu bedenken, daß die Stagnation in Europa nur überwunden werde, wenn es gelinge, *»den Ost-West-Gegensatz in Europa zu überwinden. Die deutsche Politik muß darauf angelegt sein – auch das sollte man bei allen Unterschieden einmal deutlich machen; aber in diesem Punkt stimmen wir alle überein, diesen Ost-West-Gegensatz nicht zu schüren, und nicht auf seine Verschärfung zu spekulieren oder hinzuwirken.«* [159])

DER KAMPF UM DIE HOCHSCHULREFORM

Die politischen, wirtschaftlichen und gesellschaftlichen Veränderungen 1918, 1933 und 1945 ließen die deutschen Hochschulen so gut wie unberührt. Nach 1918 wurde der Landesfürst als Rektor Magnificentissimus ersatzlos gestrichen. Nach 1933 wurden jüdische Professoren, Assistenten und Studenten zum Schaden der deutschen Wissenschaft vertrieben. Nach 1945 wurden politisch belastete Hochschullehrer von ihren Lehrstühlen entfernt, kehrten jedoch in der Regel nach einiger Zeit auf diese wieder zurück. Die Universität als Institution überstand unverändert die politischen Umgestaltungen – eine Tatsache, die als Vorteil angesehen wurde, auf die Dauer sich jedoch als Nachteil erwies, da die Universität als Institution den Anschluß an die allgemeine Entwicklung versäumte. Ihre Einrichtungen entsprachen in räumlicher, sachlicher und auch personeller Hinsicht nicht den rasch ansteigenden Studentenzahlen. Das Deutsche Reich zählte 1913 rund 67 Millionen Einwohner; die Zahl der Studierenden betrug im gleichen Jahr rund 79 000. Die Bundesrepublik Deutschland, einschließlich West-Berlin, zählte 1966 über 60 Millionen Einwohner, die Zahl der Studierenden betrug im gleichen Jahr rund 280 000. Diese Entwicklung trat nicht schlagartig ein. Professoren und auch Politiker machten frühzeitig auf die damit verbundenen Auswirkungen aufmerksam – ihre Warnungen wurden jedoch nicht beachtet. Die Neuordnung des öffentlichen Lebens beschränkte sich zunächst vor allem auf die Wirtschaft. Sie schenkte dem Bereich der Bildung nur geringe Aufmerksamkeit. Da die Kulturpolitik nach dem Grundgesetz für die Bundesrepublik Deutschland zunächst ausschließlich Angelegenheit der Länder war, mußten die als unerläßlich erachteten Koordinierungseinrichtungen, wie die »Ständige Konferenz der Kultusminister«, die »Westdeutsche Rektorenkonferenz«, der »Wissenschaftsrat« und später auch der »Bildungsrat«, erst geschaffen werden. Angesichts der alarmierenden Nachrichten über die Verhältnisse an den Hochschulen und über die Rückstände der Bildungspolitik gegenüber den Industriestaaten nahmen sie Untersuchungen und Beratungen auf, konnten sich jedoch nicht zu einer tiefgreifenden Reform entschließen. Die Unterrichtsverwaltungen der Länder versuchten durch Vermehrung der Lehr- und Forschungseinrichtungen und des Personals Abhilfe zu schaffen. Nur zögernd verwirklichten sie die Forderungen nach Neugründungen von Hochschulen. Die ersten neuen Universitäten, Bochum (1965), Konstanz (1966), Regensburg (1967), entstanden nach zum Teil heftigen Auseinandersetzungen sowohl in den Landesparlamenten als in den dafür berufenen

Struktur- oder Gründungsausschüssen. Ähnliche Verhältnisse bildeten sich im Bereich vor allem der weiterführenden Schulen, da auch hier notwendige Reformen unterblieben. Die Folge dieser Entwicklung war schließlich eine Situation, die Georg Picht in seiner 1964 veröffentlichten aufsehenerregenden Artikelfolge »Die deutsche Bildungskatastrophe« [160]) nannte.
Da der Gesetzgeber in Bund und Ländern und die Universitäten die Reform der Hochschule unentschlossen betrieben, legten studentische Organisationen, z. B. der SDS (Sozialistischer Deutscher Studentenbund) und auch der VDS (Verband Deutscher Studentenschaften), Entwürfe vor, deren Ziel eine Demokratisierung der Hochschule war.[161]) Gleichzeitig vollzog sich eine politische Artikulation des Bewußtseins der Studenten, bei der mehrere Faktoren zusammenwirkten: Die wissenschaftliche Beschäftigung mit Problemen der Politik durch die nach 1945 errichteten Lehrstühle für Politische Wissenschaften und mit Problemen der Gesellschaft durch die wieder- oder neuerrichteten Lehrstühle für Soziologie konfrontierte die Studenten mit der politischen und gesellschaftlichen Situation in der Bundesrepublik Deutschland.
Auf ihre Urteilsbildung hatten entscheidenden Einfluß die Ideen, Vorstellungen und Forderungen, die Professor Herbert Marcuse entwickelte. Herbert Marcuse, 1898 in Berlin geboren, studierte in Berlin und Freiburg Philosophie; er beteiligte sich an der kritischen Edition der Marx'schen Jugendschriften. Nach seiner 1933 erfolgten Emigration wurde er Mitglied des Institute of Social Research an der Columbia University in New York. 1942–1950 stand er im Dienst des amerikanischen Außenministeriums. Im Anschluß lehrte er an verschiedenen Universitäten und Instituten der Vereinigten Staaten. Den geistigen Hintergrund seiner *»aggressiven Soziologie«* bilden die Philosophie Hegels und Heideggers (– dessen Assistent er 1928 war –), die moderne Existentialphilosophie, die Tiefenpsychologie Freuds und der historische Materialismus. Nach Marcuse wird die »saturierte und autoritär verwaltete Welt« beherrscht von dem Dreitakt: *Produzieren – Propagieren – Konsumieren.* Wo die Überflußgesellschaft nicht »legal« verbrauchen kann, müssen Luxus und Krieg nachhelfen. Vom ersten bis zum letzten Tag wird das Individuum verwaltet, verplant, beherrscht von einem autoritären System. Aber der Mensch fühlt sich darin wohl – und hat deshalb ein falsches Bewußtsein, weshalb ihn Marcuse als den »eindimensionalen Menschen« bezeichnet. Im einzelnen ist das System höchst rational, irrational aber als Ganzes. Durch diese »List der Vernunft«, durch die Ideologie, die hochindustrielle Gesellschaft sei die vernünftigste, die es gebe, durch das Vortäuschen einer Toleranz, die in Wirklichkeit repressiv ist, rechtfertigt sich nach Marcuse das System, das von der Herrschaft von Menschen über Menschen lebt. Wahres Menschsein sei darin nicht mehr möglich. Das Ganze sei krank, das Ganze müsse deshalb weg. Zu dieser Analyse der gegenwärtigen Gesellschaft und der dadurch bedingten Existenz des Individuums entwickelt Marcuse keine geschlossene Gegenwelt, – er macht dazu nur globale Andeutungen, indem er von »Kultur ohne Unterdrückung«, »Kultur des Glücks« oder »freier Gesellschaft« spricht. Seiner Analyse der falschen und echten menschlichen Bedürfnisse folgt die Forderung nach Beschränkung der Arbeit und Vermehrung der »freien Zeit«; damit habe die Herrschaft von Menschen über Menschen ein Ende, die »individuelle Autonomie« werde erreicht und eine neue »libidinöse Moral« setze die ursprüng-

lichen menschlichen Gelüste wieder in ihre Rechte ein. Es erfolge die »endliche Humanisierung der Erde«, in einer »ästhetisch-erotischen Kultur des Spiels«, in Sinnlichkeit, Spiel und Sang. Als Mittel zur Erreichung dieser neuen Struktur der Gesellschaft empfiehlt Marcuse die große Weigerung, der folgen müssen Kaderbildung, Aufklärungsarbeit und eine – vorübergehende – »erzieherische Diktatur«. Seine Revolutionsethik fordert ein Naturrecht auf Widerstand gegen die jetzige Gesellschaft. Die notwendige Gewalt steht nicht am Anfang einer neuen Kette der Gewalt, sondern zerschlägt die alte; die Freiheit muß den Sklaven aufgezwungen werden.

Herbert Marcuse übte auf die junge Generation in allen westlichen Ländern eine große Faszination aus, die mehrere Gründe hat: Marcuse nützt psychologisch geschickt den Generationenkonflikt aus. Seine Kritik an der gegenwärtigen Gesellschaft stimmt in vielen Punkten mit der berechtigten Kritik der jungen Generation überein. Schließlich bietet er die Vorstellung einer neuen aggressions- und repressionslosen Gesellschaft, deren Bild die junge Generation als Heilslehre auffaßt. Da weder seine Analyse noch die ihr entgegengestellte Gegenwelt systematisch aufgebaut sind, haben nur einzelne populäre Vorstellungen und Forderungen allgemeine Verbreitung gefunden. Sie haben jedoch das Denken vor allem der studentischen Generation der sechziger Jahre eingehend beeinflußt. Vor allem haben sie die Wiederentdeckung von Karl Marx und die Ausschöpfung von Sigmund Freud entscheidend gefördert.

Schwerpunkte dieser Entwicklung in der Bundesrepublik Deutschland waren zunächst Frankfurt, wo die Soziologen Theodor W. Adorno (1903–1969) und Max Horkheimer (* 1895) lehrten bzw. lehren, und Berlin, wo nach dem Bau der Mauer am 13. August 1961 eine neue geistige Situation entstand, indem an die Stelle der Ablehnung des Marxismus die Beschäftigung mit ihm trat. Der in ihren Bann geratene Teil der Studenten und Studentinnen orientierte sich an der von Karl Marx im Sommer 1895 in seinen Thesen über Feuerbach getroffenen Feststellung: *»Die Philosophen haben die Welt nur verschieden interpretiert, es kommt darauf an, sie zu verändern.«* [162]) Unbehagen an der selbstzufriedenen Wohlstandsgesellschaft, unzureichende Verhältnisse an allen Hochschulen und eine Neuorientierung des politischen und gesellschaftlichen Bewußtseins begünstigten Entstehung und Entwicklung einer studentischen Protestbewegung, die zwei Ziele verfolgt – die Neugestaltung der Universität und die Umgestaltung der Gesellschaft. Die Grenzen zwischen beiden Zielsetzungen sind fließend – ein Umstand, der das Verständnis der studentischen Bewegung erschwert.[163])

Nach der Bildung der Großen Koalition, die wie dargestellt kritisch beurteilt wurde, fehlte eine große Oppositionspartei, die das politische Unbehagen an der unvollkommenen Verwirklichung der Normen des Grundgesetzes artikulierte. Die Folge war die Bildung oppositioneller Gruppen außerhalb des Partei- und Parlamentssystems, die sich Außerparlamentarische Opposition (APO) nannten. Ihr Auftreten in der Öffentlichkeit bedurfte eines äußeren Anlasses.

BEGINN DER STUDENTENDEMONSTRATIONEN

Vom 27. Mai bis 4. Juni 1967 stattete SchahinSchah Mohammed Reza Pahlewi in Begleitung der Schahbanu Farah Pahlewi der Bundesrepublik Deutschland einen Besuch ab, der in erster Linie einem politischen Gedankenaustausch mit dem Bundespräsidenten und Mitgliedern der Bundesregierung diente. Da Demonstrationen wegen der innenpolitischen Verhältnisse im Iran befürchtet wurden, erfolgten außergewöhnliche Sicherheitsmaßnahmen, die den Charakter polizeistaatlicher Eingriffe annahmen; so wurden Autobahnstrecken für den Verkehr völlig gesperrt, der Schiffsverkehr auf dem Rhein stillgelegt, Häuser und Geschäfte geschlossen oder von Polizei besetzt usw., worüber in der deutschen Öffentlichkeit Unwillen entstand. Zu Demonstrationen kam es bei dem Besuch des Schahs Reza Pahlewi am 2. Juni in Berlin. Auch hier wurden außerordentliche Sicherheitsmaßnahmen ergriffen. Schahtreue Perser, »Jubelperser«, erhielten Genehmigung, sich vor den polizeilichen Absperrungen aufzustellen. Zwischen ihnen und den von der Polizei zurückgehaltenen Demonstranten kam es zu Zusammenstößen, vor allem bei der Ankunft des Schahs und bei der ihm zu Ehren veranstalteten Aufführung der Oper »Die Zauberflöte«. Während die Oper ihren Anfang nahm, drängte die Polizei die Demonstranten in Nebenstraßen und -höfe ab, um sie zu zersplittern und damit wirkungslos zu machen. In einem Hof, in den sowohl Demonstranten als auch Schaulustige flüchteten, kam es zu einem Zusammenstoß zwischen Demonstranten und Polizeibeamten, wobei der Kriminalobermeister Kurras auf den Studenten Benno Ohnesorg einen tödlichen Schuß abgab. Das Ereignis wurde zum Alarmzeichen der Konfrontation zwischen dem Staat, dem »Establishment« und der studentischen Bewegung. Die dadurch ausgelöste Unruhe stürzte West-Berlin in eine politische Krise, die sich bis zum Frühjahr 1968 gefährlich verschärfte.

Im Anschluß an einen Trauermarsch für Benno Ohnesorg versammelten sich am 8. Juni 1967 in der Sporthalle im Niedersachsenstadion in Hannover auf Einladung des Berliner Studentenausschusses 4000 Studenten zu einem Kongreß über »Hochschule und Demokratie«. Rudi Dutschke, ein Wortführer der Berliner Studenten, rief den anwesenden Delegationen der Universitäten zu: *»Ich fordere die Aktionszentren auf, daß sie koordinierte politische Aktionen in der ganzen Bundesrepublik und West-Berlin in den nächsten Tagen und Wochen mobilisieren.«* Die »Frankfurter Allgemeine Zeitung« schrieb über die Veranstaltung: *»Der Geist und der Ablauf dieser Kundgebung in Hannover haben erkennen lassen, daß der Fall Ohnesorg kein Ende mit Schrecken für die Proteste der Berliner Studenten gewesen ist, sondern ein Funke war, der die Leidenschaft zum Engagement nur stärker entzündet hat, Engagement der Studentenschaft für Reformen und Bewegung. Was vielen unbequem sein mag, hat diese Veranstaltung erkennen lassen: Der Funke wird aus Berlin überspringen.«* [164])

OSTERKRAWALLE 1968

Das Wintersemester 1967/68 stand an den meisten deutschen Hochschulen im Zeichen der am 2. Juni 1967 sichtbar gewordenen Konfrontation zwischen Staat und Gesellschaft einerseits und studentischer Protestbewegung andererseits. Die Zahl der gestörten Lehrveranstaltungen stieg an. Immer deutlicher traten die an der Universität tätigen Gruppen in Erscheinung – nichtwissenschaftliches Personal, Studenten, Assistenten und Professoren. Bei der Diskussion einer Hochschulreform verlangten Studenten und Assistenten bei der Zusammensetzung aller beschlußfassenden Gremien die Drittelparität – d. h. Professoren, Assistenten und Studenten sollten alle Gremien zu drei gleichen Teilen beschicken. Sowohl Professoren als auch Unterrichtsverwaltungen sprachen sich gegen die Drittelparität aus, bejahten jedoch die Mitwirkung von Studenten und Assistenten in den meisten universitären Einrichtungen.

Die Aktionen der Rebellion der Studenten richteten sich in zunehmendem Maße nicht mehr nur gegen die Universität als Institution der bestehenden Herrschaftsverhältnisse in Staat und Gesellschaft. Die Berliner Studenten wandten sich scharf gegen die Berichterstattung der von dem Hamburger Verleger Axel Cäsar Springer herausgegebenen Zeitungen; sie beschuldigten die »Springer-Presse« der systematischen Hetze gegen sie.

Am 11. April 1968, Gründonnerstag, unternahm der 23jährige Anstreicher Josef Bachmann mit einer zum Revolver umgebauten Gaspistole auf dem Kurfürstendamm in Berlin einen Mordversuch auf Rudi Dutschke, der schwer verletzt wurde. Bachmann wurde nach einem Feuerwechsel mit der Polizei, ebenfalls schwer verletzt, festgenommen. Die Nachricht löste in Berlin und in der Bundesrepublik Deutschland Bestürzung und Beunruhigung aus. Unmittelbar danach, an den Ostertagen 1968, kam es in zahlreichen Städten zu schweren Ausschreitungen. Bei Demonstrationen gegen ein Verlagshaus in München, in dem eine Zeitung des Springer-Konzerns gedruckt wird, wurden der Photoreporter Klaus Frings, 32, und der Student Rüdiger Schreck, 24, tödlich verletzt.

Der Bundestag hielt am 30. April eine Sondersitzung ab, in der er einen Bericht der Bundesregierung zur innenpolitischen Situation entgegennahm. Bundesinnenminister Ernst Benda (CDU/CSU) gab bekannt, daß an den fünf Ostertagen in mindestens 27 Städten Demonstrationen stattfanden. In insgesamt 26 Fällen wären sie mit Ausschreitungen, Gewaltakten und schwerwiegenden Rechtsverletzungen verbunden gewesen: *»An den einzelnen Tagen waren an Demonstrationen im Bundesgebiet jeweils zwischen 5 000 bis 18 000 beteiligt (ohne die Teilnehmer der Ostermärsche); an Demonstrationen mit Ausschreitungen beteiligten sich jeweils zwischen 4 000 und 11 000 Personen.«* Gegen 827 Personen seien polizeiliche Ermittlungsverfahren wegen Auflaufs, Aufruhrs, Landfriedensbruch, Brandstiftung, Körperverletzung u. a. eingeleitet worden: *»Von diesen 827 Beschuldigten sind: 87 bis zu 18 Jahre alt, 210 zwischen 19 und 21 Jahren, 246 zwischen 22 und 25 Jahren, 286 Personen sind älter als 25 Jahre. Nach Berufen aufgegliedert, ergibt sich folgendes Bild: 92 sind Schüler, 286 Studenten, 185 Angestellte, 150 Arbeiter, 31 sonstige Berufe, 57 ohne Beruf, unbekannt ist der Beruf bei 26.«* Benda warnte im Verlauf seiner Ausführungen vor einer Eskalation des Irrsinns. Gleichzeitig betonte er jedoch: *»Jede antiparlamentarische Aktion ist grundgesetzwidrig; ihr muß mit Entschiedenheit begegnet werden. Dagegen kann eine außerparlamentarische Diskussion dem Parlamentarismus auch da nützlich sein, wo sie Parlament und Regierung im demokratischen Sinn herausfordert. Jede nicht antiparlamentarische Gruppe, welche die Meinung mündiger Bürger auf dem Boden verfassungsmäßiger Ordnung äußert, sollte dem Parlament stets willkommen sein. Wo es um solche geistige und ruhig auch kämpferische Auseinandersetzung geht, werden wir uns nicht entziehen.«* Im Anschluß sprachen die Fraktionsvorsitzenden Walter Scheel (FDP), Helmut Schmidt (SPD) und Rainer Barzel (CDU/CSU). Walter Scheel machte die Große Koalition für das Entstehen der Außerparlamentarischen Opposition verantwortlich. Helmut Schmidt erklärte, es dürfe in der politischen Auseinandersetzung keine Gewalt, wohl jedoch Kritik und Antikritik geben, keine kollektiven Anklagungen, Verurteilungen, aber Differenzierungen, keine Zerstörung oder Umsturz, sondern energischen Willen zur Reform. Rainer Barzel erklärte: *»Evolution wollen wir, Revolution werden wir zu verhindern wissen.«* Bundeskanzler Kiesinger meinte in seinem Schlußwort, man müsse die kleine sozialrevolutionäre Gruppe unter den Studenten davon zu überzeugen versuchen, daß ihre utopischen Vorstellungen falsch seien, sie müsse aber auch wissen, *»daß sie auf die entschiedene Abwehr des Staates, den wir zu schützen haben, stoßen wird, wenn sie ihr Programm mit Gewalt durchsetzen will«.*[165])

ERLASS DER NOTSTANDSVERFASSUNG

Unmittelbar vor der zweiten Lesung der sogenannten Notstandsgesetzgebung am 15./16. Mai 1968 führten ihre Gegner am 11. Mai einen Sternmarsch nach Bonn durch, an dem sich rund 30 000 Demonstranten aus allen Teilen der Bundesrepublik beteiligten. Die Polizei nannte als Zahl 20- bis 22 000, die Veranstalter gaben sie mit 70 000 an. Die stärksten Gruppen stellten SDS und IG Metall. Im »Gemeinsamen Ausschuß« schlossen sich die Notstandsverfassungsgegner zusammen; sie wandten gegen das Gesetzgebungswerk ein, es schließe einen Mißbrauch durch demokratiefeindliche Gruppen nicht aus, es schmälere die Grundrechte, es erschwere die Verständigung zwischen den beiden Staaten Deutschlands.
Die revolutionsähnlichen Ereignisse vom 3. bis 30. Mai 1968 in Frankreich[166]) wurden in der Bundesrepublik Deutschland mit Aufmerksamkeit registriert, sprangen jedoch nicht auf sie über. Noch größeres Interesse fand die Entwicklung in der ČSSR, wo nach dem Sturz des Partei- und Staatschefs Antonin Novotny der »Prager Frühling«[167]) einsetzte – der Versuch, das sozialistische System durch Demokratisierung zu humanisieren. Beide Ereignisse, die Rebellion in Frankreich und die Demokratisierung des spätstalinistischen Systems in der Tschechoslowakei, wurden in der Bundesrepublik Deutschland reflektiert.
Artikel 5 Absatz 2 des Deutschlandvertrages vom 26. Mai 1952 in der Fassung vom 23. Oktober 1954 sieht vor, daß die von den drei Mächten, Frankreich, Groß-

britannien und den Vereinigten Staaten von Amerika, bisher innegehabten oder ausgeübten Rechte in bezug auf den Schutz der Sicherheit von in der Bundesrepublik stationierten Streitkräften, die zeitweilig von den drei Mächten beibehalten werden, erlöschen, sobald die zuständigen deutschen Behörden entsprechende Vollmachten durch die deutsche Gesetzgebung erhalten haben und dadurch instand gesetzt sind, wirksame Maßnahmen zum Schutz der Sicherheit dieser Streitkräfte zu treffen, einschließlich der Fähigkeit, einer ernstlichen Störung der öffentlichen Sicherheit und Ordnung zu begegnen.[168])

Die Bundesinnenminister Gerhard Schröder (CDU/CSU) und Hermann Höcherl (CDU/CSU) bemühten sich um die parlamentarische Annahme von Entwürfen einer Notstandsverfassung, fanden dafür jedoch nicht die für die Änderung des Grundgesetzes erforderliche Zustimmung der SPD. Die Große Koalition betrachtete es als eine vordringliche Aufgabe, die alliierten Vorrechte abzulösen. Der parlamentarischen Behandlung gingen heftige Diskussionen der Öffentlichkeit voraus. Diese nahm auch Anteil an den Beratungen des entsprechenden Ausschusses im Bundestag, der zu diesem Zwecke ein Anhörungsverfahren, ein Hearing, veranstaltete. Die ursprünglichen Vorlagen wurden vor allem auf Veranlassung der SPD in wesentlichen Punkten abgeändert. Das Ergebnis war eine Neugestaltung der Notstandsgesetzgebung, deren zweite Lesung am 15./16. Mai 1968 stattfand. Am 27. Mai empfing Bundesaußenminister Brandt die Botschafter Frankreichs, Großbritanniens und der Vereinigten Staaten von Amerika zur Entgegennahme der Erklärung, daß mit dem Inkrafttreten des 17. Gesetzes zur Änderung des Grundgesetzes (Notstandsverfassung) und des Gesetzes zur Beschränkung des Brief-, Post- und Fernmeldegeheimnisses die Vorbehaltsrechte der drei Mächte gemäß Artikel 5 Absatz 2 des Deutschlandvertrages erlöschen. Am 30. Mai verabschiedete der Deutsche Bundestag in dritter Lesung das 17. Gesetz zur Änderung des Grundgesetzes und die sogenannten einfachen Notstandsgesetze.[169]) Am 17. Juni trat die Notstandsverfassung in Kraft. Mit ihr wurden die letzten Vorbehalte der ehemaligen Besatzungsmächte abgelöst.

DEUTSCH-SOWJETISCHER NOTENWECHSEL ÜBER GEWALTVERZICHTSERKLÄRUNGEN

In ihrer Friedensnote vom 25. März 1966 bot die Regierung der Bundesrepublik Deutschland den Austausch von Gewaltverzichtserklärungen mit allen osteuropäischen Staaten an. Bundeskanzler Kiesinger wiederholte in seiner Regierungserklärung vom 13. Dezember 1966 dieses Angebot, wobei er gleichzeitig die Bereitschaft zum Ausdruck brachte, *»das ungelöste Problem der deutschen Teilung in dieses Angebot einzubeziehen«*. In seinem Brief an den Vorsitzenden des Ministerrats der DDR, Stoph, vom 14. Juni 1967 erklärte er, daß der Verzicht auf Gewalt zur Durchsetzung politischer Ziele allgemein sei und keine Ausnahme dulde, weshalb die Bundesregierung mit allem Nachdruck darauf bestehe, daß auch im anderen Teil Deutschlands auf die Anwendung von Gewalt verzichtet wird. Die Regierung der Sowjetunion richtete am 12. Oktober 1967 an die Regierung der Bundesrepublik

Deutschland ein Memorandum, in dem sie unter Bezugnahme auf die vorangegangenen inoffiziellen Gespräche erklärte, sie wolle, bevor sie in Verhandlungen über den Inhalt des vorgeschlagenen Austausches von Erklärungen eintrete, volle Klarheit darüber haben, *»ob die Regierung der BRD bereit ist, Gewaltverzichtserklärungen auch mit der DDR auszutauschen, und zwar unter den gleichen Bedingungen wie mit den anderen sozialistischen Staaten«*.[170]) Am 21. November übergab der Botschafter der Sowjetunion, S. K. Zarapkin, Bundesaußenminister Brandt ein weiteres sowjetisches Memorandum. Es befaßte sich mit der Oder-Neiße-Grenze und der Grenze zwischen der DDR und der BRD, mit dem Problem der Weiterverbreitung von Kernwaffen, mit den Ansprüchen der BRD auf West-Berlin und mit der juristischen Qualifikation des Münchener Abkommens. Mit Nachdruck verwies sie auf die Deutschland-Artikel der Charta der Vereinten Nationen vom 26. Juni 1945, die Artikel 53 und 107, die die Siegermächte des Zweiten Weltkrieges berechtigen, gegen ehemalige Feindstaaten im Falle der Bedrohung des Friedens durch sie geeignete Maßnahmen zu ergreifen. Ihrem Memorandum fügte sie zwei Anlagen bei, nämlich den Entwurf einer Erklärung der Sozialistischen Sowjetrepubliken über den Verzicht auf die Anwendung von Gewalt mit der BRD und den Entwurf der Bundesrepublik Deutschland über den Verzicht auf Gewaltanwendung mit der UdSSR.[171]) Vor dem 5. Deutschen Bundestag machte Bundesaußenminister Brandt am 7. Dezember 1967 auf die Problematik des Gedankenaustausches über den Verzicht auf Gewaltanwendung und Gewaltandrohung aufmerksam: *»Dabei haben Stellungnahmen der Regierung der Sowjetunion und Erörterungen mit ihr selbstverständlich ein besonderes Gewicht. Solche Erörterungen werden sich nach der Ansicht beider Seiten in vertraulicher Form zu vollziehen haben. Schnelle Ergebnisse sind dabei nicht zu erwarten. Aber jeder soll wissen, daß es an unserem guten Willen nicht fehlen wird.«* [172]) Am 8. Dezember übergab der stellvertretende Außenminister der Sowjetunion, W. Semjonow, dem Geschäftsträger der Bundesrepublik Deutschland eine Erklärung, die sich eingehend mit der NPD beschäftigte. Im Verlauf ihrer Ausführungen erinnerte die Erklärung der Sowjetunion daran, *»daß das Potsdamer Abkommen die restlose Vernichtung der Nationalsozialistischen Partei und ihrer Filialen«*, das kategorische Verbot *»jeder nazistischen oder militaristischen Tätigkeit oder Propaganda«*, wie auch *»der nazistischen oder militaristischen Doktrinen«*, die *»Nichtzulassung aktiven Nazismus zur politischen und gesellschaftlichen Betätigung«* vorsah.[173]) Die Bundesregierung fragte durch ein Aide-mémoire bei der Regierung der Sowjetunion an, ob diese an der Fortsetzung des begonnenen Gedankenaustausches interessiert sei. Sie gab eine Übersicht über seinen bisherigen Verlauf, der zu entnehmen ist, daß bereits am 7. Februar 1967 Staatssekretär Schütz vom Auswärtigen Amt dem sowjetischen Botschafter Entwürfe zur Frage des Austausches von Gewaltverzichtserklärungen überreichte. In ihrer Verbalnote vom 22. Dezember wies die Bundesregierung die Vorwürfe zurück, die die Regierung der Sowjetunion in ihrer Erklärung vom 8. Dezember erhoben hatte.[174]) Am 29. Januar 1968 überreichte der Botschafter der Sowjetunion, Zarapkin, dem Staatssekretär im Auswärtigen Amt, Duckwitz, ein Aide-mémoire, in dem die Regierung der Sowjetunion eine Zwischenbilanz des bisherigen Gedankenaustausches gab. Sie beschuldigte gleichzeitig das Auswärtige Amt, auf keine der von der sowjetischen Seite aufgeworfenen Grundfragen bisher eine Antwort gegeben zu haben, gleichzeitig betonte sie ihr Interesse an der Fortsetzung der Kontakte in bezug auf den Austausch von Gewaltverzichtserklärungen.[175]) Am 9. April beantwortete die Bundesregierung ausführlich die sowjetischen Memoranden vom 12. Oktober und 21. November 1967, wobei sie nach Zurückweisung sowjetischer Angriffe und Anschuldigungen erklärte: *»Die Bundesregierung ist bereit, mit jedem Mitgliedstaat des Warschauer Paktes Verhandlungen über den Austausch von Erklärungen über den Gewaltverzicht in verbindlicher Form aufzunehmen. Sie ist auch bereit, mit dem anderen Teil Deutschlands über einen verbindlichen Gewaltverzicht zu sprechen.«* [176]) In der Debatte des 5. Deutschen Bundestages zur Änderung des Berlinhilfegesetzes bekräftigte Bundeskanzler Kiesinger am 20. Juni die Bereitschaft der Bundesregierung: *»Unsere Politik der Entspannung und der Zusammenarbeit mit den osteuropäischen Staaten wird fortgesetzt. Unser Verständigungsangebot schließt nach wie vor den anderen Teil Deutschlands ein.«* [177]) Am 27. Juni antwortete darauf der sowjetische Außenminister, indem er in einer auf der Tagung des Obersten Sowjets der UdSSR abgegebenen Erklärung versicherte, die Regierung der Sowjetunion sei bereit, *»den Meinungsaustausch mit der Bundesrepublik über die Nichtanwendung von Gewalt weiterzuführen, vorausgesetzt, daß die Regierung der Bundesrepublik konstruktiv herangeht«*.[178]) Am 5. Juli nahm die Regierung der Sowjetunion in einem äußerst umfangreichen Aide-mémoire zum Aide-mémoire der Bundesregierung vom 9. April Stellung, indem sie eine Reihe von Fragen zur Lage in der Bundesrepublik Deutschland und in West-Berlin stellte.[179])

Unmittelbar nach Übergabe dieses Schriftstücks, am 11. Juli, veröffentlichte sie überraschend ihre Dokumente über den deutschen Vorschlag auf Austausch von Gewaltverzichtserklärungen. Tags darauf übergab Bundesaußenminister Brandt der Presse in Bonn eine Dokumentation des Auswärtigen Amtes, die die sowjetischen und die deutschen Texte des vorausgegangenen Gedankenaustausches enthielt. Brandt erklärte dabei: *»Die Dokumente sprechen für sich selbst. Sie zeigen das aufrichtige Bemühen der Bundesregierung, mit den Ländern Osteuropas und insbesondere mit der Sowjetunion zu einem neuen, auf gegenseitigem Vertrauen gegründeten Verhältnis zu gelangen.«* [180])

ERGEBNISSE DES KONJUNKTURAUFSCHWUNGES

Die Große Koalition betrachtete es als ihre vornehmste Aufgabe, so schnell wie möglich die Rezession zu beenden und einen neuen Aufschwung der Wirtschaft auszulösen. Ihre konjunkturpolitischen Maßnahmen setzten sich zusammen aus Neu- und Umgestaltung des Bundeshaushaltes und aus Programmen für konjunktur- und strukturpolitische Maßnahmen. Durch die beiden Konjunktur- und Strukturprogramme des Jahres 1967 gelang es, den Nachfragerückgang zu überwinden und insbesondere die Investitionsbereitschaft wieder anzuregen. Starke Impulse gingen zunächst von den Lagerinvestitionen der Wirtschaft aus. Die Inlandsbestellungen nahmen zu, der Baumarkt zeigte eine steigende Nachfrage, die Investitionsneigung wurde rasch größer. Durch die von der Öffentlichkeit verwundert und erstaunt registrierte, *zunächst* spannungslose Zusammenarbeit zwischen Bundesfinanzminister Strauß und Bundeswirtschaftsminister Schiller wurden alle anstehenden verzahnten Probleme rasch und erfolgreich gelöst. Bereits im Winter 1967/68 waren die Ergebnisse der koordinierten Maßnahmen zu erkennen. Sichtbare Erfolge dieser Entwicklung waren der Rückgang der Arbeitslosigkeit und der Anstieg offener Stellen. Auch erhöhte sich erneut die Zahl der ausländischen Arbeitskräfte. Die wirtschaftliche Entwicklung trat nach einer kurzen Anlaufzeit in eine neue Konjunktur ein, auf die der Außenhandel der Bundesrepublik Deutschland nachhaltigen Einfluß hatte. Dieser konfrontierte jedoch mit dem Problem der internationalen Währungsparität – einem Problem, über dessen Lösung die Große Koalition schließlich auseinanderbrach.

Das Währungssystem der Länder der westlichen Hemisphäre wurde auf der Finanz- und Währungskonferenz in Bretton Woods vom 1. bis 22. Juli 1944 festgesetzt, wobei der auf $^1/_{35}$ Unze (= 0,888 g) Feingold festgelegte US-Dollar als Leitwährung bestimmt wurde. Disparitäten wurden durch Auf- bzw. Abwertungen beseitigt. Die im Laufe des Jahres 1968 auftretende internationale Währungskrise hatte *eine* Ursache in der Schwäche des französischen Franc, bedingt durch den Produktionsausfall während der bürgerkriegsähnlichen Situation in Frankreich im Mai 1968.[181]) Die Bank von Frankreich versuchte den Franc durch Inanspruchnahme eines Kredites in Höhe von 1,3 Milliarden US-Dollar von anderen Notenbanken im Juli 1968 auszugleichen, konnte aber den Verfall des ffr nicht aufhalten. Die eintretende Disparität löste sehr früh Erwartungen auf eine Aufwertung der DM aus, wodurch es zu DM-Spekulationen in zum Teil beunruhigendem Umfang kam. Auf der Tagung der Gouverneure der Notenbanken der sogenannten Zehnergruppe (USA, Kanada, Frankreich, Bundesrepublik Deutschland, Italien, Japan, Niederlande, Schweden, Großbritannien, Belgien und die Schweiz als Beobachter) bei der Bank für Internationalen Zahlungsausgleich in Basel am 16./17. November 1968 war ein Hauptthema die Spekulation in DM und ffr, die dadurch veranlaßt wurde, daß eine Aufwertung der DM bzw. eine Abwertung des ffr erwartet wurden. Die Regierungen Frankreichs und der Bundesrepublik Deutschland dementierten Aufwertung bzw. Abwertung. Der Sprecher der Bundesregierung, Staatssekretär Diehl, gab am 19. November den Beschluß der Bundesregierung, keine Aufwertung der DM, jedoch steuerliche Sofortmaßnahmen auf dem Gebiet der Ein- und Ausfuhr vorzunehmen, bekannt. Vom 20. bis 22. November 1968 fand auf Einladung von Bundeswirtschaftsminister Professor Schiller in Bonn eine Konferenz der Minister und Notenbankgouverneure der Zehnergruppe statt. Das Kommuniqué brachte zum Ausdruck, die Teilnehmer der Konferenz seien sich einig gewesen, »*daß die internationale Währungsstabilität in die gemeinsame Verantwortung aller Länder der internationalen Gemeinschaft fällt. Sowohl die Defizitländer wie die Überschußländer bekundeten die Bereitschaft, durch eine geeignete und konzentrierte Wirtschaftspolitik einen wirksamen Beitrag zur Stabilität des internationalen Währungssystems zu leisten. Sie verständigten sich über Maßnahmen zur Bekämpfung spekulativer Kapitalbewegungen.*« [182]) Die Zeitung »The Times« erläuterte in ihrem Leitartikel vom 22. November 1968 den politischen Aspekt der Bonner Währungskonferenz: »*Das Primat der Macht in Westeuropa ist von Paris nach Bonn gewandert. Es mag ein Zufall sein, daß die Finanzminister der Gruppe der Zehn sich dort tra-*

fen, da Professor Schiller derzeit Vorsitzender ist. Es ist aber als Symbol durchaus angemessen, daß die Finanzminister ihre Pilgerfahrt dorthin in dem Augenblick machen sollten, da sich die wirtschaftliche, finanzielle und politische Führerschaft Westdeutschlands über Europa plötzlich so offensichtlich zeigte.« [183])

Der erwartete Ausgleich der Währungsdisparität trat nur vorübergehend ein. Im Frühjahr 1969 stellte sich erneut das Problem der Aufwertung der DM. Während die Regierung der Großen Koalition im Herbst 1968 einheitlich die DM-Aufwertung ablehnte, war sie jetzt gespalten. Bundeswirtschaftsminister Schiller forderte als wirtschaftspolitischer Sprecher der SPD-Minister die Aufwertung der DM, die Bundeskanzler Kiesinger und Bundesfinanzminister Strauß mit Entschiedenheit ablehnten. Darüber kam es zu einer den ganzen Sommer über anhaltenden Meinungsverschiedenheit, die auch Gegenstand des Wahlkampfes 1969 war.

RÜCKTRITT VON BUNDESTAGSPRÄSIDENT GERSTENMAIER

Dr. D. Eugen Gerstenmaier, seit 1954 Präsident des Deutschen Bundestages, wurde im Januar 1968 Gegenstand einer erregten Debatte, als die Illustrierte »Stern« mitteilte, Gerstenmaier habe im Rahmen der Wiedergutmachung DM 281 000,– als Versorgungsbezüge für eine theologische Professur, die ihm 1938 trotz vorliegender Voraussetzungen verweigert worden war, erhalten. Die öffentliche Meinung diskutierte erregt Sinn, Zweck und Rechtmäßigkeit von Anspruch und Zahlung. Auf einer Pressekonferenz versuchte Gerstenmaier die Zweifel zu entkräften, leistete sich jedoch einige rhetorische Entgleisungen. Recherchen erhärteten schließlich den Verdacht, daß Gerstenmaier die Formulierung der einschlägigen 7. Novelle zum Wiedergutmachungsgesetz in politisch fragwürdiger Weise beeinflußt, auf eine rasche Auszahlung der DM 281 000,– gedrängt und den Überblick über den Verbleib der Summe im einzelnen verloren hatte. Gerstenmaier stellte nach einigem Zögern unter dem Druck der öffentlichen Meinung, des Parlaments und auch seiner eigenen Fraktion sein Amt zur Verfügung. Die Vorentscheidung über seinen Nachfolger hatte als stärkste Fraktion des 5. Deutschen Bundestages die CDU/CSU-Fraktion. Sie befand am 4. Februar 1969 über die vier Kandidaten, die sich zur Wahl stellten. Beim ersten Wahlgang erhielten Bundesvertriebenenminister Kai Uwe von Hassel 83, der parlamentarische Staatssekretär im Bundesinnenministerium Heinrich Köppler 65, der parlamentarische Geschäftsführer der CDU/CSU-Fraktion, Will Rasner, 35 und der Abgeordnete Leisler-Kiep 35. Aus der dadurch notwendig gewordenen Stichwahl ging Kai Uwe von Hassel mit 116 vor Heinrich Köppler, für den 94 Stimmen abgegeben wurden, hervor. Am 5. Februar wählte der 5. Deutsche Bundestag mit 262 gegen 123 Stimmen, bei 29 Enthaltungen und 43 ungültigen Stimmen, Kai Uwe von Hassel zu seinem Präsidenten.

PRÄSIDENT RICHARD M. NIXON IN DEUTSCHLAND

Der am 5. November 1968 als Nachfolger von Lyndon B. Johnson zum Präsidenten der Vereinigten Staaten von Amerika gewählte Republikaner Richard M. Nixon, unter Präsident Dwight D. Eisenhower 1953 – 1960 Vizepräsident, stattete kurz nach seinem Amtsantritt den europäischen Verbündeten seines Landes einen Informationsbesuch ab. Er hielt sich dabei in Bonn und in Berlin (26./27. Februar 1969) auf. In Bonn führte er Gespräche mit Mitgliedern der Bundesregierung, in Berlin wiederholte er die amerikanische Sicherheitsgarantie. Vor 6 000 Arbeitern der Siemens-Werke erklärte er: *»Meine Anwesenheit ist eine Form darzutun, und zwar unmißverständlich klar zu machen unsere schon lange bestehende Verpflichtung gegenüber dem Volk und der Bevölkerung von West-Berlin. Daß sich keiner täusche: Kein einseitiges Vorgehen, keine illegale Aktion, keine irgendwie geartete Form des Drucks aus irgendwelcher Quelle wird die Entschlossenheit der Westmächte erschüttern können, ihren rechtmäßigen Status als Beschützer des freien Berlin zu verteidigen.«* [184])

GUSTAV HEINEMANN WIRD BUNDESPRÄSIDENT

Über Jahre hinweg beschuldigte die DDR Bundespräsident Heinrich Lübke, als Angestellter einer Baufirma an KZ-Baumaßnahmen beteiligt gewesen zu sein. Eine zweifelsfreie Klärung des Vorganges erfolgte nicht. Da eine Verschärfung des Wahlkampfes für den 6. Deutschen Bundestag zu befürchten war, wenn die Wahl in zeitliche Nähe zu der im Sommer 1969 fälligen Wahl des Bundespräsidenten geriet, erklärte sich Bundespräsident Lübke bereit, vorzeitig, d. h. zum 30. Juni 1969, von seinem Amt zurückzutreten, wodurch eine Vorverlegung der Wahl seines Nachfolgers möglich wurde. Über den Einberufungsort der den Bundespräsidenten wählenden Bundesversammlung kam es zu einer lebhaften Diskussion, da die Regierungen sowohl der DDR als auch der Sowjetunion Maßnahmen für den Fall ankündigten, daß die Wahl in Berlin erfolgt. Bundestagspräsident Gerstenmaier hatte bereits vor seinem Ausscheiden bestimmt, daß die für den 5. März 1969 vorgesehene Wahl in Berlin stattfinden solle. Bemühungen, einen gemeinsamen Kandidaten der Großen Koalition zu benennen, wurden nur in der Öffentlichkeit diskutiert. Die CDU/CSU bestimmte als Kandidaten den Bundesminister für Verteidigung, Gerhard Schröder, die SPD nominierte den Bundesminister der Justiz, Gustav Heinemann. Beide Kandidaten benötigten für ihre Wahl Stimmen der FDP, die ihre Entscheidung auf den Vorabend des Wahltages verschob. Ihre Mitglieder der Bundesversammlung beschlossen am 4. März, Heinemann ihre Stimme zu geben. Da angenommen wurde, daß nicht alle FDP-Mitglieder dieser Empfehlung Folge leisten würden, wurde der Ausgang der Wahl mit größter Spannung erwartet.
Berlin selbst konnte von den Mitgliedern der Bundesversammlung und dem zur Durchführung der Wahl des Bundespräsidenten benötigten Personal der Bundes-

tagsverwaltung nur auf dem Luftwege erreicht werden. Die Anreise auf Schiene und Straße wurde ihnen durch die Behörden der DDR untersagt. Gemischte Truppenverbände der DDR und der Sowjetunion veranstalteten im Raum um Berlin Manöver. Sie waren der Grund für vorübergehende Sperrungen des Autobahnverkehrs von und nach Berlin. Die Sowjetunion drohte auch mit der Einstellung des Luftverkehrs, der durch die alliierte Luftkontrolle sichergestellt wird, – wozu es jedoch nicht kam. Die Reisen des britischen Premierministers Wilson und des amerikanischen Präsidenten Nixon nach Berlin dienten der Bestätigung der westlichen Sicherheitsgarantien. Sie trugen in einer nicht ausmeßbaren Weise zur Verringerung der Spannungen um Berlin bei. Zur Bestimmung des dritten Präsidenten der Bundesrepublik Deutschland waren drei Wahlgänge erforderlich. In allen drei Wahlgängen wurden 1023 Stimmen abgegeben. Im ersten Wahlgang entfielen auf Gerhard Schröder 501, auf Gustav Heinemann 514 Stimmen; Enthaltungen 5, ungültige Stimmen 3. Im zweiten Wahlgang erhielten Gerhard Schröder 507, Gustav Heinemann 511 Stimmen; Enthaltungen 5. Im dritten Wahlgang erhielten Gerhard Schröder 506, Gustav Heinemann 512 Stimmen; Enthaltungen 5. Bei den ersten beiden Wahlgängen hätte einer der Kandidaten die absolute Mehrheit von 519 Stimmen erreichen müssen, um gewählt zu sein. Da im dritten Wahlgang die relative Mehrheit der Stimmen genügte, war Gustav Heinemann gewählt.

Wenige Tage nach seiner Wahl erklärte Gustav Heinemann in einem Interview mit der »Stuttgarter Zeitung«: *»Es hat sich jetzt ein Stück Machtwechsel vollzogen, und zwar nach den Regeln der parlamentarischen Demokratie. Man hat oft, und ich glaube mehr aus gutem Grund, gesagt, daß eine solche Demokratie ihre Bewährungsprobe erst dann bestanden habe, wenn eben nach ihren Regeln auch einmal ein Machtwechsel zustande gekommen ist. Das ist hier nicht in breiter Front der Fall, das wird sich erst bei der Bundestagswahl ergeben, aber immerhin doch in einem beachtlichen Stück.«* Im weiteren Verlauf sagte Heinemann zur Stellung der Bundeswehr: *»Jede Bundeswehr muß grundsätzlich bereit sein, sich um einer besseren politischen Lösung willen in Frage stellen zu lassen.«* [185]) Die Äußerung löste eine leidenschaftliche Diskussion aus, in der bei der CDU/CSU-Fraktion auch die Enttäuschung darüber, daß ihr Kandidat unterlegen war, durchschlug. Bundesminister Strauß wandte sich vor allem gegen die Formulierung, es habe sich *»ein Stück Machtwechsel«* vollzogen. Die zum Zwecke der Wahl des Bundespräsidenten gebildete SPD/FDP-Koalition, die Verärgerung über die Äußerungen Heinemanns nach seiner Wahl und die Meinungsverschiedenheiten über die DM-Aufwertung trugen entscheidend dazu bei, daß die Regierung der Großen Koalition nur noch zur Abwicklung der bereits eingeleiteten und vorentschiedenen Maßnahmen fähig war. Beide Parteien hatten den Wunsch, durch Distanzierung voneinander sich den Wählerinnen und Wählern zu profilieren. An diese appellierten beide Koalitionsparteien in der Hoffnung, bei den auf den 28. September 1969 festgelegten Bundestagswahlen einen eindeutigen Auftrag zu erhalten.

Am 1. Juli 1969 fand im Plenarsaal des Deutschen Bundestages der Wechsel im Amt des Bundespräsidenten statt. Bundestagspräsident von Hassel verabschiedete Heinrich Lübke, der fast zehn Jahre lang das Amt des Bundespräsidenten bekleidete. Er vereidigte anschließend den neugewählten Bundespräsidenten Gustav Heinemann, der in einer kurzen Ansprache nicht weniger, sondern mehr Demokratie in Staat und Gesellschaft zugleich forderte. Den Staatsakt beendigte der Präsident des Bundesrates, Bürgermeister Weichmann (Hamburg), der unter Bezugnahme auf Friedrich Ebert an die hohe Bedeutung des Amtes des Bundespräsidenten erinnerte. [186])

WAHLKAMPF 1969

Die bei der Bildung der Großen Koalition geäußerten Befürchtungen, der Wahlkampf zum 6. Deutschen Bundestag werde spannungslos sein, da die beiden großen Parteien sich angenähert und angeglichen hätten, erfüllten sich nicht. Die Meinungsverschiedenheiten, die bei der Wahl des Bundespräsidenten und bei der Entscheidung über die Frage der DM-Aufwertung auftraten, leiteten einen Verfall der Großen Koalition ein, der im Verlauf des Wahlkampfes zu einem völligen Erschlaffen der Regierungstätigkeit führte. Aufgrund der Erfahrungen des Wahlkampfes 1965 legten die demoskopischen Institute bei der Veröffentlichung der Ergebnisse ihrer Umfrage große Zurückhaltung an den Tag. Die Vorausbestimmung der Zusammensetzung des 6. Deutschen Bundestages wurde durch zwei Unsicherheitsfaktoren erschwert – durch die Frage, ob die FDP im 6. Deutschen Bundestag wieder vertreten sein würde, und ob es der NPD gelingen würde, in den 6. Deutschen Bundestag einzuziehen. Im Verlauf des Wahlkampfes wurde die Meinung geäußert, die FDP habe Schwierigkeiten, die 5%-Hürde zu überspringen. Als Grund dafür wurde die Umorientierung der FDP angegeben; die Ablösung im Vorsitz der FDP von Erich Mende durch Walter Scheel wurde als Übergang von nationalliberal zu linksliberal bezeichnet. Die FDP, die im Wahlkampf als F. D. P. auftrat, hatte durch die Unterstützung von Gustav Heinemann eine Vorentscheidung getroffen; sie war bereit, eine Koalition mit der SPD in der Hoffnung einzugehen, dadurch neue Wähler zu gewinnen und ihre außenpolitischen Forderungen erfüllen zu können. Das Abschneiden der NPD war bis zur Wahl offen. Von der Beantwortung der Fragen nach dem Verbleib der FDP und dem Einrücken der NPD hingen die Prognosen für die Zusammensetzung des 6. Deutschen Bundestages ab. Erneut wurde ein Kopf-an-Kopf-Rennen der beiden großen Parteien vorausgesagt.

Der Wahlkampf wurde sehr hart geführt. Da die Parteivorsitzenden der Koalitionsparteien Kabinettsmitglieder waren, kam es zu einer teilweise sehr leidenschaftlichen Kontroverse unter den Regierungsmitgliedern. Wilde Streiks an der Ruhr trugen zur Verunsicherung des Wahlkampfes bei. Die Kundgebungen der NPD, aber auch der CSU, CDU und SPD wurden teilweise gestört. Vor allem bei NPD-Kundgebungen kam es zum Teil zu heftigen Zusammenstößen zwischen Demonstranten, NPD-Ordnern und Polizei.

Kabinett Brandt

AUSGANG DER BUNDESTAGSWAHLEN VOM 28. SEPTEMBER 1969

Bei den Bundestagswahlen am 28. September 1969 waren 38 677 325 Bürger wahlberechtigt. Die Wahlbeteiligung betrug 86,8 v. H. Die Zweitstimmen verteilten sich wie folgt:

CDU/CSU	15 195 187	46,1 v. H.
SPD	14 065 716	42,7 v. H.
FDP	1 903 422	5,8 v. H.
NPD	1 422 010	4,3 v. H.
ADF	197 331	0,6 v. H.
BD	49 694	0,2 v. H.
EP	49 650	0,2 v. H.
GPD	45 401	0,1 v. H.
FSU	16 371	0,1 v. H.
Zentrum	15 933	0,0 v. H.
UAP	5 309	0,0 v. H.

Die Sitze im 6. Deutschen Bundestag verteilten sich wie folgt:

CDU/CSU	242	(1965: 245)
SPD	224	(1965: 202)
FDP	30	(1965: 49)

Die Wahlvoraussagen trafen nur bedingt ein. Zwar konnte die SPD die 40%-Hürde bemerkenswert überspringen, war jedoch nicht in der Lage, die CDU/CSU einzuholen. Die CDU/CSU behauptete sich besser, als angenommen worden war. Die FDP übersprang zwar die 5%-Klausel, verlor jedoch 19 Mandate. Daß die NPD nicht in den 6. Deutschen Bundestag einzog, wurde im In- und Ausland mit Befriedigung zur Kenntnis genommen. Lediglich in der Sowjetunion wurde das Anwachsen der NPD-Stimmen zwischen 1965 und 1969 von 2,0 auf 4,3 v. H. nachdrücklich registriert.
Während der Auszählung hatte es den Anschein, als erreiche die CDU/CSU im 6. Deutschen Bundestag die absolute Mehrheit. Als im Verlauf der Auszählung sich die Möglichkeit einer SPD/FDP-Koalition abzeichnete, setzten unter Hilfeleistung des nordrhein-westfälischen Ministerpräsidenten Heinz Kühn (SPD) und seines Stellvertreters, des nordrhein-westfälischen Innenministers Willy Weyer (FDP), Gespräche mit dem Ziele, eine SPD/FDP-Koalition zu bilden, ein. Die CDU/CSU versuchte die sehr rasch zu Ergebnissen gelangten Vorverhandlungen durch großzügige Angebote an die FDP zu durchkreuzen, hatte damit jedoch keinen Erfolg. Acht Tage nach dem Wahltag war die linksliberale Koalition beschlossen.
Die CDU/CSU war nach zwanzigjähriger Regierungszeit gezwungen, in die Opposition zu gehen. Sie reagierte je nach Temperament enttäuscht, empört, verärgert.

Der 6. Deutsche Bundestag trat am 20. Oktober 1969 zu seiner konstituierenden Sitzung zusammen. Er wählte den bisherigen Bundestagspräsidenten Kai Uwe von Hassel (CDU/CSU), der als einziger Kandidat nominiert wurde, mit 411 gegen 72 Stimmen bei 34 Enthaltungen erneut zu seinem Präsidenten.

In seiner 2. Sitzung am 21. Oktober wurde der Vorsitzende der SPD, Willy Brandt, zum Bundeskanzler der Bundesrepublik Deutschland gewählt. Die absolute Mehrheit betrug 249 Stimmen. Anwesend waren 495 Abgeordnete. Für Brandt stimmten 251 Abgeordnete, gegen ihn stimmten 235, 4 enthielten sich der Stimme, 4 Stimmkarten waren ungültig. Nach Adenauer, Erhard und Kiesinger, die alle der Fraktionsgemeinschaft der CDU/CSU angehörten, wurde Willy Brandt als erster sozialdemokratischer Politiker zum vierten Bundeskanzler der Bundesrepublik Deutschland gewählt. Er bildete aus SPD und FDP ein Kabinett, das um fünf Ministerien auf vierzehn Ministerien verkleinert wurde. Gleichzeitig wurden in allen Ministerien parlamentarische Staatssekretäre ernannt.

Willy Brandt[187]) wurde am 18. Dezember 1913 als Karl Herbert Frahm in Lübeck geboren, wo er auch das Abitur ablegte. 1933 emigrierte er nach Norwegen; dort und in Schweden war er bis 1945 als Journalist tätig. Von 1945 bis 1947 weilte er als Korrespondent skandinavischer Zeitungen in Berlin. Nach seinem Wiedereintritt in die SPD errang er in deren Führungsgremien rasch Ansehen. Von 1949 bis 1957 war er als Vertreter Berlins Mitglied des Deutschen Bundestages. Am 1. Oktober 1957 zum Regierenden Bürgermeister von Berlin gewählt, wurde er in den Berlin-Krisen 1958/59 und 1961 der erste Repräsentant der geteilten Stadt. Durch seine Reisen in fast alle westlichen Hauptstädte, seine Gespräche mit den Berlin besuchenden Staatsmännern des Westens und seine Kontakte mit sowjetischen Diplomaten trug er entscheidend zur Stabilisierung der durch das sowjetische Ultimatum erneut gefährdeten Stadt bei. Sehr früh galt sein Interesse den Problemen der Beziehungen zwischen West und Ost; durch spektakuläre Reden und Vorschläge versuchte er zur Überwindung der eingetretenen Stagnation beizutragen. Für die Bundestagswahlkämpfe 1961 und 1965 benannte ihn seine Partei als Kanzlerkandidat. Am 16. Februar 1964 wurde er als Nachfolger von Erich Ollenhauer zum Vorsitzenden der Sozialdemokratischen Partei Deutschlands gewählt. In der am 1. Dezember 1966 gebildeten Regierung der Großen Koalition wurde er Stellvertreter des Bundeskanzlers und Bundesminister des Auswärtigen. Sein Hauptinteresse galt der Pflege der Beziehungen zu den westlichen Verbündeten und der Verbesserung der Kontakte zu den Staaten des Warschauer Paktes.

Die Wahl Willy Brandts zum Bundeskanzler und die Bildung einer Koalition aus SPD und FDP bedeutete den endgültigen Abschied von der durch die Bundeskanzler Erhard und Kiesinger verlängerten Ära Adenauer. Die Ankündigung eines Machtwechsels durch Gustav Heinemann erfüllte sich. In einem Kommentar zu dem Vorgang schrieb die »Neue Zürcher Zeitung«: *»Der Übergang der Regierungsgewalt in Bonn auf eine SPD/FDP-Koalition ist in der Bundesrepublik mit bemerkenswerter Gelassenheit hingenommen worden. Man ist bemüht, die Entwicklung als Testfall für das reibungslose Funktionieren einer Demokratie zu interpretieren, in der nach* *zwanzig Jahren der Herrschaft einer Partei eine Ablösung in der Spitze eine mehr oder minder natürliche Erscheinung ist. Selbst das ominöse Wort vom ›Machtwechsel‹, das im vergangenen Frühjahr noch schockierend wirkte, ist in den letzten Wochen zum täglichen Gebrauchsgegenstand im deutschen politischen Vokabular geworden. Die Bundesrepublik präsentiert sich in dieser Sicht als eine den Kinderschuhen entwachsene Demokratie, in welcher der Wähler erstmals von der Möglichkeit Gebrauch gemacht hat, einen organischen Wechsel von Regierung zu Opposition herbeizuführen und damit ein Gleichgewicht der Kräfte zu schaffen.«* [188])

AUFWERTUNG DER DM

Am Tage nach der Wahl des 6. Deutschen Bundestages, am 29. September 1969, gab die Bundesregierung den Wechselkurs für die DM vorübergehend frei. Sie wollte abwarten, auf welchem Niveau sich die DM einpendelte. Finanzpolitische Kommentatoren sahen darin die Präjudizierung der Aufwertung der DM. Diese selbst erfolgte unmittelbar nach Bildung der neuen Bundesregierung, am 24. Oktober 1969. Das neue Kabinett beschloß, die DM um 8,5 v. H. aufzuwerten. Das neue Umtauschverhältnis lautete DM 3,66 für einen US-Dollar statt bisher DM 4,–. Für den deutschen Außenhandel bedeutete die Neufestsetzung der Parität eine Aufwertung der DM um 9,29 v. H. Die neue Parität trat am 27. Oktober 1969 0.00 Uhr in Kraft. Die Koalitionsparteien begrüßten die Aufwertung, während die Opposition und auch Teile der deutschen Wirtschaft sie als zu hoch bezeichneten und vor ihren Folgen warnten.

REGIERUNGSERKLÄRUNG DES BUNDESKANZLERS BRANDT VOM 28. OKTOBER 1969

Seine am 28. Oktober vor dem 6. Deutschen Bundestag abgegebene Regierungserklärung stellte Bundeskanzler Brandt unter die Parole »Kontinuität und Erneuerung«. An die Spitze der thesenhaft vorgetragenen Leitsätze stellte er seine Entschlossenheit, *»die Sicherheit der Bundesrepublik Deutschland und den Zusammenhalt der deutschen Nation zu wahren«*. Brandt kündigte einen Gesetzentwurf über die Herabsetzung des aktiven Wahlalters von 21 auf 18 und des passiven Wahlalters von 25 auf 21 Jahre an. Über die nach dem Zweiten Weltkrieg entstandene Situation bemerkte er: *»Eine völkerrechtliche Anerkennung der DDR durch die Bundesregierung kann nicht in Betracht kommen. Auch wenn zwei Staaten in Deutschland existieren, sind sie doch füreinander nicht Ausland; ihre Beziehungen zueinander können nur von besonderer Art sein.«* Die anschließenden Ausführungen galten der Wirtschaftspolitik, der Finanzpolitik, dem Neugliederungsproblem des Bundesgebietes, der Reform des Eherechts, der Stellung der Bundeswehr in der Gesellschaft, der Verbesserung der Straßenordnung, dem Ausbau der sozialen Einrichtungen und Förderungsmaßnahmen und der Erhöhung der Kriegsopferrenten. In seinem außenpolitischen Teil betonte Bundeskanzler Brandt die hohe Bedeutung der Friedensforschung. Er kündigte eine Steigerung der Entwicklungshilfe an, bekannte sich zur Bündnispolitik und forderte die Erweiterung der EWG durch die Aufnahme der aufnahmeinteressierten Staaten. An alle internationalen Gesprächspartner der Bundesrepublik richtete er die Feststellung: *»Das Recht auf Selbstbestimmung, wie es in der Charta der Vereinten Nationen niedergelegt ist, gilt auch für das deutsche Volk. Dieses Recht und der Wille, es zu behaupten, kann kein Verhandlungsgegenstand sein.«* Abschließend kündigte er eine Reihe von Entscheidungen an, die er als Ausdruck des Willens der Bundesregierung zur kontinuierlichen und konsequenten Weiterführung der bisherigen Politik bezeichnete. Abschließend bekannte sich Willy Brandt zu der Lebensfähigkeit der Bundesrepublik Deutschland: *»In den letzten Jahren haben manche in diesem Land befürchtet, die zweite deutsche Demokratie werde den Weg der ersten gehen. Ich habe dies nie geglaubt. Ich glaube es heute weniger denn je. Nein: Wir stehen nicht am Ende unserer Demokratie, wir fangen erst richtig an. Wir wollen ein Volk der guten Nachbarn werden im Innern und auch nach außen.«* [189])

DIE CDU/CSU ALS OPPOSITION

Noch im Zeitpunkt der Anpassung an die ihr gegen ihren Willen aufgedrängte Rolle der Opposition hielt die CDU vom 17. bis 19. November 1969 in Mainz ihren 17. Bundesparteitag ab, der Überlegungen über ihren politischen Standort und ihre politische Zielorientierung veranlaßte. Auf ihm sprachen Kurt Georg Kiesinger als Vorsitzender, Bruno Heck als Generalsekretär der CDU und Rainer Barzel als Vorsitzender der CDU/CSU-Fraktion im 6. Deutschen Bundestag. Während Kiesinger seine Kanzlerschaft und auch den von ihm geführten Wahlkampf verteidigte, äußerte sich Barzel über den Stil der geführten Fraktion in der Opposition. Bruno Heck setzte sich mit der bisherigen Parteistruktur und Arbeit der CDU auseinander, wobei er, den Forderungen nach Reform entgegenkommend, über die sich daraus ergebenden Folgerungen ausführte: *»Die Politik der Union darf in Zukunft nicht mehr ohne die Mitglieder und ohne ihre Repräsentanten gemacht werden – sozusagen über ihre Köpfe hinweg. Jahrelang wurde die Politik der CDU im Bundeskanzleramt und dann noch in der Fraktion konzipiert und auch entschieden. Präsidium und Vorstand waren daran im allgemeinen wenig beteiligt. Wenn man heute rückblickend die Protokolle der Vorstands- und Präsidiumssitzungen durchblättert, dann kann man nur feststellen, daß sich von den Problemen, Sorgen und Nöten der Zeit nur widerspiegelt, daß die Entscheidungen im nachhinein bestätigt wurden. Die Partei war lange Zeit nicht der Ort, an dem um die politischen Lösungen gerungen wurde; sie hatte lediglich, was entschieden war, sozusagen zu ratifizieren und in der Öffentlichkeit zu vertreten. Alle Angehörigen der Parteiführungsgremien denken seit langem ähnlich. Es wird Zeit, daß die Partei vom Kopf auf die Füße gestellt wird. Sie muß sich* *endlich daran gewöhnen, eigene politische Handlungsstrategien zu entwickeln und sich langfristig nach ihnen zu richten. Parteiarbeit, das hat Herbert Wehner vorexerziert, muß in Jahrzehnten rechnen können, muß über lange Strecken hinweg unbeirrbar an einem Konzept festhalten, auch wenn es zwischendurch einmal nicht bequem sein sollte oder zu Rückschlägen führt. Der Weg der CDU ist der des Berliner Programms, genauer der Weg seiner ständigen Erneuerung durch die ganze Partei, und der Erneuerung der Partei durch ihre unablässige Beteiligung an Entscheidungen und Sachdiskussionen.«* [190]) Bei den am 19. November durchgeführten Neuwahlen wurde Kurt Georg Kiesinger mit 386 von 470 Stimmen in seinem Amt als Vorsitzender der CDU bestätigt. Zu seinen Stellvertretern wurden – nach der Anzahl der für sie abgegebenen Stimmen – gewählt: Gerhard Stoltenberg, Helmut Kohl, Hans Katzer, Helga Wex und Gerhard Schröder.

EUROPA-KONFERENZ IN DEN HAAG AM 1./2. DEZEMBER 1969

Im Sommer 1969 vollzog sich ein Wechsel im Amt des französischen Staatspräsidenten. Da General de Gaulle für seinen Plan einer Verfassungsreform im Referendum vom 27. April 1969 keine Mehrheit erhielt, trat er am 28. April 1969 zurück. Zu seinem Nachfolger wurde Georges Pompidou gewählt. Der wenige Wochen später erfolgte Wechsel im Amt des Bundeskanzlers der Bundesrepublik Deutschland unterstrich die Notwendigkeit, sich über die nächsten Schritte zum Ausbau der Europäischen Wirtschaftsgemeinschaft zu verständigen. Auf Einladung des französischen Staatspräsidenten trafen sich am 1./2. Dezember in Den Haag die Staats- bzw. Regierungschefs der EWG zu einer Konferenz, an der auch die Außenminister teilnahmen. Ihnen lag ein Aide-mémoire der Kommission der europäischen Gemeinschaften vor, in dem diese die dringend erforderlichen Maßnahmen für den Fortbestand und für die Weiterentwicklung der Gemeinschaft aufführten.[191]) Die Konferenz wurde durch eine Rede des französischen Staatspräsidenten eröffnet, der an die Spitze seiner Ausführungen die Feststellung setzte: *»Wir sind am Ende der Übergangsperiode angelangt. Der Abbau der Zölle zwischen unseren Ländern ist jetzt vollständig. Der gemeinsame Agrarmarkt wurde mit Geduld in Gang gebracht. Doch es stellen sich uns noch zahlreiche Fragen. Bringen die Störungen, die durch die Änderungen der Währungsparität im Bereich der Preise verursacht wurden, die Zukunft des Gemeinsamen Marktes in Gefahr? Zwingt uns das wachsende Gewicht der Überschüsse nicht zur Ausarbeitung einer neuen Politik der Agrarproduktion? Wollen wir in der Koordinierung der Wirtschafts- und Währungspolitik, der technologischen Zusammenarbeit, der Harmonisierung des Steuerwesens und des Körperschaftsrechts Fortschritte erreichen oder nicht?«* Pompidou konfrontierte seine Zuhörer aber auch mit dem bereits zweimal gescheiterten Problem des Beitritts Großbritanniens zur EWG, indem er sie fragte: *»Sind wir bereit, die Gemeinschaft für Großbritannien und die anderen beitrittswilligen Länder mit dem Risiko zu öffnen, die Gemeinschaft zu schwächen und zu zersplittern? Oder wollen wir im Gegenteil weiterhin die Stärkung der Gemeinschaft und den Beitritt von festen Verpflichtun-*

gen sowohl hinsichtlich des schon Erreichten als auch dessen, was noch erreicht werden muß, abhängig machen?« Über die französische Einstellung zu diesen Problemen erklärte er: *»Ja, Frankreich wünscht den Fortbestand und die weitere Entwicklung der Gemeinschaft. Ja, ich bin überzeugt, daß auf der Basis der Römischen Verträge und dessen, was in zehn Jahren getan worden ist, um diese in die Praxis umzusetzen und sie zu erweitern, Europa eine Chance hat, sich zu vereinigen und auf allen Ebenen, einschließlich der politischen, die Mittel zu seiner Fortentwicklung zu finden und seinen Einfluß zu stärken, was seiner Stimme auf allen Gebieten der internationalen Politik Gehör verschaffen wird.«* [192]) Bundeskanzler Brandt beschäftigte sich in einer längeren Ausführung mit den deutschen Vorstellungen und Forderungen über den Fortgang der Integration Europas, wobei er eingangs erklärte, daß *»Europa mehr ist als eine Frage von Marktordnungen«*. Über die deutschen Vorstellungen führte er aus: *»Der Deutsche Bundestag und die öffentliche Meinung meines Landes erwarten, daß ich von dieser Konferenz nicht ohne konkrete Vereinbarungen in der Frage der Erweiterung der Gemeinschaft zurückkehre. Diese Frage beschäftigt uns seit Jahren. Kraft des Vertrages gehört sie zu den Grundfragen unserer Gemeinschaft und nirgends stand geschrieben, daß wir uns diesem Thema erst nach der Übergangsperiode zuwenden dürfen. Die deutsche Haltung ist seit Jahren bekannt. Ich meine, wir dürfen dieses Thema nicht länger vor uns herschieben. Erstens hat die Erfahrung gezeigt, daß das Hinausschieben der Erweiterung die Gemeinschaft zu lähmen droht. Zweitens entspricht es den gemeinsamen Interessen, wenn die Gemeinschaft sich zu einer Zeit erweitert, in der wir uns um ein engeres Zusammenwachsen zwischen West und Ost bemühen. Drittens muß die Gemeinschaft über den Kreis der Sechs hinauswachsen, wenn sie sich wirtschaftlich und technologisch neben den Giganten behaupten und ihrer weltpolitischen Verantwortung nachkommen will. Ich zögere nicht, ein viertes Argument hinzuzufügen: Wer befürchtet, daß sich das wirtschaftliche Gewicht der Bundesrepublik Deutschland zum Nachteil der Ausgewogenheit innerhalb der Gemeinschaft auswirken könnte, der sollte auch deswegen für die Erweiterung sein. Jedenfalls sage ich: Ohne England und die anderen beitrittsbereiten Staaten kann Europa nicht werden, was es sein soll und was es sein kann.«* Nach eingehender Auseinandersetzung mit einzelnen Problemen der EWG beschloß Brandt seine Ausführungen mit folgender Bemerkung: *»Ich sage hier nichts anderes als bei mir zu Hause: Die Völker Europas warten und drängen darauf, daß die Staatsmänner der Logik der Geschichte den Willen zum Erfolg an die Seite stellen. Europa braucht unseren Erfolg.«* Im Anschluß trug Brandt den Wunsch der Bundesregierung vor, ein europäisches Jugendwerk zu errichten, wobei er auf die sehr guten Erfahrungen mit dem Deutsch-Französischen Jugendwerk verwies. Schließlich sagte er: *»Weltpolitisch sollte unsere sich festigende und erweiternde Gemeinschaft ein doppeltes Ziel verfolgen: Durch Vereinigung seiner Ressourcen soll sie Europa in den Stand setzen, sich wirtschaftlich, wissenschaftlich und technisch neben den Supermächten zu behaupten und dadurch seine Identität zu bewahren. Zugleich soll sie Europa befähigen, kraftvoll an der großen Aufgabe mitzuwirken, die den Industrieländern immer dringlicher gestellt wird: der Entwicklungspolitik. Wir können unseren Idealen – dem Frieden und der Menschlichkeit – keinen besseren Dienst erweisen.«* [193]) Über die Vollsitzung vom 2. Dezember publizierte der Service de Presse et d'information eine Verlautbarung, derzufolge Staatspräsident Pompidou erklärte: *»Frankreich ist nicht gegen, sondern für die Erweiterung. Wir glauben, daß die Vorbereitungsarbeiten innerhalb kürzester Frist vorgenommen werden sollten. Die Gespräche für die Ingangsetzung der Verhandlungen müssen so schnell, so aktiv und so positiv wie nur möglich geführt werden.«* [194]) Über ihre Beratungen veröffentlichte die Konferenz ein ausführliches Kommuniqué, das sich mit allen zur Diskussion stehenden und erörterten Fragen beschäftigte. Es bekräftigte die Entschlossenheit der Konferenzteilnehmer, an den politischen Zielsetzungen der Gemeinschaft festzuhalten und ein Europa zu schaffen, das sich seiner Aufgabe bewußt ist, die internationale Entspannung und Verständigung zu fördern. Der Beitritt anderer europäischer Länder bzw. die Schaffung besonderer Beziehungen mit denen, die das wünschen, wurde befürwortet. Ferner bekräftigten die Staats- und Regierungschefs den Willen, in die Endphase der Gemeinschaft einzutreten und Ende 1969 die endgültige Finanzierung der gemeinsamen Agrarpolitik festzulegen. Im Rahmen dieser Regelung sollen die Beiträge der Mitgliedstaaten durch eigene Einnahmen ersetzt und die Haushaltsbefugnisse des Europäischen Parlaments verstärkt werden. Schließlich bekundeten die Teilnehmer ihren Willen, den Ausbau der Gemeinschaft beschleunigt voranzutreiben und vom Rat einen Stufenplan für die Errichtung der Wirtschafts- und Währungsunion ausarbeiten zu lassen. In der Erweiterungsfrage stimmten sie der Eröffnung von Verhandlungen mit den beitrittswilligen Staaten zu. Das Kommuniqué endete mit einem Appell an die Jugend Europas: *»Den hier beschlossenen Maßnahmen für die schöpferische Gestaltung und das Wachstum Europas steht eine größere Zukunft offen, wenn die Jugend daran engen Anteil hat; dieses Anliegen haben die Regierungen beherzigt und die Gemeinschaften werden sich dessen annehmen.«* [195])

Die Europa-Konferenz in Den Haag hatte für alle Teilnehmerstaaten innen- und außenpolitische Aspekte. Sie diente sowohl Staatspräsident Pompidou als auch Bundeskanzler Brandt, ihr Festhalten an der Politik der wirtschaftlichen und politischen Einigung Europas vor der Öffentlichkeit zu bezeugen, womit sie Besorgnisse in Frankreich und auch in der Bundesrepublik Deutschland zu zerstören hofften. Sie suchten gleichzeitig die Behinderungen in der Einigung Europas zu überwinden, indem sie dem Rat und den Kommissionen terminbestimmte neue Aufgaben stellten. Vor allem bekundeten sie die Bereitschaft, die Gemeinschaft beitrittswilligen Staaten zu öffnen. Die Konferenz versuchte die Stagnation in der Entwicklung einer Einheit Europas zu überwinden. Sie konnte nicht verhindern, daß in der Folgezeit währungs- und agrarpolitische Probleme diesen Prozeß verlangsamten und erschwerten. Ihr Entschluß, die Gemeinschaft zu erweitern, bedeutete eine Aufforderung an die beitrittswilligen Staaten, erneut Verhandlungen über ihren Beitritt aufzunehmen. Diese Aufforderung galt in erster Linie, aber nicht ausschließlich, Großbritannien. Die Konferenz in Den Haag wollte die Entwicklung in Europa intensiv vorantreiben mit dem Ziel, über die bisherigen Vereinbarungen hinaus auch zu einer Währungseinheit und schließlich zu einer politischen Union zu gelangen. Bundeskanzler Brandt bezeichnete sie als Voraussetzung für die außenpolitischen Aktivitäten, die er unmittelbar danach gegenüber der Sowjetunion, der DDR und Polen entwickelte.

DAS TREFFEN VON ERFURT VOM 19. MÄRZ 1970

In seiner am 28. Oktober 1969 abgegebenen Regierungserklärung beschäftigte sich Bundeskanzler Brandt eingehend mit den Beziehungen zwischen den zwei Staaten in Deutschland. Darauf antwortete indirekt Walter Ulbricht in seiner auf der 12. Tagung des ZK der SED am 12. Dezember 1969 gehaltenen Rede. Er sprach von einer neuen Situation in der *»westdeutschen Bundesrepublik«.*[196]) Wenige Tage später, am 17. Dezember 1969, richtete er an Bundespräsident Heinemann ein Schreiben, dem er den Entwurf eines Vertrages über die Aufnahme gleichberechtigter Beziehungen zwischen der Deutschen Demokratischen Republik und der Bundesrepublik Deutschland beifügte. In seinem Brief erklärte er: *»Ein friedliches Nebeneinander und die Gestaltung einer guten Nachbarschaft zwischen beiden deutschen Staaten erfordern, ihre Beziehungen auf der Grundlage der allgemein anerkannten Normen des geltenden Völkerrechts zu gestalten.«* Der beigenommene Vertragsentwurf umfaßt eine deklamatorische Präambel und neun Artikel. Während Artikel IX eine Geltungsdauer von 10 Jahren und die Hinterlegung gemäß Artikel 102 der Charta der Vereinten Nationen beim Sekretariat der Organisation der Vereinten Nationen zur Registrierung vorsieht, bestimmen die Artikel I – VIII die Beziehungen zwischen den beiden deutschen Staaten:

»Artikel I

Die Hohen vertragschließenden Seiten vereinbaren die Aufnahme normaler gleichberechtigter Beziehungen, frei von jeder Diskriminierung, zwischen der Deutschen Demokratischen Republik und der Bundesrepublik Deutschland auf der Grundlage der allgemein anerkannten Prinzipien und Normen des Völkerrechts. Ihre gegenseitigen Beziehungen beruhen insbesondere auf den Prinzipien der souveränen Gleichheit, der territorialen Integrität und Unantastbarkeit der Staatsgrenzen, der Nichteinmischung in die inneren Angelegenheiten und des gegenseitigen Vorteils.

Artikel II

Die Hohen vertragschließenden Seiten anerkennen gegenseitig ihren gegenwärtigen territorialen Bestand in den bestehenden Grenzen und deren Unverletzlichkeit. Sie anerkennen die im Ergebnis des zweiten Weltkrieges entstandenen Grenzen in Europa, insbesondere die Grenze zwischen der Deutschen Demokratischen Republik und der Bundesrepublik Deutschland sowie die Grenze an Oder und Neiße zwischen der Deutschen Demokratischen Republik und der Volksrepublik Polen.

Artikel III

Die Hohen vertragschließenden Seiten verpflichten sich, auf die Androhung und Anwendung von Gewalt in ihren gegenseitigen Beziehungen zu verzichten und untereinander alle Streitfragen auf friedlichem Wege und mit friedlichen Mitteln zu lösen.
Beide Seiten verpflichten sich, alle den Festlegungen in Artikel I entgegenstehenden und den Vertragspartner diskriminierenden Maßnahmen zu unterlassen, ohne Verzögerung diesem Vertrag entgegenstehende Gesetze und andere Normativakte auf-

zuheben sowie die Revision entsprechender Gerichtsentscheidungen zu veranlassen. Sie werden auch in Zukunft jegliche Diskriminierung des Vertragspartners unterlassen.

Artikel IV

Die Deutsche Demokratische Republik und die Bundesrepublik Deutschland verzichten darauf, Kernwaffen zu erlangen oder in irgendeiner Form über diese zu verfügen. Sie verpflichten sich, dafür einzutreten, daß Verhandlungen über Abrüstung durchgeführt werden. Auf dem Boden der beiden deutschen Staaten dürfen weder chemische noch biologische Waffen hergestellt, stationiert oder gelagert werden.

Artikel V

Die Deutsche Demokratische Republik und die Bundesrepublik Deutschland nehmen miteinander diplomatische Beziehungen auf. Sie lassen sich gegenseitig in den Hauptstädten Berlin und Bonn durch Botschaften vertreten. Die Botschaften genießen alle Immunitäten und Privilegien entsprechend der Wiener Konvention über diplomatische Beziehungen vom 18. April 1961.

Artikel VI

Die Beziehungen auf Teilgebieten werden gesondert vertraglich vereinbart.

Artikel VII

Die Deutsche Demokratische Republik und die Bundesrepublik Deutschland verpflichten sich, den Status Westberlins als selbständige politische Einheit zu achten und unter Berücksichtigung dieses Status' ihre Beziehungen zu Westberlin zu regeln.

Artikel VIII

Die Deutsche Demokratische Republik und die Bundesrepublik Deutschland beantragen ohne Verzögerung in Übereinstimmung mit dem Prinzip der Universalität der Organisation der Vereinten Nationen ihre Aufnahme als vollberechtigte Mitglieder in die Organisation der Vereinten Nationen. Sie werden dafür eintreten, daß andere Staaten die Aufnahme der beiden deutschen Staaten in die Organisation der Vereinten Nationen unterstützen.«

Bundespräsident Heinemann beantwortete Ulbrichts Brief am 19. Dezember, indem er darauf hinwies, daß er das Schreiben der Bundesregierung zugeleitet habe. In seinem am 14. Januar 1970 abgegebenen »Bericht zur Lage der Nation«, zu dem die Bundesregierung zusätzliche »Materialien« veröffentlichte, ging Bundeskanzler Brandt ausführlich auf die Beziehungen zwischen der BRD und der DDR ein.[197]) Dazu nahm Ulbricht am 19. Januar 1970 auf einer Internationalen Pressekonferenz in Berlin Stellung.[198]) Am 22. Januar erklärte Bundeskanzler Brandt in einem Schreiben an den Vorsitzenden des Ministerrats der DDR, Stoph, die Bereitschaft der Bundesregierung, mit Verhandlungen zu beginnen: *»Im Namen der Bundesrepublik schlage ich vor, daß unsere Regierungen Verhandlungen über den Austausch von Gewaltverzichtserklärungen aufnehmen. Diese nach dem Grundsatz der Nichtdiskriminierung zu führenden Verhandlungen sollen Gelegenheit zu einem breitangelegten Meinungsaustausch über die Regelung aller zwischen unseren beiden Staaten* *anstehenden Fragen, darunter denen gleichberechtigter Beziehungen, geben. Dazu gehört, daß jede Seite frei sein muß, alle ihr richtig erscheinenden Erwägungen, Vorschläge, Grundsätze und Entwürfe vorzubringen. Erörterungen und Verhandlungen darüber sollten ohne jeden Zeitdruck möglich sein.«* [199]) Der Vorsitzende des Ministerrats der DDR, Stoph, beantwortete am 11. Februar das Schreiben des Bundeskanzlers Brandt in einem längeren Brief. Diesen begann er mit einer Darstellung der Entwicklung seit dem 28. Oktober 1969. Er stellte *»zu seinem Bedauern«* fest, daß Brandt nicht auf den Vorschlag des Vorsitzenden des Staatsrats der DDR, Ulbricht, zum Abschluß eines Vertrages über die Aufnahme gleichberechtigter Beziehungen zwischen beiden deutschen Staaten eingegangen sei. Über den Charakter der Beziehungen erklärte er: *»Diese Beziehungen müssen insbesondere auf den Prinzipien der souveränen Gleichheit, der Achtung der territorialen Integrität, der Unantastbarkeit der Staatsgrenzen, der Nichteinmischung in die inneren Angelegenheiten und des gegenseitigen Vorteils beruhen.«* [200]) Im Anschluß an den Briefwechsel kam es zu Besprechungen über die Durchführung der von Bundeskanzler Brandt vorgeschlagenen persönlichen Begegnung zwischen dem Vorsitzenden des Ministerrats der DDR, Stoph, und ihm. Da die Regierung der DDR darauf bestand, daß Bundeskanzler Brandt weder bei der Hin- noch bei der Rückreise West-Berlin berührte, wurde Erfurt, eine in der Geschichte der deutschen Arbeiterbewegung bedeutsame Stadt, zum Ort des Treffens bestimmt.

Unter großer Aufmerksamkeit der Weltöffentlichkeit trafen sich am 19. März 1970 zum erstenmal seit dem Bestehen der beiden deutschen Staaten ihre Regierungschefs in Erfurt. Bundeskanzler Brandt erhielt nach seinem Eintreffen in dem als Verhandlungslokal gewählten Hotel stürmischen Applaus – ein Vorgang, der nicht nur von mitreisenden deutschen Journalisten als Zeichen des Fortbestandes der Einheit der deutschen Nation gewertet wurde. Im Verlauf des eintägigen Treffens erfolgten Aussprachen zwischen Brandt und Stoph unter vier Augen und Sitzungen der Delegationen. Auch stattete Brandt dem ehemaligen Konzentrationslager Buchenwald einen Besuch ab. In seiner Grundsatzerklärung wiederholte der Vorsitzende des Ministerrats der DDR, Stoph, die Forderung nach völkerrechtlichen Beziehungen zwischen den beiden unabhängigen und souveränen Staaten DDR und BRD. Zu der Verweigerung der völkerrechtlichen Beziehungen mit der Formel, wir seien doch *»alle Deutsche«*, bemerkte er, so simpel sei die Sache nicht: *»Seit Beginn des vorigen Jahrhunderts hat es stets Deutsche gegeben, die auf der Seite des Fortschritts, der Arbeiterklasse und des arbeitenden Volkes, und andere, die auf der Seite der Reaktion, auf der Seite des Kapitalismus standen. Heute existieren die sozialistische Deutsche Demokratische Republik und die monopolkapitalistische Bundesrepublik, zwei voneinander unabhängige Staaten. Ihre Bürger leben und arbeiten unter völlig gegensätzlichen Bedingungen. Die Bürger der DDR mehren mit ihrer Arbeit den eigenen Wohlstand und den der sozialistischen Gesellschaft. In der Bundesrepublik dagegen profitiert eine kleine Schicht von Millionären aus der Arbeit des werktätigen Volkes. Es sind die gleichen Monopolkreise, die an der Rüstung verdienen und mit ihrem expansiven Machtstreben den Frieden bedrohen. Es gibt also einen fundamentalen gesellschaftlichen Unterschied zwischen dem Volk in der DDR und dem Volke in der Bundesrepublik.«* In diesem Zusammenhang betonte er, die politischen und sozialen Interessen der Arbeiterklasse und des ganzen Volkes, die Inter-

Geschichte+ Gesellschaft bei

Fackel träger

Hans-Dieter Bamberg

Gefährdung unserer Demokratie von rechts

Die Feinde in Gesellschaft und Staat
160 Seiten. Paperback.
ISBN 3 7716 1413 9
Bamberg untersucht die beunruhigenden Anzeichen dafür, daß sich die politische Kultur verschlechtert und irrationale und radikale Positionen zunehmen.

K. E. Becker / D. Dietrich / E. Lutz / V. Stahl
(Hersausgeber)

Armee für den Frieden

Aspekte der Bundeswehr. Politisch-militärische Lagebeurteilung
14 x 20,5 cm. 192 Seiten.
Englische Broschur.
ISBN 3 7716 1402 3

Raimund Pfundtner

Spätaussiedler

Tragödie. Ursachen. Folgen. Perspektiven.
14 x 20,5 cm. 160 Seiten
Paperback
ISBN 3 7716 1403 1

Christine Schaefers (Herausgeberin)

Notausgänge

Wir sprechen von: Aussteigern. Jugendkriminalität. Drogen. Selbstmord.
Wir meinen die alleingelassenen Kinder unserer Freiheit.
Berichte. Protokolle. Analysen.
14 x 20,5 cm. 180 Seiten.
Englische Broschur.
ISBN 3 7716 2301 4

Horst W. Schmollinger / Peter Müller
Zwischenbilanz
10 Jahre sozialliberale Politik. 1969 – 1979.
Anspruch und Wirklichkeit.
14 x 20,5 cm. 264 Seiten.
Englische Broschur.
ISBN 3 7716 2205 0

Hans-Peter Schreiner / Kurt E. Becker
Wahn oder Glaube
Zum Thema Sekten – Informationen und Analysen
160 Seiten. Paperback.
ISBN 3 7716 1414 7

Rainer Silkenbeumer (Hrsg.)
Geburtenrückgang
Risiko oder Chance.
13,8 x 20,6 cm. 200 Seiten.
Broschur.
ISBN 3 7716 2300 6

Rainer Silkenbeumer (Hrsg.)
Kulturarbeit
Innenpolitik von morgen.
160 Seiten. Paperback.
ISBN 3 7716 2302 2

Deutsche Zeitgeschichte

Walter Tormin
Die Weimarer Republik
ISBN 3 7716 2092 9

Eberhard Aleff
Das Dritte Reich
ISBN 3 7716 2020 1

Herbert Lilge
Deutschland 1945 – 1963
ISBN 3 7716 2039 2

Ernst Deuerlein
Deutschland 1963 – 1970
ISBN 3 7716 2074 0

Peter Borowsky
Deutschland 1970 – 1976
ISBN 3 7716 2204 2

essen des Sozialismus, stünden über allen vermeintlichen nationalen Gemeinsamkeiten. Er erinnerte Bundeskanzler Brandt an seine Bemerkung, daß es zwischen den gegensätzlichen gesellschaftlichen Systemen in der DDR und BDR *»keine Mischung, keinen faulen Kompromiß«* geben könnte. Unmißverständlich brachte er den Wunsch nach gleichberechtigten völkerrechtlichen Beziehungen zwischen der DDR und der BRD zum Ausdruck. Er fügte hinzu: *»Natürlich – wer wollte das verschweigen – sind wir als Sozialisten am Sieg des Sozialismus in allen Ländern und auch in der Bundesrepublik interessiert, was eine spätere Vereinigung auf der Grundlage von Demokratie und Sozialismus möglich machen würde.«* [201]) Bundeskanzler Brandt ging in seiner Grundsatzerklärung auf die Frage Stophs, ob er zu Verhandlungen bereit sei, ein, indem er erklärte: *»Wir sind bereit, festzustellen, ob die Zeit gekommen ist – ich hoffe, sie ist gekommen – zu Verhandlungen, und ich füge jetzt bewußt hinzu, über alles, was dazu die eine oder die andere Seite auf den Tisch gelegt hat oder noch im Laufe unserer Gespräche auf den Tisch legen wird. Ich habe von den Verfassungen unserer beiden Staaten gesprochen, die in der Perspektive auf ein einheitliches Deutschland konzipiert sind. Dies gilt auch für die Verträge, die die Bundesrepublik Deutschland ebenso wie die DDR abgeschlossen hat. In unserem Vertrag mit den drei Westmächten ist ebenso wie in Ihrem Freundschaftsvertrag mit der Sowjetunion die staatliche Einheit als Möglichkeit enthalten. Es gibt sogar auf beiden Seiten eine Reihe von Formulierungen, die in diesem Zusammenhang von einem Ziel sprechen. Dabei muß völlig klar sein, daß sich weder in den Verträgen noch in den Absichten und Zielen an dieser auf das Selbstbestimmungsrecht bezogenen Perspektive etwas ändern wird.«* Im Verlauf seiner Ausführungen betonte er, bei der Herstellung gleichberechtigter Beziehungen zwischen der BRD und der DDR werde es darum gehen, daß jeder der beiden deutschen Staaten die gleichen Verpflichtungen zu übernehmen habe, *»das zu respektieren, was in der Kompetenz jeder der beiden Regierungen auf ihrem Territorium geregelt ist«*. Brandt setzte auch hinzu: *»Die Grundsätze der Nichtdiskriminierung und Gleichberechtigung dürfen nicht unser Ziel berühren, dem eigentlichen Souverän, dem deutschen Volk, eines Tages zur Geltung zu verhelfen.«* [202]) Zum Abschluß des Treffens wurde ein gemeinsames Kommuniqué veröffentlicht, das neben der Verlautbarung über das Treffen selbst und die Zusammensetzung der Delegationen die Mitteilung enthielt, daß der Vorsitzende des Ministerrats der DDR, Stoph, eine Einladung von Bundeskanzler Brandt zu einem weiteren Gespräch am 21. Mai 1970 in Kassel angenommen habe. [203])

Am 20. März gab Bundeskanzler Brandt vor dem 6. Deutschen Bundestag eine Erklärung ab, in der er feststellte: *»Erfurt konnte nur ein Anfang sein. Es war ein Anfang. Ich hatte mir von vornherein kein kühneres Ziel gesetzt als zu erreichen, daß dieser ersten Begegnung eine zweite folgen wird.«* Zur Frage eines möglichen Vertragsabschlusses bemerkte er: *»Nach unserem Willen sollen derartige Vereinbarungen die gleiche rechtliche Bedeutung haben wie Verträge mit anderen Staaten. Allerdings halte ich daran fest, daß die beiden Staaten in Deutschland füreinander nicht einfach Ausland sein können und daß ihre Beziehungen zueinander der besonderen Lage entsprechen müssen, in der Hoffnung, daß aus den negativen Besonderheiten einmal etwas werden kann, was im Interesse des Friedens und der Menschen positiv zu bewerten ist.«* [204]) Der Vorsitzende des Ministerrats der DDR, Stoph,

erklärte in seinem am 21. März vor der Volkskammer abgegebenen Bericht, daß der Ministerrat der DDR das Erfurter Treffen für nützlich hält. Er berichtete auch, daß Brandt diplomatische Beziehungen und den Austausch von Botschaftern abgelehnt habe: *»Ebenso sagte er Nein zu unserem Vorschlag, daß beide Staaten unverzüglich den Antrag auf UNO-Mitgliedschaft stellen.«* Die Frage, ob von einer Wende der Politik der Bundesrepublik Deutschland gesprochen werden könne, ließ er unbeantwortet. Mit Nachdruck verwarf er die nach seiner Formulierung *»zu durchsichtige Formel von angeblichen ›besonderen innerdeutschen Beziehungen‹«*. Auch teilte er mit, daß die DDR von der Bundesrepublik Deutschland um mehr als 100 Milliarden Mark *»erleichtert worden sei«*.[205])
Das Treffen von Erfurt wurde als Beweis für das zwar abgeschwächte, jedoch noch immer vorhandene Zusammengehörigkeitsgefühl des deutschen Volkes verstanden. Es wurde auch als Ausdruck der Politik der von Bundeskanzler Brandt geführten Bundesregierung angesehen. Die Regierung der DDR hatte die Initiative in der erklärten Absicht ergriffen, ihre Vorstellungen durchzusetzen. Sie konnte nicht verhindern, daß durch die Begegnung zwischen Brandt und Stoph in Erfurt in Deutschland zum Teil hochgespannte Erwartungen ausgelöst wurden.

DAS TREFFEN VON KASSEL VOM 21. MAI 1970

Nach vorhergegangenen technischen Vereinbarungen erfolgte am 21. Mai 1970 in Kassel der Gegenbesuch des Vorsitzenden des Ministerrats der DDR, Stoph. Bei seiner Ankunft und seinem Aufenthalt in Kassel kam es zu beifälligen und ablehnenden Demonstrationen. Vor der Abgabe der Grundsatzerklärungen protestierte Stoph *»gegen Bundesgesetze, mit denen sich Regierungsorgane und Gerichte der BRD völkerrechtswidrig über die Staatsgrenzen der Bundesrepublik hinaus Rechte und Zuständigkeiten gegenüber der DDR und ihren Bürgern anmaßen«*.[206]) In seiner Grundsatzerklärung trug Bundeskanzler Brandt in 20 Punkten Vorstellungen über Grundsätze und Vertragselemente für die Regelung gleichberechtigter Beziehungen zwischen der Bundesrepublik Deutschland und der Deutschen Demokratischen Republik vor: *»1. Die Bundesrepublik Deutschland und die Deutsche Demokratische Republik, die in ihren Verfassungen auf die Einheit der Nation ausgerichtet sind, vereinbaren im Interesse des Friedens sowie der Zukunft und des Zusammenhalts der Nation einen Vertrag, der die Beziehungen zwischen den beiden Staaten in Deutschland regelt, die Verbindung zwischen der Bevölkerung der beiden Staaten verbessert und dazu beiträgt, bestehende Benachteiligungen zu beseitigen. 2. Der Vertrag soll in den verfassungsgemäß vorgesehenen Formen den gesetzgebenden Körperschaften beider Seiten zur Zustimmung zugeleitet werden. 3. Die beiden Seiten sollen ihren Willen bekunden, ihre Beziehungen auf der Grundlage der Menschenrechte, der Gleichberechtigung, des friedlichen Zusammenlebens und der Nichtdiskriminierung als allgemeine Regeln des zwischenstaatlichen Rechts zu ordnen. 4. Beide Seiten unterlassen jede Androhung oder Anwendung von Gewalt gegeneinander und verpflichten sich, alle zwischen ihnen anhängigen Fragen mit friedlichen*

Mitteln zu lösen. Dies umschließt die Achtung der territorialen Integrität und der Grenzen. 5. Beide Seiten respektieren die Unabhängigkeit und Selbständigkeit jedes der zwei Staaten in Angelegenheiten, die ihre innere Hoheitsgewalt betreffen. 6. Keiner der beiden deutschen Staaten kann für den anderen handeln oder ihn vertreten. 7. Die vertragschließenden Seiten erklären, daß niemals wieder ein Krieg von deutschem Boden ausgehen darf. 8. Sie verpflichten sich, alle Handlungen zu unterlassen, die geeignet sind, das friedliche Zusammenleben der Völker zu stören. 9. Beide Seiten bekräftigen ihren Willen, alle Bemühungen um Abrüstung und Abrüstungskontrolle zu unterstützen, die der Erhöhung der Sicherheit Europas dienen. 10. Der Vertrag muß von den Folgen des zweiten Weltkrieges und von der besonderen Lage Deutschlands und der Deutschen ausgehen, die in zwei Staaten leben und sich dennoch als Angehörige einer Nation verstehen. 11. Die jeweiligen Verpflichtungen gegenüber der Französischen Republik, dem Vereinigten Königreich von Großbritannien und Nordirland, den Vereinigten Staaten von Amerika und der Union der Sozialistischen Sowjetrepubliken, die auf den besonderen Rechten und Vereinbarungen dieser Mächte über Berlin und Deutschland als Ganzes beruhen, bleiben unberührt. 12. Die Viermächtevereinbarungen über Berlin und Deutschland werden respektiert. Das gleiche gilt für die Bindungen, die zwischen West-Berlin und der Bundesrepublik Deutschland entstanden sind. Beide Seiten verpflichten sich, die Bemühungen der vier Mächte um eine Normalisierung der Lage in und um Berlin zu unterstützen. 13. Beide Seiten werden prüfen, auf welchen Gebieten Kollisionen zwischen der Gesetzgebung der beiden Staaten bestehen; sie werden darauf hinwirken, daß Kollisionen beseitigt werden, um Nachteile für Bürger beider Staaten in Deutschland zu vermeiden. Dabei werden sie von dem Grundsatz ausgehen, daß die Hoheitsgewalt jeder Seite sich auf ihr Staatsgebiet beschränkt. 14. Der Vertrag soll Maßnahmen vorsehen, die den gegenseitigen Reiseverkehr erweitern und das Ziel der Freizügigkeit anstreben. 15. Die Probleme, die sich aus der Trennung von Familien ergeben, sollen einer Lösung zugeführt werden. 16. Den Kreisen und Gemeinden an der gemeinsamen Grenze sollte ermöglicht werden, die dort bestehenden Probleme nachbarschaftlich zu lösen. 17. Beide Seiten sollten ihre Bereitschaft bekräftigen, die Zusammenarbeit unter anderem auf den Gebieten des Verkehrs, des Post- und Fernmeldewesens, des Informationsaustausches, der Wissenschaft, der Erziehung, der Kultur, der Umweltfragen und des Sports im Interesse des gegenseitigen Vorteils zu intensivieren und zu erweitern sowie Verhandlungen über die Einzelheiten aufzunehmen. 18. Für den Handel zwischen den beiden Seiten gelten weiterhin die bestehenden Abkommen, Beauftragungen und Vereinbarungen. Die Handelsbeziehungen sollen weiter ausgebaut werden. 19. Die beiden Regierungen ernennen Bevollmächtigte im Ministerrang und errichten Dienststellen für die ständigen Beauftragten der Bevollmächtigten. Die Aufgaben der Bevollmächtigten und ihrer Beauftragten werden im einzelnen festgelegt. Ihnen werden am Sitze der jeweiligen Regierung Arbeitsmöglichkeiten gegeben und die notwendigen Erleichterungen und Vergünstigungen gewährt. 20. Die Bundesrepublik Deutschland und die Deutsche Demokratische Republik werden auf der Grundlage des zwischen ihnen zu vereinbarenden Vertrages die notwendigen Vorkehrungen treffen, um ihre Mitgliedschaft und Mitarbeit in internationalen Organisationen zu regeln.« [207])

Im Anschluß nahm der Vorsitzende des Ministerrats der DDR das Wort zu einer

umfangreichen Erwiderung, in der er die Unmöglichkeit der Vermischung von Sozialismus und Kapitalismus betonte: *»Bei der DDR und der BRD handelt es sich um zwei voneinander unabhängige Staaten. Das allein schon schließt die Formel ›innerdeutsch‹ aus. Es handelt sich aber darüber hinaus um Staaten mit unterschiedlicher, ja gegensätzlicher gesellschaftlicher Ordnung ... Zwischen Sozialismus und Kapitalismus ist – welches Gebiet man auch immer betrachten mag – eine Mischung nicht möglich.«* Zum Schluß seiner Ausführungen richtete Stoph an Bundeskanzler Brandt insistierende Fragen: *»Herr Bundeskanzler! Nachdem Sie mir bisher die Antwort auf meine Frage schuldig geblieben sind – wohin Sie mit Ihrer Politik eigentlich wollen, welches strategische Ziel Sie verfolgen –, möchte ich auf diese grundsätzliche Frage noch einmal zurückkommen. Uns liegt viel daran, aus Ihrem Munde eine schlüssige Antwort zu erhalten. Vielleicht hilft es, wenn ich meine Frage noch etwas erweitere. Sind Sie bereit, im Interesse des Friedens in Europa die Vorbereitung einer europäischen Sicherheitskonferenz, an der alle Staaten unseres Kontinents gleichberechtigt teilnehmen, aktiv zu unterstützen? Sind Sie bereit, den europäischen Status quo, die europäischen Grenzen ohne Vorbehalte und endgültig anzuerkennen und sich in Ihren außenpolitischen Zielen vom Prinzip der Nichteinmischung leiten zu lassen? Sind Sie bereit, den von eindeutig aggressiven Zielsetzungen erfüllten Alleinvertretungsanspruch in jeder Form als Mittel der Politik der Bundesregierung fallenzulassen und an dessen Stelle das Prinzip Gleichberechtigung zu setzen und nach diesem Prinzip zu handeln? Sind Sie bereit, Frieden und Sicherheit in Europa durch vereinbarte Schritte zur Abrüstung zu fördern? Sind Sie vor allem bereit, einen Vertrag über die Aufnahme gleichberechtigter völkerrechtlicher Beziehungen zwischen der DDR und der BRD abzuschließen? Lassen Sie mich betonen: Ein ›Nein‹ zur Geltung des Völkerrechts in den Beziehungen zwischen der DDR und der BRD, ein ›Nein‹ zu einem Vertrag, wie ihn die DDR bereits im Dezember 1969 vorgeschlagen hat, richtet sich gegen Entspannung und gegen konstruktive Schritte zur europäischen Sicherheit, gegen die Normalisierung der Beziehungen zwischen unseren beiden Staaten, gegen die ureigensten Interessen der Menschen an einer gesicherten friedlichen Zukunft.«* [208])
Bundeskanzler Brandt und der Vorsitzende des Ministerrats, Stoph, verzichteten zwar auf die Veröffentlichung eines gemeinsamen Kommuniqués, brachten jedoch die Absicht zum Ausdruck, zur gegebenen Zeit ihre Gespräche fortzusetzen. Es sollte eine, wie es Stoph formulierte, Denkpause eintreten. Als eine Voraussetzung für die Wiederaufnahme direkter Gespräche wurde die Unterzeichnung des deutsch-sowjetischen Vertrages genannt, über den seit Beginn des Jahres 1970 in Moskau vorbereitende Gespräche geführt wurden. Der Ausgang des Kasseler Treffens wurde im Deutschen Bundestag und in der deutschen Öffentlichkeit zum Teil leidenschaftlich diskutiert. Den Zwanzig-Punkte-Vorschlag Brandts nannte das Mitglied des Politbüros des ZK der SED, Erich Honecker, eine Absage an das Völkerrecht, er fügte hinzu, Brandt wolle der Öffentlichkeit Sand in die Augen streuen, aber, so betonte er: *»Es versteht sich von selbst, daß daraus nichts wird.«* Der Berliner Journalist Joachim Nawrocki versicherte in seinem *»Ein offenes Ende in Kassel«* überschriebenen Kommentar: *»Selbst wenn es wieder zu einem Treffen von Brandt und Stoph kommen würde – und das ist trotz der anscheinend festgefahrenen Verbaldiplomatie keineswegs unwahrscheinlich –, dann wäre damit noch nichts gewonnen. Entschei-*

dend wird sein, welchen Wert die Sowjetunion einer Entspannung in Deutschland zumißt und in welcher Weise es die Bundesregierung versteht, die sowjetischen Interessen mit den ihren zu koppeln. Dazu gehört, daß man sich in Bonn darüber klar wird, wie weit man den Wünschen der DDR entgegenkommen kann und wo die unüberschreitbare Grenze ist. Dann müßte eine Formel gesucht werden, die die deutsche Konzessionsbereitschaft enthält, dem Anerkennungsstreben der DDR Genüge tut und zugleich – nach dem Vorbild der deutsch-sowjetischen Verhandlungen – eine Möglichkeit bietet, an der deutschen Option auf spätere Wiedervereinigung im Rahmen einer europäischen Friedensordnung festzuhalten.« [208a])

DER VERTRAG ZWISCHEN DER SOWJETUNION UND DER BUNDESREPUBLIK DEUTSCHLAND VOM 12. AUGUST 1970

Der Staatssekretär im Bundeskanzleramt, Egon Bahr, hielt sich in der ersten Hälfte des Jahres 1970 zu drei Gesprächsrunden mit dem sowjetischen Außenminister Andrej Gromyko in Moskau auf. Seine vorbereitenden Gespräche wurden am 22. Mai 1970 abgeschlossen. In 10 Punkten wurden die Ergebnisse des Meinungsaustausches festgelegt. Über den Inhalt dieses Papieres wurde zwischen der Bundesregierung und der Regierung der Sowjetunion Vertraulichkeit vereinbart. Diese Übereinkunft konnte nicht verhindern, daß das Bahr-Papier zum Gegenstand heftiger innenpolitischer Auseinandersetzungen wurde, in deren Verlauf es unter Bruch der Vertraulichkeit in Presseorganen des Springer-Konzerns veröffentlicht wurde.[209]) Die Bundesregierung gab am 7. Juni ihre Richtlinien für die Vertragsverhandlungen mit der Sowjetunion in 6 Punkten bekannt. Punkt 1 lautet: *»Die Beziehungen zwischen der BRD und der Sowjetunion sollen sich künftig auf den Grundsatz des Verzichts auf Drohung mit Gewalt oder der Androhung von Gewalt stützen, wie es bisher schon zwischen der BRD und den Westmächten der Fall ist. Das gilt auch für die Unverletzlichkeit der territorialen Integrität aller Staaten und Grenzen. Auch für die Meinungsverschiedenheiten oder Streitfragen, die nach Abschluß eines Gewaltverzichtsabkommens noch bestehen, muß die Drohung mit Gewalt oder die Anwendung von Gewalt ausscheiden.«* Punkt 2 lautet: *»Die Haltung der Bundesregierung zur Berlin-Frage bleibt unberührt. Es wird davon ausgegangen, daß die Vier-Mächte-Verhandlungen dazu führen, die engen Verbindungen zwischen der BRD und West-Berlin sowie den ungehinderten Zugang nach West-Berlin zu sichern. Ohne eine solche Sicherung wird ein Gewaltverzichtsvertrag nicht in Kraft treten können.«* [210]) Die Verhandlungen über den deutsch-sowjetischen Vertrag wurden vom 26. Juli bis 7. August 1970 von Delegationen unter Leitung der Außenminister Andrej Gromyko und Walter Scheel geführt. Sie endeten mit der am 7. August erfolgten Paraphierung des Vertrages zwischen der Bundesrepublik Deutschland und der Union der Sozialistischen Sowjetrepubliken. Gleichzeitig tauschten die Delegationen paraphierte Papiere mit den durch den Vertrag nicht erledigten Punkten des »Bahr-Papiers« aus. [211]) In Noten vom gleichen Tag an die Regierungen

Frankreichs, Großbritanniens und der Vereinigten Staaten von Amerika erklärte die Bundesregierung, daß die Frage der Rechte und Verantwortlichkeiten der vier Mächte in bezug auf Deutschland als Ganzes und Berlin nach Ansicht beider vertragschließenden Seiten durch den Vertrag nicht berührt wird.[212])

Bundeskanzler Brandt reiste am 11. August nach Moskau, wo der Vertrag am 12. August im Beisein des Generalsekretärs des ZK der KPdSU, Leonid Breschnew, von den Regierungschefs Willy Brandt und Alexej Kossygin sowie den beiden Außenministern Scheel und Gromyko unterzeichnet wurde. Der Vertrag enthält eine Präambel, die Bezug nimmt auf den Abschluß des Abkommens vom 13. September 1955 über die Aufnahme diplomatischer Beziehungen zwischen beiden Staaten, und 5 Artikel. Artikel 5 regelt die Ratifikation und den Austausch der Ratifikationsurkunden. Die Artikel 1–4 haben folgenden Wortlaut:

»Artikel 1

Die Bundesrepublik Deutschland und die Union der Sozialistischen Sowjetrepubliken betrachten es als wichtiges Ziel ihrer Politik, den internationalen Frieden aufrechtzuerhalten und die Entspannung zu erreichen. Sie bekunden ihr Bestreben, die Normalisierung der Lage in Europa und die Entwicklung friedlicher Beziehungen zwischen allen europäischen Staaten zu fördern und gehen dabei von der in diesem Raum bestehenden wirklichen Lage aus.

Artikel 2

Die Bundesrepublik Deutschland und die Union der Sozialistischen Sowjetrepubliken werden sich in ihren gegenseitigen Beziehungen sowie in Fragen der Gewährleistung der europäischen und der internationalen Sicherheit von den Zielen und Grundsätzen, die in der Charta der Vereinten Nationen niedergelegt sind, leiten lassen. Demgemäß werden sie ihre Streitfragen ausschließlich mit friedlichen Mitteln lösen und übernehmen die Verpflichtung, sich in Fragen, die die Sicherheit in Europa und die internationale Sicherheit berühren, sowie in ihren gegenseitigen Beziehungen gemäß Artikel 2 der Charta der Vereinten Nationen der Drohung mit Gewalt oder der Anwendung von Gewalt zu enthalten.

Artikel 3

In Übereinstimmung mit den vorstehenden Zielen und Prinzipien stimmen die Bundesrepublik Deutschland und die Union der Sozialistischen Sowjetrepubliken in der Erkenntnis überein, daß der Friede in Europa nur erhalten werden kann, wenn niemand die gegenwärtigen Grenzen antastet.

Sie verpflichten sich, die territoriale Integrität aller Staaten in Europa in ihren heutigen Grenzen uneingeschränkt zu achten;

sie erklären, daß sie keine Gebietsansprüche gegen irgend jemand haben und solche in Zukunft auch nicht erheben werden;

sie betrachten heute und künftig die Grenzen aller Staaten in Europa als unverletzlich, wie sie am Tage der Unterzeichnung dieses Vertrages verlaufen, einschließlich der Oder-Neiße-Linie, die die Westgrenze der Volksrepublik Polen bildet, und der Grenze zwischen der Bundesrepublik Deutschland und der Deutschen Demokratischen Republik.

Artikel 4

Dieser Vertrag zwischen der Bundesrepublik Deutschland und der Union der Sozialistischen Sowjetrepubliken berührt nicht die von ihnen früher abgeschlossenen zweiseitigen und mehrseitigen Verträge und Vereinbarungen.« [213])
Anläßlich der Unterzeichnung des Vertrages wurde der sowjetischen Regierung ein Brief des Bundesministers Scheel überreicht, in dem dieser feststellte, daß der Vertrag nicht im Widerspruch zu dem politischen Ziel der Bundesrepublik Deutschland steht, *»auf einen Zustand des Friedens in Europa hinzuwirken, in dem das deutsche Volk in freier Selbstbestimmung seine Einheit wiedererlangt«.*[214]) Der Bundeskanzler führte während seines Besuches ein mehrstündiges Gespräch mit Generalsekretär Breschnew und Unterredungen mit dem Vorsitzenden des Ministerrats der UdSSR, Kossygin. In Tischreden anläßlich eines Banketts würdigten beide Regierungschefs die Unterzeichnung des Vertrages als einen neuen Anfang in den Beziehungen zwischen beiden Ländern. Vor der Bundespressekonferenz erklärte Bundeskanzler Brandt am 14. August: *»Der Vertrag wird niemandem schaden. Er kann viel nützen.«* Im Anschluß daran erklärte er die nach seiner Auffassung wichtigsten Probleme. Er bekannte sich zu dem Ziel, *»mit friedlichen Mitteln um die deutsche Einheit bemüht zu sein und sie nach Möglichkeit herbeizuführen«*. Er betonte die Bedeutung des Ausbaus der wirtschaftlichen Beziehungen zwischen der BRD und der UdSSR und er sprach von dem Versuch, *»zwischen Ost und West von der Konfrontation zur Kooperation zu kommen«*. [215]) Vor und nach der Unterzeichnung des Vertrages kam es zu einer zum Teil leidenschaftlich geführten Diskussion über dessen politische Bedeutung sowohl für die Bundesrepublik Deutschland als für Deutschland als Ganzes. Die CDU/CSU griff als Opposition vor allem in parlamentarischen Debatten immer wieder die damit verbundenen Fragen auf.[216])

DER VERTRAG ZWISCHEN DER VOLKSREPUBLIK POLEN UND DER BUNDESREPUBLIK DEUTSCHLAND VOM 7. DEZEMBER 1970

Im Februar 1970 wurden Gespräche zwischen der Bundesrepublik Deutschland und der Volksrepublik Polen aufgenommen. Sie gerieten vorübergehend in zeitliche Verzögerung, da die Gesprächspartner den Abschluß des deutsch-sowjetischen Vertrages abwarten wollten. Am 7. Oktober 1970 wurde nach einer zweitägigen Gesprächsrunde in Bonn amtlich mitgeteilt, daß angesichts des fortgeschrittenen Standes der Gespräche vereinbart worden sei, die Beratungen Anfang November in Warschau auf Außenministerebene fortzusetzen. Die von den Außenministern Scheel und Jedrychowski geleiteten Delegationen einigten sich am 14. November über den Vertragstext und die dazugehörigen Papiere. Sie wurden am 18. November paraphiert und am 20. November veröffentlicht.[217]) In einer Rundfunk- und Fernsehansprache äußerte sich Bundeskanzler Brandt zu dem deutsch-polnischen Vertrag, indem er auf seine besonderen menschlichen Schwierigkeiten einging: *»Wer seine Angehörigen verloren hat, wem seine Heimat genommen wurde, der wird nur* *schwer vergessen können, und wir anderen müssen Verständnis und Achtung aufbringen für eine Last, die für uns alle mitgetragen wird. Trotzdem muß ich gerade in dieser Stunde die heimatvertriebenen Landsleute bitten, nicht in Bitterkeit zu verharren, sondern den Blick in die Zukunft zu richten.«* Brandt versicherte: *»Ich bin für den Vertrag mit der Volksrepublik Polen, weil er das Fundament für eine friedliche Zukunft schafft. Er gibt uns die Möglichkeit für die Verständigung und der Zusammenarbeit. Dem polnischen Volk gibt der Vertrag die Gewißheit, daß es in gesicherten Grenzen leben kann und daß, was an uns liegt, in Europa das Prinzip des Gewaltverzichts gelten soll.«* [218]) Die CDU/CSU-Bundestagsfraktion lehnte die Aufforderung ab, einen Beobachter sowohl zu den Verhandlungen als auch zur Unterzeichnung des Vertrages zu entsenden. Sie brachte zwei Tage vor der Reise des Bundeskanzlers nach Warschau im 6. Deutschen Bundestag einen Antrag ein, in dem sie ihre eigenen Vorstellungen über eine Aussöhnung mit dem polnischen Volk darlegte.[219])

Bundeskanzler Brandt und Außenminister Scheel reisten am 6. Dezember zur Vertragsunterzeichnung nach Warschau. In ihrer Begleitung befanden sich Vertreter des öffentlichen, wirtschaftlichen und kulturellen Lebens der Bundesrepublik Deutschland. Die Unterzeichnung des Vertrages zwischen der Bundesrepublik Deutschland und der Volksrepublik Polen über die Grundlagen der Normalisierung ihrer gegenseitigen Beziehungen erfolgte am 7. Dezember 1970. Der Vertrag umfaßt eine Präambel und 5 Artikel. Die Präambel bringt den Wunsch nach einem neuen Anfang zum Ausdruck. Artikel V regelt die Ratifizierung. Die Artikel I – IV lauten:

»Artikel I

(1) Die Bundesrepublik Deutschland und die Volksrepublik Polen stellen übereinstimmend fest, daß die bestehende Grenzlinie, deren Verlauf im Kapitel IX der Beschlüsse der Potsdamer Konferenz vom 2. August 1945 von der Ostsee unmittelbar westlich von Swinemünde und von dort die Oder entlang bis zur Einmündung der Lausitzer Neiße und die Lausitzer Neiße entlang bis zur Grenze mit der Tschechoslowakei festgelegt worden ist, die westliche Staatsgrenze der Volksrepublik Polen bildet. (2) Sie bekräftigen die Unverletzlichkeit ihrer bestehenden Grenzen jetzt und in der Zukunft und verpflichten sich gegenseitig zur uneingeschränkten Achtung ihrer territorialen Integrität. (3) Sie erklären, daß sie gegeneinander keinerlei Gebietsansprüche haben und solche auch in Zukunft nicht erheben werden.

Artikel II

(1) Die Bundesrepublik Deutschland und die Volksrepublik Polen werden sich in ihren gegenseitigen Beziehungen sowie in Fragen der Gewährleistung der Sicherheit in Europa und in der Welt von den Zielen und Grundsätzen, die in der Charta der Vereinten Nationen niedergelegt sind, leiten lassen. (2) Demgemäß werden sie entsprechend den Artikeln 1 und 2 der Charta der Vereinten Nationen alle ihre Streitfragen ausschließlich mit friedlichen Mitteln lösen und sich in Fragen, die die europäische und internationale Sicherheit berühren, sowie in ihren gegenseitigen Beziehungen der Drohung mit Gewalt oder der Anwendung von Gewalt enthalten.

Artikel III

(1) Die Bundesrepublik Deutschland und die Volksrepublik Polen werden weitere Schritte zur vollen Normalisierung und umfassenden Entwicklung ihrer gegenseitigen Beziehungen unternehmen, deren feste Grundlage dieser Vertrag bildet.
(2) Sie stimmen darin überein, daß eine Erweiterung ihrer Zusammenarbeit im Bereich der wirtschaftlichen, wissenschaftlichen, wissenschaftlich-technischen, kulturellen und sonstigen Beziehungen in ihrem beiderseitigen Interesse liegt.

Artikel IV

Dieser Vertrag berührt nicht die von den Parteien früher geschlossenen oder sie betreffenden zweiseitigen oder mehrseitigen internationalen Vereinbarungen.« [220])
Am Tage der Unterzeichnung sprach Bundeskanzler Brandt von Warschau aus über alle Rundfunk- und Fernsehsender in der Bundesrepublik Deutschland, indem er erneut auf die menschliche, politische und historische Problematik einging: *»Dieser Vertrag bedeutet nicht, daß wir Unrecht anerkennen oder Gewalttaten rechtfertigen. Er bedeutet nicht, daß wir Vertreibung nachträglich legitimieren.«* Er brachte seine Verbundenheit mit dem Leid, das sich beide Völker zugefügt hatten, zum Ausdruck, fügte jedoch hinzu: *»Das Ja zu diesem Vertrag, zur Aussöhnung, zum Frieden, ist ein Bekenntnis zur deutschen Gesamtgeschichte. Ein klares Geschichtsbewußtsein duldet keine unerfüllbaren Ansprüche. Es duldet auch nicht jene ›geheimen Vorbehalte‹, vor denen der Ostpreuße Immanuel Kant in seiner Schrift ›Zum ewigen Frieden‹ gewarnt hat. Wir müssen unseren Blick in die Zukunft richten und die Moral als politische Kraft erkennen. Wir müssen die Kette des Unrechts durchbrechen. Indem wir dies tun, betreiben wir keine Politik des Verzichts, sondern eine Politik der Vernunft.«*[221])
Die Billigung beider Verträge, des deutsch-sowjetischen und des deutsch-polnischen, durch den Deutschen Bundestag sollte nach allgemeiner Erklärung beantragt werden, sobald eine Berlin-Regelung, Gegenstand von Vier-Mächte-Verhandlungen (– vgl. Seite 154 ff.), erreicht war.[222]) Am 3. September 1971 kam ein Viermächteabkommen über Berlin zustande [222]), das am 17. Dezember 1971 durch eine Berlin-Regelung ergänzt wurde.[222]) Die Bundesregierung legte hierauf die beiden »Ostverträge« zunächst dem Bundesrat vor, der sie am 9. Februar 1972 im ersten Durchgang behandelte. Die erste Lesung der Verträge im Bundestag fand vom 23.–25. Februar 1972 statt. Die Schlußabstimmungen werden für Mai 1972 erwartet.

Berlin

DIE ENTWICKLUNG NACH DEM MAUERBAU (13. AUGUST 1961)

Die Auswirkungen der durch den Bau der Mauer am 13. August 1961 vorgenommenen Abschnürung traten in der Entwicklung Berlins immer deutlicher in Erscheinung. Ost-Berlin integrierte sich in noch stärkerem und schnellerem Maße wie vor dem 13. August 1961 in die DDR, – West-Berlin geriet, da seine Kontakte zu Ost-Berlin durchtrennt waren, in eine Isolierung. Der Verkehr zwischen den beiden Teilen der Stadt kam so gut wie völlig zum Erliegen. Die Überwindung dieser Situation betrachtete der Regierende Bürgermeister von Berlin, Willy Brandt (SPD), als seine vornehmste Aufgabe. Seine Bemühungen gingen vor allem in drei Richtungen; er war bestrebt, die wirtschaftliche Basis von West-Berlin zu erweitern; durch politische Vorschläge warb er für den Abbau der durch die neue Situation hervorgerufenen Spannungen; schließlich versuchte er in der Bundesrepublik Deutschland politische und menschliche Verantwortung für West-Berlin zu wecken. Die Schutzmächte von West-Berlin, Frankreich, Großbritannien und die Vereinigten Staaten von Amerika, und auch die Bundesrepublik Deutschland versicherten immer wieder, den Status von West-Berlin nicht verändern zu lassen. Der Stärkung des politischen und moralischen Lebenswillens der Stadt dienten die Besuche von Präsident Kennedy (1962), der Königin Elisabeth II. von Großbritannien (1965), der Bundespräsidenten und der Bundeskanzler, die die Präsenz der Schutzmächte und des Bundes in Berlin nachdrücklich unterstrichen.

DAS ERSTE PASSIERSCHEINABKOMMEN (1963)

Als ein Zeichen der Hoffnung wurde die am 5. Dezember 1963 erklärte Bereitschaft der Regierung der DDR[1]) gewertet, mit Vertretern des Senats von Berlin eine Regelung zu vereinbaren, aufgrund der es den Bewohnern von Berlin gestattet werden sollte, ihre in Ost-Berlin wohnenden nächsten Verwandten zu Weihnachten 1963 und an der Jahreswende 1963/64 zu besuchen. Die Verhandlungen wurden zwischen dem 5. und 17. Dezember von Staatssekretär Erich Wendt für die Regierung der DDR und von Senatsrat Korber für den Senat von Berlin geführt. Sie endeten mit der Unterzeichnung eines mit einer Anlage versehenen Protokolls: *»Nach einem Meinungsaustausch, der durch einen Brief des Stellvertreters des Vorsitzenden des Ministerrates der DDR, Herrn Alexander Abusch, vom 5. Dezember 1963 an den Regierenden Bürgermeister von Berlin, Herrn Willy Brandt, eingeleitet wurde, sind Staatssekretär Erich Wendt und Senatsrat Horst Korber vom 12. bis 17. Dezember 1963 zu sieben Besprechungen über die Ausgabe von Passierscheinen für Bewohner von Berlin (West) zum Besuch ihrer Verwandten in Berlin (Ost)/Hauptstadt der DDR in der Zeit vom 19. Dezember 1963 bis 5. Ja-*

nuar 1964 zusammengekommen. Ungeachtet der unterschiedlichen politischen und rechtlichen Standpunkte ließen sich beide Seiten davon leiten, daß es möglich sein sollte, dieses humanitäre Anliegen zu verwirklichen. In den Besprechungen, die abwechselnd in Berlin (West) und Berlin (Ost)*/Hauptstadt der DDR stattfanden, wurde die als Anlage beigefügte Übereinkunft erzielt. Beide Seiten stellten fest, daß eine Einigung über gemeinsame Orts-, Behörden- und Amtsbezeichnungen nicht erzielt werden konnte. Dieses Protokoll mit seiner Anlage wird von beiden Seiten gleichlautend veröffentlicht.«*[2]) Das beigenommene Protokoll regelte die Ausgabe von Passierscheinen. Es ermöglichte in der Zeit vom 19. Dezember 1963 bis zum 5. Januar 1964 über 1,2 Millionen Westberlinern, ihre Verwandten in Ost-Berlin zu besuchen.

Der erste Stellvertreter des Vorsitzenden des Ministerrats der DDR, Willi Stoph, richtete am 4. Januar 1964 an den Regierenden Bürgermeister ein Schreiben, in dem er ihn zu Beratungen über die gemeinsam interessierenden Fragen aufforderte.[3]) Obwohl Brandt den Brief Stophs unbeantwortet ließ, nahm Staatssekretär Wendt am 17. Januar 1964 zu den von Senatsrat Korber am 3. Januar unterbreiteten Vorschlägen zur Weiterführung der Passierschein-Aktion Stellung, wobei er ausführlich die Auffassungen der DDR darlegte. Den Abbau des Kalten Krieges, *»der von West-Berlin aus gegen die DDR betrieben wird«*, bezeichnete er dabei als von außerordentlichem Nutzen für die laufenden Verhandlungen. Gleichzeitig stellte er jedoch fest: *»Bei der Durchführung der Passierschein-Übereinkunft während der Weihnachts- und Neujahrsfeiertage wurde die Deutsche Demokratische Republik insbesondere durch Währungsspekulationen wirtschaftlich geschädigt. Außerdem wurde durch Agentenorganisationen in West-Berlin versucht, den geordneten Ablauf des Besucherverkehrs zu stören und die Passierschein-Übereinkunft für ungesetzliche Handlungen zu mißbrauchen. Die Regierung der DDR geht daher davon aus, daß die von ihr vorgeschlagenen Vereinbarungen nicht mißbraucht werden und nicht zu Lasten der DDR und ihrer Bürger gehen dürfen.«* Im Anschluß unterbreitete er die Vorstellungen der Regierung der DDR für die Verlängerung der Gültigkeit des Passierschein-Protokolls vom 17. Dezember 1963. Gleichzeitig legte er den Entwurf eines entsprechenden Protokolls vor.[4]) Im Auftrag des Senats von Berlin unterbreitete Senatsrat Korber am 24. Januar Gegenvorschläge, die u. a. vorsahen, daß Passierscheine für alle Einwohner von West-Berlin, und zwar als Dauerpassierscheine mit einer Gültigkeit von 12 Monaten, ausgegeben werden und Passierschein-Annahme- und Ausgabestellen in West-Berlin eingerichtet werden sollten, die vom Senat von Berlin mit Angehörigen des öffentlichen Dienstes zu besetzen wären.[5]) Bei den über beide Vorschläge geführten Verhandlungen brachte Staatssekretär Wendt am 13. Februar sein Bedauern darüber zum Ausdruck, daß es angesichts der Haltung des Senats von Berlin offenbar im Augenblick nicht möglich sei, die Vorschläge der DDR vom 17. Januar zu verwirklichen. Er schlug deshalb eine kurzfristige Passierschein-Übereinkunft für Ostern 1964 vor, wofür er einen Protokollentwurf unterbreitete.[6])

In einer gemeinsamen Erklärung der Bundesregierung und des Senats von Berlin vom 14. Februar wurden die Forderungen und Erwartungen, die die DDR im Zusammenhang mit der Erneuerung der Passierschein-Übereinkunft geäußert hatte, abgelehnt.[7]) Sowohl der Stellvertreter des Vorsitzenden des Ministerrates der DDR,

Alexander Abusch, als auch der Staatssekretär im Bundesministerium für gesamtdeutsche Fragen, Carl Krautwig, gingen am 15. Februar 1964 ausführlich auf die dadurch gestellte Problematik ein. Sie schoben sich wechselseitig die Schuld für das Scheitern der Bemühungen, auch für Ostern 1964 eine Passierschein-Übereinkunft zu treffen, zu.[8]) Daß es trotz der gemeinsamen Erklärung vom 14. Februar in der Passierschein-Frage Meinungsverschiedenheiten zwischen der Bundesregierung und dem Senat von Berlin gab, machte Willy Brandt in einer am 28. Februar im Hessischen Rundfunk gehaltenen Ansprache sichtbar. Er würdigte die Auseinandersetzungen, sprach die politischen und rechtlichen Probleme an und erläuterte den Standpunkt des Senats von Berlin: *»Leider ist es in diesem Zusammenhang zu sachfremden Vorwürfen und Verdächtigungen gekommen. Mir liegt daran, in aller Klarheit festzustellen: der Senat ist kein verlängerter Arm der SPD. Ebensowenig darf die Bundesregierung zum verlängerten Arm der Berliner CDU gemacht werden. Die Frage der Verbindungen zu den Menschen im anderen Teil unseres Landes steht zu hoch, als daß daraus parteipolitische Auseinandersetzungen gemacht werden dürfen.«* Im Anschluß daran nannte Brandt für weitere Gespräche und Regelungen drei Grundsätze: *»1. Die gewachsenen und verfassungsmäßig verankerten Bindungen zwischen Bonn und Berlin müssen ungeschmälert erhalten bleiben. 2. Die Rechte und Pflichten der Schutzmächte dürfen nicht angetastet werden. 3. Es darf keine Regelung geben, die eine Anerkennung der Zone bedeutet.«* Brandt fuhr fort: *»Wir müssen an diese Fragen ohne Illusion herangehen, klar und fest in der Sache. Aber wir können nicht warten, bis Wunder geschehen. Jede mögliche Anstrengung muß unternommen werden, um im kleinen aufzulockern und voranzukommen, solange größere Leistungen uns vorenthalten werden. Das Mögliche und das Verantwortbare muß den Spaltern unseres Volkes abgetrotzt werden.«*[9]) Brandts Ausführungen veranlaßten die Bundesregierung zu einer Erwiderung, in der sie vor allem den Eindruck, der freie Teil Deutschlands habe bisher ohne Konzeption gehandelt, zurückwies: *»Der Regierende Bürgermeister muß offenbar daran erinnert werden, daß die derzeitige Unterbrechung der Passierschein-Verhandlungen nur eine Ursache hat, nämlich die mangelnde Bereitschaft der Machthaber in Ost-Berlin, den einfachsten Erfordernissen der Menschheit Rechnung zu tragen und einer wirklich humanitären Lösung zuzustimmen. Die deutsche Politik braucht auch keine neue Konzeption.«*[10]) In einem Gespräch zwischen Bundeskanzler Erhard und dem Regierenden Bürgermeister Brandt am 6. März wurden die Meinungsverschiedenheiten beigelegt. Eine Passierschein-Übereinkunft für Ostern 1964 kam nicht zustande.[11])

SOWJETISCHER PROTEST GEGEN DIE EINBERUFUNG DER BUNDESVERSAMMLUNG 1964 NACH BERLIN

Die Absicht von Bundestagspräsident Gerstenmaier, die Bundesversammlung zur Wahl des Bundespräsidenten nach Berlin einzuberufen, veranlaßte die Regierung der Sowjetunion, erstmals am 22. April bei den Regierungen Frankreichs, Großbritanniens und der Vereinigten Staaten von Amerika zu protestieren.[12]) Diese wiesen in ihren Antwortnoten vom 13. Juni die Bedenken der Sowjetunion als unbegründet zurück; der Ablauf der früheren Wahlen eines Bundespräsidenten in Berlin in den Jahren 1954 und 1959 habe gezeigt, daß hierdurch keine krisenhafte Situation herbeigeführt werde.[13]) Erneut protestierte die Sowjetunion am 25. Juni gegen die geplante Wahl des Bundespräsidenten in Berlin, wobei sie erklärte, daß West-Berlin nicht zur Bundesrepublik Deutschland gehöre. Die Geschichte habe bisher noch kein Beispiel gekannt, daß ein Parlament zur Wahl des Präsidenten das eigene Land verlassen hätte und ins Ausland gereist wäre. Erst nach der am 1. Juli erfolgten Wahl des Bundespräsidenten, der Wiederwahl des Bundespräsidenten Lübke, wiesen Frankreich, Großbritannien und die Vereinigten Staaten von Amerika die Protestnoten der Sowjetunion als unbegründet zurück.[14])

Am 26. Juni 1964 hielt der amerikanische Justizminister Robert Kennedy in der Freien Universität zu Berlin eine Rede, in der er erneut die Bereitschaft der Vereinigten Staaten von Amerika, Berlin zu verteidigen, wiederholte: »*Wiederholt hat mein Land sich zur Unterstützung der Verteidigung des freien Berlins verpflichtet. Wir sind stolz darauf, an dieser Verteidigung teilzuhaben, nicht nur durch jene Amerikaner, die hier in dieser Stadt Soldaten sind, sondern durch alle, die anderswo in Deutschland auf Posten stehen, und durch ihre Kameraden in den Vereinigten Staaten. Sie stehen hier nicht nur im Interesse Berlins, sondern auch in unserem und im Interesse einer friedlichen Welt, denn wir, die wir jenseits des Ozeans leben, haben zweimal in diesem Jahrhundert gelernt, daß eine Aggression in Europa einen Angriff auf die Vereinigten Staaten bedeutet. Die Anwesenheit amerikanischer Truppen in Europa ist eine sichtbare Garantie der Tatsache, daß wir – wie Präsident Kennedy im vergangenen Jahr in Frankfurt sagte – unsere Städte riskieren werden, um Ihre zu verteidigen. Und diese amerikanische Armee wird solange in Deutschland bleiben, wie sie bei der Verteidigung der Freiheit eine Rolle zu spielen hat.*«[15])

Am dritten Jahrestag der Errichtung der Berliner Mauer wurden auf Veranlassung des Regierenden Bürgermeisters darüber Daten veröffentlicht: Länge der Mauer: 15 km, Ausdehnung der Drahtsperren: 130 km, Bunker- und Schützenstellungen: 2,32 km, Beobachtungstürme: 165, stationäre Ostlautsprecher: 61, Zahl der Grenztruppen: 14 000, Aktionen mit gebrauchter Schußwaffe: 833, Einsatz von Tränengas: 412mal, West-Berliner Antwort mit Tränengas: 124mal, Festnahmen an der Mauer und an der Berliner Zonengrenze: 1 897, Haftstrafen wegen Beteiligung an Fluchtunternehmung: rund 6 000 Jahre, Haftstrafen für Fluchthelfer: rund 1 000 Jahre, registrierte Erschossene: 52, registrierte Schwerverletzte: 34.[16])

DAS ZWEITE PASSIERSCHEIN-ABKOMMEN (1964)

Aufgrund erneuter Verhandlungen unterzeichneten am 24. September 1964 Staatssekretär Wendt und Senatsrat Korber ein Protokoll nebst Durchführungsbestimmungen über eine neue Passierschein-Übereinkunft mit einer Gültigkeitsdauer von zwölf Monaten. Detaillierte Durchführungsbestimmungen regelten den Vollzug der vier Besuchsperioden.[17]) Der Senat von Berlin, die Stadtkommandanten von Berlin und auch die Bundesregierung begrüßten die Vereinbarung. In ihrer Stellungnahme erklärte die Bundesregierung, die Bedeutung der Regelung liege auf menschlichem Gebiet.[18]) Für die erste Besuchsperiode vom 30. Oktober bis 12. November wurden rund 600 000 Passierscheine ausgegeben. Die Zahl der ausgestellten Passierscheine während der zweiten Besuchsperiode vom 19. Dezember 1964 bis 3. Januar 1965 betrug 821 000. An Ostern 1965 besuchten 581 400 Westberliner Verwandte in Ost-Berlin. An Pfingsten statteten 501 515 Westberliner Verwandten in Ost-Berlin einen Besuch ab. An Ostern 1965 ließen 11,26 v. H. und an Pfingsten 1965 21,5 v. H. der Antragsteller ihren Passierschein verfallen.

Die scharfe Bewachung der Grenze, die immer wieder Opfer forderte, veranlaßte die Erkundung anderer Fluchtwege. Vom 3. bis 5. Oktober 1964 gelang es 57 Flüchtlingen, durch einen 140 m langen Tunnel nach West-Berlin zu flüchten. Bei der Entdeckung des Tunnels wurde ein Unteroffizier der Nationalen Volksarmee (NVA) erschossen.

Am 7. April 1965 hielt der Deutsche Bundestag eine Plenarsitzung ab, wozu am 15. März die drei westlichen Schutzmächte ihre Zustimmung erteilt hatten. Die Behörden der DDR untersagten den Mitgliedern des Bundestages die Anreise nach Berlin zu Lande. Gemeinsam mit Truppen der Sowjetunion sperrten sie vorübergehend den Interzonenverkehr auf Straße, Schiene und Wasser. Der sowjetische Vertreter in der Vier-Mächte-Luftsicherheitszentrale teilte mit, daß Luftmanöver auch in den Luftkorridoren nach Berlin stattfinden würden, weshalb die Sicherheit des Flugverkehrs nicht mehr gewährleistet sei. Am Tage der Plenarsitzung überflogen Flugzeuge der Sowjetunion und der DDR West-Berlin. Der sich anschließende Notenwechsel zwischen den vier Mächten war ergebnislos.

Die augenscheinlich gewordene Gefährdung Berlins veranlaßte den Regierenden Bürgermeister, sich in einer Pressekonferenz am 9. April 1965 erneut für die Errichtung einer Internationalen Zugangsbehörde zur Sicherung des freien Zugangs von Berlin auszusprechen. Diese solle auf vertraglicher Grundlage von den vier für Deutschland verantwortlichen Mächten errichtet werden. Die Behörden der Bundesrepublik Deutschland und der DDR sowie des Westberliner Senats und des Ostberliner Magistrats sollten in geeigneter Weise zur Verwaltung des Korridors herangezogen werden.[19])

DAS DRITTE UND VIERTE PASSIERSCHEIN-ABKOMMEN

Am 21. Juni 1965 fand ein erstes Kontaktgespräch über die Fortsetzung der Passierschein-Regelung zwischen Senatsrat Korber und Staatssekretär Kohl, der als Nachfolger des inzwischen verstorbenen Staatssekretärs Wendt die DDR vertrat, statt. Die Verhandlungen begannen mit Meinungsverschiedenheiten über Formalitäten. Den vom Vertreter der DDR vorgelegten Entwurf einer kurzfristigen Passierschein-Übereinkunft lehnte die Bundesregierung am 18. August ab. In einer Aussprache zwischen Bundeskanzler Erhard und dem Regierenden Bürgermeister von Berlin,

Brandt, wurde vereinbart, Passierschein-Gespräche auf einen Termin nach den Bundestagswahlen zu verschieben.[20]) Die darüber am 24. September geführten Verhandlungen waren ergebnislos. Am 2. Oktober gaben die Bundesregierung und der Senat von Berlin das Scheitern der Gespräche über eine Verlängerung der Passierschein-Übereinkunft bekannt. Die trotzdem weitergeführten Gespräche führten am 25. November 1965 zur Unterzeichnung der dritten Passierschein-Übereinkunft; auch sie bestand aus einem Protokoll und Durchführungsbestimmungen.[21]) Die Geltungsdauer war vom 25. November 1965 bis 31. März 1966 festgelegt. Im Rahmen dieses Abkommens besuchten in der Zeit vom 18. Dezember 1965 bis 2. Januar 1966 823 904 Westberliner ihre Verwandten in Ost-Berlin. Etwa 150 000 genehmigte und abgeholte Passierscheine blieben ungenutzt.

Auf der Grundlage des dritten Passierschein-Abkommens wurde am 7. März 1966 das vierte Passierschein-Abkommen für Verwandtenbesuche für die Zeit vom 7. März bis 30. Juni 1966 unterzeichnet. In der Osterperiode besuchten 510 433 Westberliner Verwandte in Ost-Berlin. In der Pfingstperiode betrug die Zahl der Besucher aus West-Berlin 467 885.

Der Prüfung der Fortsetzung der Passierschein-Regelung galt eine Zusammenkunft von Senatsrat Korber und Staatssekretär Kohl am 26. Oktober 1966. Kohl gab dabei eine Erklärung ab, in der er betonte: *»Wer normale menschliche Beziehungen will, muß auch normale staatliche Beziehungen wollen. Wer normale staatliche Beziehungen hintertreibt, verhindert damit auch normale menschliche Beziehungen.«* Senatsrat Korber wies die Erklärung nachdrücklich zurück.[22])

WECHSEL IM AMT DES REGIERENDEN BÜRGERMEISTERS

Der Eintritt Willy Brandts in die Bundesregierung der Großen Koalition als Außenminister machte eine Neubesetzung des Amtes des Regierenden Bürgermeisters von Berlin erforderlich. Ein außerordentlicher Landesparteitag der SPD nominierte am 10. Dezember 1966 dafür mit 166 von 230 abgegebenen Stimmen gegen 42 Stimmen bei 22 Enthaltungen den bisherigen Bürgermeister von Berlin, Pastor Heinrich Albertz. In einer Ansprache betonte der Nominierte, daß er zwar die Kontinuität der Politik der Regierenden Bürgermeister von Ernst Reuter über Otto Suhr bis zu Willy Brandt wahren, aber daneben insbesondere daran denken wolle, daß der Regierende Bürgermeister von Berlin in erster Linie Bürgermeister einer großen Stadt sei. Die zusätzliche Funktion des Ministerpräsidenten eines deutschen Landes sei aufgezwungen worden, indem Preußen zerschlagen wurde und nichts übrig blieb als die Hauptstadt Preußens. Das Berliner Abgeordnetenhaus wählte am 14. Dezember Heinrich Albertz mit 86 gegen 39 Stimmen bei 2 ungültigen Stimmen und 3 Enthaltungen zum neuen Regierenden Bürgermeister. Nach seiner Wahl erklärte Albertz, vor den Neuwahlen am 12. März 1967 wolle er keine personellen Veränderungen im Senat vornehmen.[23])

Der Wechsel im Amt des Regierenden Bürgermeisters erfolgte im Höhepunkt einer

Kontroverse über die Fortsetzung eines neuen Passierschein-Abkommens. Die Diskussion darüber veranlaßte den neu gewählten Regierenden Bürgermeister, Albertz, am 14. Dezember 1966 festzustellen, daß mit einer Passierschein-Regelung zur Jahreswende 1966/67 nicht zu rechnen sei: *»Ich erkläre hier für den Senat und, wie ich annehme, für das ganze Haus, daß wir politische Geschäfte mit Menschen nicht machen werden.«* [24])
Diese Situation veranlaßte die Regierung der DDR, am 12. Januar 1967 eine vertragslose Verlängerung der seit der Passierschein-Übereinkunft bestehenden Passierschein-Stelle für dringende Familienangelegenheiten für zwei Monate anzubieten. Albertz begrüßte diese Entscheidung, bedauerte jedoch ihre zeitliche Beschränkung. Diese kam durch automatische Verlängerung schließlich in Wegfall, so daß die Passierschein-Stelle für dringende Familienangelegenheiten zu einer beständigen Einrichtung wurde. In der Zeit vom 1. Oktober 1966 bis 31. Januar 1967 wurden von ihr insgesamt 46 753 Passierscheine ausgegeben.
Sitzungen von Ausschüssen des Bundestages und Besprechungen des Bundeskabinetts in Berlin steigerten die Proteste der Regierung der Sowjetunion, denen sich die Regierung der DDR anschloß. Die Massenmedien beider Staaten unterstützten diese Aktionen, indem sie sowohl Frankreich, Großbritannien und den Vereinigten Staaten von Amerika als auch der Bundesrepublik Deutschland vorwarfen, in Berlin *»aggressive Handlungen«* vorzunehmen; sie verfolgten damit die erkennbare und von ihnen auch offen zugegebene Absicht, West-Berlin als besondere politische Einheit von der Bundesrepublik Deutschland zu isolieren.

NEUWAHL DES ABGEORDNETENHAUSES VOM 12. MÄRZ 1967

Bei den Neuwahlen des Abgeordnetenhauses am 12. März 1967 erlitt die SPD zwar Verluste, behauptete jedoch ihre absolute Mehrheit (1967: 56,9, 1963: 61,9 v. H. der abgegebenen gültigen Stimmen). Die CDU gewann Stimmen (1967: 32,9, 1963: 28,8 v. H. der abgegebenen gültigen Stimmen). Die FDP erlitt einen geringen Stimmenverlust (1967: 7,1, 1963: 7,9 v. H. der abgegebenen gültigen Stimmen). Obwohl im Besitz der absoluten Mehrheit, bildete Heinrich Albertz, am 6. April 1967 erneut zum Regierenden Bürgermeister gewählt, eine Koalition aus SPD und FDP.
In den Mittelpunkt des allgemeinen Interesses geriet Berlin durch die Protestaktionen anläßlich des Besuches des Schahinschah Mohammed Reza Pahlewi am 2. Juni 1967. Die Erschießung des Studenten Benno Ohnesorg durch einen Beamten der Berliner Kriminalpolizei erhellte schlaglichtartig die Situation unter der studentischen Generation und die gestörten Beziehungen zwischen Berliner Senat und der studentischen Jugend. Zentrum der studentischen Protestbewegung war von Anfang an – neben Frankfurt am Main – (Freie Universität und Technische Universität) Berlin. Äußere und innere Umstände wirkten verdeutlichend und verschärfend zusammen. Vorhut der Bewegung war auch in Berlin der Sozialistische Deutsche Studentenbund (SDS). Indem er die Mehrheit im AStA (Allgemeinen Studentenausschuß) erreichte, gewann er Einfluß auf die Diskussion und auch auf die Entwicklung der Hochschul-

reform. Gerade in Berlin begnügte sich der AStA nicht mit einer Veränderung der Universität – er strebte eine Veränderung der Gesellschaft an. Diese Vorgänge beeinflußten zunächst nicht die politische Situation, wohl aber das politische Erscheinungsbild von Berlin. Sie fanden jenseits der Mauer sowohl Beifall als auch Kritik. Ein Teil der Bevölkerung von West-Berlin betrachtete sie als ein nicht in der Entwicklung der Zeit liegendes Ereignis, weshalb er dafür den Regierenden Bürgermeister verantwortlich machte. Unter dem wachsenden Druck der öffentlichen Meinung trat Heinrich Albertz zurück.

Sein Nachfolger wurde der Staatssekretär im Auswärtigen Amt, Klaus Schütz, der am 19. Oktober 1967 zum Regierenden Bürgermeister gewählt wurde. Kurz nach seinem Amtsantritt richtete Schütz am 24. Oktober an den Ostberliner Oberbürgermeister Herbert Fechner ein Schreiben, in dem er versicherte: »*Berlin ist geteilt und hat seine politischen Besonderheiten. Es ist an der Zeit, daß man so schnell wie möglich über die dringlichsten Probleme spricht, die den Menschen hier wie dort das Leben schwer machen. Daher bin ich bereit, zu jeder Zeit mit Ihnen zusammenzutreffen. Es spielt daher keine Rolle, ob unser Gespräch an Ihrem oder an meinem Amtssitz stattfindet. Falls Sie Vorgespräche notwendig halten, steht der Chef der Senatskanzlei zu einem Gespräch mit Ihrem Beauftragten zur Verfügung.*« [25]) Der Leiter des Sekretariats des Oberbürgermeisters Fechner sandte das Schreiben mit der Begründung zurück, daß »*für Verhandlungen mit dem Senat von West-Berlin allein die Regierung der Deutschen Demokratischen Republik zuständig ist*«. [26]) Klaus Schütz fand die Behandlung seines Briefes, der geöffnet und mit Eingangsstempel versehen worden war, »*komisch*«, betonte jedoch: »*Meine Bereitschaft ist vor aller Welt erklärt. Sie bleibt bestehen im Interesse der Menschen dieser Stadt. Der Oberbürgermeister ist also für Ost-Berlin nicht zuständig. Es war gut, das zu wissen. Jetzt werden wir feststellen, wer dort was zu sagen hat, und dann werden wir in aller Ruhe und ohne Illusionen weiter sehen.*« [27]) Das Zentralorgan der SED, »*Neues Deutschland*«, bemerkte am 26. Oktober: »*West-Berlin ist eine selbständige Einheit, die vom Senat unter Oberhoheit der Besatzungsbehörden regiert wird. Diese Stadt liegt auf dem Territorium der DDR. Sie gehörte nie zu Westdeutschland und wird nicht dazu gehören. Auch in West-Berlin wächst die Einsicht, die jedem vernünftigen Menschen einleuchtet: West-Berlin kann nur dann eine gesicherte Perspektive haben, wenn es die Beziehungen zu seiner Umwelt, der DDR, normalisiert.*« [28]) Erklärungen des sowjetischen Botschaftsrats Beletzki in einem Vortrag in West-Berlin [29]) und des Außenministers der DDR, Otto Winzer, in einem Fernsehinterview [30]), bestimmten Bundesaußenminister Willy Brandt, am 22. Dezember 1967 vor der Berliner Presse unter dem Hinweis, daß es auch in diesem Jahre für die Berliner keine Passierscheine geben würde, zu der Kampagne gegen West-Berlin zu erklären: »*Wer jetzt mit einer einseitigen Veränderung der Situation in Berlin droht, der setzt sich in Widerspruch zu allen Bemühungen, den Frieden in Europa sicherer zu machen. Die verschiedenartigen Auffassungen über den Status von Berlin sind bekannt. Aber es ist völlig klar, daß dies kein Hinderungsgrund zu sein braucht für praktische Lösungen und tatsächliche Verbesserungen. Die Wünsche einiger Scharfmacher in Ost-Berlin stehen dem entgegen. Aber das ändert nichts zwischen dem engen Zusammenhang von West-Berlin und der Bundesrepublik Deutschland, der auf dem Willen der betroffenen Bevölkerung beruht.*« [31])

VORSTÖSSE GEGEN DIE BUNDESPRÄSENZ

Bestrebt, ihre langfristig angelegte Berlin-Politik fortzusetzen, bemühte sich die Sowjetunion vor allem zunächst um eine Minderung der sogenannten optischen Präsenz des Bundes in Berlin. Ein entsprechendes Ersuchen unterbreitete der sowjetische Botschafter, S. K. Zarapkin, am 6. Januar 1968 Bundesaußenminister Brandt. Zarapkin brachte den Wunsch seiner Regierung zum Ausdruck, die Bundesrepublik Deutschland solle ihre »provokativen Maßnahmen in Berlin« unterlassen. Darunter versteht die Sowjetunion Besuche des Bundespräsidenten und des Bundeskanzlers und Tagungen der gesetzgebenden Körperschaften und ihrer Ausschüsse in Berlin. Der Regierende Bürgermeister von Berlin schaltete sich in diese Bestrebungen ein, indem er am 18. Januar dem sowjetischen Botschafter in der DDR, Pjotr Abrassimow, einen Besuch abstattete, um mit ihm die Situation Berlins zu besprechen. Er setzte damit die Kontakte, die Willy Brandt als Regierender Bürgermeister gepflegt hatte, fort. Bundeskanzler Kiesinger erklärte in einer Rede auf einer am 19./20. Januar abgehaltenen Tagung der Exil-CDU: *»Wenn ich nach Berlin komme, dann nicht, um Konflikte zu schaffen, sondern um einmal mehr an der Stätte der Bemühungen zur Lösung der deutschen Frage einen neuen Beitrag zu leisten. Ich bin nicht gekommen, um den Status von Berlin zu ändern, und ich wünschte, das könnte Ulbricht auch von sich sagen.«* [32]) Diese Erklärung hielt die Presse der DDR und der Sowjetunion nicht davon ab, Kiesinger wegen der *»Bonner Expansionspolitik gegenüber West-Berlin«* heftig anzugreifen. Die Parteizeitung der KPdSU, *»Prawda«*, schrieb am 20. Januar, der widerrechtliche Aufenthalt Kiesingers in West-Berlin stelle eine gegen die Sicherheit der europäischen Völker gerichtete Provokation dar, Bonn habe keinerlei Recht in West-Berlin: *»Allgemein bekannt ist auch die große finanzielle, propagandistische und materielle Unterstützung, die von bestimmten Kreisen der Bundesrepublik allen möglichen revanchistischen, neonazistischen sowie Spionage- und Diversantenorganisationen erwiesen wird, die sich in West-Berlin festgesetzt haben und von dort aus eine Wühltätigkeit gegen die DDR und gegen andere osteuropäische Länder organisieren. Niemand, auch in Bonn nicht, kann heute die Tatsache ableugnen, daß die Besuche Lübkes und Kiesingers wie auch die Sitzungen des Bundestages in West-Berlin nicht anders denn als Provokationen gewertet werden können. Alle anderen völlig unbegründeten Erklärungen sind nichts weiter als ein Versuch, sich auch für die Zukunft ›das Recht‹ zur Fortführung derartiger Aktionen vorzubehalten.«* [33]) Die Aktualisierung der Situation von Berlin veranlaßte den Regierenden Bürgermeister Schütz, in einem Interview festzustellen: *»Berlin ruht grundsätzlich auf drei Säulen: 1. Die Schutzmächte gewährleisten die Sicherheit dieser Stadt und die Freiheit ihrer Zufahrtswege. Zu dieser Verantwortung stehen sie. Sie sind hier aus eigenem Recht, an dieser Basis ist nicht zu rütteln. 2. Berlin ist eingeordnet in das Wirtschafts- und Finanzsystem des freien Deutschland. Diese Einordnung war und ist politisch notwendig. Nur so kann Deutschland auch in Zukunft leben. Dazu gibt es keine Alternative. Die 3. Säule ist der Wille der Menschen in dieser Stadt, der Berliner, in dieser Stadt zu leben und zu arbeiten, ihr Vertrauen in die eigene Zukunft und in die eigene Kraft.«* [34])

Am 13. Februar 1968 protestierte der sowjetische Botschafter Abrassimow in inhaltlich gleichlautenden Schreiben an die Botschafter Frankreichs, Großbritanniens und der Vereinigten Staaten von Amerika gegen die Tätigkeit der Bundesregierung in Berlin, wobei er vor allem die Präsenz des Bundes beanstandete. Im Schreiben an den amerikanischen Botschafter führte Abrassimow aus: *»Im letzten Jahr wurde das Ausmaß der ungesetzlichen Tätigkeit der deutschen Bundesrepublik in West-Berlin systematisch erweitert. Die Regierung der deutschen Bundesrepublik hat es zur Praxis gemacht, regelmäßig sogenannte Parlamentswochen durchzuführen, Tagungen von Fraktionen und Ausschüssen des Bundestages abzuhalten. Man ist dazu übergegangen, Sitzungen der Bundesregierung in dieser Stadt abzuhalten. Beratungen hoher Polizeibeamter der Länder der deutschen Bundesrepublik finden statt. Pläne der Überführung einer ganzen Reihe von weiteren Institutionen, u. a. der Einrichtung einer ständigen Residenz des Kanzlers der deutschen Bundesrepublik in West-Berlin, wo sich bereits viele Filialen von Ministerien und Ämtern der deutschen Bundesrepublik befinden, in denen über 20 000 Bundesbeamte beschäftigt sind, werden aktiv propagiert. Die Staatsmänner der deutschen Bundesrepublik erheben Anspruch auf die Ausübung irgendwelcher angeblich inoffizieller Funktionen in West-Berlin, d. h. auf die Ausübung von Privilegien der Staatsmacht. Gleichzeitig wurde der West-Berliner Regierende Bürgermeister zum Präsidenten des Bundesrates der deutschen Bundesrepublik gewählt. Die Regierung der deutschen Bundesrepublik ist bestrebt, West-Berlin allmählich in ihre Kriegsvorbereitungen mit einzubeziehen, obwohl diese Versuche den besonderen Status West-Berlins, der durch entsprechende interalliierte Abkommen festgelegt wurde, nicht ändern können ... Es muß festgestellt werden, daß die ungesetzlichen Handlungen der deutschen Bundesrepublik in West-Berlin auf keine Einwände von seiten der Besatzungsbehörden der USA stoßen und mehr noch manchmal mit ihrer direkten Duldung erfolgen. Eine derartige Haltung vereinbart sich nicht mit den wiederholten Erklärungen der Vertreter der USA darüber, daß West-Berlin kein Land der deutschen Bundesrepublik ist und nicht vom Bund regiert werden kann.«* [35]) Der Vorsitzende des Staatsrates, Walter Ulbricht, schloß sich auf einer Veranstaltung im Ostberliner Friedrichstadt-Palast dieser Auffassung an, wobei er ausführte: *»Die Bonner Regierung und auch der Westberliner Senat scheinen es für zweckmäßig zu halten, den gegenwärtigen Zustand der ständigen Rechtsverletzungen und Provokationen zu sichern, den sie als Status quo bezeichnen möchten, nachdem sie in den letzten Jahren durch ihre Salamitaktik die Lage für uns zu einem nicht mehr erträglichen Status quo minus gemacht haben.«* [36]) Der Regierende Bürgermeister von Berlin, Schütz, antwortete auf diese Vorstöße unverzüglich, indem er versicherte: *»Wir, Senat und Bundesregierung, stehen zum Status Berlins, wie er heute ist und wie er sich im Lauf der Jahre herausgebildet hat.«* [37])

Der Pressechef des sowjetischen Außenministeriums nahm am 24. Februar zu der Berlin-Kontroverse Stellung, wobei er erklärte: *»Wenn man die Tatsachen der letzten Zeit auf einen Nenner bringt – die sogenannten Parlamentswochen in West-Berlin, die Kabinettssitzung der BRD, die Unterbringung der Filialen der Ministerien und Ämter der BRD in West-Berlin, die Wahl des West-Berliner Bürgermeisters zum Vorsitzenden des Bundesrates –, so kann man nicht umhin, diese expansionistischen Bestrebungen bestimmter Kreise der BRD auf diese Stadt zu sehen, eine Stadt, die der BRD niemals gehörte. Die Versuche des Herrn Schütz, die Militaristen der*

BRD dabei zu unterstützen, zu versuchen, West-Berlin de facto zu einem Bestandteil der BRD zu machen, sind illusorisch, und der Weg, den er einschlägt, ist riskant. Die Sowjetunion wird weder einen Anschluß West-Berlins in irgendeiner Form an die BRD zulassen noch eine Auseinandersetzung West-Berlins zu Zwecken, die mit Interessen zur Normalisierung der Lage in Europa und mit der Sicherheit der europäischen Völker nicht vereinbar sind.« [38]) Klaus Schütz erklärte unter indirekter Bezugnahme auf diese Äußerungen: *»Wer uns aber auffordert, wir sollten den besonderen Status von Berlin, wie er heute ist, als Grundlage unserer Arbeit nehmen, dem antworte ich ebenso klar mit Ja . . . Die letzte Erklärung der Sowjetunion, daß sich ihre Haltung gegenüber Berlin nicht geändert habe, hat mich mehr beruhigt, als sie mich beunruhigen würde.«* [39])

Am 28. Februar schlug der Regierende Bürgermeister Schütz dem Vorsitzenden des Ministerrats der DDR, Stoph, vor, die bewährten Passierscheinregelungen im Interesse der Berliner Bevölkerung fortzusetzen und Verwandtenbesuche der Westberliner im Ostsektor zu ermöglichen. Bundeskanzler Kiesinger empfing am 1. März den sowjetischen Botschafter Zarapkin, wobei er ihm eine Antwort auf das Schriftstück gab, das Zarapkin am 6. Januar Bundesaußenminister Brandt übergeben hatte. Am 3. März beantworteten die Botschafter Großbritanniens und der Vereinigten Staaten von Amerika das Schreiben des sowjetischen Botschafters vom 13. Februar, indem sie erneut ihren Standpunkt zu der Bundespräsenz in Berlin darlegten.

Am 4. März 1968 traten in Berlin alle Bundestagsausschüsse und die Fraktionen des Bundestages zusammen. Am 5./6. März weilte auch Bundeskanzler Kiesinger in West-Berlin; er leitete eine Besprechung der Bundesminister, an der 13 Kabinettsmitglieder und 8 Staatssekretäre teilnahmen. Der sowjetische Botschafter Abrassimow sprach von einem *»rechtswidrigen Vorgehen der BRD in West-Berlin«*. Der amerikanische, britische und französische Botschafter erinnerten in Erklärungen an die Verantwortung der Sowjetunion für den Verkehr von und nach Berlin.

MASSNAHMEN GEGEN DEN BERLIN-VERKEHR

Ungeachtet dessen verbot der Minister des Innern der DDR, Generaloberst Dickel, am 10. März die Ein- und Durchreise Bürgern der Bundesrepublik Deutschland und Berlins, die *»Mitglieder der neonazistischen ›NPD‹ sind oder sich im neonazistischen Sinne betätigen.«* [40])

Am 15. März beantworteten die Botschafter Frankreichs, Großbritanniens und der Vereinigten Staaten von Amerika das Schreiben ihres sowjetischen Kollegen Abrassimow vom 15. Oktober 1967, in dem dieser gegen die Abhaltung einer parlamentarischen Arbeitswoche des Deutschen Bundestages in West-Berlin protestiert hatte. [41]) In dem Schreiben des amerikanischen Botschafters George McGhee hieß es, die amerikanische Regierung sei der Ansicht, daß diese Treffen, die seit vielen Jahren regelmäßig abgehalten worden seien, ohne daß sie irgendwelche Spannungen oder Zwischenfälle hervorgerufen hätten, in keiner Weise den Status von Berlin betreffen oder die Verantwortung in Frage stellen, die die Sowjetunion mit den Regierungen Großbritanniens, Frankreichs und der Vereinigten Staaten von Amerika für Berlin und ganz Deutschland teile.[42])

Das Attentat auf den SDS-Führer Rudi Dutschke verschärfte die innere Situation Berlins. Nach seinem Bekanntwerden kam es, wie bereits dargelegt, zu Protestaktionen, die von Gründonnerstag bis Ostermontag 1968 unvermindert anhielten. Auf ihre Weise machten sie die innere Situation Berlins bewußt. Sie bewiesen, daß studentische Gruppen Berlin nicht mehr als »Frontstadt«, »Leuchtturm im roten Meer« oder »Schaufenster des Westens« verstanden wissen wollten. Durch die Hinwendung zum Marxismus hofften sie, eine neue Gesellschaftsordnung erreichen zu können, wofür sie bei der Mehrheit der Bevölkerung keine Unterstützung fanden.

Die Oster-Krawalle dienten der Regierung der DDR als Vorwände für einschränkende Maßnahmen im Berlin-Verkehr, die sich bei ihrem Vorgehen auch auf die Beratung der Notstandsverfassung bezog. Am 13. April erließ der Minister des Innern der DDR, Generaloberst Dickel, eine Anordnung über den innerdeutschen Reiseverkehr. Der eigentlichen Anordnung vorausgestellt war eine umfangreiche polemisch-propagandistische Rechtfertigung. In ihr wandte sich Dickel gegen die Anwesenheit des Bundesinnenministers Ernst Benda in Berlin, obwohl dieser in Berlin seinen ständigen Wohnsitz hat und von dem Berliner Abgeordnetenhaus in den Bundestag entsandt wird: *»Die Einmischung der westdeutschen Regierung und ihres Innenministers in West-Berlin verstößt gegen die Prinzipien des Potsdamer Abkommens und anderer für West-Berlin geltender Vereinbarungen der Anti-Hitler-Koalition, die jede Wiederbelebung des Nazismus und Militarismus verbieten ... Das Eingreifen des westdeutschen Notstandsministers gefährdet die Sicherheit der West-Berliner Bevölkerung.«* Weiter führte er an: *»Der Mordanschlag gegen das Mitglied der Führung des Sozialistischen Deutschen Studentenbundes, Rudi Dutschke, legt vor der Bevölkerung West-Berlins, der Bevölkerung Westdeutschlands und vor der internationalen Öffentlichkeit Zeugnis davon ab, wie stark infolge der Renazifizierung und der reaktionären Pogromhetze die Umtriebe faschistischer Kräfte in Westdeutschland und West-Berlin gewachsen sind.«* Dickel erinnerte daran, daß der Attentäter mit der Mordwaffe aus München unter Mißbrauch der Verbindungswege der Deutschen Demokratischen Republik nach West-Berlin gekommen war. Im Anschluß daran ordnete er an: *»Aus Anlaß des rechtswidrigen Eingreifens des Innenministers der Bundesrepublik, Benda, gegen Angelegenheiten der selbständigen politischen Einheit West-Berlin und der Anwendung der Notstandspolitik der Bonner Regierung gegen die demokratischen Kräfte in West-Berlin kann den Ministern und leitenden Beamten der westdeutschen Bundesregierung bis auf weiteres die Durchreise durch das Hoheitsgebiet der Deutschen Demokratischen Republik nach West-Berlin nicht gestattet werden. Diese Maßnahme wird die wirtschaftlichen und kulturellen Außenbeziehungen West-Berlins nicht beeinträchtigen.«*[43])

Die Anordnung, die mit ihrer Verkündung in Kraft trat, betraf auch den Regierenden Bürgermeister von Berlin in seiner Eigenschaft als Präsident des Bundesrates. Am 26. April verweigerten die Grenzbeamten am Autobahnkontrollpunkt Babelsberg dem Regierenden Bürgermeister von Berlin, Schütz, unter Hinweis auf die Verordnung vom 13. April die Weiterreise in die Bundesrepublik Deutschland. Schütz bezeichnete den Vorfall als unerträglichen Rechtsbruch, der eindeutig gegen die Vereinbarungen der Alliierten verstoße. Er brachte seine Hoffnung zum Ausdruck, daß sich die alliierten Militärbehörden nunmehr veranlaßt fühlten, kurzfristig und nachdrücklich die Frage des freien Zugangs nach Berlin zu klären.

EINFÜHRUNG VON PASS- UND VISUMSZWANG

Die Annahme der Notstandsverfassung durch den Deutschen Bundestag benutzte die Regierung der DDR als Vorwand zur Einführung der Paß- und der Visapflicht für Durchreisen zwischen der Bundesrepublik Deutschland und West-Berlin. Die Begründung der entsprechenden Maßnahme trug der Innenminister der DDR, Dickel, am 11. Juni 1968 vor der Volkskammer der DDR vor: *»Um in die Deutsche Demokratische Republik ein- bzw. auszureisen, sowie zur Durchreise benötigen die Bürger der westdeutschen Bundesrepublik künftig einen gültigen Paß und entsprechende Visa. Für den Tagesaufenthalt in unserer Hauptstadt ist für sie nunmehr ein Reisepaß sowie eine Tagesaufenthaltsgenehmigung erforderlich. Im Transitverkehr von Westdeutschland nach West-Berlin und umgekehrt ist ein Reisepaß und ein Transitvisum vorgeschrieben. Für West-Berliner Bürger werden folgende Regelungen gelten: Sie erhalten im Transitverkehr von West-Berlin nach Westdeutschland und umgekehrt auf einer Anlage zum vorläufigen West-Berliner Personalausweis ein Transitvisum. Für die Einreise in die Deutsche Demokratische Republik wird ihnen ebenfalls auf einer Anlage zum West-Berliner Personalausweis ein Einreisevisum erteilt. Das Verfahren zur Einreise West-Berliner Bürger in die Hauptstadt der schen Demokratischen Republik bleibt unverändert.«* [44]) Zur Begründung der Verschärfung des Reiseverkehrs erklärte Dickel: *»Die Deutsche Demokratische Republik nimmt mit diesen Maßnahmen ihr souveränes Recht wahr, den Verkehr in und durch ihr Staatsgebiet der durch die Verabschiedung der Notstandsgesetze entstandenen neuen Lage Rechnung tragend zu gestalten. Die von unserer Regierung vorgeschlagenen Maßnahmen entsprechen dem grundlegenden Verfassungsgebot der Deutschen Demokratischen Republik, alles zu unternehmen, um den Frieden zu erhalten und die Sicherheit zu erhöhen.«* Er endete, indem er der Erwartung Ausdruck gab: *»Die beabsichtigten Maßnahmen werden die Autorität der Deutschen Demokratischen Republik, des deutschen Staates des Friedens, der Freiheit und der Menschenwürde, des sozialen Fortschritts, der Gerechtigkeit erhöhen.«* Im Anschluß gab Staatssekretär Kaminski eine ausführliche Begründung von Maßnahmen zur *»Zurückweisung der Bonner Alleinvertretungsanmaßung auf dem Gebiet der Finanz- und Steuerpolitik«*. Am gleichen Tage ergingen vier Anordnungen, (1.) Anordnung über das Verbot von Transporten mit Druckerzeugnissen der neonazistischen NPD oder anderer neonazistischer Materialien im Güterverkehr durch das Gebiet der Deutschen Demokratischen Republik, (2.) die 5. Durchführungsbestimmung zum Paßgesetz der Deutschen Demokratischen Republik, (3.) die Anordnung über die Erhebung einer Steuerausgleichsabgabe für Beförderungsleistungen westdeutscher und West-Berliner Unternehmer auf Straßen und Wasserstraßen der DDR, und (4.) die Anordnung über die Änderung des verbindlichen Mindestumtausches für Besucher, die zum privaten

Aufenthalt aus Westdeutschland, den anderen nichtsozialistischen Staaten und West-Berlin in die DDR einreisen.[45])

Zu diesen Maßnahmen bemerkte Herbert Wehner in einer am 16. Juni im Süddeutschen Rundfunk gehaltenen Ansprache: *»In einer Zeit, in der zwischen vielen Staaten Reise- und Güterverkehrserleichterungen eingeführt werden, wird umgekehrt einseitig für den Personen- und Warenverkehr im gespaltenen Deutschland eine Reihe ausgetüftelter zusätzlicher Formalitäten verfügt, die eine Menge Geld kosten und das Reisen wie den Güterverkehr noch mehr als bisher durch behördliche Auflagen komplizieren.«* Er sprach von *»Schubladenverordnungen«*, bezeichnete die Begründung durch die Notstandsgesetzgebung als Vorwand und nannte die Maßnahmen der DDR-Regierung »provokatorisch«.[46])

Die Bundesregierung beantwortete die am 11. Juni 1968 ergriffenen Maßnahmen mit einem am 17. Juni verabschiedeten Berlin-Hilfe-Gesetz, das Mittel zur Stärkung der wirtschaftlichen Kraft und der Lebensfähigkeit Berlins vorsieht. Am gleichen Tage befürwortete Herbert Wehner auf einer Kundgebung in Berlin das beharrliche Bemühen um Verständigung: *»Die große Mehrheit unseres Volkes ist für Verständigung. Verständigung setzt voraus, daß man bereit ist, miteinander zu reden. Aber es ist kein Schritt zur Verständigung, wenn eine Seite verlangt, die andere Seite soll anerkennen, was sie verlangt, ehe man überhaupt miteinander zu sprechen begonnen hat und Verhandlungen eingeleitet sind. Es gibt schadenfrohe Stimmen, die besserwisserlich behaupten, unsere Bemühungen um Verständigung seien sinnlos und es wäre besser, sie durch das abzulösen, was die Gegenseite so rücksichtslos exerziert: Härte! Wir sagen mit aller Bestimmtheit: Möge niemand unsere Verständigungsbemühungen als Weichheit oder Schwäche mißverstehen oder mißdeuten. Wir wissen, daß Beharrlichkeit die wirkliche Stärke ist. Das Angebot des Bundeskanzlers, mit der Regierung drüben über ein gemeinsam zu entwerfendes und gemeinsam zu verwirklichendes Programm zu verhandeln, das unserem Volk in der Zeit der Trennung doch wenigstens die Bürde der staatlichen Spaltung erleichtert, bleibt aufrechterhalten.«* [47])

Am 18. Juni hatte Bundesminister Willy Brandt ein achtstündiges Gespräch mit dem sowjetischen Botschafter Abrassimow in dessen Landhaus in der Nähe Berlins. Tags darauf erklärte Brandt vor der SPD-Fraktion, daß der Gedankenaustausch schon früher vereinbart worden sei; er habe jedoch durch die letzten Maßnahmen der DDR-Regierung eine besondere Aktualität gewonnen. Brandt berichtete, er habe den Botschafter der Sowjetunion darauf hingewiesen, daß die Maßnahmen der DDR tatsächlich schädlich seien und die Entspannungsbemühungen belasteten.

In einer Regierungserklärung vom 20. Juni nahm Bundeskanzler Kiesinger zu der Verschärfung und Erschwerung des Berlin-Verkehrs ausführlich Stellung, wobei er erklärte: *»Der Anspruch des SED-Regimes auf Anerkennung als souveräner Staat wird durch Paß- und Visumzwang nicht glaubwürdiger. Durch rechtlich unerhebliche erzwungene Unterschriften im Reise- und Güterverkehr wird auch kein rechtswidriger Sonderstatus für West-Berlin geschaffen. Die Legitimation einer Regierung beruht nicht auf ihrer Fähigkeit, administrative Schikanen zu verordnen, sondern allein auf dem Willen des Volkes.«* [48]) Der Vorsitzende des Ausschusses für gesamtdeutsche und Berliner Fragen, Egon Franke (SPD), verlas eine gemeinsame Erklärung der Fraktionen der CDU/CSU und der SPD, in der es u. a. hieß: *»Wir*

verurteilen mit äußerster Entschiedenheit diese Maßnahmen und Absichten und wissen uns darin mit allen Deutschen einig. Keiner, der Ulbrichts Reisepapiere und Warenbegleitscheine unterschreiben und annehmen muß, stimmt damit der Teilung Deutschlands und der Ostberliner Spaltungspolitik zu. Das ganze deutsche Volk will Entspannung und Frieden mit sich und der Welt. Das ist und bleibt das erklärte Ziel des Deutschen Bundestages. Wir bekunden unsere Solidarität mit der Bevölkerung Berlins. Wir begrüßen die Absichten der Bundesregierung, den materiellen Schaden, der den Bürgern und der Wirtschaft Berlins entsteht, aufzufangen. Wir werden der unbefristeten Verlängerung aller Teile des Berlin-Hilfe-Gesetzes und den Verbesserungen zustimmen, und wir werden für schnelle Gesetzgebung sorgen.« [48]) Der Regierende Bürgermeister von Berlin, Klaus Schütz, bezeichnete die DDR-Maßnahmen als einen schweren Eingriff in die bestehenden Gesetze. Die Begründung für diese Maßnahmen, die Verabschiedung der Notstandsgesetzgebung, sei *»herbeigezerrt und heuchlerisch«*. Es sei eine ernste Lage entstanden. In diesem Sinn sei der 11. Juni 1968 ein schwarzer Tag für alle Deutschen. Den Deutschen und den Alliierten stelle sich die Aufgabe, mit der neuen Situation fertig zu werden. [48])
Auf seiner 9. Sitzung, in Anwesenheit der Vorsitzenden der Volkskammerausschüsse, am 21. Juni gab der Staatsrat der DDR eine Erklärung ab, in der er die am 11. Juni ergriffenen Maßnahmen rechtfertigte. Er versicherte, die Regierung in Bonn habe keinerlei Recht, sich in West-Berlins innere Angelegenheiten einzumischen: *»Die selbständige politische Einheit West-Berlin hat alle Möglichkeiten, normale wirtschaftliche, wissenschaftliche und kulturelle Beziehungen mit allen anderen zu pflegen. Anstatt aber auf die mehrfach unterbreiteten Vorschläge der Regierung der DDR zur Herstellung normaler Beziehungen zwischen der DDR und West-Berlin einzugehen, führt der Senat von West-Berlin rechtswidrig Weisungen der Regierung der westdeutschen Bundesrepublik durch und bereichert sich auf Kosten unserer Republik und ihrer Bürger.«* Über die weitere Entwicklung von West-Berlin bemerkte der Staatsrat der DDR: *»Denn West-Berlin kann offenbar nur dann friedlich leben und gedeihen, wenn alle revanchistischen Umtriebe und vor allem die Wühlarbeit im Rahmen des psychologischen Krieges gegen die DDR und die anderen sozialistischen Länder auf West-Berliner Gebiet beseitigt werden.«* [49])
Der am 24./25. Juni 1968 in Reykjavik tagende Ministerrat der NATO verurteilte die Maßnahmen der DDR, indem er gleichzeitig betonte: *»Bis zu einer Friedensregelung bleiben die drei Mächte und die Sowjetunion für Berlin und Deutschland als Ganzes verantwortlich.«* Der Ministerrat billigte die Entschlossenheit Frankreichs, Großbritanniens und der Vereinigten Staaten von Amerika, den freien Zugang nach Berlin aufrechtzuerhalten. Er nahm Kenntnis von dem Beschluß *»der für die Sicherheit für Berlin verantwortlichen drei Mächte, gemeinsam mit der Bundesrepublik Deutschland in ständiger Konsultation über Berlin zu bleiben und für jeden Eventualfall bereitzustehen.«* [50]) Auf der Rückkehr von der Tagung des Ministerrates in Reykjavik führte der amerikanische Außenminister Dean Rusk in Bonn Gespräche mit Bundeskanzler Kiesinger und dem Regierenden Bürgermeister von Berlin, Klaus Schütz. Vor Pressevertretern erklärte er: *»Wichtig ist es für die Berliner zu wissen, daß wir und unsere NATO-Partner entschlossen sind, daß Berlin frei und daß der Zugang zu Berlin gesichert bleiben wird. Das sind Verantwortlichkeiten der Sowjetunion und der drei Westmächte, und diese Verantwortlichkeiten*

können nicht durch eine einseitige Aktion geändert werden. Wir sind deshalb bei der Sowjetunion mit größtem Nachdruck vorstellig geworden und werden die Angelegenheit auf Vier-Mächte-Basis weiter verfolgen.« [51]) Am 3. Juli protestierten Frankreich, Großbritannien und die Vereinigten Staaten von Amerika bei der Sowjetunion in gleichlautenden Noten gegen die jüngsten Maßnahmen der DDR im Berlin-Verkehr. Die amerikanische Regierung führte dabei aus: *»Die Regierung der Vereinigten Staaten stellt schließlich fest, daß die jüngsten von ostdeutscher Seite eingeführten Beschränkungen in absolutem Gegensatz zu dem Ziel einer Verminderung der Spannungen stehen, das die Politik der Regierung der Vereinigten Staaten von Amerika bestimmt. Solche Maßnahmen bergen die Gefahr einer Steigerung der Spannung, da sie die Bemühungen verhindern, eine engere Zusammenarbeit zwischen Ost- und Westeuropa zustandezubringen. Bemühungen, zu denen die Regierung der Bundesrepublik Deutschland mehr nützliche Beiträge leistet. Der ostdeutsche Paß- und Visumzwang stellt einen Anachronismus in einer Welt dar, die sich auf die Freizügigkeit im Reiseverkehr hinbewegt.«* [52])

Am 12. August trat der Ausschuß für wirtschaftliche Berlin-Fragen, dessen Einsetzung die Außenminister Frankreichs, Großbritanniens, der Vereinigten Staaten von Amerika und der Bundesrepublik Deutschland in Reykjavik beschlossen hatten, zu seiner konstituierenden Sitzung zusammen. Er befaßte sich mit der Erstellung von Programmen, die die wirtschaftliche Lebensfähigkeit Berlins entscheidend stärken sollten.

Die Besetzung der ČSSR durch Truppen des Warschauer Paktes am 21. August 1968 löste auch in Berlin Besorgnisse und Befürchtungen aus. Ihnen trat der Präsident der Vereinigten Staaten von Amerika, Lyndon B. Johnson, in einer Rede vor der 125. Jahresversammlung der jüdischen Wohlfahrtsorganisation B'ai B'rith entgegen, indem er unter Bezug auf die Ereignisse in der ČSSR erklärte: *»Aus diesem aggressiven Akt sind neue militärische und politische Risiken entstanden, die eine noch engere Zusammenarbeit zwischen den westlichen Verbündeten erfordern. Wir haben unsererseits unmißverständlich klargestellt, daß die Anwendung von Gewalt in Gebieten unserer gemeinsamen Verantwortung, wie Berlin, nicht geduldet werden wird.«* [53])

Der Zusammenkunft der Außenminister der drei Westmächte und der Bundesrepublik Deutschland anläßlich der Jahreskonferenz der NATO erstattete der Berlin-Ausschuß der vier Mächte Berlins einen Zwischenbericht. In seinem Schlußkommuniqué wiederholte der Ministerrat der NATO seine Sicherheitsgarantie für die Bundesrepublik Deutschland, wobei er unter Bezugnahme auf das Kommuniqué seiner Zusammenkunft in Reykjavik die Entschlossenheit der drei Mächte bekräftigte, *»die Sicherheit Berlins zu gewährleisten und den freien Zugang zu dieser Stadt aufrechtzuerhalten«*. Die Minister erinnerten an die Berlin-Erklärung des Nordatlantikrates vom 16. Dezember 1958 und an die Verpflichtung, die jeder Mitgliedstaat hinsichtlich der Sicherheit und der Existenz Berlins eingegangen ist. [54])

STÖRUNG DES BERLIN-VERKEHRS ANLÄSSLICH DER WAHL DES BUNDESPRÄSIDENTEN (1969)

Die Entscheidung des Bundestagspräsidenten, die Wahl des Bundespräsidenten auch 1969 in Berlin abzuhalten, führte im Winter 1968/69 erneut zu einer Verschärfung der Situation von Berlin. Am 23. Dezember 1968 protestierte die Sowjetunion dagegen in Noten an Frankreich, Großbritannien und die Vereinigten Staaten von Amerika, wobei sie ausführte, daß Berlin eine eigene politische Einheit sei, weshalb hoheitsrechtliche Akte der Bundesrepublik Deutschland auf Berliner Territorium nicht zulässig seien. Sie erklärte ferner, das Auftreten von NPD-Delegierten in Berlin müsse als Provokation angesehen werden.[55]) Dem Protest der Sowjetunion schloß sich auch die Regierung der DDR an. Am 6. Februar übermittelte sie dem Auswärtigen Amt eine Note, in der sie Bedenken gegen die Wahl des neuen Bundespräsidenten in West-Berlin vorbrachte.[56]) Zwei Tage später, am 8. Februar, erließ der Innenminister der DDR, Generaloberst Dickel, ein Durchreiseverbot für Mitglieder und Mitarbeiter der nach Berlin einberufenen Bundesversammlung.[57]) In Noten an die Regierungen Frankreichs, Großbritanniens und der Vereinigten Staaten von Amerika sprach die Regierung der DDR am 12. Februar die Erwartung aus, daß die drei Mächte die Wahl des Bundespräsidenten in Berlin nicht zulassen würden.[58]) Am 13. Februar überreichte der sowjetische Botschafter Zarapkin Bundeskanzler Kiesinger eine Protestnote der Regierung der Sowjetunion gegen die Einberufung der Bundesversammlung in West-Berlin: *»Die Absicht, die Bundesversammlung nach West-Berlin einzuberufen, kann weder vom rechtlichen Standpunkt aus noch vom Standpunkt der Erhaltung normaler Verbindungen zwischen der Bundesrepublik und West-Berlin gerechtfertigt werden. Dieser ganze Plan wurde ausschließlich dafür gebraucht, um die absurden, unhaltbaren Ansprüche auf eine Stadt zu untermauern, die der Bundesrepublik nicht gehörte, nicht gehören wird und – in Anbetracht der offensichtlichen Gründe – nicht gehören kann.«* [59]) Am 21. Februar bot der Vorsitzende des Staatsrats der DDR, Ulbricht, in einem Brief an Willy Brandt für den Fall, daß die Bundesversammlung nicht in Berlin stattfindet, Passierschein-Abkommen für Verwandtenbesuche zu Ostern 1969 an.[60]) Gleichzeitig veröffentlichte das Organ der SED, *»Neues Deutschland«*, eine Meldung der sowjetischen Nachrichtenagentur TASS, die für Anfang März eine Übung der in der DDR stationierten sowjetischen Truppen und der Nationalen Volksarmee *»in den zentralen und westlichen Gebieten der DDR«* ankündigte.[61]) Mit der Bereitschaft einer neuen Passierschein-Regelung und mit der Drohung, Manöver im Raum um Berlin abzuhalten, versuchten die Sowjetunion und die DDR die Wahl des Bundespräsidenten in Berlin zu verhindern. Botschafter Zarapkin erklärte in einer Unterredung mit Bundeskanzler Kiesinger, die Sowjetunion würde die Verlegung der Bundesversammlung als einen Schritt zur Verbesserung der deutsch-sowjetischen Beziehungen begrüßen und als Beitrag zu Verhandlungen über Passierscheine zwischen Ost- und West-Berlin betrachten. Der Regierende Bürgermeister von Berlin, Schütz, bezeugte in einem Brief an den Vorsitzenden des Ministerrats der DDR, Stoph, seine Bereitschaft, *»sobald wie möglich miteinander zu sprechen«*.[62]) Am 26. Februar fand ein ergebnisloses Sondierungsgespräch zwischen Senatsdirektor Grabert und Staatssekretär Kohl statt. Am gleichen Tag beantwortete Willy Brandt das Schreiben von Walter Ulbricht, indem er feststellte: *»Über die Bundesversammlung und ihren Tagungsort kann es zwischen der SPD und Ihnen keine Erörterung geben.«*[63]) Am 28. Februar überreichte der sowjetische Botschafter Abrassimow dem Außenminister der DDR, Otto Winzer, eine sowjetische Note, in der behauptet wurde, in West-Berlin würden Rüstungsgüter hergestellt und Soldaten für die Bundeswehr angeworben. Die Regierung der DDR wurde ersucht, *»die notwendigen Maßnahmen zur Unterbindung der illegalen militärischen Tätigkeit . . . zu treffen«*.[64]) Walter Ulbricht empfing am gleichen Tage den Oberbefehlshaber der Streitkräfte des Warschauer Paktes, den sowjetischen Marschall Jakubowski, und den stellvertretenden sowjetischen Außenminister Semjonow. Am 2. März erklärte der sowjetische Vertreter in der Alliierten Luftsicherheitszentrale in Berlin seinen westlichen Kollegen, die Sowjetunion lehne jede Verantwortung für die Sicherheit westlicher Flugzeuge ab, in denen Mitglieder der Bundesversammlung nach West-Berlin gebracht würden. Die Regierungen Frankreichs, Großbritanniens und der Vereinigten Staaten von Amerika erklärten am 3. März in gleichlautenden Noten, daß sie die Zufahrtswege von und nach Berlin offenzuhalten gedenken. Ihre Botschafter in Moskau betonten, daß ihre Regierungen die Sowjetunion für die Störungen im Berlin-Verkehr verantwortlich machen würden.

Am 5. März 1969, dem Tag der Wahl von Gustav Heinemann zum Bundespräsidenten der Bundesrepublik Deutschland, wiesen Frankreich, Großbritannien und die Vereinigten Staaten von Amerika in einer Note an die Sowjetunion die Behauptung zurück, die Bundesrepublik Deutschland mache sich in Berlin *»illegaler Tätigkeit«* schuldig. Gleichzeitig erinnerten sie die Sowjetunion an die Vier-Mächte-Verantwortung für Berlin.[65]) Vor und nach der Wahl des Bundespräsidenten kam es zur vorübergehenden Einstellung des Verkehrs auf der Straße von und nach Berlin. Als Gründe wurden Truppenbewegungen angegeben. Die Militärmissionen Frankreichs, Großbritanniens und der Vereinigten Staaten von Amerika protestierten beim Oberkommando der sowjetischen Truppen in der DDR in Potsdam gegen die Behinderungen auf der Interzonen-Autobahn. Nach Durchführung der Wahl wurde die vorübergehende Unterbrechung des Berlin-Verkehrs aufgehoben.

BUNDESKANZLER BRANDT ÜBER DIE VERANTWORTUNG FÜR BERLIN

Im Sommer 1969 lief der Berlin-Verkehr ungestört ab. Die Regierung der DDR setzte jedoch ihre Angriffe gegen die Präsenz des Bundes in Berlin und seine wirtschaftliche Hilfe für Berlin fort. So protestierte sie am 19. August in Noten an die Regierungen Frankreichs, Großbritanniens und der Vereinigten Staaten von Amerika über *»die vielfältigen Verletzungen des entmilitarisierten Status«* West-Berlins durch die Regierung der westdeutschen Bundesrepublik.

Der politische Wechsel in der Bundesrepublik Deutschland war für die DDR kein Grund, ihre Politik gegenüber Berlin zu ändern. Sie forderte Bundeskanzler Brandt auf, die »Realität« in Berlin zu respektieren, d. h. Berlin als eine selbständige politische Einheit zu betrachten und zu beurteilen. Polemisch reagierte sie auf die Feststellung, die Bundeskanzler Brandt in seiner Regierungserklärung vom 28. Oktober 1969 traf, indem er über die Beziehungen zwischen der Bundesrepublik Deutschland und Berlin ausführte: *»Die Bundesregierung wird den USA, Großbritannien und Frankreich raten, die eingeleiteten Besprechungen mit der Sowjetunion über die Erleichterung und Verbesserung der Lage Berlins mit Nachdruck fortzusetzen. Der Status der unter der besonderen Verantwortung der vier Mächte stehenden Stadt Berlin muß unangetastet bleiben. Dies darf nicht daran hindern, Erleichterungen für den Verkehr in und nach Berlin zu suchen. Die Lebensfähigkeit Berlins werden wir weiterhin sichern. West-Berlin muß die Möglichkeit bekommen, zur Verbesserung der politischen, wirtschaftlichen und kulturellen Beziehungen der beiden Teile Deutschlands beizutragen.«* [66])

BEGINN VON VIER-MÄCHTE-VERHANDLUNGEN

Das erkennbare Ziel der Sowjetunion und der Deutschen Demokratischen Republik ist die Isolierung West-Berlins. Zur Abwehr der damit verbundenen Gefahr schlug die Regierung der Großen Koalition den Regierungen der drei Schutzmächte die Aufnahme von Vier-Mächte-Verhandlungen über Berlin vor. Deren Notwendigkeit betonte Bundeskanzler Brandt in seiner Regierungserklärung vom 28. Oktober 1969. Ihre diplomatische Vorbereitung nahm längere Zeit in Anspruch.

Am 26. März 1970 kamen im Gebäude des ehemaligen Alliierten Kontrollrats, dem früheren Dienstsitz des Berliner Kammergerichts, die Botschafter der Vereinigten Staaten von Amerika, Großbritanniens und Frankreichs in der Bundesrepublik Deutschland und der Botschafter der Sowjetunion in der DDR zur Eröffnung von Gesprächen über Berlin zusammen. Ihre Erfolgschancen wurden unterschiedlich beurteilt. Da eine Übereinstimmung in der rechtlichen und politischen Beurteilung nicht erreicht werden konnte, beschäftigten sich die Botschafter in ihren nur durch größere Sommerpausen unterbrochenen Gesprächen mit pragmatischen Lösungen. Nach ihrer ersten Zusammenkunft wurde bekanntgegeben, daß das seit 1946 bestehende Alliierte Reiseamt in Berlin, das für die Genehmigung von Reisen der DDR-Bürger in NATO-Staaten zuständig ist, seine Tätigkeit am 27. März 1970 einstellte. In einem Kommuniqué hieß es dazu, diese Maßnahme sei *»nach eingehender Beratung mit der Regierung der Bundesrepublik Deutschland getroffen worden«* und habe *»die vorherige Zustimmung aller anderen alliierten Hauptstädte«* erhalten.[67])

Im Anschluß an die Treffen in Erfurt und Kassel nahmen der Staatssekretär beim Ministerrat der DDR, Michael Kohl, und der Staatssekretär im Bundeskanzleramt, Egon Bahr, erstmals am 27. November 1970 Gespräche mit dem Ziele auf, die Möglichkeiten der Fortsetzung des innerdeutschen Dialogs und ergänzender Maßnahmen zur Unterstützung der Botschaftergespräche über Berlin zu vereinbaren.

PROBLEME UND ZIELE EINER BERLIN-REGELUNG

In der Diskussion über Berlin werden vor allem zwei Gesichtspunkte herausgestellt, die Frage der Bevölkerungsbewegung und das Problem der wirtschaftlichen Existenz. West-Berlin zählte 1950 2,14 Millionen Einwohner. Diese Einwohnerzahl stieg 1958 auf 2,23 Millionen an. Sie ist seitdem rückläufig; für 1969 wird sie mit 2,15 Millionen angegeben. Ist Berlin eine sterbende Stadt – wie so häufig behauptet wird? Der laufende Zuzug aus Ost-Berlin und der DDR hat bis 1961 die Abwanderung aus Berlin wettgemacht. Seitdem ist Berlin um eine Zuwanderung aus der Bundesrepublik Deutschland bemüht, um seinen Einwohnerstand zu behaupten und die ungünstige Altersstruktur auszugleichen. Die Leistungsfähigkeit der Berliner Wirtschaft hängt von ausreichenden Arbeitskräften ab. Da der Arbeitsmarkt in der Bundesrepublik Deutschland ausgeschöpft ist, ist das Interesse, eine Arbeit in Berlin anzunehmen, nicht groß. West-Berlin ist deshalb, wie auch die Bundesrepublik Deutschland und – in geringerem Maße freilich – die Deutsche Demokratische Republik, auf Gastarbeiter angewiesen. Nur dadurch ist es möglich, daß die Leistungsfähigkeit der Berliner Wirtschaft erhalten bleibt. Von 1960 bis 1969 ist das Bruttosozialprodukt in Berlin um 93 Prozent gestiegen; in der Bundesrepublik Deutschland hat der Anstieg 99 Prozent ausgemacht. Das Volkseinkommen je Erwerbstätigen stieg im gleichen Zeitraum in West-Berlin um 107 v. H., in der Bundesrepublik Deutschland um 93 v. H. Je Einwohner nahm das Volkseinkommen in West-Berlin um 95 v. H., in der Bundesrepublik Deutschland um 79 v. H. zu. Diese Zahlen widerlegen, daß West-Berlins Wirtschaft nicht leistungsfähig ist. Diese wird gestützt und vergrößert durch Leistungen der Bundesrepublik Deutschland an Berlin, wozu sich diese bei Abschluß des Pariser Vertragswerkes verpflichtet hat. Die Berlin-Hilfe der Bundesrepublik Deutschland besteht aus einem direkten Beitrag zum Haushalt des Landes Berlin, aus Steuervergünstigungen und aus Vergabe von Aufträgen an die Berliner Industrie. Auch durch die in Berlin befindlichen Dienststellen und Einrichtungen der Bundesrepublik Deutschland erhält West-Berlin eine zum Teil bemerkenswerte Förderung. Die Bemühungen der Berliner Wirtschaft gehen darauf aus, daß sie das Wachstumstempo der gesamtwirtschaftlichen Produktion in der Bundesrepublik Deutschland erreicht. Die Industrie- und Handelskammer zu Berlin hat in ihrem Jahresbericht 1969 auf die dabei auftretenden Schwierigkeiten aufmerksam gemacht: *»Allerdings dürfte auch für die Zukunft gelten, daß ein voller Gleichschritt mit dem wirtschaftlichen Wachstum in der Bundesrepublik mehr ist als nur ein wirtschaftspolitisches ›Minimalziel‹ . . . So bleibt der Engpaß auf dem Arbeitsmarkt auf absehbare Zeit das Kernproblem und wird wie bisher den Expansionsspielraum begrenzen.«* Die Industrie- und Handelskammer verweist auf die Situation von Großstädten der Bundesrepublik Deutschland, Häfen in Hamburg und Bremen, Kreditgewerbe in Frankfurt, und betont, daß dadurch zusätzliche Kaufkraft entsteht, die sich im Sozialprodukt der betreffenden Städte niederschlägt. In bezug auf Berlin führt sie aus: *»Solange sich das wirtschaftliche Betätigungsfeld der nicht industriellen Bereiche in Berlin aufgrund der besonderen politischen Situation nicht nennenswert erweitern läßt, wird es selbst als Fernziel* *utopisch bleiben, das Sozialprodukt je Einwohner den Spitzenreitern unter den westdeutschen Wirtschaftszentren angleichen zu wollen. Eine Vergrößerung der Wirtschaftskraft Berlins ist zur Zeit nur in dem Maße möglich, wenn es gelingt, den Industrialisierungsgrad der Stadt zu erhöhen. Einen Vergleich der Produktivität je Industriearbeiter braucht Berlin aber nicht zu scheuen.«* [68])

Alle Bemühungen um Berlin zielen nicht auf eine endgültige Lösung, sondern auf eine möglichst stabile Regelung ab. Frankreich, Großbritannien und die Vereinigten Staaten von Amerika haben immer wieder erklärt, daß sie unbedingt an den »three essentials« festhalten wollen, nämlich am 1. Recht der Alliierten auf Anwesenheit in Berlin, 2. Aufrechterhaltung des freien Zugangs zu Berlin und 3. Aufrechterhaltung der Lebensfähigkeit West-Berlins und der Freiheit seiner Bevölkerung. Über die Frage, ob Berlin ein Land der Bundesrepublik Deutschland ist, wie das Bundesverfassungsgericht entschieden hat, gehen die Ansichten erheblich auseinander. Sie stimmen jedoch in der Auffassung überein, daß die Westmächte aufgrund ursprünglicher Rechte in Berlin sind und gegenüber der Stadt und ihrer Bevölkerung eine Verantwortung haben, der sie sich nicht ohne schwere Einbußen ihres weltpolitischen Prestiges entziehen können.

Deutsche Demokratische Republik

ZUNEHMENDE KONSOLIDIERUNG

Die am 13. August 1961 eingeleiteten Maßnahmen zur Unterbindung des Flüchtlingsstromes nach West-Berlin hatten entscheidende Auswirkungen sowohl für die Situation von Berlin als auch für die inneren Verhältnisse der Deutschen Demokratischen Republik. Die Behinderung der Abwanderung vornehmlich jüngerer und qualifizierter Arbeitskräfte war die ökonomische und bevölkerungssoziologische Voraussetzung für eine Steigerung der Produktivität und des Lebensstandards. Beide Umstände veranlaßten ein Wachsen des Selbstbewußtseins und die Hinnahme der Situation. Das Selbstbewußtsein ist vor allem in der nachwachsenden Generation, die die DDR als ihren Staat betrachtet, intensiv ausgebildet. Karl Dietrich Erdmann stellte in seiner am 17. Juni 1965 im Plenarsaal des Deutschen Bundestages gehaltenen Rede fest: *»Alle Berichte aus der Zone bestätigen es, daß es in der Bevölkerung nicht an berechtigtem Stolz auf die unter widrigen politischen und gesellschaftlichen Umständen vollbrachte wirtschaftliche Leistung fehlt. Da keine Hoffnung auf eine kurzfristige Änderung der politischen Verhältnisse besteht, arrangiert sich das Leben in den gegebenen Möglichkeiten. Die Zahl derjenigen, die sich bewußt und positiv zum Regime bekennen, ist sehr klein. Sie liegt nach Schätzungen verschiedener Beobachter bei 15 v. H., die Zahl der entschiedenen Gegner ist vielleicht etwas höher. Voraussetzungen für eine in der Breite sich zeigende Opposition, ähnlich der des Jahres 1953, als sich das Regime nach dem Tod Stalins in einer Krise befand, bestehen zur Zeit nicht. Die überzeugendste Position gegen die totalitäre Reglementierung aller Lebensbezirke wird auch heute noch von den Kirchen vertreten, nicht, indem sie eine politische Oppositionsstellung bezögen, sondern, indem sie in ihrer eigenen Existenz den Anspruch verwirklichen, aus einer anderen als der gesellschaftlichen Legitimation zu existieren. Aber die gesellschaftliche Basis der Kirchen hat sich verengt. Ihr Lebensraum und ihre Wirkungsmöglichkeit sind menschlicher geworden. Das Regime braucht keine Bedrohung durch eine äußere Opposition zu befürchten. Aber es ist in sich selbst nicht ganz so monolithisch stark, wie es sich selbst gebärdet.«*[1])
Die Richtigkeit dieser 1965 getroffenen Feststellung hat die nachfolgende Entwicklung voll bestätigt. Die spontanen Beifallskundgebungen für Bundeskanzler Willy Brandt bei seiner Begegnung mit dem Vorsitzenden des Ministerrats der DDR, Willi Stoph, am 19. März 1970 in Erfurt haben jedoch deutlich gemacht, daß sich die Deutschen nach wie vor als *eine* Nation fühlen, auch wenn sie in zwei Staaten mit gegensätzlicher politischer, wirtschaftlicher und gesellschaftlicher Ordnung wohnen. Für diese Entwicklung ist der 13. August 1961 Wendepunkt, Ende und Anfang,

Ende der in Stufen erfolgten Spaltung, Anfang einer Konfrontation, die, sich wechselseitig bedingend, außen- und innenpolitische Konsequenzen hat. In dem Maße, in dem sie ihre innere Situation stabilisiert, gewinnt die DDR an Ansehen und Einfluß. Dieser Prozeß ist begleitet von einer intensiven politischen und propagandistischen Artikulation ihrer Zielsetzung.
Dem am 5. August 1963 von den Regierungen Großbritanniens, der Sowjetunion und der Vereinigten Staaten von Amerika abgeschlossenen Vertrag über ein Verbot der Kernwaffenversuche in der Atmosphäre, im Weltraum und unter Wasser traten sowohl die Bundesrepublik Deutschland als auch die DDR bei. Ihre Unterschriftsleistung deklarierte die Regierung der DDR als eine internationale Anerkennung, wogegen jedoch die Regierungen Großbritanniens und der Vereinigten Staaten protestierten. Die verstärkte Beteiligung der DDR an Entscheidungen der internationalen Politik trug zu ihrer internationalen Aufwertung bei.
Die Wahlen zur Volkskammer, zu den Bezirkstagen und zur Stadtverordnetenversammlung von Ost-Berlin am 20. Oktober 1963 erbrachten die Billigung der den Wahlberechtigten vorgelegten Einheitsliste. Auf sie entfielen 99,95 v. H. der abgegebenen gültigen Stimmen. Die neu konstituierte Volkskammer bestätigte sowohl Walter Ulbricht im Amt des Vorsitzenden des Staatsrats der DDR als auch den seit langem erkrankten Otto Grotewohl im Amte des Vorsitzenden des Ministerrats. Grotewohl starb am 21. September 1964. Vorsitzender des Ministerrats der DDR wurde Willi Stoph (SED), der seit 1952 der Regierung der DDR, ab 1954 als Stellvertreter des Vorsitzenden des Ministerrats, angehörte.

NEUORDNUNG DER VERHÄLTNISSE IN DEN GRENZBEREICHEN

Am 2. Januar 1964 wurde in der DDR mit der Ausgabe der neuen Personalausweise begonnen; sie enthalten den Vermerk *»Bürger der Deutschen Demokratischen Republik«*, womit die gemeinsame Staatsangehörigkeit aller Deutschen in Frage gestellt wurde. Dem Prozeß der Konsolidierung der DDR galt die am 19. März erlassene *»Verordnung zum Schutz der Staatsgrenze der DDR«* und die *»Anordnung über die Ordnung in den Grenzgebieten und den Territorialgewässern der DDR«*. § 1 der *»Verordnung zum Schutze der Staatsgrenze«* bestimmt, daß entlang der Staatsgrenze der Deutschen Demokratischen Republik ein Grenzgebiet besteht. § 2 sieht vor, daß der Verlauf und die Tiefe der einzelnen Grenzgebiete durch die zuständigen Minister bestimmt werden. Für die Grenzgebiete können insbesondere festgelegt werden: a) Besondere Schutzstreifen, Sperr- oder Grenzzonen, b) Zu- oder Durchgangsstraßen (Wege) und c) besondere Registrier-, Einreise- und Aufenthaltsbestimmungen. § 4 bestimmt, daß die Staatsgrenze der DDR nur mit gültigen Dokumenten über die geöffneten Grenzübergangsstellen (Kontrollpassierpunkte) oder an anderen Stellen, die in zwischenstaatlichen Vereinbarungen für besondere Fälle festgelegt sind, passiert werden kann. § 5 verpflichtet die Bürger der DDR, *»die Schutz-, die Sicherheits- und die anderen staatlichen Organe bei der Erfüllung* *ihrer Aufgaben und bei der Durchsetzung der festgelegten Ordnungen für die Grenzgebiete zu unterstützen und Personen, die sich unberechtigt im Grenzgebiet aufhalten oder gegen die Grenzordnung verstoßen, sofort den zuständigen Dienststellen der Grenztruppen der Nationalen Volksarmee oder der Deutschen Volkspolizei zu melden«.* § 6 und 7 enhalten detaillierte Strafandrohungen.[2]) Die am gleichen Tag verkündete *»Anordnung über die Ordnung in den Grenzgebieten und den Territorialgewässern der DDR«* gliedert sich in sechs Abschnitte. Abschnitt I enthält grundsätzliche Bestimmungen. Abschnitt II bestimmt die Ordnung im Grenzgebiet zur westdeutschen Bundesrepublik. Abschnitt III enthält Bestimmungen über die Ordnung im Grenzgebiet zu West-Berlin. Abschnitt IV regelt die Ordnung in den Gewässern der DDR und im Küstengebiet. Abschnitt V bestimmt die Ordnung an der Staatsgrenze zur Tschechoslowakischen Sozialistischen Republik und zur Volksrepublik Polen. Abschnitt VI enthält Schlußbestimmungen.[3]) Abschnitt II, der die Bestimmungen über die Ordnung im Grenzgebiet zur Bundesrepublik Deutschland enthält, beginnt mit einer Feststellung: *»Entlang der Staatsgrenze der DDR zur westdeutschen Bundesrepublik besteht das Grenzgebiet aus dem Schutzstreifen (etwa 500 m) und der Sperrzone (etwa 5 km).«* Er sieht ferner vor, daß Bürger, die ständig im Grenzgebiet wohnen, bei den örtlich zuständigen Dienststellen der Deutschen Volkspolizei gemeldet sein und in ihrem Personalausweis einen entsprechenden Registriervermerk, der zum Aufenthalt im Schutzstreifen bzw. in der Sperrzone berechtigt, besitzen müssen. Ähnlich reglementiert werden die Verhältnisse im Grenzgebiet zu West-Berlin.

DAS JUGENDGESETZ VOM 4. MAI 1964

Am 4. Mai 1964 verabschiedete die Volkskammer ein neues Jugendgesetz, das das Jugendgesetz vom Februar 1950 ablöste. In seiner Präambel erklärte das Jugendgesetz von 1964: *»Für jeden Jugendlichen ist es ein großes Glück, in dieser Zeit zu leben und in unserem Staat – dem Vaterland der deutschen Jugend – alle Möglichkeiten zur Bewahrung seines Tatendranges zu besitzen.«* Der Erste Stellvertreter des Vorsitzenden des Ministerrats, Willi Stoph, sagte bei seiner Verabschiedung: *»Im Jugendgesetz sind die Erwartungen niedergelegt, die der Staat und die Gesellschaft in die Fähigkeit und die Kenntnisse, in den Mut und die Charakterstärke, in den Leistungswillen und den Forschungsdrang der Jugend setzen. Das neue Jugendgesetz weist der Jugend den Platz zu, den sie bei der Gestaltung der nationalen Wirtschaft, bei der Entwicklung von Wissenschaft und Kultur, bei der Herausbildung neuer sozialistischer Beziehungen zwischen den Menschen einnehmen soll.«* [5]) Diese Vorstellungen werden im Gesetz präzisiert: *»Die Jugend trägt mit großer Initiative dazu bei, die Aufgaben des Volkswirtschaftsplanes zu lösen, den wissenschaftlich-technischen Höchststand in der Produktion zu erreichen und mitzubestimmen.«* Es sieht ferner vor: *»Die Jugend kämpft im sozialistischen Wettbewerb um die ständige Steigerung der Arbeitsproduktivität. Sie trägt dazu bei, den wissenschaftlich-technischen Höchststand zu erreichen und die Qualität der Erzeugnisse bei* *niedrigsten Kosten auf der Grundlage von technisch begründeten Arbeitsnormen und Bestwerten zu verbessern. Sie setzt sich für die gründliche Vorbereitung, Durchführung und Kontrolle der Investitionsvorhaben ein.«* Die Jugend wird zu betrieblichen Zusammenschlüssen angehalten, bestimmt doch das Gesetz: *»Das Streben der Jugendlichen nach eigener Verantwortung ist durch die Bildung von Jugendbrigaden, Jugendbereichen, Jugendobjekten und anderen Jugendkollektiven entsprechend den betrieblichen Erfordernissen zu unterstützen.«* Nach dem Jugendgesetz ist die staatliche Plenarkommission dafür verantwortlich, die Berufswünsche der Jugendlichen in die richtigen Bahnen zu lenken: *»Sie sorgt dafür, daß in der Planung der Volkswirtschaft und ihrer Zweige, entsprechend den Anforderungen von Wissenschaft und Technik, die Einheit des sozialistischen Systems der Bildung und Erziehung mit den Erfordernissen des gesellschaftlichen Reproduktionsprozesses hergestellt wird. Auf der Grundlage wissenschaftlicher Analysen, über die Entwicklung von Wissenschaft und Technik arbeitet sie die Grundsätze für die Berufsbilder aus.«* Besondere Aufmerksamkeit wird der beruflichen Ausbildung der Mädchen gewidmet, heißt es doch im Jugendgesetz: *»Die Mädchen sind bei der Berufswahl und bei der Berufsbildung besonders zu unterstützen. Sie sollen verstärkt für technische Berufe gewonnen werden.«* In § 18, der sich mit der studentischen Jugend befaßt, wird dazu ergänzend bemerkt: *»Für das Studium in den technischen und mathematisch-naturwissenschaftlichen Fachrichtungen sind mehr Mädchen zu gewinnen.«* Für die Anforderungen an die junge Generation verspricht das Gesetz die *»Entwicklung einer gesunden, kulturellen und lebensfrohen Generation«*. Gleichzeitig stellt es die *»Mitwirkung der Jugend an der Leitung des Staates«* in Aussicht. Der leitende Gesichtspunkt der Partei- und Staatsführung wird im Gesetz zum Ausdruck gebracht: *»Die junge Generation verändert mit dem umfassenden Aufbau des Sozialismus ihre Lebensweise, sie ist daran interessiert, Verständnis für Literatur, Musik, Bildende Kunst, Theater und Film zu gewinnen und sich selbst sinnvoll und künstlerisch zu betätigen.«* Auch die Funktion der Eltern wird im Gesetz bestimmt; gleichzeitig werden den Eltern Hilfen angeboten: *»Die Staats- und Wirtschaftsorgane, insbesondere die Organe der Volksbildung, des Gesundheitswesens und der Kultur, sind verpflichtet, in enger Zusammenarbeit mit der Schule und den gesellschaftlichen Organisationen eine wirksame pädagogische Aufklärung zur Hilfe für die Eltern bei der sozialistischen Erziehung ihrer Kinder zu entwickeln.«*[4])

Die Verabschiedung des sehr umfangreichen Gesetzwerkes bezeichnete Willi Stoph als eine *»neue Etappe unserer staatlichen Jugendpolitik«*. Er war der Überzeugung, daß das Jugendgesetz entscheidenden Einfluß auf das Denken der jungen Generation in der Bundesrepublik Deutschland habe, sagte er doch bei der Beschlußfassung in der Volkskammer: *»Damit schaffen wir die besten Voraussetzungen dafür, daß auch die westdeutsche Jugend sich ihrer Lage bewußt wird und erfolgreich den Kampf um ihre Rechte führen kann.«*[5])

VERTRAG ÜBER FREUNDSCHAFT, GEGENSEITIGEN BEISTAND UND ZUSAMMENARBEIT ZWISCHEN DER DDR UND DER SOWJETUNION VOM 12. JUNI 1964

Am 12. Juni 1964 unterzeichneten der Vorsitzende des Ministerrats der UdSSR, N. S. Chruschtschow, und der Vorsitzende des Staatsrates der DDR, Walter Ulbricht, einen auf 20 Jahre befristeten, sich automatisch verlängernden »Vertrag über Freundschaft, gegenseitigen Beistand und Zusammenarbeit«:

»Artikel 1

Die Hohen Vertragschließenden Seiten werden, ausgehend von der vollen Gleichberechtigung, der gegenseitigen Achtung der staatlichen Souveränität, der Nichteinmischung in die inneren Angelegenheiten sowie von den hohen Prinzipien des sozialistischen Internationalismus, indem sie die Prinzipien des gegenseitigen Vorteils und der gegenseitigen brüderlichen Hilfe verwirklichen, auch künftig die Beziehungen der Freundschaft und engen Zusammenarbeit auf allen Gebieten entwickeln und festigen.

Artikel 2

Die Hohen Vertragschließenden Seiten werden im Interesse des Friedens und der friedlichen Zukunft der Völker, darunter des deutschen Volkes, unbeirrt für die Beseitigung der Überreste des Zweiten Weltkrieges, für den Abschluß eines deutschen Friedensvertrages und die Normalisierung der Lage in West-Berlin auf seiner Grundlage eintreten.
Beide Seiten gehen davon aus, daß bis zum Abschluß eines deutschen Friedensvertrages die Vereinigten Staaten von Amerika, Großbritannien und Frankreich nach wie vor ihre Verantwortung für die Verwirklichung der Forderungen und Verpflichtungen auf dem Territorium der Bundesrepublik Deutschland tragen, die die Regierungen der vier Mächte gemeinsam im Potsdamer und in anderen internationalen Abkommen zur Ausrottung des deutschen Militarismus und Nazismus und zur Verhinderung einer deutschen Aggression übernommen haben.

Artikel 3

Die Hohen Vertragschließenden Seiten vereinen ihre Anstrengungen zur Gewährleistung des Friedens und der Sicherheit in Europa und in der ganzen Welt in Übereinstimmung mit den Zielen und den Grundsätzen der Satzung der Organisation der Vereinten Nationen. Sie werden alle von ihnen abhängigen Maßnahmen treffen, um auf der Grundlage der Prinzipien der friedlichen Koexistenz die Lösung grundlegender internationaler Probleme zu fördern, wie die allgemeine und vollständige Abrüstung einschließlich solcher Teilmaßnahmen, die zur Einstellung des Wettrüstens und zur Minderung der internationalen Spannungen beitragen, sowie die Beseitigung des Kolonialismus, die Beilegung territorialer und Grenzstreitigkeiten zwischen den Staaten mit friedlichen Mitteln und andere.

Artikel 4

Angesichts der bestehenden Gefahr eines Aggressionskrieges seitens militaristischer und revanchistischer Kräfte erklären die Hohen Vertragschließenden Seiten feierlich, daß die Unantastbarkeit der Staatsgrenzen der Deutschen Demokratischen Republik einer der Grundfaktoren der europäischen Sicherheit ist. Sie bekräftigen ihre feste Entschlossenheit, in Übereinstimmung mit dem Warschauer Vertrag über Freundschaft, Zusammenarbeit und gegenseitigen Beistand die Unantastbarkeit dieser Grenzen gemeinsam zu gewährleisten.

Die Hohen Vertragschließenden Seiten werden auch alle notwendigen Maßnahmen ergreifen, um eine Aggression der Kräfte des Militarismus und Revanchismus, die eine Revision der Ergebnisse des Zweiten Weltkrieges anstreben, zu verhindern.

Artikel 5

Im Falle eines bewaffneten Überfalls irgendeines Staates oder irgendeiner Staatengruppe auf eine der Hohen Vertragschließenden Seiten in Europa wird die andere Hohe Vertragschließende Seite dieser in Übereinstimmung mit den Bestimmungen des Warschauer Vertrages über Freundschaft, Zusammenarbeit und gegenseitigen Beistand sofortigen Beistand erweisen.

Von den ergriffenen Maßnahmen wird dem Sicherheitsrat in Übereinstimmung mit den Bestimmungen der Satzung der Organisation der Vereinten Nationen Mitteilung gemacht werden. Diese Maßnahmen werden eingestellt, sobald der Sicherheitsrat die Maßnahmen ergreift, die zur Wiederherstellung und Erhaltung des Weltfriedens und der Sicherheit erforderlich sind.

Artikel 6

Die Hohen Vertragschließenden Seiten werden West-Berlin als selbständige politische Einheit betrachten.

Artikel 7

Die Hohen Vertragschließenden Seiten bekräftigen ihren Standpunkt, daß angesichts der Existenz zweier souveräner deutscher Staaten – der Deutschen Demokratischen Republik und der Bundesrepublik Deutschland – die Schaffung eines friedliebenden, demokratischen, einheitlichen deutschen Staates nur durch gleichberechtigte Verhandlungen und eine Verständigung zwischen beiden souveränen deutschen Staaten erreicht werden kann.

Artikel 8

Die Hohen Vertragschließenden Seiten werden auf der Grundlage des gegenseitigen Vorteils und der uneigennützigen brüderlichen Zusammenarbeit, in Übereinstimmung mit den Grundsätzen des Rates für Gegenseitige Wirtschaftshilfe, die wirtschaftlichen und wissenschaftlich-technischen Beziehungen zwischen beiden Staaten maximal entwickeln und festigen, in Übereinstimmung mit den Grundsätzen der internationalen sozialistischen Arbeitsteilung die Koordinierung der Volkswirtschaftspläne, die Spezialisierung und Kooperation der Produktion verwirklichen und durch

die Annäherung und Abstimmung der nationalen Wirtschaften beider Staaten ein Höchstmaß an Produktivität sichern.
Beide Seiten werden auch weiterhin ihre Beziehungen auf kulturellem, gesellschaftlichem und sportlichem Gebiet wie auf dem Gebiet des Touristenverkehrs entwickeln.

Artikel 9

Dieser Vertrag berührt nicht Rechte und Pflichten der beiden Seiten aus geltenden zweiseitigen und anderen internationalen Abkommen einschließlich des Potsdamer Abkommens.

Artikel 10

Dieser Vertrag wird für die Dauer von zwanzig Jahren vom Tage des Inkrafttretens gültig sein. Wenn ihn nicht eine der Hohen Vertragschließenden Seiten zwölf Monate vor Ablauf der Geltungsdauer des Vertrages kündigt, bleibt der Vertrag weitere zehn Jahre in Kraft.
Im Falle der Schaffung eines einheitlichen, demokratischen und friedliebenden deutschen Staates oder des Abschlusses eines deutschen Friedensvertrages kann dieser Vertrag vor Ablauf der Frist von zwanzig Jahren auf Wunsch jeder Hohen Vertragschließenden Seiten überprüft werden.«[6])
Bei der Unterzeichnung in Moskau hielten Chruschtschow und Ulbricht Ansprachen, mit denen sie die Bedeutung des Vertrages unterstrichen. Da Bundeskanzler Erhard zu diesem Zeitpunkt in Washington Gespräche mit dem amerikanischen Präsidenten Johnson führte, nahm das darüber veröffentlichte Kommuniqué zu dem Vertrag Stellung. Es erklärte, daß keine einseitige Maßnahme der Sowjetregierung in irgendeiner Weise die Rechte der drei Westmächte berühren und die Verpflichtungen und die Verantwortung der Sowjetunion in bezug auf Deutschland und Berlin beeinträchtigen könne. Johnson und Erhard stellten weiter fest, *»daß bis zur Einigung Deutschlands nur die freigewählte und legitime Regierung der Bundesrepublik Deutschland und niemand anders für das deutsche Volk sprechen kann«.*[7])
Die Londoner Zeitung *»The Times«* erklärte in einem Kommentar, das Bemerkenswerteste an diesem Vertrag sei die Korrektheit, mit der die Sowjetunion vor seinem Abschluß die drei westlichen Mächte, mit denen sie die Verantwortung über die Nachkriegsentwicklung in Deutschland und Berlin teile, unterrichtet habe; die britische Regierung habe seit dem 10. Juni mit der amerikanischen und französischen Regierung darüber einen Gedankenaustausch geführt.[8])
Sowohl die drei Westmächte als auch die Bundesrepublik Deutschland begnügten sich in ihren Stellungnahmen mit der Wiederholung dieser Versicherung. Sie ließen gleichzeitig erkennen, daß sie dem Vertrag keine Bedeutung beimessen würden. Diese Auffassung brachte der Bundesminister für gesamtdeutsche Fragen, Erich Mende, am 20. Juni zum Ausdruck. Er nannte das Moskau-Ost-Berliner-Abkommen einen Vertrag Chruschtschows mit sich selbst, ohne völkerrechtliche Verbindlichkeit und ohne Auswirkung auf die Deutschlandpolitik der Westmächte: *»Moskau und Ost-Berlin müssen zur Kenntnis nehmen, daß die westliche Politik das Selbstbestimmungsrecht für das ganze deutsche Volk und die Überwindung der deutschen Spaltung als unabdingbaren Bestandteil einer Entspannungs- und Friedenspolitik ansieht.«*[9])

Erst allmählich wurde in der Bundesrepublik Deutschland die grundsätzliche Bedeutung dieses Vertrages erkannt und anerkannt. Seine Abqualifizierung war bedeutungslos für seine faktische Wirksamkeit. Der Vertrag ist die Fortsetzung des am 20. September 1955 zwischen der Sowjetunion und der DDR abgeschlossenen Vertrages und zugleich ein Ersatz für den angekündigten Friedensvertrag entweder mit ganz Deutschland oder nur mit der DDR. Er war auch als Anerkennung der inzwischen erreichten inneren Stabilität der DDR durch die Sowjetunion gedacht. Seine Wirksamkeit für die politische, wirtschaftliche, kulturelle und auch militärische Zusammenarbeit zwischen der Sowjetunion und der DDR trat in den nachfolgenden Jahren immer deutlicher in Erscheinung.
Kurze Zeit später, am 1. August 1964, begann die Regierung mit der Ausgabe neuer Banknoten, die mit der Währungsbezeichnung *»Mark der Deutschen Notenbank«* (MDN) versehen waren. Am 21. August sagte der Staatsrat der DDR den *»Bürgern der DDR, die vor dem 13. August 1961 unter Verletzung der gesetzlichen Bestimmungen außerhalb der DDR Aufenthalt genommen haben,«* im Falle ihrer Rückkehr in die DDR Straffreiheit zu.

INNENPOLITISCHE MASSNAHMEN

Nicht nur durch die Passierscheinabkommen, sondern auch durch die Genehmigung von *»Rentnerreisen«* in die Bundesrepublik Deutschland brachte die DDR ihre Bereitschaft zum Ausdruck, Erleichterungen zu gewähren. Eine Anregung des Landesbischofs der Evangelisch-Lutherischen Kirche in Thüringen, Moritz Mitzenheim, aufgreifend, beschloß der Ministerrat der DDR am 9. September 1964, daß im Rentneralter stehenden Bürgern der DDR jährlich eine Besuchsreise zu Verwandten in der Bundesrepublik Deutschland mit einer Aufenthaltsdauer bis zu vier Wochen genehmigt werden kann. Eine gleiche Regelung traf der Ministerrat für im Rentenalter stehende Bürger der DDR, die ihre Verwandten in West-Berlin besuchen wollen. Bei Todesfall oder lebensgefährlicher Erkrankung eines Verwandten kann eine weitere Reise genehmigt werden. Die Reisen der Rentner begannen am 2. November 1964.
Eine Erschwerung der Einreise und des Aufenthaltes in der DDR trat durch die Anordnung des Ministeriums der Finanzen vom 25. November ein, daß vom 1. Dezember 1964 an grundsätzlich alle aus Westdeutschland und aus den nichtsozialistischen Ländern stammenden Besucher der DDR und Ost-Berlins pro Tag ihres Aufenthaltes 5,– DM zum offiziellen Kurs in DM Ost umtauschen müssen. Für Bewohner West-Berlins wurde der Umtauschbetrag auf 3,– DM festgelegt. Die Maßnahme sollte, wie die Verlautbarung ausführte, Währungsspekulationen verhindern. Gleichzeitig gab es bekannt, daß Rentner aus der DDR, welche Verwandte in der Bundesrepublik Deutschland und in West-Berlin besuchen, einmalig 5,- DM Ost in 5,– DM West umtauschen können.

DAS GESETZ ÜBER DAS EINHEITLICHE SOZIALISTISCHE BILDUNGSWESEN VOM 24. FEBRUAR 1965

Am 24. Februar 1965 wurde das Gesetz über das einheitliche sozialistische Bildungswesen verkündet. Als Ziel nannte es eine *»hohe Bildung des ganzen Volkes«*. Als Aufgabe des sozialistischen Bildungssystems bezeichnete es, *»die Bürger zu befähigen, die sozialistische Gesellschaft zu gestalten, die technische Revolution zu meistern und an der Entwicklung der sozialistischen Demokratie mitzuwirken«*. Die grundlegenden Bestandteile des einheitlichen sozialistischen Bildungssystems sind *»die Einrichtungen der Vorschulerziehung, die zehnklassige allgemeinbildende polytechnische Oberschule, die Einrichtungen der Berufsausbildung, die zur Hochschulreife führenden Bildungseinrichtungen, die Ingenieur- und Fachschulen, die Universitäten und Hochschulen, die Einrichtungen der Aus- und Weiterbildung der Werktätigen«*. Das Gesetz betont, im sozialistischen Bildungssystem gelte der Grundsatz der Einheit von Bildung und Erziehung: *»Die Schüler, Lehrlinge und Studenten sind zur Liebe zur Deutschen Demokratischen Republik und zum Stolz auf die Errungenschaften des Sozialismus zu erziehen, um bereit zu sein, alle Kräfte der Gesellschaft zur Verfügung zu stellen, den sozialistischen Staat zu stärken und zu verteidigen.«* Das Gesetz sieht weiter vor: *»Den Schülern, Lehrlingen und Studenten sind gründliche Kenntnisse des Marxismus-Leninismus zu vermitteln. Sie sollen die Entwicklungsgesetze der Natur, der Gesellschaft und des menschlichen Denkens erkennen und anzuwenden verstehen und feste sozialistische Überzeugungen gewinnen.«* Die weiteren Bestimmungen des Gesetzes umschreiben die Aufgaben der Einrichtungen des sozialistischen Bildungssystems, der sozialistischen Betriebe und landwirtschaftlichen Produktionsgenossenschaften, der Familie und schließlich auch der Jugend: *»Der Jugend wird Vertrauen geschenkt und eine große Verantwortung beim Lernen, bei der Arbeit und in der Freizeit übertragen. Die Einrichtungen des sozialistischen Bildungssystems arbeiten daher eng mit der Freien Deutschen Jugend und ihrer Pionierorganisation ›Ernst Thälmann‹, der selbständigen politischen Organisation der heranwachsenden Generation, zusammen.«* Das Gesetz versucht, auf der Grundlage des ideologisch bestimmten Einheitsstaates ein perfekt durchgegliedertes Erziehungs-, Ausbildungs- und Bildungssystem zu schaffen.

Ein Vergleich der Schulsysteme der BRD und der DDR zeigt Unterschiede. Kindergartenplätze stehen zur Verfügung in der BRD für 28,2 v. H., in der DDR für 47,6 v. H. der Kinder im Kindergartenalter. Die Zahl der Schüler je vollbeschäftigte Lehrkraft beträgt in der BRD in Volksschulen 32,3, in Realschulen 24 und in Gymnasien 19, in den entsprechenden Schulen der DDR 19,6. In der BRD legen 8,3 v. H. der 19- bis 20jährigen an Gymnasien die Reifeprüfung ab. In der DDR machen die Teilnehmer an den Reifeprüfungen der erweiterten Oberschulen 8,5 v. H. der 18- bis 19jährigen aus. Die Zahl der Studenten auf 10 000 Einwohner beträgt in der BRD 56,3, in der DDR 45,8. Bei dieser Zahl ist zu berücksichtigen, daß es ein Fern- und Abendstudium im Hochschulwesen in der BRD weder im vergleichbaren Ausmaß wie in der DDR noch in der dortigen Organisationsform gibt. In der BRD kommen auf je 10 000 Einwohner 6,7, in der DDR 10,4 Hochschulabsolventen. Gefördert werden in der BRD 24 v.H., in der DDR 58 v. H. der

Studenten. In der sozialen Struktur der Studentenschaft überwiegen in der DDR die Kinder von Arbeitern (38,2) und Angestellten (23,5), in der BRD die Kinder von Angestellten (31,7 v. H.) und Beamten (30,9 v. H.).[10])

FORTENTWICKLUNG DES NEUEN ÖKONOMISCHEN SYSTEMS

Von gleicher Bedeutung wurde die Durchsetzung des *Neuen Ökonomischen Systems der Planung und Leitung der Volkswirtschaft* (NÖSPL), das am 24./25. Juni 1963 auf einer Wirtschaftskonferenz der SED verabschiedet und am 15. Juli vom Staatsrat der DDR bestätigt worden war. In seiner Propagierung sah die SED eine Hauptaufgabe, erwartete sie sich doch von seiner Anwendung eine Steigerung der Produktion. Auf der 11. Tagung des ZK der SED vom 16. bis 18. Dezember 1965 erläuterte Walter Ulbricht das Neue in der Planung: *»Ähnlich wie in der Landwirtschaft soll auch in der Industrie und anderen Bereichen die zentrale Planung grundsätzlicher wirtschaftlicher Aufgaben von oben her eine sinnvolle Einheit bilden mit der selbständigen Planung nach Haupterzeugnissen und Erzeugnisgruppen von unten her. Die VVB und Betriebe gehen auf der Grundlage einer vorgegebenen Richtung der volkswirtschaftlichen Entwicklung durch die Staatliche Plankommission dazu über, eigenverantwortlich ihren Reproduktionsprozeß zu planen und den übergeordneten Organen ihre Planvorschläge anzubieten. Die eigenverantwortliche Planung stützt sich auf die Verfügung über die eigenen materiellen und finanziellen Fonds durch die VVB und Betriebe bei Anwendung des Prinzips der Eigenerwirtschaftung der Investmittel. Sie geht weiterhin aus von der Wahrnehmung der vollen Verantwortung für die Bilanzierung im Rahmen der Bilanzpyramide und für die eigenverantwortliche Sicherung der materiellen Beziehungen mit Hilfe des Vertragsgesetzes, der Anwendung ökonomischer Hebel und der territorialen Koordinierung der ökonomischen Beziehungen.«*[11]) Die Ansichten westlicher Kommentatoren über das zunächst in der Sowjetunion und anschließend in allen sozialistischen Staaten nichtchinesischer Observanz eingeführte System gingen auseinander. Die einen sprachen von einer Anpassung an die Bedürfnisse der Produktion, andere vom Wandel der Planwirtschaft und von der Rückkehr zur Wettbewerbswirtschaft. Elemente des Wettbewerbs wurden in den wirtschaftlichen Ablauf eingeführt, die Prinzipien der Planung jedoch nicht grundsätzlich aufgegeben. NÖSPL stellt den Versuch dar, die Unzulänglichkeiten einer bis ins einzelne reglementierten Planwirtschaft zu beseitigen, die Grundsätze der volkswirtschaftlichen Ausrichtung als Leitlinien jedoch beizubehalten. Durch die Wiedereinführung des wirtschaftlichen Wettbewerbs sollte der Anreiz des einzelnen, des Betriebes und der Betriebsgruppen herausgefordert werden. Es änderten sich die Methoden, nicht jedoch die Grundlagen der Planwirtschaft; die Produktionsmittel blieben unverändert im öffentlichen Besitz. Der Erfolg des neuen Wirtschaftssystems wurde in Frage gestellt durch den Selbstmord von Erich Apel, Vorsitzender der staatlichen Planungskommission der DDR und Kandidat des Politbüros der SED, am 3. Dezember 1965, der in Zusammenhang gebracht wurde mit den Verhandlungen über ein langfristiges Handelsabkommen zwischen der UdSSR und der DDR. Die Situation der Volkswirtschaft war das Thema der 11. Tagung des ZK der SED vom 15. bis 18. Dezember 1965, die die zweite Etappe des *Neuen Ökonomischen Systems* beschloß. Walter Ulbricht rechtfertigte diese Maßnahme, indem er in seiner Rede vor dem Plenum des ZK erklärte: *»Das Neue Ökonomische System der Planung ist unser Instrument, mit dessen Hilfe wir die Aufgaben des umfassenden Aufbaus des Sozialismus und der technischen Revolution in der DDR lösen und den Übergang vom Kapitalismus zum Sozialismus in der DDR vollenden. Mit dem neuen Ökonomischen System der Planung und Leitung schaffen wir uns die Grundlagen der ökonomischen Gesetze des Sozialismus. Das eigene ökonomische System des Sozialismus in der DDR. Es ist das ökonomische System des hochentwickelten sozialistischen Industriestaates mit moderner intensiver Landwirtschaft. Es ist das ökonomische System eines sozialistischen Staates, der die unerhörten Belastungen der imperialistischen Vergangenheit, insbesondere des faschistischen Weltkrieges und der Spaltung des Landes, im wesentlichen gemeistert hat.«* [12]) Das Plenum bestätigte einstimmig den Bericht des Politbüros und die Referate. Das ZK stimmte den Entwürfen des Gesetzes über den Volkswirtschaftsplan 1966 und des Gesetzes über den Staatshaushaltsplan 1966 zu.

FINANZIELLE FORDERUNGEN AN DIE BUNDESREPUBLIK DEUTSCHLAND

In der politischen und publizistischen Auseinandersetzung mit der Bundesrepublik Deutschland machten Partei- und Staatsführung immer häufiger die Bundesrepublik Deutschland für die noch nicht behobenen wirtschaftlichen Schwierigkeiten verantwortlich. Beispielhaft formulierte dies die in der nachfolgenden Diskussion ununterbrochen wiederholte Auffassung Walter Ulbrichts auf der 9. Tagung des ZK der SED am 28. April 1965: *»So besteht bei uns ein Widerspruch zwischen den objektiven Erfordernissen der technischen Revolution und unseren volkswirtschaftlichen Möglichkeiten, wie sie besonders im Umfang des Akkumulationsfonds zum Ausdruck kommen. Dieser Widerspruch ist die Folge des kalten Wirtschaftskrieges, den die westdeutschen Imperialisten bis 1961 gegen die DDR geführt haben. In diesen Tagen hat der sozialdemokratische Wirtschaftswissenschaftler Professor Dr. Baade erneut darauf hingewiesen, daß die DDR bis zum Jahre 1961 Verluste im Betrage von rund 100 Milliarden Mark erlitten hat. Nach unseren noch nicht vollständigen Berechnungen nähern sie sich einem Wert von 120 Milliarden Mark. Dieser Betrag setzt sich zusammen aus den Reparationen, die die DDR für ganz Deutschland geleistet hat, unseren Verlusten an Nationaleinkommen durch Produktionsausfall, durch den gesellschaftlichen Aufwand für den Unterhalt, die Erziehung und die Ausbildung der abgeworbenen Kader, durch Grenzgängerei in West-Berlin, durch den Schwindelkurs und den Schmuggel nach West-Berlin sowie einige andere Verluste. Selbstverständlich fordern wir von der Bundesrepublik die Begleichung dieser Schulden an die DDR. Der uns zugefügte Verlust an Nationaleinkommen entspricht etwa der Summe der Investitionen, die wir in den Jahren von 1950 bis 1961 in unsere Volkswirtschaft hineingesteckt haben. Stellt Euch vor, wie unsere Volks-*

wirtschaft heute aussähe, wenn wir diese Summe von rund 120 Milliarden Mark zusätzlich investiert hätten.« [13]) Diese Forderungen wurden in der Bundesrepublik Deutschland als propagandistische Übertreibungen bezeichnet. Im Verlauf der intensiven Auseinandersetzung mehrten sich die Stimmen, die zugaben, daß die SBZ bzw. DDR wirtschaftliche Nachteile dadurch erlitt, daß sie die von der Sowjetunion geforderten Reparationen allein aufbrachte. Die durch die Veränderungen der Wirtschafts- und Gesellschaftsstruktur aufgetretenen vorübergehenden oder bleibenden Minderungen am Volksvermögen zu ersetzen, lehnte die öffentliche Meinung in der Bundesrepublik Deutschland jedoch entschieden ab. Auch der Gedanke, für die aus der DDR geflohenen Deutschen, auf deren Arbeitskraft die Volkswirtschaft der DDR verzichten mußte, ein Kopfgeld zu bezahlen, wurde als indiskutabel zurückgewiesen. Auch nach Aufschlüsselung der von Ulbricht genannten Summe auf die einzelnen Ursachen, die diese Minderung veranlaßten, bleibt eine wirtschaftliche und finanzielle Leistung übrig, die von der DDR stellvertretend für Deutschland erbracht wurde. Bei seiner Beurteilung darf der Widerspruch, daß die Sowjetunion einerseits in ihrer Besatzungszone ein kommunistisches System errichtete, andererseits dieser Besatzungsleistungen in einer nicht genau bekannten Höhe abverlangte, nicht übersehen werden.

AUSSENPOLITISCHE STANDORTBESTIMMUNG

Der Besuch Walter Ulbrichts in der Vereinigten Arabischen Republik im Februar 1965 wurde in der DDR als der Ausbruch aus der weltpolitischen Isolierung gefeiert und verstanden. Er war das Ergebnis der verstärkten Bemühungen der DDR um Einflußnahme in den Staaten der Dritten Welt mit dem Ziel, mit diesen diplomatische Beziehungen aufzunehmen. Er leitete eine anhaltende und mit großer Entschiedenheit geführte Diskussion um die internationale Anerkennung der DDR ein. Dabei ging es nicht mehr um die Propagierung, sondern um die Praktizierung der Zwei-Staaten-Theorie. Die Regierung der DDR erhob immer lauter und entschiedener die Forderung nach uneingeschränkter und vorbehaltloser völkerrechtlicher Anerkennung als zweiter deutscher Staat, wobei sie die Frage, ob die Deutschen *ein* Volk seien, unterschiedlich beantwortete. Mit einer systematischen Wirtschaftspolitik, einer gezielten Entwicklungshilfe und einer intensiven Außenpolitik versuchte sie sowohl in der Dritten Welt als auch in Staaten des Nordatlantikpaktes Fuß zu fassen. Alle geeigneten Mittel, auch Kultur und Sport, setzte sie zur Erreichung dieses Zieles ein. Die Bundesrepublik Deutschland war, da sie unverändert an der Hallstein-Doktrin festhielt, gezwungen, mit der Rückberufung ihrer Botschafter zu drohen. In dem langwierigen Streit um die Form der Vertretung der Bundesrepublik Deutschland und der Deutschen Demokratischen Republik bei Olympischen Spielen erreichte die DDR am 8. Oktober 1965 einen bemerkenswerten Erfolg. Das Internationale Olympische Komitee beschloß, zu den Olympischen Spielen 1968 zwei deutsche Mannschaften zuzulassen. Das Nationale Olympische Komitee der DDR wurde als Vollmitglied des IOC für das *»geographische Gebiet Ostdeutsch-*

lands« anerkannt.[14]) Am 28. Februar 1966 übermittelte der Staatsrat der DDR dem Generalsekretär der Vereinten Nationen einen Antrag auf Aufnahme in die UN, dem eine entsprechende Erklärung und ein erläuterndes Memorandum beigefügt wurden. Das erläuternde Memorandum erklärte, der Antrag auf Aufnahme in die UN werde unter voller Berücksichtigung der Tatsache gestellt, daß seit 16 Jahren auf deutschem Boden zwei souveräne Staaten entstanden seien und sich entwickelt hätten. Die Regierung der DDR sei überzeugt, daß die Aufnahme in die UN wesentlich dazu beitragen werde, die in der Charta fixierten Grundsätze der friedlichen Koexistenz in den Beziehungen zwischen den beiden deutschen Staaten durchzusetzen und damit die friedliche Wiedervereinigung Deutschlands zu fördern. Die ständigen Vertreter Frankreichs, Großbritanniens und der Vereinigten Staaten von Amerika, die im Sicherheitsrat als ständige Mitglieder über das Vetorecht verfügen, gaben am 3. März folgende Erklärung ab: *»Da die sogenannte Deutsche Demokratische Republik kein Staat ist, hat sie auch keinerlei Recht, in die Organisation der Vereinten Nationen aufgenommen zu werden.«* Der ständige sowjetische Vertreter, Nikolai Federenko, wies diese Auffassung zurück, wobei er feststellte: *»Die Behauptung einiger Länder, daß einer der bestehenden deutschen Staaten das ganze deutsche Volk vertrete, stehe in vollem Widerspruch zur realen Lage und zu den geltenden internationalen Abmachungen.«* Im Anschluß daran gaben sowohl Frankreich, Großbritannien und die Vereinigten Staaten von Amerika als auch die Sowjetunion ausführliche Stellungnahmen zu dem Antrag der DDR auf Aufnahme in die UN ab, die den Mitgliedstaaten der Vereinten Nationen zur Kenntnis gebracht wurden. Die Diskussion darüber kam immer wieder in Gang, da Verbündete der DDR, vornehmlich die Sowjetunion, regelmäßig darauf zurückkamen.

Die durch das ZK der SED im Februar 1966 eingeleitete Auseinandersetzung über direkte Gespräche zwischen SED und SPD führte, wie bereits dargestellt, zu einer intensiven Kontroverse, deren Ziel die Durchführung eines Rederaustausches war. Welche Rückwirkungen diese sowohl auf die SED als auch auf die Bevölkerung der DDR hatte, ist mit Sicherheit nicht beschreibbar. Offensichtlich glaubte die SED, daß der Zeitpunkt für eine unmittelbare Konfrontation mit der SPD gekommen war. Ihre Weigerung, den Redneraustausch durchzuführen, läßt die Annahme zu, daß emotionelle Erschütterungen im Bewußtsein der Bevölkerung befürchtet wurden. Die Konfrontation zwischen der Bundesrepublik Deutschland und der DDR wurde nach Bildung der Großen Koalition am 1. Dezember 1966 verschärft, da die SPD als Koalitionspartner zum Handeln gegenüber der DDR drängte. Auch der Vorsitzende des Staatsrats der DDR, Ulbricht, sah sich veranlaßt, seinen Standpunkt zu präzisieren. In seiner Neujahrsbotschaft vom 1. Januar 1967 erteilte er dem Gedanken der Wiedervereinigung Deutschlands eine Absage: *»Ein Zurück in das Mittelalter der gesellschaftlichen Entwicklung, zum Kapitalismus, gibt es für die Bürger der sozialistischen DDR nicht. Eine Vereinigung zwischen der sozialistischen DDR und einer vom Monopolkapital beherrschten westdeutschen Bundesrepublik ist also unmöglich. Die Wiedervereinigung, richtiger gesagt, die Vereinigung der beiden deutschen Staaten, ist abhängig von einer durchgreifenden demokratischen Umwälzung in Westdeutschland. Das kann ein langer Prozeß sein. Um so dringlicher aber wird die Ordnung des Neben- und Miteinanderlebens der beiden deutschen Staaten für diesen langen Zeitraum.«* In seinen folgenden Ausführungen nannte

Ulbricht zehn Punkte als Maßnahmen der *»ersten Etappe des Weges zu einer Konföderation«: »1. Die Regierungen der beiden deutschen Staaten treffen eine Vereinbarung über die Aufnahme normaler Beziehungen zueinander. 2. Die Regierungen der beiden deutschen Staaten schließen einen Vertrag, der den Verzicht auf die Anwendung von Gewalt in den gegenseitigen Beziehungen zum Inhalt hat. 3. Die Regierungen der beiden deutschen Staaten anerkennen in gleichlautenden vereinbarten Erklärungen die gegenwärtig bestehenden Grenzen in Europa. 4. Die Regierungen der beiden deutschen Staaten vereinbaren vertraglich die Herabsetzung ihrer Rüstungsausgaben um jeweils die Hälfte. 5. Die Regierungen der beiden deutschen Staaten erklären ihren Verzicht auf Besitz, Verfügungsgewalt oder Beteiligung an der Verfügungsgewalt über Atomwaffen in irgendeiner Form. Zugleich vereinbaren und versichern sie verbindlich in gleichlautenden und gleichzeitigen Erklärungen ihre Bereitschaft zur Teilnahme an einer atomwaffenfreien Zone in Europa. 6. Die Regierungen beider deutscher Staaten setzen sich für die Herstellung normaler Beziehungen beider deutscher Staaten zu allen europäischen Staaten und für die Herstellung diplomatischer Beziehungen aller europäischen Staaten zu beiden deutschen Staaten ein. 7. Die Regierungen der beiden deutschen Staaten schließen einen Vertrag, in dem sie sich verpflichten, gemeinsam und gleichzeitig für beide deutsche Staaten den Status einer von den Mächten garantierten Neutralität anzunehmen. 8. Die Regierungen der beiden deutschen Staaten schließen einen Vertrag, in welchem sie sich zur Respektierung der unabhängigen Entwicklung West-Berlins als besonderes eigenständiges Territorium verpflichten. 9. Die Regierung der DDR und der Senat von West-Berlin schließen einen Vertrag, in dem sich der Senat verpflichtet, den Kalten Krieg gegen die DDR einzustellen, während die Regierung der DDR sich verpflichtet, den Transit-Verkehr zunächst für den Zeitraum bis zur Bildung einer deutschen Konföderation zu gewährleisten. 10. Die Regierungen der beiden deutschen Staaten beauftragen eine auf paritätischer Basis aus bevollmächtigten Vertretern gebildete Kommission, zu prüfen, wie weit die grundlegenden Bestimmungen des Potsdamer Abkommens, welche die Sicherung des Friedens und der Demokratie in Deutschland garantieren sollten, in den beiden deutschen Staaten durchgeführt worden sind. Diese Kommission erstattet öffentlich Bericht über das Prüfungsergebnis und macht Vorschläge für eventuell notwendige Maßnahmen.«* [15])
Herbert Wehner (SPD), Bundesminister für gesamtdeutsche Fragen in der Regierung der Großen Koalition, nahm in einem von RIAS am 7. Januar 1967 gesendeten Kommentar zu diesem Vorschlag ausführlich Stellung. Er gab zunächst zu bedenken: *»Welch ein seltsames Bild bieten wir Deutschen der übrigen Welt. Während andere, d. h. Nachbarn in Nord- und Osteuropa, sich darüber sachlich aussprechen, daß auch die Deutschen dabei sein sollen, wenn Nord- und Süd-, Ost- und Westeuropa enger und verständiger miteinander umgehen, werden bei uns in Deutschland selbst neue zusätzliche Hindernisse errichtet und mit fortgesetzten Beschuldigungen befestigt. Sollen denn die Deutschen von ihren europäischen Nachbarn als perfekte und von Spaltungssucht besessene Störenfriede Europas angesehen werden?«*
Den Vorschlag Ulbrichts, eine auf paritätischer Basis aus bevollmächtigten Vertretern gebildete Kommission mit dem Auftrag zu bilden, zu prüfen, wie weit die grundlegenden Bestimmungen des Potsdamer Abkommens in beiden deutschen Staaten durchgeführt worden sind, nannte er einen nachdenkenswerten Vorschlag: *»Ich*

sage: ›Nachdenkenswert‹, weil es lohnen könnte zu überlegen: wenn gewisse Aspekte des Potsdamer Abkommens, auf die Herr Ulbricht so Bezug nimmt, interessant erscheinen, um zu Untersuchungen über das Prüfungsergebnis Bericht zu erstatten und vielleicht sogar Vorschläge für eventuell notwendige Maßnahmen zu machen, warum dann nicht auch einige weitere Aspekte des Potsdamer Abkommens zum Gegenstand von aktuellen Überlegungen und gegebenenfalls Vorschlägen für eventuell notwendige Maßnahmen machen? Könnte das nicht einen Versuch lohnen? Darüber wäre es wert, weiter zu sprechen.« [16])

Am 2. Februar 1967 wurde das Staatssekretariat der DDR für gesamtdeutsche Fragen in Staatssekretariat für westdeutsche Fragen umbenannt. Staatssekretär Joachim Hermann begründete diese Maßnahme in einer Presseerklärung vom 3. Februar damit, daß es die nationale Verantwortung erfordere, mit aller Klarheit auszusprechen, daß der Begriff gesamtdeutsch durch die Schuld des westdeutschen Monopolkapitalismus und seiner Bonner Regierung einschließlich der sozialdemokratischen Minister seines Inhalts entleert und gegenstandslos geworden sei.[17]) Die Presse der DDR ging dazu über, nur noch SP statt SPD zu schreiben, weil nach ihrer Ansicht niemand das Recht habe, Deutschland insgesamt zu repräsentieren.

Im Laufe des Jahres 1967 schloß die DDR Verträge über Freundschaft, Zusammenarbeit und gegenseitigen Beistand mit mehreren sozialistischen Ländern ab; so am 10. März mit der Volksrepublik Polen, am 17. März mit der ČSSR, am 18. Mai mit der Volksrepublik Ungarn und am 7. September mit der Volksrepublik Bulgarien. Durch diese zweiseitigen Verträge sollte die Verklammerung innerhalb des sozialistischen Lagers verstärkt werden.

DAS STAATSBÜRGERSCHAFTSGESETZ VOM 20. FEBRUAR 1967

Am 20. Februar 1967 wurde das Gesetz über die Staatsbürgerschaft der Deutschen Demokratischen Republik (Staatsbürgerschaftsgesetz) verkündet, womit eine Staatsbürgerschaft der DDR begründet wurde. In der Präambel hieß es darüber: *»Die Staatsbürgerschaft der Deutschen Demokratischen Republik ist die Zugehörigkeit ihrer Bürger zum ersten friedliebenden demokratischen und sozialistischen deutschen Staat, in dem die Arbeiterklasse die politische Macht im Bündnis mit der Klasse der Genossenschaftsbauern, der sozialistischen Intelligenz und anderen werktätigen Schichten ausübt.«* Das Gesetz selbst bestimmt die Staatsbürgerschaft, Erwerb, Verlust, Zuständigkeit und Verfahren. In den Schlußbestimmungen werden Gesetze und Verordnungen außer Kraft gesetzt, an erster Stelle das Reichs- und Staatsangehörigkeitsgesetz vom 22. Juli 1913. Staatsbürger der DDR ist, wer a) zum Zeitpunkt der Gründung der DDR deutscher Staatsangehöriger war, in der DDR seinen Wohnsitz oder ständigen Aufenthalt hatte und die Staatsbürgerschaft der DDR seitdem nicht verloren hat; b) zum Zeitpunkt der Gründung der DDR deutscher Staatsbürger war, seine Wohnung oder seinen Aufenthalt außerhalb der DDR hatte, danach keine andere Staatsbürgerschaft erworben und entsprechend seinem Willen durch Registrierung bei einem dafür zuständigen Organ der DDR als Bürger der

DDR geführt wird; c) nach den geltenden Bestimmungen die Staatsbürgerschaft der DDR erworben und seitdem nicht verloren hat. Die Bestimmung bedeutet, solange sie nicht interpretiert wird, daß alle Deutschen, die am 7. Oktober 1949 in der DDR wohnten, als Staatsbürger der DDR gelten. Da ein Kind mit seiner Geburt die Staatsbürgerschaft der DDR erwirbt, wenn die Eltern oder ein Elternteil Staatsbürger der DDR sind, gelten Kinder von Eltern, die am 7. Oktober 1949 in der DDR wohnten, solange keine entsprechenden Erklärungen erfolgt sind, als Bürger der DDR.[18])

Der Sprecher der Bundesregierung, Karl-Günther von Hase, gab zu dem Gesetz folgende Feststellung der Bundesregierung ab: *»Es gibt nicht zwei Völker, es gibt nur ein deutsches Volk. Das Gesetz über die Staatsbürgerschaft der DDR steht im Widerspruch zu der Tatsache, daß das Reichs- und Staatsangehörigkeitsgesetz von 1913 weiter gültig ist, das für alle Deutschen die Frage der Staatsangehörigkeit regelt. Mit diesem Gesetz stimmt auch die Verfassung der sogenannten DDR von 1949 überein, in deren bisher nicht geändertem Artikel 1 es heißt: Es gibt nur eine deutsche Staatsangehörigkeit.«* [19])

DIE »ENTWICKELTE SOZIALISTISCHE GESELLSCHAFT«

Große Aufmerksamkeit in der Öffentlichkeit beanspruchte der VII. Parteitag der SED vom 17. bis 22. April 1967 in Ost-Berlin. Der Parteitag wurde, wie die vorausgegangenen Parteitage, vorbereitet durch Diskussionen in den Grundorganisationen, Kreis- und Bezirksdelegiertenkonferenzen. Das Organ der SED, *»Neues Deutschland«*, veröffentlichte 192 Seiten zur Parteidebatte. Die Parole für den Parteitag lautete *»Alles für die DDR, unser sozialistisches Vaterland«*. Die Bezeichnung sozialistisch ließ der Vermutung Spielraum, die DDR werde sich Sozialistische Deutsche Demokratische Republik nennen, wozu sie sich jedoch nicht entschloß. Walter Ulbricht referierte über *»Die gesellschaftliche Entwicklung in der DDR bis zur Vollendung des Sozialismus«*. Der Parteitag beschloß Zusätze zum Parteistatut der SED und ein Manifest an die Bürger der DDR, in dem die *»entwickelte sozialistische Gesellschaft«* als Ziel der Parteiarbeit bezeichnet wurde. Er bestätigte das auf dem VI. Parteitag (15. – 21. Januar 1963) proklamierte System der *»Neuen Ökonomischen Sozialistischen Planung und Leitung«*. Auf eine Wiederholung der auf dem VI. Parteitag erörterten gesamtdeutschen Gespräche und Konföderationspläne verzichtete er; er forderte dafür die völkerrechtliche Anerkennung der DDR.[20])

Bei den Wahlen zur Volkskammer der DDR und zur Ostberliner Stadtverordnetenversammlung am 2. Juli 1967 wurden nach Mitteilung der Wahlkommission 99,93 v. H. der gültigen Stimmen für die Einheitslisten der Nationalen Front abgegeben. Bei der nachfolgenden Neubildung der Regierung der DDR wurden nur geringfügige Veränderungen vorgenommen.

Am 28. August wurde die durchgängige Fünf-Tage-Arbeitswoche in der DDR eingeführt, eine Maßnahme, die als Erfolg des Sozialismus gefeiert wurde. Die sich daraus für die Gestaltung der Freizeit ergebenden Aufgaben veranlaßten am 30.

November den Staatsrat der DDR zur Verabschiedung der Deklamation über »*Die Aufgaben der Kultur bei der Entwicklung der sozialistischen Menschengesellschaft*«.[21])

BRIEFWECHSEL AUF REGIERUNGSEBENE

Der in Fortsetzung der Kontroverse über den Redneraustausch zwischen SED und SPD im Verlauf des Jahres 1967 geführte Briefwechsel zwischen dem Vorsitzenden des Ministerrats, Stoph, und dem Bundeskanzler der Bundesrepublik Deutschland, Kiesinger, hatte nicht fixierbare Auswirkungen auf das Selbstverständnis und das Verständnis der Bevölkerung der DDR. Die Korrespondenz war, wie bereits dargelegt, ergebnislos, da zwar Bundeskanzler Kiesinger größere Zugeständnisse als sein Vorgänger Erhard machte, jedoch nicht bereit war, die Forderungen der Regierung der DDR zu akzeptieren. Eine Konfrontation kam nicht zustande, obwohl beide Seiten ihre Bereitschaft dazu versicherten, jedoch auf der Erfüllung bestimmter Forderungen bestanden.
Im Herbst 1967 kam es zu einem Briefwechsel zwischen dem Bundesminister für Post- und Fernmeldewesen und dem Bundesverkehrsminister einerseits und den Ministern der DDR für Post- und Fernmeldewesen und für Verkehrswesen andererseits. In der Korrespondenz der Postminister ging es um die Frage der Abrechnung zwischen der BRD und der DDR. Bundesminister Dollinger erklärte: »*Da aber in der Tat im Verkehr zwischen unseren beiden Verwaltungen von Ihrer Seite auf verschiedenen Gebieten mehr Leistungen erbracht werden, bin ich bereit, über einen zukünftigen Ausgleich verhandeln zu lassen. Die Verhandlungen sollten sich erstrekken auf Ausgleiche im Briefverkehr, Paketverkehr, Telegrammverkehr, Telexverkehr und Fernsprechverkehr.*« Dollinger äußerte auch den Wunsch, daß über die möglichen und notwendigen Verbesserungen zur Normalisierung des Post- und Fernmeldewesens zwischen beiden Teilen Deutschlands gesprochen werden sollte.[22]) Die Verkehrsminister erörterten die Neuregelung des Güterverkehrs. Bundesverkehrsminister Leber versicherte: »*Im Straßen- und Binnenschiffsverkehr gibt es eine Reihe von Problemen, die mit dem Ziele einer besseren Zusammenarbeit gemeinsam gelöst werden können.*« [23])

NEUES STRAFGESETZBUCH

Am 12. Januar 1968 billigte die Volkskammer ein neues Strafgesetzbuch und eine neue Strafprozeßordnung; beide traten am 1. Juli 1968 in Kraft, wodurch abermals der Zusammenhang mit der Bundesrepublik Deutschland gelockert wurde. Als Ziel des neuen StGB nennt seine Präambel: »*Das sozialistische Strafgesetzbuch ist Bestandteil des einheitlichen sozialistischen Rechtssystems der Deutschen Demokratischen Republik. Es dient im besonderen dem entschiedenen Kampf gegen die verbrecherischen Anschläge auf den Frieden und die Deutsche Demokratische Republik, die vom westdeutschen Imperialismus und seinen Verbündeten ausgehen und die Lebensgrundlagen unseres Volkes bedrohen. Es dient zugleich dem Kampf gegen Straftaten, die aus dem Fortwirken der Überreste der kapitalistischen Zeit erwachsen und durch feindliche Einflüsse und moralische Verfallserscheinungen aus den imperialistischen Staaten genährt werden.«* [24])

DIE (ZWEITE) VERFASSUNG VOM 9. APRIL 1968

Die mit der Verkündung eines neuen StGB und einer neuen StPO verfolgte Absicht wurde deutlich in dem Erlaß einer neuen Verfassung, die an die Stelle der Verfassung vom 7. Oktober 1949 trat. Die Vorbereitung der Verfassung erfolgte durch eine Verfassungskommission, der Entwurf der Verfassung wurde in einer sogenannten Volksaussprache, an der sich die Parteien und die Massenorganisationen beteiligten, diskutiert und von der Volkskammer am 26. März 1968 bestätigt. Ihre Verkündung erfolgte am 9. April 1968. Die zweite Verfassung der DDR erklärt die Deutsche Demokratische Republik als einen *»Sozialistischen Staat deutscher Nation«*. Über die Struktur der DDR führt sie aus: *»Sie (= DDR) ist die politische Organisation der Werktätigen in Stadt und Land, die gemeinsam unter Führung der Arbeiterklasse und ihrer marxistisch-leninistischen Partei den Sozialismus verwirklichen.«* Die Verfassung der DDR vom 9. April 1968 umfaßt in fünf Abschnitten 108 Artikel. Abschnitt 1 behandelt *»Die Grundlagen der sozialistischen Gesellschafts- und Staatsordnung«*. Abschnitt 2 beschreibt *»Bürgergemeinschaften in der sozialistischen Gesellschaft«*. Abschnitt 3 regelt *»Aufbau und System der staatlichen Leitung«*. Abschnitt 4 beschäftigt sich mit *»Sozialistischer Gesetzlichkeit und Rechtspflege«*. Abschnitt 5 enthält Schlußbestimmungen. Bemerkenswert ist die Feststellung, die Artikel 1, Absatz 1, Satz 1 trifft: *»Die Deutsche Demokratische Republik ist ein sozialistischer Staat deutscher Nation.«* Nach Artikel 8 Absatz 2 *»erstreben . . . die Deutsche Demokratische Republik und ihre Bürger die Überwindung der vom Imperialismus der deutschen Nation aufgezwungenen Spaltung Deutschlands«.*[25]) Die Verfassung spricht in diesen Formulierungen die Einheit des deutschen Volkes an und bezeichnet die Überwindung der Teilung Deutschlands als eine Aufgabe, nimmt jedoch in ihren Einzelbestimmungen darauf keinen weiteren Bezug. Ihre 108 Artikel reflektieren die zwischen 1945 und 1968 in der DDR vor sich gegangene politische, ökonomische und gesellschaftliche Entwicklung. Ein Vergleich zwischen dem Grundgesetz für die Bundesrepublik Deutschland vom 23. Mai 1949 und der Verfassung der DDR vom 9. April 1968 zeigt das auf dem Gebiet des Deutschen Reiches entstandene Gefälle politischer, wirtschaftlicher und gesellschaftlicher Strukturen.

Die Annahme der Verfassung erfolgte durch einen Volksentscheid, den Herbert Wehner in einer Stellungnahme *»eine plebiszitäre Aktion ohne die Garantie der geheimen Stimmabgabe für jeden einzelnen«* nannte. Er fügte hinzu: *»Die bisherige Verfassung enthielt schöne Worte, aber die Bürger waren einer Gewalt unterworfen,* *die sich an diese schönen Worte nicht hielt. Die jetzige Verfassung verbrämt die Gewalt durch totalitäre Partei, durch Ideologie. An der tatsächlichen Lage der Bürger verbessern diese neuen Worte nichts.«* [26]) In der Fragestunde des 5. Deutschen Bundestages am 9. Mai beantwortete Herbert Wehner Fragen nach der neuen Verfassung der DDR. Er wies darauf hin, daß die neue Verfassung den ursprünglichen gesamtdeutschen Geltungsanspruch der alten Verfassung aufgibt und die Existenz von zwei deutschen Staaten im Rahmen der fortbestehenden einheitlichen deutschen Nation formuliert; sie verankere die Führungsrolle der SED im Staatsapparat und in der Gesellschaft. Die Frage des Abgeordneten Moersch (FDP) nach einem Zusammenhang zwischen den Ereignissen in der Tschechoslowakei, dem *»Prager Frühling«*, und der neuen Verfassung der DDR beantwortete Herbert Wehner mit der Feststellung, der eigentliche Grund zum Erlaß einer neuen Verfassung sei *»das Ranggleichziehen mit den Volksdemokratien, wie sie sich bezeichnen, gewesen«*. In seinen weiteren Ausführungen betonte Wehner, die Verfasser der Verfassung wüßten ganz genau, daß sie damit nicht die Bemühungen über innerdeutsche Beziehungen auch unter Fortdauer der Spaltung Deutschlands ersticken können.[27])

VORSCHLÄGE DES STAATSRATS

Mit der am 11. Juni 1968 erfolgten Verschärfung der Bestimmungen für die Ein- und Ausreise der DDR – vgl. S. 148 ff. – setzte sich Bundeskanzler Kiesinger in der Regierungserklärung vom 20. Juni 1968 auseinander. Er beanstandete vor allem Paßzwang und gebührenpflichtige Sichtvermerke für Reisen in die DDR und für den Verkehr von und nach Berlin. Er bedauerte, daß der Personen- und Güterverkehr zwischen Berlin und dem übrigen Bundesgebiet mit einer *»Steuerausgleichsabgabe«* belegt werde. Er führte Klage darüber, daß West-Berliner Reisende bei der Beantragung von Visa gezwungen werden, sich als Bürger der angeblichen selbständigen politischen Einheit West-Berlin zu bezeichnen und daß auf den Warenbegleitscheinen eine ähnliche Formel erhoben wird. Kiesinger stellte fest: *»Das SED-Regime hat sich damit erneut Rechte angemaßt, die im Widerspruch zu internationalen Verlautbarungen stehen. Zugleich versucht es mit dieser Aktion die Bemühungen um Zusammenarbeit und Entspannung in Europa zu stören. Die Regierung der UdSSR billigt diese Maßnahmen, obwohl sie vorgibt, überall in der Welt für Frieden und Entspannung einzutreten. Die Verantwortlichen im anderen Teil Deutschlands haben sich damit erneut über die auch von ihnen nicht wegzuleugnende Einheit der deutschen Nation brutal hinweggesetzt.«* [28])

Die scharfen Angriffe nicht nur des Bundeskanzlers, sondern auch der deutschen Öffentlichkeit hinderten den Staatsrat der DDR nicht daran, sich am 21. Juni mit einer Erklärung an die Großgruppen und an die Regierung der Bundesrepublik zu wenden, in der er vier Vorschläge unterbreitete: *»1. Die Regierungen beider deutscher Staaten verpflichten sich, dem der Verhütung eines Kernwaffenkrieges dienenden internationalen Vertrag über die Nichtweiterverbreitung von Kernwaffen unverzüglich beizutreten. (Alle Bürger der beiden deutschen Staaten sollten verstehen,* *daß die Weiterverbreitung von Kernwaffen für Europa, insbesondere für seine so dicht besiedelte Mitte, verheerende Folgen haben könnte.) 2. Abschluß eines völkerrechtlich gültigen Vertrages zwischen der Regierung der Deutschen Demokratischen Republik und der Regierung der westdeutschen Bundesrepublik, welcher die Lagerung von Kernsprengköpfen auf den Territorien der beiden deutschen Staaten ausschließt. 3. Abschluß eines völkerrechtlich gültigen Vertrages zwischen der Regierung der Deutschen Demokratischen Republik und der Regierung der westdeutschen Bundesrepublik über die Nichtanwendung von Gewalt in den Beziehungen zwischen den beiden deutschen Staaten. 4. Abschluß eines völkerrechtlich gültigen Vertrages zwischen der Regierung der Deutschen Demokratischen Republik und der Regierung der westdeutschen Bundesrepublik über die Anerkennung des Status quo und der bestehenden Grenzen in Europa.«* [29]) Zu diesen Vorschlägen nahm Herbert Wehner am 27. Juni ausführlich Stellung, wobei er nach eingehender Analyse der Absicht der Staats- und Parteiführung zu dem Ergebnis kam: *»Keine Erklärung des Staatsrats und keine lautstarke Forderung nach dem Abschluß weiterer völkerrechtlich gültiger Verträge wird über die Tatsache hinwegtäuschen können, daß die DDR-Regierung immer dann von Frieden und Sicherheit spricht, wenn sie den von ihr gegen den Willen des deutschen Volkes gezogenen Graben zwischen den beiden Teilen Deutschlands vertiefen will. Die Anerkennung dieses Zustandes wäre die Verewigung des Unfriedens in Europa. Die Bundesregierung bleibt deshalb bei den von ihr gemachten Vorschlägen für ein gemeinsam zu entwerfendes Programm der beiden Teile Deutschlands, das bis zu einer endgültigen, dem Willen des deutschen Volkes entsprechenden Lösung der deutschen Frage den Menschen die Bürde der Teilung erleichtern soll.«* [30])

BETEILIGUNG AN DER AKTION GEGEN DIE ČSSR

An der Auseinandersetzung über die Entwicklung in der ČSSR war auch die Führung der SED beteiligt. Am 9. August 1968 fanden zweiseitige Gespräche zwischen Delegationen des ZK der SED und des ZK der KPČ in Karlsbad statt. Einheiten der Nationalen Volksarmee beteiligten sich am 21. August an der Besetzung der ČSSR. Staatsrat und Ministerrat der DDR und das ZK der SED rechtfertigten in einer gemeinsamen Erklärung ihre Mitwirkung. Zum erstenmal nach 1945 überschritten im Rahmen einer militärischen Operation deutsche Truppenverbände die deutschen Grenzen. Dagegen kam es unter der Bevölkerung, vor allem unter der jungen Generation, zu Protestaktionen. Wegen Beteiligung daran wurde eine nicht genannte Anzahl von Personen von Mitte Oktober bis Mitte Dezember zu Freiheitsstrafen verurteilt. Die meisten Strafen wurden jedoch zur Bewährung ausgesetzt.
Daß militärisches Einschreiten nicht nur gegen sozialistische Staaten, die einen eigenen Weg zum Sozialismus gehen wollen, denkbar ist, brachte das Organ der SED, *»Neues Deutschland«*, zum Ausdruck, als es am 23. November 1968 eine *Militärdoktrin der DDR* veröffentlichte, in der eine mögliche militärische Auseinandersetzung zwischen der Deutschen Demokratischen Republik und der Bundesrepublik Deutschland als *»nationaler Befreiungskrieg«* bezeichnet wurde.[31])

AGITATION FÜR EINE EUROPÄISCHE SICHERHEITSKONFERENZ

Einen breiten Raum in der Außenpolitik der DDR nahm der vom Politischen beratenden Ausschuß der Staaten des Warschauer Paktes am 17. März 1969 in Budapest verabschiedete Beschluß ein, der die Einberufung einer gesamteuropäischen Konferenz zur Erörterung von Fragen der Sicherheit und der friedlichen Zusammenarbeit forderte.[32]) Partei- und Staatsführung der DDR verbanden damit die Forderung nach Aufnahme gleichberechtigter völkerrechtlicher Beziehungen mit der Bundesrepublik Deutschland, die verbunden war mit dem Vorschlag, daß beide deutsche Staaten ihre Aufnahme in die UN beantragen und aufgrund gegenseitiger Vereinbarungen ihrer Verbündeten auch erreichen sollten.

Der 20. Jahrestag der Gründung der DDR am 7. Oktober 1969 wurde nach umfangreichen Vorbereitungen festlich begangen. Er stand im Stil der acht Jahre nach dem Bau der Berliner Mauer erreichten wirtschaftlichen Stabilität, die die Partei- und Staatsführung in die Lage versetzte, ihre politischen Ziele mit größtem Nachdruck anzustreben.

ERGEBNIS DER ENTWICKLUNG 1949—1969

Die Deutsche Demokratische Republik durchlief zwischen 1949 und 1969 eine turbulente Entwicklung. Zwar wurde ihre Gründung als *eine* der Möglichkeiten der sowjetischen Deutschlandpolitik früh erwogen, ihre Stabilität war jedoch lange in Frage gestellt. Die Erschütterungen des 17. Juni 1953 und im Zeitpunkt der Volkserhebungen in Polen und Ungarn, im Spätherbst 1956, ließen die endgültige Konsolidierung der DDR zweifelhaft erscheinen. Sie galt in der öffentlichen Meinung der Bundesrepublik Deutschland als sowjetische Besatzungszone, als Zone. Durch die Übernahme auch der Reparationsleistungen, die von der Konferenz von Potsdam der Sowjetunion aus den westlichen Besatzungszonen zugesagt wurden, wurde ihre wirtschaftliche Entwicklung lange angehalten. Erst nach Beendigung der Lieferungen an die Sowjetunion erreichte die DDR eine entscheidende Verbesserung ihrer wirtschaftlichen Verhältnisse. Diese waren durch die beständige Abwanderung nach West-Berlin und in die Bundesrepublik Deutschland instabil. Die Verunsicherung stellte nicht nur die Leistungen der Volkswirtschaft der DDR in Frage, sie gefährdete auch die mit ihr kooperativ verbundenen Volkswirtschaften aller sozialistischen Staaten, vornehmlich der Sowjetunion. Ohne wirtschaftliche Stabilisierung war eine politische Konsolidierung nicht zu erreichen. Der Bau der Mauer am 13. August 1961 bedeutete nicht nur die Isolierung der DDR, die mit politischen, polizeilichen und strafrechtlichen Maßnahmen nicht erreicht werden konnte, sondern vor allem ihre wirtschaftliche Stabilisierung. Die Auswirkungen dieser Maßnahme sowohl für die Situation der DDR als auch für den Existenzzusammenhang des deutschen Volkes ließen nicht auf sich warten. Die Volkswirtschaft der DDR nahm, begünstigt teilweise auch von der Einführung des Neuen Ökonomischen Systems der Produktion und Leistung, einen entscheidenden Aufschwung. Die DDR rückte auf den zehnten

Platz in der Liste der Industriestaaten auf, sie wurde nach der Sowjetunion zweiter Industriestaat der sozialistischen Staatengruppe. Ihre Bedeutung für die Produktion der Sowjetunion und der sozialistischen Staatengruppe ist nicht zu unterschätzen. Die wirtschaftliche Stabilisierung hatte unmittelbare politische Auswirkungen. Der Einfluß der Partei- und Staatsführung in der sozialistischen Staatengruppe wuchs entscheidend, auch wenn er nur vermutbar, nicht belegbar ist. Die Beteiligung der Regierung der DDR an der Auseinandersetzung über die Humanisierung des Sozialismus in der ČSSR in der ersten Hälfte des Jahres 1968 bestätigte die Richtigkeit dieser Annahme. Gleichzeitig erreichte die DDR eine wachsende Identifizierung ihrer Bevölkerung mit der bestehenden Staats- und Gesellschaftsstruktur. Dabei wirkten zwei Umstände zusammen: Da keine Fluchtmöglichkeit bestand, war die Bevölkerung gezwungen, sich mit dem bestehenden Regime abzufinden. Die nachwachsende Generation ist im Geiste des Marxismus-Leninismus erzogen und ihm deshalb verhaftet, auch wenn sie mit ihm nicht übereinstimmt. Diese wirtschaftlichen, politischen und psychologischen Gründe ergaben, daß, wie es der Journalist Hanns-Dieter Schwarze formulierte, die DDR keine Zone mehr ist.[33]) Dieser Vorgang wurde in der Bundesrepublik Deutschland nicht, nicht rechtzeitig oder nicht ausreichend beobachtet und zur Kenntnis genommen, wodurch ein Mißverhältnis zwischen den Auffassungen der Regierung der Bundesrepublik Deutschland und den tatsächlichen Verhältnissen in der DDR entstand. Die ersten Ansätze, mit der DDR ins Gespräch zu kommen, der 1966 unternommene Versuch eines Redneraustausches zwischen SPD und SED und der 1967 erfolgte Briefwechsel zwischen dem Vorsitzenden des Ministerrats, Stoph, und Bundeskanzler Kiesinger waren erfolglos. Die Konfrontation zwischen den beiden Staaten wurde immer deutlicher. Die normative Kraft des Faktischen hatte Gegebenheiten hervorgebracht, die 1945 als eine der möglichen Entwicklungen präjudiziert, jedoch nicht bewußt angesprochen oder umrissen worden waren.

DIE BEGEGNUNGEN VON ERFURT UND KASSEL (1970)

Alle von der CDU/CSU geführten Bundesregierungen lehnten die Anerkennung der DDR als zweiten deutschen Staat, wie ihre Partei- und Staatsführung es forderte, mit Entschiedenheit ab. Sie sprachen von der Zone, von Mitteldeutschland oder dem Gebilde, um in der Bezeichnung die Charakterisierung der DDR als Staat zu vermeiden. Bundeskanzler Brandt brachte in seiner Regierungserklärung vom 28. Oktober 1969 unmißverständlich zum Ausdruck, daß die Fragen, die sich für das deutsche Volk aus dem Zweiten Weltkrieg und aus dem nationalen Verrat durch das Hitler-Regime ergeben haben, abschließend nur in einer europäischen Friedensordnung beantwortet werden könnten. Anschließend bekannte er: »*Die Deutschen sind nicht nur durch ihre Sprache und ihre Geschichte – mit ihrem Glanz und Elend – verbunden; wir sind alle in Deutschland zu Haus.*« Anknüpfend an die im Dezember 1966 durch Bundeskanzler Kiesinger eingeleitete Politik bot er dem Ministerrat der Regierung der DDR erneut Verhandlungen ohne Diskriminierung auf der Ebene der Regierungen an, die zu vertraglich vereinbarter Zusammenarbeit führen sollten. Über ihre Zielsetzung sagte er: *»Eine völkerrechtliche Anerkennung der DDR durch die Bundesregierung kann nicht in Betracht kommen. Auch wenn zwei Staaten in Deutschland existieren, sind sie doch füreinander nicht Ausland; ihre Beziehungen zueinander können nur von besonderer Art sein.«*[34]) Die Umbenennung des Bundesministers für gesamtdeutsche Fragen in Bundesminister für innerdeutsche Beziehungen verdeutlichte diese Betrachtungsweise.[35])

Die Veränderung der politischen Verhältnisse in der Bundesrepublik Deutschland bestimmten Walter Ulbricht, auf der 12. Tagung des ZK der SED am 12. Dezember 1969 sich mit der *»Neuen Situation in der westdeutschen Bundesrepublik und den Beziehungen der beiden deutschen Staaten«*[36]) auseinanderzusetzen. Wenige Tage später, am 17. Dezember, richtete er in seiner Eigenschaft als Vorsitzender des Staatsrats der DDR an Bundespräsident Heinemann ein Schreiben, dem er den Entwurf eines Vertrages über die Aufnahme gleichberechtigter Beziehungen zwischen der Deutschen Demokratischen Republik und der Bundesrepublik Deutschland beilegte.[37]) Bundespräsident Heinemann bestätigte am 19. Dezember den Eingang des Schreibens, wobei er mitteilte, er habe das Schreiben und seine Anlage an die Bundesregierung weitergeleitet.[38]) Zu dem von Bundeskanzler Brandt am 14. Januar erstatteten *»Bericht über die Lage der Nation«* nahm der Vorsitzende des Staatsrats der DDR, Ulbricht, am 19. Januar 1970 auf einer Pressekonferenz in Berlin ausführlich Stellung.[39]) Am 22. Januar schlug Bundeskanzler Brandt dem Vorsitzenden des Ministerrats der DDR, Stoph, Verhandlungen über den Austausch von Gewaltverzichtserklärungen vor.[40]) Am 11. Februar äußerte sich Stoph dazu ausführlich.[41]) Aufgrund der sich anschließenden Verhandlungen kam es zu direkten Gesprächen zwischen Bundeskanzler Brandt und dem Vorsitzenden des Ministerrats der DDR, Stoph. Die erste Begegnung fand am 19. März in Erfurt, die zweite am 21. Mai 1970 in Kassel statt.

Die Partei- und Staatsführung der DDR benützte den 25. Jahrestag sowohl der bedingungslosen Kapitulation als auch der Konferenz von Potsdam, um in grundsätzlichen Erklärungen ihre Auffassung von der Lage in Deutschland und ihrer politischen Ordnung darzulegen. Sie wiederholte dabei ihre Forderung auf völkerrechtliche Beziehungen zwischen den beiden deutschen Staaten und auf eine Normalisierung der Lage von West-Berlin. Die in Kassel vom Vorsitzenden des Ministerrats der DDR, Stoph, vorgeschlagene Denkpause, in deren Verlauf die Verträge von Moskau und Warschau unterzeichnet wurden, führte zu keiner Änderung der Haltung der Regierung der DDR gegenüber der Bundesrepublik Deutschland, im Gegenteil, Partei- und Staatsführung der DDR verstärkten ihre Bemühungen, die grundsätzlichen Unterschiede zwischen beiden deutschen Staaten darzulegen, wobei sie Wert vor allem darauf legten, die Bundesrepublik Deutschland als in der Tradition des kaiserlichen Deutschen Reiches und der nationalsozialistischen Gewaltherrschaft stehend zu diffamieren. Die ernsthaften Bemühungen in der Bundesrepublik Deutschland, durch vorurteilslose Systemvergleiche die deutsche Situation zu analysieren, bezeichnete sie fast durchwegs als eine neue Form der bisherigen Politik. Diese Haltung macht deutlich, daß der Weg zu einem vertraglich geregelten, von aggressiver Propaganda freien Nebeneinander der beiden deutschen Staaten schwierig ist, betreibt doch die DDR im Interesse ihrer Selbstidentifikation eine, wie sie es selbst formuliert, offensive *»Politik der Abgrenzung«*.[42])

Anmerkungen

Bundesrepublik Deutschland

1) Sten. Ber. 4. Deutscher Bundestag. Bd. 53, S. 4171 ff.

2) F. LUCHSINGER, Bericht über Bonn. Deutsche Politik 1955 — 1965. Zürich — Stuttgart, 1966, S. 164 f.

3) Die Politische Meinung. 8. Jg. (1963). H. 89 (November 1963), S. 85 f.

4) Sten. Ber. 4. Deutscher Bundestag. Bd. 53, S. 419 ff.

5) Ebda. 425 ff.

6) Deutscher Wortlaut: Europa-Archiv. 18. Jg./1963, D. 352 ff.

7) Ebda. D. 566 ff.

8) DGB-Bundesvorstand (Hrsg), Grundsatzprogramm des Deutschen Gewerkschaftsbundes. Düsseldorf, o. J.

9) W. CORNIDES, Die Strategie des Friedens. Zum Tode Präsident John F. Kennedys am 22. November 1963 = Europa-Archiv 23/1963, S. 857 — 860.

10) Bulletin der Bundesregierung (in der Folge abgekürzt: Bulletin) 1963, Nr. 223 v. 18. 12., S. 1985 ff., S. 1985.

11) Ebda. Nr. 222 v. 17. 12., S. 1973.

12) Ebda. Nr. 223 v. 18. 12., S. 1987 f., S. 1987.

13) F. LUCHSINGER, Bericht über Bonn, S. 341 ff.

14) Bulletin 1964, Nr. 11 v. 17. 1., Antwort auf die Tischrede des Lord Mayors von London, Alderman C. James Harman v. 15. Januar 1964.

15) Sten. Ber. 4. Deutscher Bundestag. Bd. 54, S. 4840 ff.

16) Augsburger Allgemeine Zeitung. 20. Jg. (1964), Nr. 15 vom 18. Januar 1964.

17) H. v. SIEGLER (Hrsg.), Dokumentation zur Deutschlandfrage. Bd. III, Bonn-Wien-Zürich, 1966, S. 319 ff.

18) Bulletin 1964, Nr. 22 v. 4. 2., S. 185 f., S. 185.

19) Ebda. Nr. 43 v. 7. 3., S. 377.

20) H. v. SIEGLER, Dokumentation zur Deutschlandfrage, Bd. III, S. 96 ff.

21) Ebda. S. 347 ff.

22) Ludwig Erhard. Wirken und Reden. Hrsg. v. W. HOCH, Ludwigsburg, 1966, S. 87 — 116, 95 ff.

23) Bulletin 1964, Nr. 58 v. 7. 4., S. 503 — 507, S. 505 f.

24) Ebda. Nr. 61 v. 10. 4., S. 531 ff., S. 534.

25) Ebda. Nr. 98 v. 24. 6., S. 923 ff.

26) Europa-Archiv 4/1963, D. 84 — 86.

27) K. ADENAUER, Erinnerungen 1959 — 1963. Fragmente. Stuttgart, 1968, S. 235 ff.

28) A. POPINGA, Meine Erinnerungen an Konrad Adenauer, Stuttgart, 1970, S. 112 f.

[29]) Archiv der Gegenwart XXXIV. Jg. 1964, S. 11333. — Vgl. auch 11333 ff.

[30]) Ludwig Erhard, Wirken und Reden, S. 73 — 86, S. 79. — Bulletin 1964, Nr. 112 v. 16. 7., S. 1061 f.

[31]) Europa-Archiv 19. Jg./1964, D. 403 ff.

[32]) Bulletin 1963, Nr. 194 v. 31. 10., S. 1701 f., S. 1701.

[33]) W. WAGNER, De Gaulle drängt zur Entscheidung. Bonn und die französische Aufforderung zu einer gemeinsamen »europäischen Politik« — Europa-Archiv 19. Jg./ 1964, S. 621 ff.

[34]) F. ERLER, Politik für Deutschland. Hrsg. v. W. GAEBLER, Stuttgart, 1968: Rede auf dem Karlsruher Parteitag der SPD v. 23. November 1964, S. 213 — 241, S. 239 f.

[35]) H. MAIER, Die NPD. Struktur und Idee einer „nationalen Rechtspartei", München, 1967.

[36]) Ebda. S. 43 (Auszüge).

[37]) Neues Deutschland, 20. Jg. 1965, Nr. 1 vom 1. Januar 1965.

[38]) Bulletin 1965, Nr. 4 vom 8. 1., S. 29 f., S. 29.

[39]) H. v. SIEGLER, Dokumentation zur Deutschlandfrage, Bd. III, S. 515 ff.

[40]) Europa-Archiv 20. Jg./1965, D. 87 ff. — vgl. auch: H. STERCKEN (Hrsg.), Vive la France — Vive l'Europe. Aus den Reden Charles de Gaulles 1958—1968, München, 1969 (dtv-report Bd. 540).

[41]) F. LUCHSINGER, Bericht über Bonn: De Gaulles Deutschlandpolitik, S. 354 — 360, S. 354.

[42]) H. v. SIEGLER, Dokumentation zur Deutschlandfrage. Bd. III, S. 527.

[43]) Sten. Ber. 4. Deutscher Bundestag. Bd. 57, S. 7918 ff.

[44]) H. v. SIEGLER, Dokumentation zur Deutschlandfrage, Bd. III, S. 534 f.

[45]) Ebda. S. 535.

[46]) Ebda. S. 535.

[47]) Ebda. S. 538 f.

[48]) Ebda. S. 543.

[49]) Gesetzblatt der DDR, 1964, I, S. 127.

[50]) Bulletin 1964, Nr. 170 v. 21. 11., S. 1569 f.

[51]) Sten. Ber. 4. Deutscher Bundestag. Bd. 56, S. 7457 — 7462. — Ebda. Anlagen Bd. 94, Drucksache 2823.

[52]) H. v. SIEGLER, Dokumentation zur Deutschlandfrage, Bd. III, S. 508 f.

[53]) Ebda. S. 509.

[54]) Sten. Ber. Volkskammer der DDR, 4. Wahlperiode, 11. Sitzung, S. 374 f. Drucksache Nr. 36.

[55]) F. LUCHSINGER, Bericht über Bonn, S. 83 — 91, S. 88 f.

[56]) Die Politische Meinung, 10. Jg. 1965, H. 102, S. 19 ff.

[57]) K. JASPERS, Wohin treibt die Bundesrepublik? Tatsachen, Gefahren, Chancen. München, 1966, S. 19 ff.

[58]) Sten. Ber. 4. Deutscher Bundestag. Bd. 57, S. 8516 ff.

[59]) Sten. Ber. Bundesrat, 1965, 12. Februar — 17. Dezember 1965, 280. Sitzung, S. 68 f.

[60]) Bundesgesetzblatt 1965, I, S. 315.

[61]) K. ADENAUER, Erinnerungen 1955 — 1959. Stuttgart, 1967, S. 218.

[62]) R. VOGEL (Hrsg), Deutschlands Weg nach Israel. Eine Dokumentation. Stuttgart, 1967, S. 175.

[63]) Sten. Ber. 4. Deutscher Bundestag, Bd. 56, S. 6778 ff.

[64]) Ebda. Bd. 56, S. 7362 f.

[65]) Ebda. Bd. 57, S. 8103 — 8105, S. 8103 (vgl. auch Bulletin 1965, Nr. 31 vom 19. 2., S. 245 f.) — Vgl. auch Bulletin 1965, Nr. 20 vom 3. 2., S. 153. — Erklärung von Hases vom 12. Februar: Ebda. Nr. 28 vom 16. 2., S. 218, ebda. Erklärung Erhards vor der Auslandspresse, ebda. S. 217 f., Ansprache Gerstenmaiers im Westdeutschen Rundfunk.

[66]) Bulletin 1965, Nr. 34 v. 24. 2., S. 269 f. — Neues Deutschland 20. Jg. 1965, Nr. 55 ff. v. 24. 2. — 2. 3. 1965.

[67]) R. VOGEL, Deutschlands Weg nach Israel, S. 189 f. — Bulletin 1965, Nr. 84 vom 14. Mai, S. 665 (Briefwechsel), S. 665 f. (Erklärung der Bundesregierung) — Vgl. auch Europa-Archiv 10/1965, D. 244 — 246.

[68]) Archiv der Gegenwart XXXV. Jg. 1965, S. 11865 f. — Vgl. auch R. VOGEL, Deutschlands Weg nach Israel.

[69]) Neues Deutschland, 20. Jg. 1965, Nr. 133 vom 15. Mai 1965 — Archiv der Gegenwart XXXV. Jg. 1965, S. 11866.

[70]) Vgl. hierzu auch: Neues Deutschland, 20. Jg. 1965, Nr. 124 vom 6. Mai, Nr. 125 vom 7. Mai, Nr. 126 vom 8. Mai, Nr. 129 vom 11. Mai.

[71]) Bulletin 1965, Nr. 80 v. 7. 5., S. 634 — Archiv der Gegenwart XXXV. Jg. 1965, S. 11845.

[72]) Archiv der Gegenwart, XXXV. Jg. 1965, S. 11845.

[73]) Bulletin 1965, Nr. 81 v. 11. 5., S. 641 f., S. 642.

[74]) Europa-Archiv 10/1965, D. 254 — 260.

[75]) K. ADENAUER, Erinnerungen 1959 — 1963. Fragmente, Stuttgart, 1968, S. 136 f. — Vgl. auch H. STERCKEN (Hrsg.) Vive la France — Vive l'Europe. Aus den Reden Charles de Gaulles 1958 — 1968, München, 1969 (dtv-report Bd. 540). — C. GASTEYER (Hrsg), Einigung und Spaltung Europas 1942 — 1965. Eine Darstellung und Dokumentation über die Zweiteilung Europas, Frankfurt a. M., 1965 (Fischer Taschenbuch Bd. 741) — P. H. SPAAK, Memoiren eines Europäers, Hamburg, 1969, S. 561 ff. — W. WAGNER, Europa zwischen Aufbruch und Restauration, München, 1968 (dtv-Weltgeschichte des 20. Jhds. Bd. 14).

[76]) Vgl. C. GASTEYER, Einigung und Spaltung, S. 375 — 378 (Dokument 96) — H. STERCKEN, Vive la France — Vive l'Europe, S. 212—216 — P. H. SPAAK, Memoiren, S. 566 f., S. 570 ff. — Europa-Archiv 4/1963, D. 87 ff.

[77]) Europa-Archiv 16/1965, D. 428 f. — Zum Problem der gemeinsamen Agrarpolitik vgl. ebda. 8/1965, Z. 73, 16/1965, D. 404 — 417, 16/1965, D. 427 f., 16/1965, D. 429 f., 16/1965, D. 430 — 437.

[78]) P. H. SPAAK, Memoiren, S. 573 f.

[79]) DER SPIEGEL, 19. Jg. 1965, Nr. 37 vom 8. September 1965, S. 36 — 44, S. 42.

[80]) Die Politische Meinung, 10. Jg. 1965, H. 108, S. 13 ff.

[81]) G. GAUS, Staatserhaltende Opposition oder hat die SPD kapituliert? Gespräche mit Herbert Wehner, Reinbek b. Hamburg, 1966 (rororo 942), S. 117.

[82]) DER SPIEGEL, 19. Jg. 1965, Nr. 39 vom 22. September 1965, S. 21 — 23, S. 22.

[83]) F. LUCHSINGER, Berichte über Bonn, S. 168 ff.

[84]) Sten. Ber. 5. Deutscher Bundestag, Bd. 60, S. 17 ff.

[85]) H. v. SIEGLER, Dokumentation zur Deutschlandfrage, Bd. III, S. 696 ff.

[86]) Ebda. S. 706 f. — Vgl. auch B. MEISSNER (Hrsg), Die deutsche Ostpolitik 1961 — 1970. Kontinuität und Wandel, Köln, 1970.

[87]) H. v. SIEGLER, Dokumentation zur Deutschlandfrage, Bd. III, S. 711 ff. — Europa-Archiv 1/1966, D. 1 — 10. — Vgl. auch Wertung der Denkschrift durch Fritz Erler: Sten. Ber. 5. Deutscher Bundestag, Bd. 60, S. 91 ff.

[88]) H. v. SIEGLER, Wiedervereinigung und Sicherheit Deutschlands, 2 Bde., Bd. II, 1964 — 1967, Bonn - Wien - Zürich, 1968, S. 101 f.

[89]) Ebda. S. 102 f. — Reaktion der Polnischen Staats- und Parteiführung vgl. ebda. S. 105 f.

[90]) F. LUCHSINGER, Bericht über Bonn, S. 368 ff.

[91]) Offensive Auseinandersetzung über den Redneraustausch 1966 zwischen SPD und SED, hrsg. vom Bundesministerium für gesamtdeutsche Fragen, Bonn und Berlin, 1967, S. 5 ff. — Europa-Archiv 7/1966, D. 177 — 184, D. 184 — 188, ebda. 12/1966, D. 315 — 323.

[92]) Offensive Auseinandersetzung, S. 18 ff.

[93]) Ebda. S. 26 ff.

[94]) Ebda. S. 42 ff.

[95]) Ebda. S. 51 ff.

[96]) Ebda. S. 64 ff.

[97]) Ebda. S. 72 ff.

[98]) Ebda. S. 94 ff.

[99]) Bundesgesetzblatt 1966, I, S. 453 f.

[100]) Sten. Ber. 5. Deutscher Bundestag, Bd. 62, S. 2436.

[101]) Neues Deutschland, 21. Jg. 1966, Nr. 162 vom 15. Juni 1966.

[102]) Offensive Auseinandersetzung, S. 99 ff.

[103]) Ebda. S. 103 ff.

[104]) Ebda. S. 106 ff.

[105]) Die Bemühungen der deutschen Regierung und ihrer Verbündeten um die Einheit Deutschlands 1955 — 1965, hrsg. vom Auswärtigen Amt, Bonn, 1966, S. 559 ff.

[106]) H. v. SIEGLER, Wiedervereinigung und Sicherheit Deutschlands, Bd. II, S. 126 f.

[107]) Ebda. S. 136 f.

[108]) Ebda. S. 138 ff. — Hier werden auch die Voraussetzungen für eine Verständigung zwischen der BRD und Polen aufgezeigt.

[109]) Ebda. S. 143 f.

[110]) Ebda. S. 145 ff.

[111]) Ebda. S. 153 ff.

[112]) Wortlaut vgl.: Ebda. S. 156 f.

[113]) Ebda. S. 178 f.

[114]) Bulletin 1966, Nr. 101 v. 2. 8., S. 797 f.

[115]) H. v. SIEGLER, Wiedervereinigung und Sicherheit Deutschlands, Bd. II, S. 181.

[116]) Archiv der Gegenwart, XXXVI. Jg. 1966, S. 12597.

[117]) Ebda. S. 12678 f.

[118]) Ebda. S. 12679 Anm. 2.

[119]) Ebda. S. 12679.

[120]) DER SPIEGEL, 19. Jg. 1965, Nr. 47 vom 17. November 1965, S. 32.

[121]) Jahresgutachten 1967 des Sachverständigenrates zur Begutachtung der gesamtwirtschaftlichen Entwicklung. Bundesrat, Drucksache 600/1967.

122) Statistik des Bundesamtes für Arbeit. Nürnberg.

123) E. MANDEL, Die deutsche Wirtschaftskrise. Lehren der Rezession 1966/67, Frankfurt a. M., 1969, S. 5.

124) Ebda. S. 46.

125) Sten. Ber. 5. Deutscher Bundestag, Bd. 62, S. 3303.

126) DIE ZEIT Nr. 48 vom 25. November 1966, S. 25 f. — Vgl. auch H. v. SIEGLER, Wiedervereinigung und Sicherheit Deutschlands, Bd. II, S. 202 f. (SPD-Dokument vom 11. 11. 1966 über die Aufgaben einer neuen Bundesregierung). — Archiv der Gegenwart XXXVI. Jg. 1966, S. 12838.

127) Archiv der Gegenwart, XXXVI. Jg. 1966, S. 12840 f.

128) Ebda. S. 12841.

129) Sten. Ber. 5. Deutscher Bundestag, Bd. 63, S. 3656 ff. — Vgl. auch Texte zur Deutschlandpolitik, Bd. I (13. Dezember 1966 — 5. Oktober 1967), hrsg. vom Bundesministerium für Gesamtdeutsche Fragen, Bonn und Berlin, 1968, S. 7 — 27.

130) H. v. SIEGLER, Wiedervereinigung und Sicherheit Deutschlands, Bd. II, S. 208 f.

131) Ebda. S. 217 f.

132) Ebda. S. 219. — EUROPA-ARCHIV 5/1967, D. 104 — 106.

133) Sten. Ber. 5. Deutscher Bundestag, Bd. 63, S. 3934 ff. — Vgl. auch H. v. SIEGLER, Wiedervereinigung und Sicherheit Deutschlands, Bd. II, S. 221 f.

134) H. v. SIEGLER, Wiedervereinigung und Sicherheit Deutschlands, Bd. II, S. 225 ff. — EUROPA-ARCHIV 5/1967, D. 105—112.

135) Ebda. (Siegler) S. 228 f.

136) Ebda. S. 230.

137) Sten. Ber. 5. Deutscher Bundestag, Bd. 63, S. 4170 — EUROPA-ARCHIV 5/1967, D. 115.

138) H. v. SIEGLER, Wiedervereinigung und Sicherheit Deutschlands, Bd. II, S. 231 f. — EUROPA-ARCHIV 5/1967, D. 116. Vgl. auch ebda. D. 119 f.

139) Sten. Ber. 5. Deutscher Bundestag, Bd. 63, S. 4686 ff. — Texte zur Deutschlandpolitik, Bd. I, S. 45 — 47.

140) Texte zur Deutschlandpolitik, Bd. I, S. 48 ff., S. 50. — H. v. SIEGLER, Wiedervereinigung und Sicherheit Deutschlands, Bd. II, S. 268 f.

141) Ebda. (SIEGLER), S. 273 f. — Stellungnahme des Präsidiums der SED vom 20. April vgl. Texte zur Deutschlandpolitik, Bd. I, S. 51 — 53.

142) H. v. SIEGLER, Wiedervereinigung und Sicherheit Deutschlands, Bd. II, S. 279 ff. — EUROPA-ARCHIV 11/1967, D. 259—266.

143) Texte zur Deutschlandpolitik, Bd. I, S. 62—64, Wehner zum Alleinvertretungsanspruch der SED am 25. April — Fernsehinterview vom 27. April 1967: H. v. SIEGLER, Wiedervereinigung und Sicherheit Deutschlands, Bd. II, S. 283—285, S. 284.

144) E. GERSTENMAIER, Konrad Adenauer, Ehrung und Gedenken, Stuttgart, 1967, S. 21 ff.

145) A. POPPINGA, Meine Erinnerungen an Konrad Adenauer.

146) K. ADENAUER, Erinnerungen 1945—1953, Stuttgart, 1965; Erinnerungen 1953—1955, Stuttgart, 1966; Erinnerungen 1955—1959, Stuttgart, 1967; Erinnerungen 1959—1963, Fragmente, Stuttgart, 1968 — als Taschenbuchausgabe erschienen in der Fischerbücherei, Frankfurt a. M., 1967—1970, Bd. 798, 892, 1002, 1083.

[147]) K. ADENAUER, Erinnerungen 1959—1963, Fragmente, Stuttgart, 1968, S. 238 ff.

[148]) Archiv der Gegenwart, XXXVII. Jg. 1967, S. 13116.

[149]) Texte zur Deutschlandpolitik, Bd. I, S. 65—68. — EUROPA-ARCHIV 14/1967, D. 327—329.

[150]) Ebda. S. 69 f. bzw. D. 329—330.

[151]) Sten. Ber. 5. Deutscher Bundestag, Bd. 64, S. 5662 ff. — Texte zur Deutschlandpolitik Bd. I, S. 71—76.

[152]) Texte zur Deutschlandpolitik, Bd. I, S. 84 ff., S. 91 ff., S. 97 ff. — H. v. SIEGLER, Wiedervereinigung und Sicherheit Deutschlands, Bd. II, S. 301, S. 314.

[153]) Texte zur Deutschlandpolitik, Bd. I, S. 124—129. — EUROPA-ARCHIV 20/1967, D. 473—477.

[154]) Ebda. S. 156 f. bzw. 20/1967, D. 477.

[155]) Ebda. (Texte) S. 158 f. — vgl. auch ebda. Interview mit dem Deutschlandfunk vom 29. September 1967: S. 160—163.

[156]) Texte zur Deutschlandpolitik, S. 167—171, S. 169.

[157]) Sten. Ber. 5. Deutscher Bundestag, Bd. 65, S. 6331 ff. — Texte zur Deutschlandpolitik, Bd. II (13. Oktober 1967 — 30. Juni 1968), hrsg. vom Bundesministerium für Gesamtdeutsche Fragen, Bonn und Berlin, 1968, S. 9—21.

[158]) Ebda. S. 6357 ff. — ebda. (Texte), S. 33—43.

[159]) Ebda. (Sten. Ber.) S. 6382 ff. — ebda. (Texte), S. 33—43, S. 42.

[160]) G. PICHT, Die deutsche Bildungskatastrophe, Analysen und Dokumentation, Olten und Freiburg i. Br., 1964.

[161]) H.-G. JACOBSEN / H. DOLLINGER / W. v. BREDOW (Hrsg.), Die deutschen Studenten. Der Kampf um die Hochschulreform. Eine Bestandsaufnahme. München, 1969 (dtv-report Bd. 633).

[162]) MARX/ENGELS, Werke, 39 Bde., Berlin, 1957 ff., Bd. 3, S. 7.

[163]) F. MAYER/U. SPINNARKE, Was wollen die Studenten? Frankfurt a. M. und Hamburg, 1967 (Fischer-Taschenbuch Bd. 949).

[164]) Frankfurter Allgemeine Zeitung, Nr. 133 vom 12. Juni 1967 — Vgl. auch J. HABERMAS, Protestbewegung und Hochschulreform. Frankfurt a. M., 1969 (edition suhrkamp Bd. 354).

[165]) Sten. Ber. 5. Deutscher Bundestag, Bd. 67, S. 8989 ff.

[166]) E.-M. CLAASSEN/L.-F. PETERS, Rebellion in Frankreich. Die Manifestation der europäischen Kulturrevolution 1968, München, 1968 (dtv-report Bd. 562).

[167]) Archiv der Gegenwart, XXXVIII. Jg. 1968, S. 13646, S. 13861, S. 14006, S. 14070. — Osteuropäische Rundschau 1968, H. 1—8.

[168]) Bundesgesetzblatt 1955, II, S. 306 ff.

[169]) Sten. Ber. 5. Deutscher Bundestag, Bd. 67, S. 9606 ff.

[170]) Die Politik des Gewaltverzichts. Eine Dokumentation der deutschen und sowjetischen Erklärungen zum Gewaltverzicht. 1949 bis Juli 1968, veröffentlicht durch das Presse- und Informationsamt der Bundesregierung, Bonn, 1968, S. 7 ff. — EUROPA-ARCHIV 16/1968, D. 363—364.

[171]) Die Politik des Gewaltverzichts, S. 9 ff. — EUROPA-ARCHIV 16/1968, D. 364—370.

[172]) Sten. Ber. 5. Deutscher Bundestag, Bd. 65, S. 7229.

[173]) Die Politik des Gewaltverzichts, S. 17 ff. — EUROPA-ARCHIV 5/1968, D. 110—116.

[174]) Die Politik des Gewaltverzichts, S. 25 f. — EUROPA-ARCHIV 5/1968, D. 118 f.

[175]) Die Politik des Gewaltverzichts, S. 26 f. — EUROPA-ARCHIV 16/1968, D, 372—374. — Vgl. auch: Sten. Ber. 5. Deutscher Bundestag, Bd. 66, S. 8168 ff.

[176]) Die Politik des Gewaltverzichts, S. 28 ff. — EUROPA-ARCHIV 16/1968, D. 374—378.

[177]) Sten. Ber. 5. Deutscher Bundestag, Bd. 67, S. 9695 — Texte zur Deutschlandpolitik II, S. 200—203.

[178]) Die Politik des Gewaltverzichts, S. 34.

[179]) Ebda. S. 36 ff.

[180]) Ebda. S. 46 ff.

[181]) A. GLUCKMANN / A. GORZ / E. MANDEL / J.-M. VINCENT, Revolution in Frankreich 1968. Ergebnisse und Perspektiven, Frankfurt a. M., 1969.

[182]) Archiv der Gegenwart, XXXVIII. Jg. 1968, S. 14338 f.

[183]) Ebda. Anm. 2, S. 14338.

[184]) EUROPA-ARCHIV 6/1969, D. 129 f.

[185]) Stuttgarter Zeitung, 25. Jg. 1969, Nr. 56 vom 5. März, S. 3.

[186]) Sten. Ber. 5. Deutscher Bundestag, Bd. 70, S. 13661 ff.

[187]) K. HARPPRECHT, Willy Brandt. Porträt und Selbstporträt. München 1971 (knaur taschenbuch Bd. 254).

[188]) Neue Zürcher Zeitung, 190. Jg. 1969, F.-Ausgabe, Nr. 294 vom 16. Oktober 1969.

[189]) Sten. Ber. 6. Deutscher Bundestag, Bd. 71, S. 20 ff. — Texte zur Deutschlandpolitik Bd. IV (28. Oktober 1969 — 23. März 1970), hrsg. vom Bundesministerium für Innerdeutsche Beziehungen, Bonn und Berlin, 1970, S. 9—40.

[190]) Die Politische Meinung, 14. Jg. 1969, H. 129, S. 29 ff.

[191]) EUROPA-ARCHIV 2/1970, D. 42—44.

[192]) Ebda. D. 34—35.

[193]) Ebda. D. 36—40. — Bundeskanzler Brandt, Reden und Interviews, Hamburg, 1971, S. 47—55.

[194]) EUROPA-ARCHIV, 2/1970, D. 40—42.

[195]) Ebda. D. 42—44.

[196]) Ebda. 8/1970, D. 187—190. — Neues Deutschland, 24. Jg. 1969, Nr. 345 vom 14. Dezember 1969.

[197]) Texte zur Deutschlandpolitik IV, S. 143—147 (Brief Ulbrichts und Vertragsentwurf), S. 148 (Brief Heinemanns an Ulbricht), S. 149 — 200 (Materialien), S. 201 — 220 (Bericht Brandts zur Lage der Nation).

[198]) Ebda. S. 256—274 — EUROPA-ARCHIV 8/1970, D. 199—202.

[199]) Texte zur Deutschlandpolitik IV, S. 277 — EUROPA-ARCHIV 9/1970, D. 205.

[200]) Texte zur Deutschlandpolitik IV, S. 291—293 — EUROPA-ARCHIV 9/1970, D. 208—210.

[201]) Texte zur Deutschlandpolitik IV, S. 327—349.

[202]) Ebda. S. 350—364.

[203]) Bulletin 1970, Nr. 40 vom 21. 3., S. 386 — Texte zur Deutschlandpolitik IV, S. 365.

[204]) Bulletin 1970, Nr. 40 vom 21. 3., S. 385 f. — Texte zur Deutschlandpolitik IV, S. 366—370, S. 367, S. 368.

[205]) Neues Deutschland, 25. Jg. 1970, Nr. 81 vom 22. März 1970 — Texte zur Deutschlandpolitik IV, S. 371—383.

[206]) Deutschland-Archiv, 3. Jg. 1970, S. 620 f.

[207]) Bulletin 1970, Nr. 70 vom 22. 5., S. 669 ff. — Texte zur Deutschlandpolitik, Bd. V (20. März 1970 — 24. Juni 1970), hrsg. vom Bundesministerium für Innerdeutsche Beziehungen, Bonn und Berlin, 1970, S. 96—102. — Vgl. auch E. DEUERLEIN, DDR 1945—1970. Geschichte und Bestandsaufnahme, München 1971 (dtv-dokumente Bd. 347), S. 322 ff.

[208]) Deutschland-Archiv, 3. Jg. 1970, S. 625 ff. — E. DEUERLEIN, DDR 1945—1970, (Dokument 136) S. 325 ff.

[208a]) Ebda. S. 668 f., 669.

[209]) Bulletin 1970, Nr. 107 vom 12. 8., S. 1060 f. — EUROPA-ARCHIV 17/1970, D. 395 f.

[210]) EUROPA-ARCHIV 17/1970, D. 395 f.

[211]) Bulletin 1970, Nr. 106 vom 10. 8., S. 1033 ff.

[212]) Ebda. Nr. 107 vom 12. 8., S. 1058 f.

[213]) Ebda. S. 1057. — Dokumente zur Deutschlandpolitik, Bd. VI (29. Juni 1970 — 26. Januar 1971), S. 93—95.

[214]) Bulletin 1970, Nr. 107 vom 12. 8., S. 1058 — Texte zur Deutschlandpolitik VI, S. 96.

[215]) Bulletin 1970, Nr. 109 vom 17. 8., S. 1101—1106. — Texte zur Deutschlandpolitik, Bd. VI, S. 101—104.

[216]) Archiv der Gegenwart, XL. Jg. 1970, S. 15643 ff.

[217]) Bulletin 1970, Nr. 161 vom 21. 11., S. 1693—1698. — Texte zur Deutschlandpolitik VI, S. 258—260.

[218]) Bulletin 1970, Nr. 161 vom 21. 11., S. 1693 f. — Texte zur Deutschlandpolitik VI, S. 214 f.

[219]) Archiv der Gegenwart XL. Jg., S. 15895 f. — vgl. auch ebda. S. 15868 ff.

[220]) Bulletin 1970, Nr. 161 vom 21. 11., S. 1694 f. — Texte zur Deutschlandpolitik, Bd. VI, S. 258—260.

[221]) Texte zur Deutschlandpolitik, Bd. VI, S. 263—265, S. 264.

[222]) Vgl. Teil Berlin (Anm. 67) und Teil DDR (Anm. 42).

Berlin

[1]) SBZ-Archiv, 15. Jg. 1964, S. 20. — H. v. SIEGLER, Wiedervereinigung und Sicherheit Deutschlands, 5. erweiterte Auflage, Bonn-Wien-Zürich, 1964, S. 285 f.

[2]) SBZ-Archiv, 15. Jg. 1964, S. 21.

[3]) Neues Deutschland, 19. Jg. 1964, Nr. 4 vom 4. Januar 1964.

[4]) Ebda., Nr. 17 vom 17. Januar 1964.

[5]) Archiv der Gegenwart, XXXIV. Jg. 1964, S. 11067 - 11069.

[6]) Neues Deutschland, 19. Jg. Nr. 44 vom 13. Februar 1964. — H. v. SIEGLER, Wiedervereinigung und Sicherheit Deutschlands, Bd. II (1964 - 1967), S. 2 f.

[7]) Bulletin 1964, Nr. 29 vom 15. 2., S. 253 — H. v. SIEGLER, Wiedervereinigung und Sicherheit Deutschlands, Bd. II, S. 2 f.

[8]) H. v. SIEGLER, Dokumentation zur Deutschlandfrage, Bd. III, S. 329 ff.

[9]) Ebda. S. 341.

[10]) Bulletin 1964, Nr. 39 vom 3. 3., S. 342.

[11]) Ebda., Nr. 38 vom 29. 2., S. 333 — vgl. auch den Kommentar von Staatssekretär Krautwig im Sender RIAS vom 29. 2. 1964: Bulletin 1964, Nr. 39 vom 3. 3., S. 341 f.

[12]) Der Wortlaut der sowjetischen Note vom 22. April 1964 wurde nicht veröffentlicht.

[13]) Der Wortlaut der Noten Frankreichs, Großbritanniens und der Vereinigten Staaten von Nordamerika vom 22. April 1964 wurde nicht veröffentlicht.

[14]) H. v. SIEGLER, Dokumentation zur Deutschlandfrage, Bd. III, S. 421 f.

[15]) H. v. SIEGLER, Wiedervereinigung und Sicherheit Deutschlands, Bd. II, S. 26 f., S. 26.

[16]) Ebda. S. 30 — vgl. auch Bulletin 1964, Nr. 127 vom 14. 8., S. 1197 f.

[17]) SBZ-Archiv, 15. Jg. 1964, S. 309 ff.

[18]) Bulletin 1964, Nr. 145 vom 25. 9., S. 1341.

[19]) H. v. SIEGLER, Dokumentation zur Deutschlandfrage, Bd. III, S. 421 f.

[20]) Bulletin 1965, Nr. 141 vom 20. 8., S. 1138 — vgl. hierzu auch: ebda. Nr. 142 vom 24. 8., S. 1149 und Nr. 144 vom 27. 8., S. 1161.

[21]) SBZ-Archiv, 16. Jg. 1965, S. 376 f. — H. v. SIEGLER, Wiedervereinigung und Sicherheit Deutschlands, Bd. II, S. 89.

[22]) SBZ-Archiv, 17. Jg. 1966, S. 379 f. — H. v. SIEGLER, Wiedervereinigung und Sicherheit Deutschlands, Bd. II, S. 113 f.

[23]) Archiv der Gegenwart, XXXVI. Jg. 1966, S. 12874.

[24]) Ebda. S. 12875 — H. v. SIEGLER, Wiedervereinigung und Sicherheit Deutschlands, Bd. II, S. 208 — vgl. auch SBZ-Archiv, 17. Jg. 1966, S. 379.

[25]) Texte zur Deutschlandpolitik, Bd. II, S. 57 f. — H. v. SIEGLER, Wiedervereinigung und Sicherheit Deutschlands, Bd. II, S. 361, vgl. auch ebda. S. 361 ff.

[26]) Texte zur Deutschlandpolitik, Bd. II, S. 59 — H. v. SIEGLER, Wiedervereinigung und Sicherheit Deutschlands, Bd. II, S. 361 f.

[27]) Archiv der Gegenwart, XXXVII. Jg. 1967, S. 13507.

[28]) Neues Deutschland, 22. Jg. 1967, Nr. 295 vom 26. Oktober 1967 — H. v. SIEGLER, Wiedervereinigung und Sicherheit Deutschlands, Bd. II, S. 362.

[29]) H. v. SIEGLER, Wiedervereinigung und Sicherheit Deutschlands, Bd. II, S. 384.

[30]) Ebda. S. 384 f.

[31]) Texte zur Deutschlandpolitik, Bd. II, S. 98 ff. — H. v. SIEGLER, Wiedervereinigung und Sicherheit Deutschlands, Bd. II, S. 387 f.

[32]) Archiv der Gegenwart, XXXVIII. Jg. 1968, S. 13685.

[33]) Ebda. S. 13686.

[34]) Ebda. S. 13686.

[35]) Ebda. S. 13792.

[36]) Ebda. S. 13792.

[37]) Ebda. S. 13792.

[38]) Ebda. S. 13793.

[39]) Ebda. S. 13793.

[40]) Texte zur Deutschlandpolitik, Bd. II, S. 117 f.

[41]) Archiv der Gegenwart, XXXVIII. Jg. 1968, S. 13791.

[42]) Ebda. S. 13791.

[43]) Texte zur Deutschlandpolitik, Bd. II, S. 147 f.

[44]) Ebda. S. 165—170, S. 166.

[45]) Gesetzblatt der DDR 1968, II, S. 337 f. — vgl. auch E. DEUERLEIN, DDR 1945 —1970 (Dokument Nr. 128), S. 306 ff.

[46]) Texte zur Deutschlandpolitik, Bd. II, S. 187—190, S. 187 f.

[47]) Ebda. S. 191—199, S. 197.

[48]) Sten. Ber. 5. Deutscher Bundestag, Bd. 67, S. 9694 ff., 9694. — Texte zur Deutschlandpolitik, Bd. II, S. 200—203.

[49]) Texte zur Deutschlandpolitik, Bd. II, S. 237—247, S. 243 f.

[50]) EUROPA-ARCHIV, 15/1968, D. 357—360.

[51]) Archiv der Gegenwart, XXXVIII. Jg. 1968, S. 14001.

[52]) Ebda. S. 14003. — EUROPA-ARCHIV 19/1968, D. 471—472.

[53]) Ebda. S. 14032 f.

[54]) EUROPA-ARCHIV 1/1969, D. 26—28. — Archiv der Gegenwart XXXVIII. Jg. 1968, S. 14177 f.

[55]) Ebda. S. 14114.

[56]) Ebda. S. 14400.

[57]) Deutschlandarchiv 2. Jg. 1969, S. 301 f. — EUROPA-ARCHIV 11/1969, D. 191.

[58]) Ebda. S. 302 f. — Erklärung der Westmächte vom 10. Februar 1969: EUROPA-ARCHIV 8/1969, D. 192.

[59]) EUROPA-ARCHIV 8/1969, D. 192 f.

[60]) Deutschland-Archiv 2. Jg. 1969, S. 306 f. — EUROPA-ARCHIV 8/1969, D. 193 f.

[61]) Deutschland-Archiv 2. Jg. 1969, S. 306 f.

[62]) Ebda. S. 308.

[63]) EUROPA-ARCHIV 8/1969, D. 194.

[64]) Deutschland-Archiv 2. Jg. 1969, S. 311 f. — EUROPA-ARCHIV 8/1969, D. 196 f.

[65]) EUROPA-ARCHIV 8/1969, D. 197 f.

[66]) Sten. Ber. 5. Deutscher Bundestag, Bd. 71, S. 20 ff. — Texte zur Deutschlandpolitik Bd. VI, S. 9—40. — Archiv der Gegenwart XXXIX. Jg. 1969, S. 15047 f. (Stellungnahme der Regierung der DDR).

[67]) Vgl. hierzu: Das Viermächteabkommen über Berlin vom 3. September 1971, hrsg. vom Presse- und Informationsamt der Bundesregierung, Bonn, 1971, S. 157 ff. — Die Berlin-Regelung vom 17. Dezember 1971 / Das Viermächte-Abkommen über Berlin und die ergänzenden Vereinbarungen. Hrsg. v. Presse- und Informationsamt der Bundesregierung, Bonn, 1971.

[68]) Jahresbericht der Industrie- und Handelskammer zu Berlin 1969, Berlin, 1970.

1) K.-D. ERDMANN, 17. Juni 1965, Kiel 1965 — Bulletin 1965, Nr. 104, S. 834 ff. — vgl. auch E. DEUERLEIN, DDR 1945—1970, S. 29 ff.

2) Gesetzblatt der DDR 1964, II, S. 255 f.

3) Ebda. II, S. 257 ff.

4) Ebda. I, S. 75—86.

5) Archiv der Gegenwart, XXXIV. Jg. 1964, S. 11203.

6) Gesetzblatt der DDR 1964, I, S. 132 ff. — vgl. auch E. DEUERLEIN, DDR 1945—1970, S. 268—271 (Dokument 113).

7) Archiv der Gegenwart, XXXIV. Jg. 1964, S. 11265 f.

8) Ebda. S. 11264.

9) H. v. SIEGLER, Dokumentation zur Deutschlandfrage, Bd. III, S. 419 f.

10) Gesetzblatt der DDR 1965, I, S. 83 ff. — vgl. auch E. DEUERLEIN, DDR 1945 — 1970, S. 272—277 (Dokument 114) — M. REXIN, Von der Kinderkrippe zur Universität = SBZ-Archiv 16. Jg. 1965, S. 171 ff.

11) Neues Deutschland, 20. Jg. 1965, Nr. 347 vom 18. Dezember — vgl. auch E. DEUERLEIN, DDR 1945—1970, S. 224 f. und Dokumente 110, 111 — Zu „NÖSPEL": E. SCHENK, Pankows neues ökonomisches System = SBZ-Archiv 14. Jg. 1963, S. 213 f.; H. D. SCHULZ, Die Hoffnung heißt Nöspel = DIE ZEIT, 20. Jg. 1965, Nr. 18 vom 30. April.

12) Neues Deutschland, 20. Jg. 1965, Nr. 347 vom 18. Dezember.

13) Ebda. Nr. 116 vom 28. April 1965 — vgl. auch E. DEUERLEIN, DDR 1945—1970, S. 277 f. (Dokument 115).

14) Neues Deutschland, 20. Jg. 1965, Nr. 278 vom 9. Oktober 1965 — H. v. SIEGLER, Wiedervereinigung und Sicherheit Deutschlands, Bd. II, S. 89 f.

15) Neues Deutschland, 22. Jg. 1967, Nr. 1 vom 1. Januar — H. v. SIEGLER, Wiedervereinigung und Sicherheit Deutschlands, Bd. II, S. 212 f.

16) H. WEHNER, Gedanken zur Regierungserklärung. Reden und Interviews vom 3. Dezember 1966 bis 30. Januar 1967, Bonn und Berlin, 1967, S. 42 ff. — H. v. SIEGLER, Wiedervereinigung und Sicherheit Deutschlands, Bd. II, S. 214 f.

17) Texte zur Deutschlandpolitik, Bd. I, S. 37—44.

18) Gesetzblatt der DDR 1967, I, S. 3 ff. — vgl. auch E. DEUERLEIN, DDR 1945—1970, S. 286—288 (Dokument 123).

19) Archiv der Gegenwart, XXXVII. Jg. 1967, S. 13002.

20) Protokoll der Verhandlungen des VII. Parteitages der Sozialistischen Einheitspartei Deutschlands. 17. bis 22. April 1967, 4 Bde., Berlin, 1967, Bd. 1, S. 1 ff. — H. v. SIEGLER, Wiedervereinigung und Sicherheit Deutschlands, Bd. II, S. 273 f.

21) Neues Deutschland, 22. Jg. 1967, Nr. 331 vom 1. Dezember.

22) Texte zur Deutschlandpolitik, Bd. II, S. 64 f.

23) Ebda. S. 62 f.

24) Gesetzblatt der DDR 1968, I, S. 7 ff. — vgl. auch E. DEUERLEIN, DDR 1945—1970, S. 294 ff. (Dokument 126).

25) Gesetzblatt der DDR 1968, I, S. 199 ff. — vgl. auch E. DEUERLEIN, DDR 1945—1970, S. 298 (Präambel, Dokument 127).

[26]) Texte zur Deutschlandpolitik, Bd. II, S. 145 f.

[27]) Sten. Ber. 5. Deutscher Bundestag, Bd. 67, S. 9240. — Texte zur Deutschlandpolitik, Bd. II, S. 149—153.

[28]) Sten. Ber. 5. Deutscher Bundestag, Bd. 67, S. 9694 ff. — Texte zur Deutschlandpolitik, Bd. II, S. 200—203 — vgl. auch ebda. S. 165—170 (DDR-Minister d. Innern, Dickel, vor der Volkskammer), S. 171—176 (DDR-Staatssekretär Kaminsky vor der Volkskammer), S. 177—187 (Anordnung der DDR-Regierung zum innerdeutschen Reise- und Güterverkehr).

[29]) Ebda. S. 237—247, S. 246 f.

[30]) Ebda. S. 253—256, S. 255.

[31]) Neues Deutschland, 23. Jg. 1968, Nr. 325 vom 23. November — Texte zur Deutschlandpolitik, Bd. III, S. 115—120, S. 119.

[32]) EUROPA-ARCHIV 7/1969, D. 149—151 (Kommuniqué), D. 151—153 (Appell).

[33]) H. W. SCHWARZE, Die DDR ist keine Zone mehr, Köln und Berlin, 1969, und ders. DDR heute, Köln, 1970.

[34]) Sten. Ber. 6. Deutscher Bundestag, Bd. 71, S. 20 ff. — Texte zur Deutschlandpolitik, Bd. IV, S. 9—40.

[35]) Texte zur Deutschlandpolitik, Bd. IV, S. 53 ff.

[36]) Ebda. S. 96—142.

[37]) Ebda. S. 143—147. — vgl. auch E. DEUERLEIN, DDR 1945—1970, S. 313 ff. (Dokument 130).

[38]) Ebda. S. 148.

[39]) Ebda. S. 256—274, Erklärung der DDR-Regierung, S. 275 f.

[40]) Ebda. S. 277.

[41]) Ebda. S. 291 ff.

[42]) Zur weiteren Entwicklung der Beziehungen zwischen der Bundesrepublik Deutschland und der DDR vgl. Texte zur Deutschlandpolitik, Bd. V, VI, Bd. VII (28. Januar 1971 bis 29. Januar 1971), hrsg. vom Bundesministerium für innerdeutsche Beziehungen, Bonn und Berlin, 1971, und Bd. VIII (30. Januar 1971 bis 3. September 1971), Bonn und Berlin, 1971. — Bericht der Bundesregierung und Materialien zur Lage der Nation 1971, hrsg. vom Bundesminister für innerdeutsche Beziehungen, Bonn, 1971. — Die Berlin-Regelung. Das Viermächte-Abkommen über Berlin und die ergänzenden Vereinbarungen, hrsg. vom Presse- und Informationsamt der Bundesregierung, Bonn, 1971.

Ausgewählte Literatur

Im Rahmen dieser Literaturzusammenstellung wurden nur Darstellungen herangezogen, keine in Zeitschriften veröffentlichten Aufsätze und Kommentare. Es wird daher auf folgende Zeitschriften verwiesen:

Die Politische Meinung, 8. Jg. 1963 ff.

Einheit. Zeitschrift für Theorie und Praxis des wissenschaftlichen Sozialismus, Berlin (Ost).

Europa-Archiv, Zeitschrift für internationale Politik, 18. Jg. 1963 ff.

SBZ-Archiv. Dokumente, Berichte, Kommentare zu gesamtdeutschen Fragen, 13.—17. Jg. 1963—1967 (seit 1968: Deutschland-Archiv, 1.— 3. Jg. 1968 —1970).

Dokumente und Texte

Archiv der Gegenwart, hrsg. v. H. v. SIEGLER, XXXIII.—XXXX. Jg. (1963—1970).

Augsburger Allgemeine Zeitung, 112.—119. Jg. (1963—1970).

»Zur Lage der Nation«, Bericht der Bundesregierung über die Lage der Nation im gespaltenen Deutschland, hrsg. v. Bundesminister für innerdeutsche Beziehungen, Bonn und Berlin, 1970.

Bericht der Bundesregierung und Materialien zur Lage der Nation 1971, hrsg. vom Bundesminister für innerdeutsche Beziehungen, Bonn, 1971, dsgl. 1972.

Bulletin des Presse- und Informationsamtes der Bundesregierung, Bonn, 1963—1970.

Bundesgesetzblatt, 1955, 1963—1970.

Chronik, Debatten, Gesetze, Kommentare. Der Deutsche Bundestag, 6. Legislaturperiode (I) 1969—1971. Eine Dokumentation, hrsg. v. Presse- und Informationszentrum des Deutschen Bundestages, Bonn, o. J.

Das Viermächteabkommen über Berlin vom 3. September 1971, hrsg. vom Presse- und Informationsamt der Bundesregierung, Bonn, 1971.

Deutschland-Archiv, Zeitschrift für Fragen der DDR und der Deutschlandpolitik, 1. Jg. 1968 ff.

DER SPIEGEL, 17. Jg. 1963 ff.

Die Bemühungen der deutschen Regierung und ihrer Verbündeten um die Einheit Deutschlands 1955—1965, hrsg. vom Auswärtigen Amt, Bonn, 1966.

Die Berlin-Regelung (vom 17. Dezember 1971). Das Viermächteabkommen über Berlin und die ergänzenden Vereinbarungen, hrsg. vom Presse- und Informationsamt der Bundesregierung, Bonn, 1971.

Die deutsche Ostpolitik 1961—1970. Kontinuität und Wandel. Dokumentation, hrsg. von B. MEISSNER, Köln, 1970.

Die Politik des Gewaltverzichts. Eine Dokumentation der deutschen und sowjetischen Erklärungen zum Gewaltverzicht. 1949 bis Juli 1968, hrsg. vom Presse- und Informationsamt der Bundesregierung, Bonn, 1968.

Die Zeit, 18. Jg. 1963 ff.

Dokumente zur Außenpolitik der Regierung der Deutschen Demokratischen Republik, hrsg. vom Institut für Zeitgeschichte, Bd. 11 ff., Berlin, 1964 ff.

Dokumente zur Außenpolitik der DDR 1969, 2 Bde., hrsg. v. Institut für internationale Beziehungen der Deutschen Akademie für Staats- und Rechtswissenschaft, Berlin, 1971.

Dokumente zur Politik der Deutschen Demokratischen Republik, Nr. 4: Zu den Gesprächen zwischen dem Vorsitzenden des Ministerrates der DDR, Willi Stoph, und dem Bundeskanzler der BRD, Willy Brandt, in Erfurt, Dresden, 1970.

Nr. 8: Willi Stoph, Erklärung des Vorsitzenden des Ministerrates der DDR, Willi Stoph, anläßlich der Gespräche zwischen der DDR und der BRD am 21. Mai 1970 in Kassel, Dresden, 1970.

Dokumentation zur Deutschlandfrage, hrsg. von H. v. SIEGLER, Bd. III, Bonn, Wien, Zürich, 1966.

Ludwig Erhard. Wirken und Reden, hrsg. v. W. HOCH, Ludwigsburg, 1966.

Europa-Archiv, 18. Jg. 1963 ff. Teil 2: Dokumente.

Frankfurter Allgemeine Zeitung, 1963 ff.

Gesetzblatt der DDR, 1963—1970.

Grundsatzprogramm des Deutschen Gewerkschaftsbundes, hrsg. vom DGB-Bundesvorstand, Düsseldorf o. J.

K. G. KIESINGER, Stationen 1949/1969, Tübingen, 1969.

Konsequenzen oder Thesen, Analysen und Dokumente zur Deutschlandpolitik, hrsg. von H. ALBERTZ und D. GOLDSCHMIDT, Reinbek b. Hamburg, 1969 (rororo Bd. 1280/81).

MÜNCH, I. v. (Hrsg.), Dokumente des geteilten Deutschland. Quellentexte zur Rechtslage des Deutschen Reiches, der Bundesrepublik Deutschland und der Deutschen Demokratischen Republik, Stuttgart, 1968.

Neues Deutschland, 18. Jg. 1963 ff.

Neue Züricher Zeitung, 184. Jg. 1963 ff.

Offensive Auseinandersetzung über den Rederaustausch 1966 zwischen SPD und SED, hrsg. vom Bundesministerium für gesamtdeutsche Fragen, Bonn und Berlin, 1967.

Politik ohne Vernunft oder die Folgen sind absehbar. Zehn streitbare Thesen, hrsg. v. C. NEDELMANN und G. SCHÄFER, Reinbek b. Hamburg, 1965 (rororo Bd. 781).

H. v. SIEGLER (Hrsg.), Wiedervereinigung und Sicherheit Deutschlands, Bd. I 1944—1963, Bonn, Wien, Zürich, 1967, Bd. II 1964—1967, Bonn, Zürich, Wien, 1968.

Statistisches Jahrbuch der Bundesrepublik Deutschland, hrsg. vom Statistischen Bundesamt Wiesbaden, 1964—1971, Stuttgart und Mainz, 1964 ff.

Statistisches Jahrbuch der Deutschen Demokratischen Republik, hrsg. von der Staatlichen Zentralverwaltung für Statistik, 1964—1971, Berlin, 1964 ff.

Stenographische Berichte der Volkskammer der DDR, 1963 ff.

Stenographische Berichte des Bundesrates, 1963 ff.

Stenographische Berichte des 4.— 6. Deutschen Bundestages, 1963 ff.

Anlagen zu den Stenographischen Berichten des 4.— 6. Deutschen Bundestages, 1963 ff.

Stuttgarter Zeitung, 25. Jg. 1969.

Texte zur Deutschlandpolitik
Bd. I (13. 12. 1966 — 5. 10. 1967) 2. durchgesehene und ergänzte Auflage, hrsg. vom Bundesministerium für gesamtdeutsche Fragen, Bonn und Berlin, 1968.
Bd. II (13. 10. 1967 — 30. 6. 1968) hrsg. vom Bundesministerium für gesamtdeutsche Fragen, Bonn und Berlin, 1968.
Bd. III (1. 7. 1968 — 31. 8. 1969) hrsg. vom Bundesministerium für innerdeutsche Beziehungen, Bonn und Berlin, 1970.
Bd. IV (28. 10. 1969 — 23. 3. 1970) hrsg. vom Bundesministerium für innerdeutsche Beziehungen, Bonn und Berlin, 1970.
Bd. V (20. 3. 1970 — 24. 6. 1970) hrsg. vom Bundesministerium für innerdeutsche Beziehungen, Bonn und Berlin, 1970.
Bd. 6 (29. 6. 1970 — 26. 1. 1971) hrsg. vom Bundesministerium für innerdeutsche Beziehungen, Bonn und Berlin, 1971.
Bd. 7 (28. 1. 1971 — 29. 1. 1971) hrsg. vom Bundesministerium für innerdeutsche Beziehungen, Bonn und Berlin, 1971.
Bd. 8 (30. 1. 1971 — 3. 9. 1971) hrsg. vom Bundesministerium für innerdeutsche Beziehungen, Bonn und Berlin, 1971.[1])
Verfasssung der deutschen Demokratischen Republik. Dokumente, Kommentare, 2. Bde., Berlin, 1969.
Wirtschaft und Statistik, hrsg. vom Statistischen Bundesamt Wiesbaden, 1964 ff., Stuttgart und Mainz, 1964 ff.
20 Jahre DDR — 20 Jahre deutsche Politik. Dokumente zur Politik der DDR im Kampf um Frieden und Sicherheit in Europa, hrsg. vom Deutschen Institut für Zeitgeschichte, Berlin, 1969.

Darstellungen

Adenauerstudien I, mit Beiträgen von Hans Maier, Rudolf Morsey, Eberhard Pikart und Hans-Peter Schwarz, hrsg. von Rudolf Morsey und Konrad Repgen, Mainz, 1970. = Kommission für Zeitgeschichte bei der Katholischen Akademie in Bayern, Reihe B, Forschungen Bd. 10.
K. ADENAUER, Erinnerungen.
1945—1953, Stuttgart, 1965 (Originalausgabe)
1953—1955, Stuttgart, 1966
1955—1959, Stuttgart, 1967
1959—1963, Fragmente, Stuttgart, 1968.
E. APEL, Aktuelle Fragen der ökonomischen Forschung, Berlin, 1964.
W. BARM, Totale Abgrenzung. Zehn Jahre unter Ulbricht, Honecker und Stoph an der innerdeutschen Grenze. Ein authentischer Bericht, Stuttgart, 1971.
B. BAVENDAMM, Bonn und Brandt. Machtwechsel oder Zeitwende. Wien, 1971.
BERGMANN/DUTSCHKE/LEFÈVRE/RABEHL, Rebellion der Studenten oder Die neue Opposition. Reinbek b. Hamburg, 1968 (rororo Bd. 1043).

[1]) Die Bände 9 und 10, die u. a. die Debatten über die Ostverträge (23. — 25. 2. 1972) im Bundestag enthalten, werden in Kürze erscheinen.

W. BESSON, Die Außenpolitik in der Bundesrepublik. Erfahrungen und Maßstäbe, München, 1970.

H. BEYER/H. KANZIG, Die Wirtschaftspolitik der Sozialistischen Einheitspartei Deutschlands zur Ausarbeitung und Anwendung des neuen ökonomischen Systems der Planung und Leitung der Volkswirtschaft in der Industrie der DDR (1963—1965), Diss, Berlin, 1971.

K. v. BEYME, Die politische Elite in der Bundesrepublik Deutschland, München, 1971.

E.-M. CLAASEN/L.-F. PETERS, Rebellion in Frankreich. Die Manifestation der europäischen Kulturrevolution 1968. München, 1968 (dtv-report Bd. 562).

W. BRÖLL, Die Wirtschaft der DDR. Lage und Aussichten, München-Wien, 1970.

G. DELENSCHKE, Die Manipulierung des Geschichtsbildes durch die Nationaldemokratische Partei Deutschlands (NPD) in der Bundesrepublik Deutschland von der Gründung der Partei bis zum Sommer 1970 als Ausdruck der Schürung des Revanchismus und Chauvinismus, Diss, Berlin, 1971.

E. DEUERLEIN (Hrsg.): DDR 1945—1970. Geschichte und Bestandsaufnahme. 3. durchgesehene und wesentlich erweiterte Auflage, München, 1971 (dtv-dokumente Bd. 347).

J. DORNBERG, Deutschlands andere Hälfte. Profil und Charakter der DDR, Wien, München, Zürich, 1969.

F. ERLER, Politik für Deutschland, hrsg. v. Wolfgang Gaebler, Stuttgart, 1968.

E. FÖRTSCH/R. MANN, Die SED, Stuttgart, 1969.

H. FRANK, 20 Jahre Zone. Kleine Geschichte der »DDR«, München, 1965.

J. FIJALKOWSKI/P. HAUCK u. a., Berlin — Hauptstadtanspruch und Westintegration, Opladen, 1971.

G. GAUS, Staatserhaltende Opposition oder Hat die SPD kapituliert? Gespräche mit Herbert Wehner. Reinbek b. Hamburg (rororo Bd. 942).

J. W. GÖRLICH, Geist und Macht in der DDR. Die Integration der kommunistischen Ideologie, Olten und Freiburg i. Br., 1968.

C. GASTEYER (Hrsg.), Einigung und Spaltung Europas 1942—1965. Eine Darstellung und Dokumentation über die Zweiteilung Europas, Frankfurt a. M., 1965 (Fischer Taschenbuch Bd. 741).

E. GERSTENMAIER, Konrad Adenauer, Ehrung und Gedenken, Stuttgart, 1967.

A. GLUCKMANN/A. GORZ/E. MANDEL/J.-M. VINCENT, Revolution in Frankreich 1968. Ergebnisse und Perspektiven, Frankfurt a. M., 1969.

A. GROSSER, Deutschlandbilanz. Geschichte Deutschlands seit 1945, München, 1970.

J. HABERMAS, Protestbewegung und Hochschulreform, Frankfurt a. M., 1969 (Ed. Suhrkamp Bd. 354).

W. HANGEN, DDR. Der unbequeme Nachbar, München, 1967.

R. HAVEMANN, Fragen-Antworten-Fragen. Aus der Biographie eines deutschen Marxisten, München, 1970.

W. F. HANRIEDER, Die stabile Krise. Ziele und Entscheidungen der bundesrepublikanischen Außenpolitik 1949—1969 = Studienbücher zur auswärtigen und internationalen Politik, Bd. 1, Düsseldorf, 1971.

K. HARPPRECHT, Willy Brandt. Porträt und Selbstporträt, München und Zürich, 1971 (Knaur Taschenbuch, Bd. 254).

G. W. HEINEMANN, Verfehlte Deutschlandpolitik, Irreführung und Selbsttäuschung, Artikel und Reden, Frankfurt a. M., 1969.

H. HEINLE, Der neue Nahe Osten, durchgesehen und ergänzt von C. ULLERICH, Frankfurt a. M., 1972, (Suhrkamp Taschenbuch, Bd. 24).

M. HERETH (Hrsg.), 20 Jahre Bundesrepublik Deutschland in Dokumenten, München, 1969 (List Taschenbücher, Bd. 352/53).

R. HEYEN (Hrsg.), Die Entkrampfung Berlins oder Eine Stadt geht zur Tagesordnung über, Reinbek b. Hamburg, 1972 (rororo Bd. 1544).

U. HOFFMANN, Die Veränderungen in der Sozialstruktur des Ministerrats der DDR 1949—1969 = Mannheimer Schriften zur Politik und Zeitgeschichte, Bd. 1, Düsseldorf, 1971.

H.-G. JACOBSEN/H. DOLLINGER/W. v. BREDOW (Hrsg.), Die deutschen Studenten. Der Kampf um die Hochschulreform. Eine Bestandsaufnahme, München, 1969 (dtv-report Bd. 633).

H. U. JACOBSEN (Hrsg.), Mißtrauische Nachbarn. Deutsche Ostpolitik 1919/1970, Dokumentation und Analyse, Düsseldorf, 1970.

Industriebetrieb und Gesellschaft in der DDR. Dritte Studientagung zur DDR-Forschung in der Bundesrepublik 31. März bis 4. April 1970. Deutschland-Archiv, Sonderheft (3. Jg. 1970).

K. JASPERS, Wohin treibt die Bundesrepublik? Tatsachen, Gefahren, Chancen, München, 1966.

F. KOPP, Kurs auf ganz Deutschland? Die Deutschlandpolitik der SED, Stuttgart, 1965.

D. KREUSEL, Nation und Vaterland in der Militärpresse der DDR = Militärpolitische Schriftenreihe, Bd. 4, Stuttgart, 1970.

R. KULBACH/H. WEBER/E. FÖRTSCH, Parteien im Blocksystem der DDR. Funktion und Aufbau der LDPD und der NDPD. Köln, 1969.

G. LABROISSE, 25 Jahre geteiltes Deutschland. Ein dokumentarischer Überblick, Berlin, 1970.

G. LEPTIN, Die deutsche Wirtschaft nach 1945. Ein Ost-West-Vergleich, Opladen, 1971.

F. LUCHSINGER, Bericht über Bonn. Deutsche Politik 1955—1965, Zürich und Stuttgart, 1966.

P. Ch. LUDZ, Parteielite im Wandel. Funktionsaufbau, Sozialstruktur und Ideologie der SED-Führung, Köln und Opladen, [3]1970.

H. LÜBBE, Hochschulreform und Gegenaufklärung, Analysen, Postulate, Polemik zur aktuellen Hochschul- und Wissenschafts-Politik, Freiburg, Basel, Wien, 1972, (Herder Taschenbuch Bd. 418).

H. MAIER, Die NPD. Struktur und Idee einer »nationalen Rechtspartei«, München, 1967.

E. MANDEL, Die deutsche Wirtschaftskrise. Lehren der Rezession 1966/67, Frankfurt a. M., 1969.

F. MAYER/U. SPINNARKE, Was wollen die Studenten?, Frankfurt a. M., 1967 (Fischer Taschenbuch, Bd. 949).

D. MÜLLER-RÖMER (Hrsg.), Ulbrichts Grundgesetz. Die sozialistische Verfassung der DDR. Mit einem einleitenden Kommentar, Köln, [7]1968.

W. NÖBEL, Deutschland-Dialog 1970. Eine synoptische Darstellung, Bonn und Berlin, 1970.

W. OSTEN, Die Außenpolitik der DDR, Im Spannungsfeld zwischen Moskau und Bonn, Opladen, 1969.

Ostpolitik im Kreuzfeuer. Einleitung H. Graf HUYN, Stuttgart, 1971.

G. PICHT, Die deutsche Bildungskatastrophe. Analysen und Dokumentation, Olten und Freiburg i. Br., 1964.
A. POPINGA, Meine Erinnerungen an Konrad Adenauer, Stuttgart, 1970.
E. RICHERT, »Sozialistische Universität«. Die Hochschulpolitik der SED, Berlin, 1967.
H. ROGGEMANN, Die sozialistische Verfassung der DDR, Opladen, 1971.
E. ROTTMANN, Der unfertige Staat. Analyse, Bilanz und Perspektive der Deutschlandpolitik, Hamburg, 1970.
H. SCHLENK, Der Binnenhandel der DDR, Köln, 1970.
G. SCHRÖDER u. a. (Hrsg.), Ludwig Erhard. Beiträge zu seiner politischen Biographie, Berlin, 1972.
E. SCHULZ/H. D. SCHULZ, Braucht der Osten die DDR?, Opladen, 1971.
A. SCHWAN/K. SONTHEIMER, Reform als Alternative. Hochschullehrer antworten auf die Herausforderung der Studenten, Opladen, 1971.
H. P. SCHWARZ/H. HAFTENDOEN, Europäische Sicherheitskonferenz, Opladen, 1971.
H. W. SCHWARZE, Die DDR ist keine Zone mehr, Köln und Berlin, 1969.
Ders., DDR heute, Köln, 1970.
R. SEELIGER, SPD — Großer Kompromiß ohne Ende? Zur innerparteilichen Debatte um den Koalitionsentscheid 1969, Argumente und Stellungnahmen, München, 1969.
H. SIEBERT, Bildungspraxis in Deutschland. Schule und Erwachsenenbildung der BRD und DDR im Vergleich, Düsseldorf, 1970.
R. SIEWERT/H. BILSTEIN, Gesamtdeutsche Kontakte, Opladen, 1971.
P. H. SPAAK, Memoiren eines Europäers, Hamburg, 1969.
H. STERCKEN (Hrsg.), Vive la France — Vive l'Europe. Aus den Reden Charles de Gaulles 1958—1968, München, 1969 (dtv-report Bd. 540).
W. WAGNER, Europa zwischen Aufbruch und Restauration, München, 1968 = dtv-Weltgeschichte des 20. Jahrhunderts, Bd. 14.
H. WEBER, Von der SBZ zur DDR 1945—1968, Hannover, 1968.
H. WEHNER, Gedanken zur Regierungserklärung. Reden und Interviews vom 3. Dezember 1966 bis 30. Januar 1967, Bonn und Berlin, 1967.
P. WINDSOR, Germany and the Management of Detente, New York, 1971.
Ders., Deutschland gegen Deutschland, Zürich, 1971.
Wissenschaft und Gesellschaft in der DDR. Die Entwicklung der DDR im Spiegel ihrer Wissenschaftsgeschichte, München, 1971.
G. ZIEGER, Das Staatsbürgerschaftsgesetz der DDR. Seine Auswirkungen auf die Rechtsordnung der Bundesrepublik, Frankfurt a. M. und Berlin, 1969.
E. R. ZIVIER, Die Nichtanerkennung im modernen Völkerrecht. Probleme staatlicher Willensäußerung, Berlin, ^{2}1969.

Bibliographien

Bibliographie zur deutschen Zeitgeschichte = Zeitschrift für Geschichtswissenschaft, 11. Jg. 1963 ff.
Bibliographie zur Zeitgeschichte, zusammengestellt von Th. VOGELSANG. Beilage der Vierteljahreshefte für Zeitgeschichte, 10. Jg. 1963 ff.

Anhang

Bundestags- und Landtagswahlen 1963 – 1970

LANDTAGSWAHL IN BADEN-WÜRTTEMBERG VOM 26. APRIL 1964

Parteien	v. H.	Mandate
CDU	46,2	59
SPD	37,3	47
FDP/DVP	13,1	14
GB/BHE	1,8	—
Sonstige	1,6	—

Koalition CDU-FDP/DVP, vom 16. Dezember 1966 an Koalition CDU-SPD

LANDTAGSWAHL IM SAARLAND VOM 27. JUNI 1965

Parteien	v. H.	Mandate
CDU	42,7	23
SPD	40,7	21
FDP/DPS	8,3	4
SVP/CVP	5,2	2
DDU	3,1	—

Koalition CDU-FDP/DPS

BUNDESTAGSWAHL VOM 19. SEPTEMBER 1965

Parteien	v. H.	Mandate
CDU/CSU	47,6	245
SPD	39,3	202
FDP	9,5	49
AUD	0,2	—
CVP	0,1	—
DFU	1,3	—
FSU	0,0	—
NPD	2,0	—
UAP	0,0	—
EFP	0,0	—

Koalition CDU/CSU-FDP, vom 1. Dezember 1966 an Koalition CDU/CSU-SPD

WAHL DER BÜRGERSCHAFT IN HAMBURG VOM 27. MÄRZ 1966

Parteien	v. H.	Mandate
SPD	59,0	74
CDU	30,0	38
FDP	6,8	8
Sonstige	4,2	—

SPD-Senat

LANDTAGSWAHL IN NORDRHEIN-WESTFALEN VOM 10. JULI 1966

Parteien	v. H.	Mandate
SPD	49,5	99
CDU	42,8	86
FDP	7,4	15
Sonstige	0,3	—

Koalition CDU-FDP, vom 8. Dezember 1966 an Koalition SPD-FDP

LANDTAGSWAHL IN HESSEN VOM 6. NOVEMBER 1966

Parteien	v. H.	Mandate
SPD	51,0	52
CDU	26,4	26
FDP	10,4	10
NPD	7,9	8
Sonstige	4,3	—

SPD-Regierung

LANDTAGSWAHL IN BAYERN VOM 20. NOVEMBER 1966

Parteien	v. H.	Mandate
CSU	48,1	110
SPD	35,8	79
FDP	5,1	—
NPD	7,4	15
Bayernpartei	3,4	—
Sonstige	0,1	—

CSU-Regierung

LANDTAGSWAHL IN RHEINLAND-PFALZ VOM 23. APRIL 1967

Parteien	v. H.	Mandate
CDU	46,7	49
SPD	36,8	39
FDP	8,3	8
NPD	6,9	4
Sonstige	1,2	—

Koalition CDU-FDP

LANDTAGSWAHL IN SCHLESWIG-HOLSTEIN VOM 23. APRIL 1967

Parteien	v. H.	Mandate
CDU	46	34
SPD	39,4	30
FDP	5,9	4
SSW	1,9	1
NPD	5,8	4

Koalition CDU-FDP

LANDTAGSWAHL IN NIEDERSACHSEN VOM 4. JUNI 1967

Parteien	v. H.	Mandate
SPD	43,1	66
CDU	41,7	63
FDP	6,9	10
NPD	7,0	10
Sonstige	1,3	—

Koalition SPD-CDU

WAHL DER BÜRGERSCHAFT IN BREMEN VOM 1. OKTOBER 1967

Parteien	v. H.	Mandate
SPD	46,0	50
CDU	29,5	32
FDP	10,5	10
NPD	8,9	8
Sonstige	6,0	—

Koalition SPD-FDP

WAHL DES ABGEORDNETENHAUSES IN BERLIN
VOM 15. OKTOBER 1967

Parteien	v. H.	Mandate
SPD	56,9	81
CDU	32,9	47
FDP	7,1	9
SED	2,0	—
Sonstige	1,1	—

Koalition SPD-FDP

LANDTAGSWAHL IN BADEN-WÜRTTEMBERG VOM 28. APRIL 1968

Parteien	v. H.	Mandate
CDU	44,2	60
SPD	29,0	37
FDP/DVP	14,4	18
NPD	9,8	12
Sonstige	2,6	—

Koalition CDU-SPD

BUNDESTAGSWAHL VOM 28. SEPTEMBER 1969

Parteien	v. H.	Mandate
CDU/CSU	46,1	242
SPD	42,7	224
FDP	5,8	30
NPD	4,3	—
ADF	0,6	—
GBD	0,1	—
Sonstige	0,4	—

Koalition SPD-FDP

WAHL DER BÜRGERSCHAFT IN HAMBURG AM 22. MÄRZ 1970

Parteien	v. H.	Mandate
SPD	55,3	70
CDU	32,8	41
FDP	7,1	9
NPD	2,7	—
DKP	1,7	—
Sonstige	0,4	—

Koalition SPD-FDP

LANDTAGSWAHL IN NIEDERSACHSEN VOM 14. JUNI 1970

Parteien	v. H.	Mandate
SPD	46,2	75
CDU	45,7	74
FDP	4,4	—
NPD	3,2	—
DKP	0,4	—
Sonstige	0,1	—

SPD-Regierung

LANDTAGSWAHL IN NORDRHEIN-WESTFALEN VOM 14. JUNI 1970

Parteien	v. H.	Mandate
CDU	46,3	95
SPD	46,1	94
FDP	5,5	11
NPD	1,0	—
DKP	0,9	—
Sonstige	1,1	—

Koalition SPD-FDP

LANDTAGSWAHL IM SAARLAND VOM 14. JUNI 1970

Parteien	v. H.	Mandate
CDU	47,9	27
SPD	40,8	23
FDP/DPS	4,4	—
NPD	3,4	—
DKP	2,7	—
Sonstige	0,9	—

CDU-Regierung

LANDTAGSWAHL IN HESSEN VOM 8. NOVEMBER 1970

Parteien	v. H.	Mandate
SPD	45,9	53
CDU	39,7	46
FDP	10,1	11
NPD	3,0	—
DKP	0,5	—
Sonstige	0,8	—

Koalition SPD-FDP

LANDTAGSWAHL IN BAYERN AM 22. NOVEMBER 1970

Parteien	v. H.	Mandate
CSU	56,4	124
SPD	33,3	70
FDP	5,5	10
NPD	2,9	—
DKP	0,4	—

CSU-Regierung

Bundesregierungen 1963 – 1969

KABINETT ERHARD I 1963 – 1965

Bundeskanzler: Ludwig Erhard (CDU)
Stellvertreter: Erich Mende (FDP)
Bundesminister des Auswärtigen: Gerhard Schröder (CDU)
Bundesminister des Innern: Hermann Höcherl (CSU)
Bundesminister der Justiz:
  Ewald Bucher (FDP) – (bis 26. März 1965)
  Karl Weber (CDU) – (vom 27. März 1965 an)
Bundesminister der Finanzen: Rolf Dahlgrün (FDP)
Bundesminister für Wirtschaft: Kurt Schmücker (CDU)
Bundesminister für Ernährung, Landwirtschaft und Forsten: Werner Schwarz (CDU)
Bundesminister für Arbeit und Sozialordnung: Theodor Blank (CDU)
Bundesminister der Verteidigung: Kai-Uwe von Hassel (CDU)
Bundesminister für Verkehr: Hans Christoph Seebohm (CDU)
Bundesminister für das Post- und Fernmeldewesen: Richard Stücklen (CSU)
Bundesminister für Wohnungswesen, Städtebau und Raumordnung: Paul Lücke (CDU)
Bundesminister für Vertriebene, Flüchtlinge und Kriegsgeschädigte:
  Hans Krüger (CDU) – (bis 22. Januar 1964)
  Ernst Lemmer (CDU) – (vom 18. Februar 1964 an)
Bundesminister für gesamtdeutsche Fragen: Erich Mende (FDP)
Bundesminister für Angelegenheiten des Bundesrates und der Länder: Alois Niederalt (CSU)
Bundesminister für wissenschaftliche Forschung: Hans Lenz (FDP)
Bundesminister für Familie und Jugend: Bruno Heck (CDU)
Bundesschatzminister: Werner Dollinger (CSU)
Bundesminister für wirtschaftliche Zusammenarbeit: Walter Scheel (FDP)
Bundesminister für Gesundheitswesen: Frau Elisabeth Schwarzhaupt (CDU)
Bundesminister für besondere Aufgaben: Heinrich Krone (CDU)
Chef des Bundeskanzleramtes: Ludger Westrick (CDU)

KABINETT ERHARD II 1965/66

Bundeskanzler: Ludwig Erhard (CDU)
Stellvertreter:
  Erich Mende (FDP) – (bis 28. Oktober 1966)
  Hans-Christoph Seebohm (CDU)
Bundesminister des Auswärtigen: Gerhard Schröder (CDU)
Bundesminister des Innern: Paul Lücke (CDU)
Bundesminister der Justiz: Richard Jaeger (CSU)
Bundesminister der Finanzen:
  Rolf Dahlgrün (FDP) – (bis 28. Oktober 1966)
  Kurt Schmücker (CDU) – (mdWdGb)

Bundesminister für Wirtschaft: Kurt Schmücker (CDU)
Bundesminister für Ernährung, Landwirtschaft und Forsten: Hermann Höcherl (CSU)
Bundesminister für Arbeit und Sozialordnung: Hans Katzer (CDU)
Bundesminister der Verteidigung: Kai-Uwe von Hassel (CDU)
Bundesminister für Verkehr: Hans-Christoph Seebohm (CDU)
Bundesminister für das Post- und Fernmeldewesen: Richard Stücklen (CSU)
Bundesminister für Wohnungswesen und Städtebau:
Ewald Bucher (FDP) – (bis 28. Oktober 1966)
Bruno Heck (CDU) – (mdWdGb)
Bundesminister für Vertriebene, Flüchtlinge und Kriegsgeschädigte:
Johann Baptist Gradl (CDU)
Bundesminister für gesamtdeutsche Fragen:
Erich Mende (FDP) – (bis 28. Oktober 1966)
Johann Baptist Gradl (CDU) – (mdWdGb)
Bundesminister für Angelegenheiten des Bundesrates und der Länder: Alois Niederalt (CSU)
Bundesminister für wissenschaftliche Forschung: Gerhard Stoltenberg (CDU)
Bundesminister für Familie und Jugend: Bruno Heck (CDU)
Bundesschatzminister: Werner Dollinger (CSU)
Bundesminister für wirtschaftliche Zusammenarbeit:
Walter Scheel (FDP) – (bis 28. Oktober 1966)
Werner Dollinger (CSU) – (mdWdGb)
Bundesminister für Gesundheitswesen: Frau Elisabeth Schwarzhaupt (CDU)
Bundesminister für Sonderaufgaben und den Verteidigungsrat: Heinrich Krone (CDU)
Chef des Bundeskanzleramtes: Ludger Westrick (CDU)

KABINETT KIESINGER 1966 – 1969

Bundeskanzler: Kurt Georg Kiesinger (CDU)
Stellvertreter: Willy Brandt (SPD)
Parlamentarischer Staatssekretär im Bundeskanzleramt:
Karl Theodor Freiherr von und zu Guttenberg (CSU)
Bundesminister des Auswärtigen: Willy Brandt (SPD)
Parlamentarischer Staatssekretär: Gerhard Jahn (SPD)
Bundesminister des Innern:
Paul Lücke (CDU) – (bis 2. April 1967)
Ernst Benda (CDU) – (vom 2. April 1967 an)
Parlamentarischer Staatssekretär:
Ernst Benda (CDU)
Heinrich Köppler (CDU)
Bundesminister der Justiz:
Gustav Heinemann (SPD) – (bis 26. März 1969)
Horst Ehmke (SPD) – (vom 26. März 1969 an)
Bundesminister der Finanzen: Franz Josef Strauß (CSU)

Parlamentarischer Staatssekretär: Albert Leicht (CSU)
Bundesminister für Wirtschaft: Karl Schiller (SPD)
Parlamentarischer Staatssekretär: Klaus-Dieter Arndt (SPD)
Bundesminister für Ernährung, Landwirtschaft und Forsten: Hermann Höcherl (CSU)
Bundesminister für Arbeit und Sozialordnung: Hans Katzer (CDU)
Bundesminister der Verteidigung: Gerhard Schröder (CDU)
Parlamentarischer Staatssekretär: Eduard Adorno (CDU)
Bundesminister für Verkehr: Georg Leber (SPD)
Parlamentarischer Staatssekretär: Holger Börner (SPD)
Bundesminister für das Post- und Fernmeldewesen: Werner Dollinger (CSU)
Bundesminister für Wohnungswesen und Städtebau: Lauritz Lauritzen (SPD)
Bundesminister für Vertriebene, Flüchtlinge und Kriegsgeschädigte:
  Kai-Uwe von Hassel (CDU) — (bis 5. Februar 1969)
  Heinrich Windelen (CDU) — (vom 7. Februar 1969 an)
Bundesminister für gesamtdeutsche Fragen: Herbert Wehner (SPD)
Bundesminister für Angelegenheiten des Bundesrates und der Länder: Carlo Schmid (SPD)
Bundesminister für wissenschaftliche Forschung: Gerhard Stoltenberg (CDU)
Bundesminister für Familie und Jugend:
  Bruno Heck (CDU) — (bis 1. Oktober 1968)
  Frau Aenne Brauksiepe (CDU) — (vom 2. Oktober 1968 an)
Bundesschatzminister: Kurt Schmücker (CDU)
Bundesminister für wirtschaftliche Zusammenarbeit:
  Hans-Jürgen Wischnewski (SPD) — (bis 1. Oktober 1968)
  Erhard Eppler (SPD) — (vom 2. Oktober 1968 an)
Bundesminister für Gesundheitswesen: Frau Käte Strobel (SPD)

KABINETT BRANDT 1969 (Stand März 1972)

Bundeskanzler: Willy Brandt (SPD)
Stellvertreter: Walter Scheel (FDP)
Parlamentarischer Staatssekretär im Bundeskanzleramt: Frau Katharina Focke (SPD)
Bundesminister des Auswärtigen: Walter Scheel (FDP)
Parlamentarischer Staatssekretär:
  Ralf Dahrendorf (FDP) — (bis 30. Juni 1970)
  Karl Moersch (FDP) — (vom 1. Juli 1970 an)
Bundesminister des Innern: Hans-Dietrich Genscher (FDP)
Parlamentarischer Staatssekretär: Wolfram Dorn (FDP)
Bundesminister der Justiz: Gerhard Jahn (SPD)
Parlamentarischer Staatssekretär: Alfons Bayerl (SPD)
Bundesminister der Finanzen: Alex Möller (SPD) — (bis 13. Mai 1971)
Parlamentarischer Staatssekretär: Gerhard Reischl (SPD)
Bundesminister für Wirtschaft: Karl Schiller (SPD)
Bundesminister für Wirtschaft und der Finanzen: Karl Schiller (SPD) – (ab 13. Mai 1971)

Parlamentarischer Staatssekretär:
Klaus-Dieter Arndt (SPD) — (bis 10. September 1970)
Philipp Rosenthal (SPD) — (ab 10. September 1970)
Detlev Karsten Rohwedder (SPD) — (ab 1971)
Bundesminister für Ernährung, Landwirtschaft und Forsten: Josef Ertl (FDP)
Parlamentarischer Staatssekretär: Fritz Lodemann (FDP)
Bundesminister für Arbeit und Sozialordnung: Walter Arendt (SPD)
Parlamentarischer Staatssekretär: Helmut Rohde (SPD)
Bundesminister der Verteidigung: Helmut Schmidt (SPD)
Parlamentarischer Staatssekretär: Karl-Wilhelm Berckhan (SPD)
Bundesminister für Jugend, Familie und Gesundheit: Frau Käte Strobel (SPD)
Parlamentarischer Staatssekretär: Heinz Westphal (SPD)
Bundesminister für Verkehr und für das Post- und Fernmeldewesen: Georg Leber (SPD)
Parlamentarischer Staatssekretär:
Holger Börner (SPD) — (bis Februar 1972)
Ernst Haar (SPD) — (ab Februar 1972)
Bundesminister für Städtebau und Wohnungswesen: Lauritz Lauritzen (SPD)
Parlamentarischer Staatssekretär: Karl Ravens (SPD)
Bundesminister für innerdeutsche Beziehungen: Egon Franke (SPD)
Parlamentarischer Staatssekretär: Karl Herold (SPD)
Bundesminister für Bildung und Wissenschaft:
Hans Leussink (parteilos) — (offiziell bis Anfang März 1972)
Klaus von Dohnanyi (SPD) — (vom 15. März 1972 an)
Parlamentarischer Staatssekretär:
Klaus von Dohnanyi (SPD) — (bis 15. März 1972)
Joachim Raffert (SPD) — (vom 15. März 1972 an)
Bundesminister für wirtschaftliche Zusammenarbeit: Erhard Eppler (SPD)
Parlamentarischer Staatssekretär: Frau Brigitte Freyh (SPD)
Bundesminister für besondere Aufgaben und Chef des Bundeskanzleramtes:
Horst Ehmke (SPD)

Wirtschaftliche Statistiken [1])

a) BEVÖLKERUNG 1950 – 1970 (in 1000)

Jahr	BRD	Berlin	DDR mit Ostberlin
1950	50 336	2 155	18 388,2
1955	52 698	2 203	17 832
1960	55 785	2 197	17 188
1963	57 865	2 186	17 181
1964	58 587	2 200	17 004
1965	59 297	2 197	17 040
1966	59 793	2 185	17 071
1967	59 948	2 163	17 090
1968	60 463	2 141	17 087
1969	61 195	2 134	17 074,5
1970 [2])	61 508	2 130	17 057

b) INDUSTRIEPRODUKTION BRD (INDEXZAHLEN KALENDERMONATLICH) 1962 = 100

Jahr	Gesamtindustrie	Bauindustrie
1952	45,9	33,9
1955	64,4	61,9
1957	73,0	66,4
1959	81,1	81,9
1960	90,7	85,7
1961	96,1	93,6
1962	100,0	100,0
1963	103,0	103,2
1964	112,9	119,6
1965	119,2	120,1
1966	120,9	124,6
1967	117,6	115,3
1968	131,2	121,8
1969	147,7	127,1
1970	157,4	138,9

1) Die Zusammenstellung der Statistiken erfolgte auf der Grundlage des Statistischen Jahrbuchs für die Bundesrepublik Deutschland, 1964-1971, und des Statistischen Jahrbuchs für die Deutsche Demokratische Republik, 1964—1971. Teilweise wurden Werte errechnet (Gruner), um einen Vergleich zu ermöglichen.

2) Stand für die BRD und Berlin vom 26. 5. 1970.

c) DDR: INDEX DER INDUSTRIELLEN BRUTTOPRODUKTION 1950 = 100

Jahr	Indexzahl	Vergleichszahl BRD
1955	190	178
1960	294	249
1961	312	262
1962	332	274
1963	346	283
1964	369	–[1])
1965	392	–
1966	418	–
1967	446	–
1968	473	–
1969	504	–
1970	537	–

1) Ab 1964 liegen keine Vergleichszahlen auf der Grundlage 1950 = 100 vor.

d) BRD: AUSSENHANDEL, WARENVERKEHR

Jahr	Einfuhr Mrd. DM	Verhältnis zum Brutto-sozialprodukt	Ausfuhr Mrd. DM	Verhältnis zum Brutto-sozialprodukt
1955	24,472		25,717	
1960	42,723	14,2 v. H.	47,946	15,9 v. H.
1962	49,498	14,0 v. H.	52,975	14,9 v. H.
1963	52,277	13,7 v. H.	58,310	15,2 v. H.
1964	58,339	13,9 v. H.	64,920	15,4 v. H.
1965	70,448	15,2 v. H.	71,651	15,5 v. H.
1966	72,670	15,2 v. H.	80,628	16,9 v. H.
1967[1])	70,183	14,6 v. H.	87,045	18,1 v. H.
1968[1])	81,179	15,1 v. H.	99,551	18,5 v. H.
1969[1])	97,972	16,3 v. H.	113,557	18,8 v. H.
1970[1])	109,606	16,2 v. H.	125,276	18,5 v. H.

1) Für die Jahre 1967-1970 liegen bisher nur vorläufige Ergebnisse für das Bruttosozialprodukt vor.

e) BRD: HANDEL MIT DER DDR

Jahr	Lieferungen in Mill. DM	Bezüge in Mill. DM
1962	852,7	914,4
1963	859,6	1 022,3
1964	1 151,0	1 027,4
1965	1 206,1	1 260,4
1966	1 625,3	1 345,4
1967	1 483,0	1 263,9
1968	1 432,1	1 439,5
1969	2 271,8	1 656,3
1970	2 415,7	1 998,0

f) BRD: BERLINHANDEL

Jahr	Lieferungen in Mill. DM	Bezüge in Mill. DM
1962	7 915	7 981
1963	8 341	8 211
1964	9 337	9 205
1965	10 533	10 148
1966	10 960	10 815
1967	10 961	11 153
1968	12 572	12 293
1969	14 492	14 178
1970	16 077	15 639

g) DDR: AUSSENHANDEL, WARENVERKEHR

Jahr	Einfuhr in Mill. Valuta M	Verhältnis zum gesell. Gesamtprodukt	Ausfuhr in Mill. Valuta M	Verhältnis zum gesell. Gesamtprodukt
1962	9 288	–	9 102	–
1963	8 960	5,0 v. H.	10 374	5,8 v. H.
1964	9 984	5,2 v. H.	11 199	5,8 v. H.
1965	10 694	5,3 v. H.	11 658	5,7 v. H.
1966	12 034	5,6 v. H.	12 173	5,7 v. H.
1967	12 482	5,45 v. H.	13 266	5,55 v. H.
1968	13 023	5,3 v. H.	14 513	5,9 v. H.
1969	15 285	5,75 v. H.	15 908	6,0 v. H.
1970	20 357,2	7,3 v. H.	19 240,2	7,0 v. H.

h) BRD: ENTWICKLUNG DES BRUTTOSOZIALPRODUKTS

Jahr	Zu Marktpreisen in Mrd. DM	DM / Kopf der Bevölkerung
1960	302,3	5 453
1961	332,6	5 921
1962	360,1	6 324
1963	384,0	6 668
1964	420,9	7 224
1965	460,4	7 802
1966	490,7	8 228
1967 [1]	494,6	8 261
1968 [1]	538,9	8 954
1969 [1]	602,8	9 907
1970 [1]	679,0	11 030

[1] Vorläufiges Ergebnis.

i) DDR: PRODUZIERTES NATIONALEINKOMMEN

Jahr	Gesellschaftliches Gesamtprodukt Mill. M	M / Kopf der Bevölkerung
1950	62 813	1 478
1960	159 834	4 121
1963	179 939	4 471
1964	192 906	4 739
1965	204 228	4 946
1966	216 245	5 176
1967	229 612	5 447
1968	244 703	5 729
1969	260 559	6 022
1970	275 094 [1]	6 350

[1] Vorläufige Zahlen.

k) BRD: SOZIALAUFWENDUNGEN 1964 – 1969

Jahr	Gesamtsumme in Mrd. DM	DM/Kopf	Anteil Renten und Sozialversicherung	DM/Kopf	Anteil am Bruttosozialprodukt Ges.	Anteil am Bruttosozialprodukt Renten-Soz.
1964	69,099	1 186	44,006	755	16,4 v. H.	10,4
1965	77,915	1 320	49,906	846	16,7 v. H.	10,8
1966	85,798	1 439	56,118	941	17,5 v. H.	11,4
1967	93,997	1 570	62,552	1 045	19,0 v. H.	12,7
1968	100,435	1 669	68,291	1 135	19,4 v. H.	12,5
1969	108,572	1 796	74,674	1 235	18,0 v. H.	12,4

l) DDR: SOZIALAUFWENDUNGEN 1964 – 1969

Jahr	Gesamtsumme in Mrd. M	M / Kopf	Anteil Renten und Sozialversicherung	M / Kopf	Anteil am gesell. Gesamtprodukt Ges.	Renten-Soz.
1964	16,087	947	11,322	667	8,3 v. H.	5,9
1965	16,679	980	11,802	693	8,2 v. H.	5,8
1966	16,914	992	11,960	701	7,8 v. H.	5,5
1967	17,677	1 035	12,460	729	7,7 v. H.	5,4
1968	18,741	1 097	13,351	781	7,6 v. H.	5,5
1969	19,987	1 170	14,352	840	7,6 v. H.	5,5

m) BRD: GESAMTBESTAND AN KRAFTFAHRZEUGEN UND MOPEDS

Stichtag 1.7.	Kraftfahrzeuge in 1000	darunter PKW in 1000	je 1000 Einwohner	Krad in 1000	je 1000 Einwohner	Mopeds
1962	9 714,0	5 941,4	105	1 494,2	27	1 642,1
1966	13 146,7	9 577,1	160	551,6	9	1 098,5
1967	13 744,6	10 231,6	171	394,3	7	1 060,0
1968	14 391,3	10 839,7	180	311,6	5	–[1])
1969	15 342,7	11 668,5	191	263,5	4	–[1])
1970	16 783,2	12 904,6	211	228,6	3,5	–[1])

[1]) Keine Angaben

n) DDR: GESAMTBESTAND AN KRAFTFAHRZEUGEN UND MOTORRÄDERN, MOPEDS

Jahr	Kraftfahrzeuge in 1000	darunter PKW in 1000	je 1000 Einwohner	Krad in 1000	je 1000 Einwohner	Mopeds
1962	579,185	445,836	26	1 073,362	63	–[1])
1966	893,595	721,031	43	1 239,119	73	1 205,807
1967	1 009,748	826,991	49	1 284,903	75	1 284,736
1968	1 114,481	920,201	54	1 312,051	77	1 359,309
1969	1 249,012	1 039,229	61	1 342,010	79	1 444,262
1970	1 388,663	1 159,778	68	1 374,006	81	–[1])

[1]) Keine Angaben

Zeittafel

1963

16. Oktober:	Der 4. Deutsche Bundestag wählt den bisherigen Bundeswirtschaftsminister Ludwig Erhard zum neuen Bundeskanzler. Erhard bildet aus CDU/CSU und FDP eine Koalition, der Erich Mende als Vizekanzler und Bundesminister für gesamtdeutsche Fragen angehört.
22. November:	Der Präsident der Vereinigten Staaten von Amerika, John F. Kennedy, wird in Dallas/Texas ermordet.
22. November:	Der DGB nimmt auf seinem Kongreß ein neues Grundsatzprogramm an.
27. November:	W. Kaisen (SPD) erneut zum Bürgermeister des Landes Bremen gewählt.
12. Dezember:	Altbundespräsident Theodor Heuss gestorben.
14. Dezember:	Tod des Vorsitzenden der SPD, Erich Ollenhauer.
17. Dezember:	Passierscheinabkommen für den Besuch von Westberlinern in Ostberlin unterzeichnet.

1964

20. Januar:	Die Bundesregierung erläßt eine Proklamation über Erforschung und Ausbeutung des deutschen Festlandsockels vor der Küste.
22. Januar:	Bundesvertriebenenminister H. Krüger tritt wegen des Verdachts der Mitwirkung an NS-Sondergerichten zurück. Sein Nachfolger wird am 18. Februar Ernst Lemmer (CDU).
14. Februar:	Der Wirtschaftssachverständigenrat zur Begutachtung der gesamtwirtschaftlichen Entwicklung konstituiert sich.
15./16. Februar:	Auf dem außerordentlichen Parteitag der SPD wird der Regierende Bürgermeister von Berlin, Willy Brandt, zum Vorsitzenden gewählt.
24. Februar:	Das Kuratorium Unteilbares Deutschland übermittelt der UN-Menschenrechtskommission seine vierte Beschwerde über Menschenrechtsverletzungen in Mitteldeutschland.
1. März:	Wenzel Jaksch (SPD) wird zum Vorsitzenden des »Bundes der Vertriebenen« gewählt.
19. März:	Die Ministerpräsidenten und Regierenden Bürgermeister beschließen die Errichtung und Finanzierung von neuen Universitäten in Bochum, Bremen, Konstanz und Regensburg und einer neuen Technischen Hochschule in Dortmund.
26. April:	Landtagswahlen in Baden-Württemberg.
26. Mai:	Einweihung der Mosel - Großschiffahrtsstraße durch die Staatsoberhäupter Frankreichs, Luxemburgs und der Bundesrepublik Deutschland.
5. Juni:	Der 4. Deutsche Bundestag billigt einstimmig das Moskauer Atomwaffenversuchsabkommen.

24. Juni:	Bundesminister Heinrich Krone (CDU) wird zum Vorsitzenden des Bundesverteidigungsrates ernannt. Generalmajor Ulrich de Maizière wird zum Inspekteur des Heeres ernannt.
1. Juli:	Heinrich Lübke wird in Berlin erneut zum Präsidenten der Bundesrepublik Deutschland gewählt.
10. September:	Die Zahl der Gastarbeiter in der BRD übersteigt eine Million.
26.–28. Oktober:	Die Ministerpräsidenten und Bürgermeister einigen sich auf eine Vereinheitlichung des Schulwesens.
28. November:	Gründung der Nationaldemokratischen Partei (NPD) in Hannover.
11. Dezember:	Als Nachfolger für Vizeadmiral a. D. H. Heye wird der CDU-Bundestagsabgeordnete M. Hoogen zum neuen Wehrbeauftragten gewählt.

1965

7. Januar:	Bundespräsident Heinrich Lübke übergibt die erste neue Truppenfahne.
Februar:	Im Verlauf der Tarifverhandlungen in der Stahlindustrie kommt es in Nordrhein-Westfalen zu kurzen Warnstreiks.
25. März:	Der 4. Deutsche Bundestag spricht sich für die Verlängerung der Verfolgung von Verbrechen aus der Zeit der nationalsozialistischen Gewaltherrschaft aus.
	Bundesjustizminister Bucher (FDP) tritt zurück, da er aufgrund seiner Rechtsüberzeugung das Gesetz nicht unterzeichnen könne.
12. Mai:	Bekanntgabe der Aufnahme diplomatischer Beziehungen zwischen Israel und der Bundesrepublik Deutschland.
14. Mai:	Der Bundesgerichtshof in Karlsruhe lehnt die Eröffnung eines Hauptverfahrens gegen den Spiegel-Herausgeber R. Augstein und den Spiegel-Redakteur C. Ahlers ab.
18.–25. Mai:	Königin Elisabeth II. stattet der Bundesrepublik Deutschland einen Besuch ab.
	Die SPD/FDP-Regierungskoalition in Niedersachsen scheitert an Meinungsverschiedenheiten über ein mit dem Hl. Stuhl abzuschließendes Landeskonkordat. Sie löst sich auf.
19. Mai:	Vereidigung der neuen Koalitionsregierung aus SPD und CDU in Niedersachsen.
9. Juni:	Der Hamburger Senat wählt Finanzsenator H. Weichmann (SPD) als Nachfolger von P. Nevermann zum 1. Bürgermeister.
25. Juni:	Bundespräsident Lübke eröffnet in München die erste internationale Weltausstellung des Verkehrs (IVA).
28. Juni:	Landtagswahlen im Saargebiet.
30. Juni:	Die Mehrheit des Niedersächsischen Landtags billigt das Konkordat und eine Schulgesetznovelle.
1. Juli:	Studenten aller Universitäten und Hochschulen demonstrieren in Kundgebungen für eine ausreichende Förderung der Bildung.
15. Juli:	Vertreter des Bundes und der Länder unterzeichnen das Abkommen über die Gründung eines Bildungsrates.

20. Juli:	Der Bremer Senat wählt als Nachfolger von W. Kaisen (SPD) den bisherigen Senator für das Bildungswesen, W. Dehnkamp, zum Bürgermeister und Senatspräsidenten.
19. August:	Urteil im Auschwitz-Prozeß.
19. September:	Wahlen zum 5. Deutschen Bundestag.
20. Oktober:	Ludwig Erhard erneut zum Bundeskanzler gewählt. Er bildet aus CDU/CSU und FDP ein Koalitionskabinett.
1. Oktober:	Die Kammer der Evangelischen Kirche Deutschlands für öffentliche Verantwortung publiziert eine Denkschrift über »Die Lage der Vertriebenen und das Verhältnis des deutschen Volkes zu seinen östlichen Nachbarn«.
2. November:	Beginn des Lehrbetriebes an der Ruhr-Universität in Bochum.

1966

7. Januar:	Die Kultusminister der Bundesländer einigen sich auf einen einheitlichen Schulbeginn vom Herbst 1967 an.
1. Februar:	Konstituierung des neu gebildeten Kabinettsausschusses für wissenschaftliche Forschung, Bildung und Ausbildungsförderung.
14. Februar:	Eröffnung der aus der Medizinischen Akademie hervorgegangenen Universität Düsseldorf.
17. März:	Konstituierende Sitzung des Bildungsrates.
21.-23. März:	Auf dem Bundesparteitag der CDU wird Ludwig Erhard zum Vorsitzenden, Konrad Adenauer zum Ehrenvorsitzenden gewählt.
25. März:	Bundeskanzler Erhard berichtet dem Bundestag über die Absendung einer Friedensnote an fast alle Regierungen.
27. März:	Bürgerschaftswahlen in Hamburg.
13. Mai:	Bundeskongreß des DGB lehnt mit 251 gegen 182 Stimmen jede Notstandsgesetzgebung ab.
21. Juni:	Eröffnung der Universität Konstanz.
10. Juli:	Landtagswahlen in Nordrhein-Westfalen.
25. Juli:	Der Landtag von Nordrhein-Westfalen wählt mit nur einer Stimme Mehrheit Franz Meyers erneut zum Ministerpräsidenten.
27. Juli:	Die Sachverständigenkommission übergibt die Sozial-Enquete Bundeskanzler Erhard.
29. Juli:	Bekanntgabe des vorläufigen Scheiterns der Passierscheinverhandlungen für dringende Familienangelegenheiten.
3. August:	Bundeskanzler Erhard kündigt ein umfassendes finanz- und wirtschaftspolitisches Reformwerk an.
	Wegen Meinungsverschiedenheiten mit Bundesverteidigungsminister von Hassel treten Generalinspekteur H. Trettner und Luftwaffeninspekteur W. Panitzki zurück. Zu ihren Nachfolgern werden ernannt die Generalleutnante Ulrich de Maizière und Johannes Steinhoff.
15. September:	Bundesminister L. Westrick, Leiter des Bundeskanzleramtes, bittet Bundeskanzler Erhard um seine Entlassung.

28. September:	Während eines Aufenthaltes in den Vereinigten Staaten von Amerika sagt Bundeskanzler Erhard die Erfüllung von Devisenverpflichtungen in Höhe von 3,6 Milliarden DM bis zum 30. Juni 1967 zu.
5. Oktober:	Die Bundesregierung veranlaßt eine Beschränkung der Sparförderungen.
27. Oktober:	Meinungsverschiedenheiten über den Ausgleich des Bundeshaushalts veranlassen die FDP-Minister zum Rücktritt.
6. November:	Landtagswahlen in Hessen.
8. November:	Heinz Kühn (SPD) bildet in Nordrhein-Westfalen eine neue Koalitionsregierung aus SPD und FDP.
20. November:	Landtagswahlen in Bayern.
30. November:	Bundeskanzler Erhard tritt zurück.
1. Dezember:	Kurt Georg Kiesinger (CDU) zum Bundeskanzler gewählt.
9. Dezember:	Das Volkswagenwerk kündigt Kurzarbeit an.
16. Dezember:	Ministerpräsident Hans Filbinger bildet in Baden-Württemberg eine CDU-SPD-Regierung.

1967

31. Januar:	Die Bundesrepublik Deutschland und Rumänien vereinbaren die Aufnahme diplomatischer Beziehungen.
27. März:	Die zuständigen Bundesministerien unterrichten über die Gewährung einer Bundesbürgschaft in Höhe von 300 Millionen DM an die Friedr. Krupp-Exportgesellschaft mbH. Die Banken verlängern ihre bisherigen Kredite und gewähren neue. Alfried Krupp beruft einen Verwaltungsrat und verpflichtet sich, die Firma Friedr. Krupp in eine Kapitalgesellschaft, gegebenenfalls in eine Stiftung zu überführen.
12. April:	Regierungserklärung von Bundeskanzler Kiesinger zur Deutschlandfrage.
19. April:	In Rhöndorf stirbt Konrad Adenauer
23. April:	Landtagswahlen in Schleswig-Holstein und Rheinland-Pfalz.
22./23. Mai:	Kurt Georg Kiesinger wird von dem Parteitag der CDU zum Vorsitzenden gewählt.
8. September:	Der Bundestag billigt gegen die Stimmen der FDP die Finanzplanung für die Jahre 1967 bis 1971 (mittelfristige Finanzplanung) und das Konjunkturprogramm, das ein Kreditvolumen von 5,3 Milliarden DM vorsieht.
1. Oktober:	Bürgerschaftswahlen in Bremen.
11. November:	Die Universität Regensburg wird eröffnet.

1968

30. Januar:	Auf dem Bundesparteitag in Freiburg i. Breisgau löst Walter Scheel im Vorsitz der FDP Erich Mende ab.
31. Januar:	Die Bundesrepublik Deutschland und die Sozialistische Föderative Republik Jugoslawien veröffentlichen eine gemeinsame Erklärung über die Wiederaufnahme diplomatischer Beziehungen.

2. März:	Der Bensberger Kreis veröffentlicht ein Memorandum über die Aussöhnung mit Katholiken.
11. März:	Bundeskanzler Kiesinger schlägt der Regierung der DDR Verhandlungen über einen gegenseitigen Gewaltverzicht vor.
14. März:	Ministerpräsident Heinz Kühn gibt ein Entwicklungsprogramm für das Ruhrgebiet bekannt.
21. März:	Auf dem Parteitag der SPD wird Willy Brandt erneut zum Vorsitzenden gewählt.
10. April:	Die Ständige Konferenz der Kultusminister beschließt Grundsätze für die strukturelle Neuordnung des Hochschulwesens.
11. April:	Der Student Rudi Dutschke, Mitglied des SDS und der APO, wird durch einen Anschlag verletzt. Daraufhin kommt es an den nachfolgenden Ostertagen zu schweren Ausschreitungen vor allem in Berlin, Frankfurt, Hamburg und München.
28. April:	Landtagswahlen in Baden-Württemberg.
8. Mai:	Der 5. Deutsche Bundestag billigt einstimmig die Ersetzung des im Grundgesetz vorgesehenen Obersten Bundesgerichts durch einen gemeinsamen Senat der Obersten Bundesgerichte.
15. Mai:	Der Vorsitzende des Ministerrats der DDR, Willi Stoph, fordert Bundeskanzler Kiesinger auf, die Arbeiten an der Notstandsgesetzgebung einzustellen.
30. Mai:	Der 5. Deutsche Bundestag beschließt mit 384 zu 100 Stimmen bei einer Enthaltung die Annahme des Gesetzes zur Änderung des Grundgesetzes (»Notstandsverfassung«), des Gesetzes zur Beschränkung des Brief-, Post- und Fernmeldegeheimnisses und der sogenannten Vorsorge- und Sicherstellungsgesetze.
29. Mai:	Der 5. Deutsche Bundestag verabschiedet die Reform des politischen Strafrechts.
15. Juni:	Der Bundesrat billigt einstimmig die »Notstandsgesetze«.
28. Juni:	Der 5. Deutsche Bundestag billigt ein Amnestiegesetz für bis zum 1. Juni 1968 begangene politische Straftaten.
8. September:	Bundespräsident Lübke kündigt seinen vorzeitigen Rücktritt an.
16. Dezember:	Eröffnung der neuen Universität Dortmund.

1969

23. Januar:	Bundestagspräsident Eugen Gerstenmaier tritt von seinem Amt zurück.
24. Januar:	Die FDP legt den Entwurf eines Generalvertrages mit der DDR vor.
5. Februar:	Der 5. Deutsche Bundestag wählt mit 262 von 457 abgegebenen Stimmen Kai Uwe von Hassel (CDU) zum neuen Bundestagspräsidenten.
25.-27. Februar:	Der Präsident der Vereinigten Staaten von Amerika, Richard N. Nixon, besucht Bonn und Berlin.
5. März:	Die Bundesversammlung wählt im dritten Wahlgang Gustav Heinemann (SPD) zum neuen Bundespräsidenten.
27. März:	Die Länder schließen einen Staatsvertrag über Grundsätze zur Reform

der wissenschaftlichen Hochschulen und über die Vereinheitlichung des Ordnungsrechts an den Hochschulen.

12./13. April: In Essen erfolgt die Gründung einer »Deutschen Kommunistischen Partei« (DKP).

9. Mai: Die Bundesregierung beschließt, die DM nicht aufzuwerten. Der Entschluß wird Gegenstand leidenschaftlicher Auseinandersetzung in dem bevorstehenden Wahlkampf.

17. Juni: Bundeskanzler Kiesinger erstattet einen »Bericht über die Lage der Nation im geteilten Deutschland«.

1. Juli: In einer gemeinsamen Sitzung von Bundesrat und Bundestag verabschiedet sich der bisherige Bundespräsident Heinrich Lübke. Sein Nachfolger, Gustav Heinemann, betont in seiner Antrittsrede die Abkehr vom Obrigkeitsstaat und die Notwendigkeit der Bewährung im Frieden.

18. Juli: Unterzeichnung des Gründungsvertrages über die Gesamtgesellschaft Ruhrkohle A. G.

24. September: Die Bundesregierung beschließt auf Vorschlag der Deutschen Bundesbank, die deutschen Devisenmärkte bis zum Wahltag zu schließen.

28. September: Wahlen zum 6. Deutschen Bundestag.

29. September: Die Bundesregierung ersucht die Deutsche Bundesbank, die Interventionen am Devisenmarkt zu den bisherigen Höchst- und Mindestkursen vorübergehend einzustellen — eine Maßnahme, die die Freigabe des Wechselkurses der DM bedeutet.

15. Oktober: Die Koalitionsverhandlungen zwischen SPD und FDP sind abgeschlossen.

20. Oktober: Der 6. Deutsche Bundestag konstituiert sich. Er wählt Kai Uwe von Hassel erneut zu seinem Präsidenten.

21. Oktober: Der Vorsitzende der SPD, Willy Brandt, wird mit 251 von 495 anwesenden stimmberechtigten Abgeordneten zum Bundeskanzler gewählt.

22. Oktober: Die Koalitionsregierung aus SPD und FDP tritt zu ihrer konstituierenden Sitzung zusammen.

24. Oktober: Die Bundesregierung beschließt, die DM um 8,5 % aufzuwerten. Stichtag 27. Oktober 0.00 Uhr.

17.-19. November: Bundesparteitag der CDU in Mainz. Kurt Georg Kiesinger wird mit 386 von 470 Stimmen in seinem Amt bestätigt. Seine Stellvertreter werden Gerhard Stoltenberg, Helmut Kohl, Hans Katzer, Helga Wex und Gerhard Schröder.

28. November: Die Bundesrepublik Deutschland unterzeichnet den Atomsperrvertrag.

17. Dezember: Der Vorsitzende des Staatsrats der DDR, Ulbricht, schreibt an Bundespräsident Heinemann; seinem Brief legt er den Entwurf eines »Vertrages über die Aufnahme gleichberechtigter Beziehungen zwischen der Deutschen Demokratischen Republik und der Bundesrepublik Deutschland« bei.

19. Dezember: Bundespräsident Heinemann beantwortet das Schreiben des Staatsratsvorsitzenden Ulbricht.

1970

12. Januar:	Kapitulation Biafras.
14. Januar:	Bericht von Bundeskanzler Brandt zur Lage der Nation, in dem er Verhandlungen über Gewaltverzichtsabkommen anbietet.
19. Januar:	Der DDR-Staatsratsvorsitzende Ulbricht bekräftigt auf einer Pressekonferenz die Bereitschaft der DDR zu Verhandlungen mit Bonn.
22. Januar:	Schreiben Brandts an Stoph.
22.-27. Januar:	Störung des Berlinverkehrs durch die Behörden der DDR wegen Sitzungen von Ausschüssen und Fraktionsvorsitzenden des Bundestages in West-Berlin.
23. Januar:	Das Bundeskabinett verabschiedet ein Programm zur Konjunkturdämpfung.
25. Januar:	Der ehemalige tschechoslowakische Parteichef Dubcek wird Botschafter seines Landes in der Türkei.
28. Januar:	Ende des »Prager Frühlings«. Rücktritt Cerniks als Ministerpräsident und Ausschluß Dubceks aus dem ZK der KPC.
30. Januar:	Staatssekretär Bahr nimmt in Moskau vertrauliche Gespräche über Fragen eines Gewaltverzichtsvertrages auf.
5. Februar:	Staatssekretär Duckwitz nimmt in Warschau vertrauliche Gespräche über eine Verständigung zwischen Polen und der BRD auf.
5. Februar:	14 Thesen Leussinks zum Hochschulrahmengesetz.
10. Februar:	Die UdSSR zu Verhandlungen über Berlin bereit.
12. Februar:	Stoph spricht sich in seinem Antwortbrief an Brandt für direkte Verhandlungen der Regierungschefs aus.
25. Februar:	Debatte im Deutschen Bundestag zur Ostpolitik. Regierung und Opposition finden keine gemeinsame Linie.
27. Februar:	Die Westmächte stimmen dem Vorschlag der UdSSR, Ende März mit Berlinverhandlungen zu beginnen, zu.
5. März:	Der Atomwaffensperrvertrag tritt in Kraft.
6. März:	Die Bundesbank erhöht zur Steuerung der Hochkonjunktur den Diskontsatz auf 6 %.
11. März:	Der FDP-Abgeordnete Schultz wird Nachfolger Hoogens (CDU) als Wehrbeauftragter.
18. März:	SPD/FDP beschließen im Bundestag gegen die Stimmen der CDU/CSU eine Amnestie für Demonstrationstäter und eine Reform des Demonstrationsrechtes.
19. März:	Erstes innerdeutsches Gipfeltreffen zwischen Brandt und Stoph in Erfurt.
22. März:	Wahlen zur Hamburger Bürgerschaft.
27. März:	Entführung und Ermordung des deutschen Botschafters in Guatemala, Graf Spreti, durch Terroristen.
11. April:	Parteitag der CSU in München. Strauß mit großer Mehrheit wiedergewählt.
15. April:	Bei der Debatte des Deutschen Bundestages zur Ost- und Deutschlandpolitik dauern die Meinungsverschiedenheiten zwischen Regierung und

	Opposition an.
25. April:	Gründung der National-Liberalen Aktion (NLA).
8. Mai:	Gedenkstunde im Deutschen Bundestag anläßlich des 25. Jahrestages der deutschen Kapitulation.
14. Mai:	Parteitag der SPD in Saarbrücken.
21. Mai:	Zweites innerdeutsches Gipfeltreffen in Kassel. Brandt legt ein 20-Punkte-Programm vor.
27. Mai:	Der Ministerrat der NATO erklärt sich zu Gesprächen mit dem Ostblock für eine Europäische Sicherheitskonferenz bereit, sobald Fortschritte über die Deutschland- und Berlinfrage erzielt worden seien.
29. Mai:	Die EWG-Außenminister beschließen erste Schritte zu einer politischen Union.
10. Juni:	Der EWG-Ministerrat lädt Großbritannien, Irland, Dänemark und Norwegen offiziell zu Beitrittsverhandlungen zum Gemeinsamen Markt auf den 30. Juni ein.
12. Juni:	Veröffentlichung des sog. »Bahr-Papiers« über die deutsch-sowjetischen Vertragsverhandlungen in der »BILD«-Zeitung.
14. Juni:	Landtagswahlen in Niedersachsen, Nordrhein-Westfalen und im Saarland.
18. Juni:	Der Bundestag beschließt die Herabsetzung des aktiven Wahlalters von 21 auf 18 Jahre, des passiven Wahlalters abgestuft auf 23 bzw. 21 Jahre.
18. Juni:	Bei den Parlamentswahlen in Großbritannien siegen die Konservativen. Heath wird Nachfolger Wilsons als Premierminister.
23. Juni:	Parteitag der FDP in Bonn.
30. Juni:	Beginn der Beitrittsverhandlungen zwischen der EWG, Großbritannien, Irland, Dänemark und Norwegen.
1. Juli:	Der Zentralbankrat erhöht die Mindestreservesätze um 15 %.
11. Juli:	Der Bundestag billigt bei Stimmenthaltung der CDU/CSU das Konjunkturdämpfungsprogramm der Bundesregierung (Konjunkturzuschlag von 10 %).
15. Juli:	Der Zentralbankrat lockert die Kreditbremse. Senkung des Diskontsatzes von 7,5 auf 7 % und des Lombardsatzes von 9,5 auf 9 %.
20. Juli:	Die CDU/CSU lehnt es ab, sich an der Moskaureise von Bundesaußenminister Scheel durch einen Vertreter zu beteiligen.
27. Juli:	Beginn der deutsch-sowjetischen Verhandlungen zum Abschluß eines Gewaltverzichtsabkommens.
7. August:	Paraphierung des deutsch-sowjetischen Vertrages in Moskau.
12. August:	Der Zentralbankrat erhöht erneut die Mindestreservesätze.
12. August:	Unterzeichnung des deutsch-sowjetischen Vertrages in Moskau.
26. August:	Das Präsidium der CDU präzisiert seine Vorbehalte gegen den Moskauer Vertrag.
18. September:	Aussprache im Bundestag über den Moskauer Vertrag.
28. September:	Der ägyptische Präsident Nasser stirbt im Alter von 51 Jahren an einem Herzanfall.
26. Oktober:	Die CDU/CSU entscheidet, keinen Vertreter mit Bundesaußenmini-

	ster Scheel zu den Vertragsverhandlungen nach Warschau zu entsenden.
29. Oktober:	Die Bundesregierung und die Regierung der DDR kommen überein, die Gesprächskontakte wieder aufzunehmen.
30. Oktober:	Die Bundesrepublik, Dänemark und die Niederlande paraphieren in Den Haag die Verträge über die Neuverteilung des Festlandsockels unter der Nordsee.
2. November:	Bundeswissenschaftsminister Leussink legt der Westdeutschen Rektorenkonferenz den zweiten Entwurf eines Hochschulrahmengesetzes vor, der jedoch nicht befriedigt.
3. November:	Bundesaußenminister Scheel und sein polnischer Kollege Jedrychowski nehmen in Warschau die Verhandlungen zu einem deutsch-polnischen Vertrag auf.
5. November:	Frankreichs Außenminister Schumann tritt vor der Nationalversammlung für die Viermächteverantwortung in Berlin ein.
8. November:	Landtagswahlen in Hessen.
10. November:	Tod des früheren französischen Staatspräsidenten de Gaulle.
17. November:	Der Zentralbankrat senkt den Diskontsatz von 6,5 auf 6 % und den Lombardsatz von 9 auf 8 %.
18. November:	»Bund Freiheit der Wissenschaft« in Bad Godesberg begründet.
18. November:	Paraphierung des deutsch-polnischen Vertrages in Warschau.
22. November:	Landtagswahlen in Bayern.
27. November:	Fortsetzung des Dialogs zwischen Bonn und Ostberlin.
28. November:	Beginn einer mehrtägigen Behinderung des Berlin-Verkehrs durch die Behörden der DDR als Protest gegen eine Fraktionssitzung von CDU/CSU in Westberlin.
7. Dezember:	Unterzeichnung des deutsch-polnischen Vertrages.
13. Dezember:	Ein Vorschlag des Regierenden Bürgermeisters von Berlin, Schütz, den Westberlinern an Weihnachten Passierscheine für Verwandtenbesuche in Ostberlin zu gewähren, wird in Ostberlin abgelehnt.
19. Dezember:	Erneute Behinderung des Berlin-Verkehrs durch die Behörden der DDR wegen einer Sitzung der Fraktionsvorstände der SPD in Westberlin.

Personenregister

Abrassimow, Pjotr,
sowjet. Botschafter, 144–146, 149, 153
Abusch, Alexander,
Politiker (DDR), 136, 138
Adenauer, Konrad,
Bundeskanzler, 9–11, 13, 19, 25–28, 40, 42, 52–56, 95, 96, 118
– Besuch in Moskau, 25
– Rücktritt, 9
– Tod, 95, 96
Adorno, Theodor, W.,
Soziologe, 105
Adschubei, Alexej,
sowjet. Journalist, 25
Albertz, Heinrich,
Regierender Bürgermeister, 141–143
Anrich, Ernst,
Historiker, 32
Apel, Erich,
Politiker (DDR), 166
Augstein, Rudolf,
Publizist, 39

Baade, Fritz,
Wirtschaftswissenschaftler, 63, 167
Bachmann, Josef,
Anstreicher, 107
Bahr, Egon,
Staatssekretär, 131, 154
Baretzki, Stefan,
SS-Rottenführer, 51
Barzel, Rainer,
Politiker, 40, 84, 86, 87, 108, 120
Bednarek, Emil,
KZ-Aufseher, 51
Beletzki,
sowjet. Diplomat, 143
Benda, Ernst,
Bundesminister, 40, 107, 147, 205
Birrenbach, Kurt,
Bundestagsabgeordneter, 45, 46
Bismarck, Otto Fürst von,
Reichskanzler, 95, 96
Boegner, Jean-Marc,
franz. Botschafter, 49
Boger, Wilhelm,
SS-Oberscharführer, 51
Bolz, Lothar,
Außenminister der DDR, 73
Bourgiba, Habib,
tunes. Staatspräsident, 45
Brandt, Willy,
Bundeskanzler, 21, 22, 29, 33, 34, 52, 64–66, 69, 86–89, 91, 94, 102, 109–111, 118–120, 122–138, 140, 141, 143, 144, 146, 149, 152–154, 157, 178, 179
– Kanzlerkandidat, 29, 52
– Rednerаustausch mit der SED, 64–66, 69, 94
– Große Koalition 1966, 86–89
– Wahl zum Bundeskanzler 1969, 118
– Regierungserklärung, 119–120, 154, 178
– Treffen von Erfurt 1970, 126–127, 157, 179
– Treffen von Kassel 1970, 128–131, 179
– Reise nach Moskau 1970, 132–133
– Reise nach Warschau 1970, 134
Breitwieser, Arthur,
SS-Rottenführer, 51
Brentano, Heinrich von,
Bundesminister, 14, 53, 73
Breshnew, Leonid I.,
Generalsekretär des ZK d. KPdSU 72, 91, 92, 95, 132, 133
Broad, Perry,
SS-Oberscharführer, 51
Brown, George,
brit. Außenminister, 92
Bucher, Ewald,
Bundesminister, 37, 39–41, 84

Bülow, Bernhard Fürst von,
Reichskanzler, 95

Capesius, Victor,
SS-Sturmbannführer, 51
Carstens, Karl,
Staatssekretär, 58
Chruschtschow, Nikita S.,
sowjet. Ministerpräsident, 25, 161, 163
Couve de Murville, Maurice,
franz. Außenminister, 49, 50

Dahlgrün, Rolf,
Bundesminister, 79, 80, 83, 84
Dehler, Thomas,
Bundesminister a. D.,
Vizepr. d. Bundestages, 20, 40
Dickel, Friedrich,
Innenminister der DDR, 146–148, 152
Diederichs, Georg,
Ministerpräsident, 17
Diehl, Günther,
Staatssekretär, 112
Dittrich, Stefan,
Bundestagsabgeordneter, 40
Dollinger, Werner,
Bundesminister, 173
Duckwitz, Georg Ferdinand,
Staatssekretär, 110
Dulles, John Foster,
amerik. Außenminister, 36
Dutschke, Rudi,
Studentenführer, 106, 107, 147
Dylewski, Klaus,
SS-Oberscharführer, 51

Eban, Abba,
israel. Außenminister, 96
Ebert, Friedrich,
Reichspräsident, 116
Eichmann, Adolf,
SS-Obersturmbannführer, 43
Eisenhower, Dwight D.,
amerik. Präsident, 114
Elisabeth II.,
Königin von Großbritannien, 136
Erdmann, Karl Dietrich,
Historiker, 157
Erhard, Ludwig,
Bundeskanzler, 9–14, 17–20, 22–29, 34–36, 41–48, 52, 55–57, 68, 71, 72, 75, 76, 78–80, 83–86, 118, 138, 140, 163, 173
– Wahl zum Bundeskanzler 1963, 9–10
– Regierungserklärung 1963, 11–14
– Haltung zur Europäischen Union, 26–29
– Nahost-Politik, 43–47
– Wahl zum Bundeskanzler 1965, 56
– Regierungserklärung 1965, 56–57
– Rezession 1966, 79–80, 83
– Ende der Koalition mit der FDP, 83–85
Erler, Fritz,
Politiker, 13, 14, 29, 35, 65, 69, 70, 86
Eschkol, Levi,
israel. Ministerpräsident, 43, 45, 46

Fechner, Herbert,
Oberbürgermeister von Ostberlin, 143
Federenko, Nikolai,
sowjet. Diplomat, 169
Federer, Georg,
Botschafter, 43
Feuerbach, Ludwig,
Philosoph, 105
Frank, Willy,
SS-Hauptsturmführer, 51
Franke, Egon,
Bundestagsabgeordneter, 149
Freud, Sigmund,
Psychologe, 104, 105
Frings, Josef,
Kardinal, 96
Frings, Klaus,
Fotoreporter, 107
Fulbright, James W.,
amerik. Politiker, 48, 49

Gaulle, Charles de,
franz. Staatspräsident, 18, 26–28, 34–36, 49–51, 91, 96, 121

– Plan einer Europäischen Union, 26–28
– Haltung zur EWG, 49–51
– Haltung zur deutschen Frage, 34–36, 50
– Rücktritt, 121
Gaus, Günter, Publizist, 53
Gerstenmaier, Eugen, Bundestagspräsident, 33, 86, 95, 96, 113, 114, 138
– Rücktritt, 113
Gomulka, Wladislaw, poln. Politiker, 95
Grabert, Horst, Senatsdirektor, 152
Gradl, Johann Baptist, Bundesminister, 21, 56
Grass, Günter, Schriftsteller, 88, 89
Groepper, Horst, Botschafter, 25, 37, 38
Gromyko, Andrej A., sowjet. Außenminister, 131, 132
Grotewohl, Otto, Vorsitzender des Ministerrats der DDR, 158
Gurion, David Ben, israel. Ministerpräsident, 96

Hallstein, Walter, Politiker, 86
– Doktrin, 23, 93, 168
Hantl, Emil, SS-Unterscharführer, 51
Harpprecht, Klaus, Publizist, 26
Hase, Karl-Günther von, Staatssekretär, 24, 44, 172
Hassel, Kai-Uwe von, Bundestagspräsident, 77, 78, 113, 115, 118
Heck, Bruno, Bundesminister, 88, 120
Hegel, Georg Wilhelm Friedrich, Philosoph, 104
Heidegger, Martin, Philosoph, 104
Heinemann, Gustav, Bundespräsident, 114–116, 118, 124, 125, 153, 179
– Wahl zum Bundespräsidenten, 114–115, 153
Herrmann, Joachim, Staatssekretär (DDR), 171
Herter, Christian, amerik. Außenminister, 34
Heuss, Theodor, Bundespräsident, 17
Hirsch, Martin, Bundestagsabgeordneter, 40
Höcherl, Hermann, Bundesminister, 109
Hofmann, Franz, SS-Hauptsturmführer, 51
Honecker, Erich, Politiker (DDR), 66, 130
Horkheimer, Max, Soziologe, 105
Hughes, Sarah, amerik. Bundesrichterin, 16

Jaeger, Richard, Bundesminister, 56, 68
Jahn, Gerhard, Bundesminister, 40, 205, 206
Jaksch, Wenzel, Bundestagsabgeordneter, 36
Jakubowski, sowjet. Marschall, 153
Jaspers, Karl, Philosoph, 39
Jedrychowski, Stefan, poln. Außenminister, 133
Johnson, Lyndon B., amerik. Präsident, 16–18, 35, 42, 48, 96, 114, 151, 163

Kadar, Janos, ungar. Politiker, 36
Kaduk, Oswald, SS-Oberscharführer, 51

Kaminski,
Staatssekretär (DDR), 148
Kant, Immanuel,
Philosoph, 135
Katzer, Hans,
Bundesminister, 121, 205, 206
Kennedy, John F.,
amerik. Präsident, 14, 16, 17, 136, 139
– Ermordung, 16–17
Kennedy, Robert,
amerik. Justizminister, 139
Kiesinger, Kurt Georg,
Bundeskanzler, 86–94, 96–102, 108, 109, 111, 113, 118, 120, 121, 144, 146, 149, 150, 152, 173, 175, 178
– Wahl zum Bundeskanzler, 87
– Regierungserklärung 1966, 89–90, 109
– Regierungserklärung 1967, 93–94
– Briefwechsel mit Stoph, 97–102, 173, 178
Klehr, Josef,
SS-Oberscharführer, 51
Knappstein, Heinrich,
Botschafter, 35
Köppler, Heinrich,
Staatssekretär, 113
Kohl, Helmut,
Ministerpräsident, 121
Kohl, Michael,
Staatssekretär (DDR), 140, 141, 153, 154
Korber, Horst,
Senatsrat, 136, 137, 139–141
Kossygin, Alexej N.,
Vorsitzender des Ministerrats der UdSSR, 48, 75, 132, 133
Krautwig, Carl,
Staatssekretär, 138
Kruk, Max,
Publizist, 82
Kühn, Heinz,
Ministerpräsident, 76, 77, 117
Kurras, Karl-Heinz,
Kriminalobermeister, 106
Kusnezow, W.,
sowjet. Politiker, 58
Leber, Georg,
Bundesminister, 173, 205, 207
Leisler-Kiep, Walther,
Bundestagsabgeordneter, 113
Lucas, Franz Bernhard,
SS-Obersturmführer, 51
Luchsinger, Fred,
Schweizer Journalist, 18, 35, 38, 56
Lübke, Heinrich,
Bundespräsident, 17, 41, 47, 52, 55, 56, 84, 96, 114, 115, 139, 144
– Rücktritt, 114

Maizière, Ulrich de,
General, 78
Majonica, Ernst,
Bundestagsabgeordneter, 14
Mandel, Ernest,
Publizist, 82
Manescu, Corneliu,
rumän. Außenminister, 93
Marcuse, Herbert,
Soziologe, 104, 105
Marshall, George C.,
amerik. Außenminister, 14
Marx, Karl,
104, 105
McGhee, George,
amerik. Botschafter, 146
Mende, Erich,
Bundesminister, 11, 21, 22, 24, 25, 33, 52, 55, 56, 83, 84, 116, 163
– Rücktritt 1966, 84
Meyers, Franz,
Ministerpräsident, 76, 77
Mitzenheim, Moritz,
Landesbischof, 164
Möller, Alex,
Bundesminister, 86, 206
Moersch, Karl,
Staatssekretär, 175, 206
Moll, Josef,
Generalleutnant, 78
Mommer, Karl,
Bundestagsabgeordneter, 43

Moro, Aldo,
ital. Ministerpräsident, 19, 96
Mulka, Robert,
SS-Obersturmführer, 51

Nasser, Gamal Abdel,
ägypt. Staatspräsident, 42, 43
Natan, Asher Ben,
israel. Botschafter, 46
Nawrocki, Joachim,
Journalist, 130
Nixon, Richard M.,
amerik. Präsident, 114, 115
Novotny, Antonin,
tschechoslowak. Staatspräsident, 95, 108

Ohnesorg, Benno,
Student, 106, 142
Ollenhauer, Erich,
SPD-Vorsitzender, 17, 29, 118
Oswald, Lee Harvey,
amerik. ehemal. Marinesoldat, 17

Pahlewi, Farah,
Schahbanu des Iran, 106
Pahlewi, Mohammed Reza,
Schahinschah des Iran, 106, 142
Panitzki, Werner,
Generalleutnant, 77, 78
Pape, Günther,
Generalmajor, 78
Paul VI.,
Papst, 19, 59
Pauls, Rolf,
Botschafter, 46
Peyrefitte, Alain,
franz. Informationsminister, 27
Picht, Georg,
Pädagoge, 104
Pompidou, Georges,
franz. Staatspräsident, 121–123
Poppinga, Anneliese,
Sekretärin, 95

Rapacki, Adam,
poln. Außenminister, 36
Rasner, Will,
Bundestagsabgeordneter, 113
Reimann, Max,
KPD-Vorsitzender, 19
Reuter, Ernst,
Regierender Bürgermeister, 141
Rusk, Dean,
amerik. Außenminister, 14, 15, 34, 150

Schasar, Salman,
israel. Staatspräsident, 46
Schatz, Willi,
SS-Untersturmführer, 51
Scheel, Walter,
Bundesminister, 84, 108, 116, 131–134, 205, 206
Schelepin, Alexander N.,
sowjet. Politiker, 43
Scherpe, Herbert,
SS-Oberscharführer, 51
Schiller, Karl,
Bundesminister, 86, 112, 113, 206
Schlage, Bruno,
KZ-Aufseher, 51
Schmidt, Helmut,
Bundesminister, 86, 108, 207
Schobert, Johann,
SS-Unterscharführer, 51
Schreck, Rüdiger,
Student, 107
Schröder, Gerhard,
Bundesminister, 23, 26–28, 34, 43, 56, 86, 87, 109, 114, 115, 121, 204, 206
– Kandidatur bei Bundespräsidentenwahl 1969, 114–115
Schütz, Klaus,
Regierender Bürgermeister, 110, 143–148, 150, 152
Schütz, Wilhelm Wolfgang,
Kuratoriumsvorsitzender, 58
Schumacher, Kurt,
SPD-Vorsitzender, 31
Schwarze, Hanns-Dieter,
Journalist, 178
Semjonow, Wladimir S.,
sowjet. Diplomat, 58, 110, 153

Smirnow, Andrej A.,
sowjet. Botschafter, 25
Spaak, Paul-Henri,
belg. Politiker, 50
Springer, Axel Cäsar,
Verleger, 107, 131
Stalin, Josef W.,
157
Stallberg, Fritz,
Politiker, 65
Stark, Hans,
SS-Untersturmführer, 51
Steinhoff, Johannes,
Generalleutnant, 78
Stewart, Michael,
brit. Außenminister, 36
Stoltenberg, Gerhard,
Bundesminister, 56, 121, 205, 206
Stoph, Willi,
Vorsitzender des Ministerrats der DDR, 68, 94, 97–102, 109, 125–130, 137, 146, 152, 157–160, 173, 178, 179
– Briefwechsel mit Kiesinger, 97–102, 173, 178
– Treffen von Erfurt 1970, 126–127, 157, 179
– Treffen von Kassel 1970, 128–131, 179
Strauß, Franz Josef,
Bundesminister, 27, 28, 42, 56, 78, 80, 86, 88, 112, 113, 115, 205
Striefler, Hans,
Geschäftsführer, 65
Suhr, Otto,
Regierender Bürgermeister, 141

Thadden, Adolf von,
NPD-Vorsitzender, 31–33
Thielen, Friedrich,
NPD-Vorsitzender, 32, 33
Thielicke, Helmut,
Theologe, 38
Tocqueville, Alexis de,
franz. Historiker, 88
Toynbee, Arnold J.,
brit. Historiker, 91
Trettner, Heinz,
General, 78
Ulbricht, Walter,
Staatsratsvorsitzender der DDR, 20, 24, 33, 43, 44, 61, 66, 94, 95, 97, 124–126, 144, 145, 150, 152, 153, 158, 161, 163, 166–172, 179
– Neues Ökonomisches System, 166–167, 172
– Besuch in Kairo 1965, 43–44, 168
– Redneraustausch mit der SPD, 61–67, 169
– Neujahrsbotschaft 1967 (10-Punkte-Programm), 169–170
– Brief an Heinemann 1969, 124–125, 179

Wagner, Wolfgang,
Journalist, 28
Weber, Karl,
Bundesminister, 41, 204
Wehner, Herbert,
Bundesminister, 53, 54, 64, 65, 67, 69, 70, 86, 88, 89, 94, 95, 102, 121, 149, 170, 171, 174–176, 206
Weichmann, Herbert,
Bürgermeister, 116
Wendt, Erich,
Staatssekretär (DDR), 136, 137, 139, 140
Westrick, Ludger,
Bundesminister, 80, 204, 205
Wex, Helga,
Politikerin, 121
Weyer, Willy,
Landesminister, 77, 117
Wilson, Harold,
brit. Premierminister, 48, 96, 115
Winzer, Otto,
Außenminister der DDR, 72, 73, 143, 153

Zarapkin, S. K.,
sowjet. Botschafter, 110, 144, 146, 152
Zinn, Georg August,
Ministerpräsident, 47

Sachregister

ADF (Aktion Demokratischer Fortschritt), 117
APO (Außerparlamentarische Opposition), 105
Arabische Liga, 44, 45
Assuan-Staudamm, 42
Atomwaffenfreie Zone, 170
AUD (Aktionsgemeinschaft Unabhängiger Deutscher), 55
Auschwitz-Prozeß, 51
Auswärtige Beziehungen der BRD,
- zu Afrika, 11, 12
- zu Algerien, 47
- zu Bulgarien, 23, 72
- zur CSSR, 20, 23, 72–74
- zu Frankreich, 10, 12, 18, 19, 26–28, 34–36, 50, 90–92, 108, 109, 129, 150, 151
- zu Großbritannien, 10, 19, 36, 48, 91, 92, 108, 109, 115, 129, 150, 151
- zu Indien, 20
- zum Iran, 106
- zu Israel, 41–47, 96
- zum Jemen, 47
- zu Jordanien, 47
- zu Jugoslawien, 74, 75
- zu Kuweit, 47
- zum Libanon, 47
- zum Nahen Osten, 11, 12, 41–45, 47
- zu den Niederlanden, 19
- zu Polen, 23, 58–61, 72–74, 133–135, 179
- zu Rumänien, 23, 72, 93
- zu Saudi-Arabien, 47
- zur Sowjetunion, 20, 22–25, 34, 37, 38, 49, 57, 58, 72, 74, 75, 91–93, 109–111, 114, 118, 129, 131–133, 144–146, 149, 152, 179
- zu Spanien, 96
- zum Sudan, 47
- zu Südamerika, 11, 12
- zu Syrien, 47
- zu Tunesien, 45
- zu Ungarn, 23, 36, 72, 74
- zu den USA, 10, 14, 15, 18, 28, 34, 35, 42, 48, 79, 91, 108, 109, 114, 115, 129, 150, 151, 163
- zur VAR, 43, 44, 47
- zu den Warschauer-Pakt-Staaten, 12, 23, 24, 36, 48, 49, 57, 58, 72, 95, 111, 118

Auswärtige Beziehungen der DDR,
- zu Bulgarien, 171
- zur CSSR, 171, 176, 178
- zu Frankreich, 152, 153
- zu Großbritannien, 152, 153, 158
- zu Polen, 171
- zur Sowjetunion, 24, 25, 48, 93, 127, 129, 140, 142, 152, 153, 161–164, 167–169, 175, 177
- zu Ungarn, 36, 171
- zu den USA, 152, 153, 158
- zur VAR, 43, 44, 168

Bayernpartei, 32, 85
Berlin, 12, 19–23, 29, 34, 41, 52, 58, 63, 65, 69, 70, 83, 87, 91, 94, 100, 103, 105–107, 110, 111, 114, 115, 118, 125, 126, 129, 131, 132, 135–159, 161–164, 167, 170, 172, 175, 177, 179
- Abgeordnetenhaus, 141, 142, 147
- Berliner Bundestagsabgeordnete, 9, 41, 87, 147
- Berlin-Hilfe der BRD, 111, 149, 150, 155
- Bevölkerungsrückgang, 155
- Bundespräsenz, 140, 142, 144–146, 152, 153, 155
- Bundestagssitzungen in Westberlin, 140, 142, 144–146
- Bundesversammlung 1964, 138, 139
- Bundesversammlung 1969, 114, 115, 152, 153

– Hauptstadt der DDR, 23, 48, 70, 136, 148
– Klausel im Handelsabkommen mit der Sowjetunion, 22
– Mauerbau (13. August 1961), 136, 139, 157, 177
– Memorandum des Regierenden Bürgermeisters 1964, 34
– Passierscheinabkommen 1963, 19–21, 23, 136–138
– Passierscheingespräche Ostern 1964, 22, 137, 138
– Passierscheinabkommen 1964, 139, 140
– Passierscheinabkommen 1965, 140, 141
– Passierscheinabkommen 1966, 141, 142
– Sicherheitsgarantie der Westmächte, 114, 115, 136, 138, 139, 144, 148, 150, 151, 153, 156
– Sonderstatus Westberlins, 87, 100, 125, 132, 139, 143, 145, 146, 154, 156
– Studentenbewegung, 105–107, 142, 143, 147
– Viermächteverhandlungen 1970, 135, 154
– Wirtschaft, 150, 151, 155, 156
– Zugang nach Westberlin, 115, 131, 140, 146–154, 156, 170, 175

Bildungswesen (BRD),
– Bildungsnotstand, 30, 103, 104
– Hochschulen und Universitäten, 13, 94, 103–107, 142, 143, 165, 166
– Hochschulreform, 103–105, 107, 142, 143
– Schulwesen, 13, 104, 165
– Vergleich zur DDR, 165, 166

Bildungswesen (DDR), 160, 165, 166
Bund der Vertriebenen, 36
Bundesbank, 81
Bundesländer,
– Baden-Württemberg, 87, 88
– Bayern, 31, 80, 84, 85, 90
– Hamburg, 31
– Hessen, 31, 80, 84, 85, 90
– Niedersachsen, 17, 31
– Nordrhein-Westfalen, 75–77, 80, 117
– Schleswig-Holstein, 31

Bundesrat, 17, 40, 116, 145
Bundesregierung,
– Regierung Erhard 1963–1965, 9–15, 18–30, 33–49, 52–54, 137, 138, 140, 141
– Regierung Erhard 1965–1966, 55–58, 66, 68, 71–85, 173
– Regierung Kiesinger 1966–1969, 86–95, 97–103, 106–116, 141, 144–153, 173, 175, 178
– Regierung Brandt, 117–135, 153–156, 178, 179

Bundesrepublik,
– Alleinvertretungsanspruch, 48, 68, 90, 91, 93, 98, 99, 130, 163
– Anerkennung bzw. Nichtanerkennung der DDR, 10, 36, 57, 58, 90, 91, 93, 98, 99, 102, 119, 131, 138, 149, 178, 179
– Auswärtige Beziehungen, siehe dort
– Bildungswesen, siehe dort
– Bundeshaushalt, 79, 80, 83, 89, 90, 111
– Bundespräsidentenwahl 1969, 114–116, 152, 153
– Deutschlandpolitik, siehe Ostpolitik
– Entwicklungshilfe, siehe dort
– Finanzreform, 12, 53
– Gesetze, siehe dort
– Gewaltverzicht, 72, 90, 98, 99, 109–111, 131–134, 179
– Große Koalition, 52–56, 76, 77, 86–89, 92, 102, 105, 108, 109, 111–116, 118, 141, 154, 169, 170
– Grundgesetz, 14, 29, 37, 40, 53, 63, 68, 86, 103, 105, 108, 109, 174
– Kriegsopferversorgung, 13, 30, 120
– Kulturpolitik, 13, 16, 103, 104
– Notstandsgesetze, 52, 53, 62, 70, 108, 109, 147–150
– Ostpolitik, siehe dort
– Selbstbestimmungsrecht, 22–24, 34, 36, 48, 57, 69, 90, 101, 102, 120, 127, 133, 163

– Sozialpolitik, 13, 15, 16, 53, 120
– Steuergesetzgebung, 30, 83, 84
– Verkehrspolitik, 13, 30, 120, 173
– Verträge, siehe dort
– Vertriebenenpolitik, 58–60
– Vorbehaltsrechte der Westmächte, 108, 109
– Wiedervereinigung, 10, 11, 20–22, 33–36, 48, 57, 58, 61, 62, 73, 74, 92, 99, 101, 102, 127, 128, 131, 133
– Wirtschaft, siehe dort
– Wirtschaftspolitik, 10, 12, 13, 15, 30, 79–84, 90, 111–113, 119
Bundestag, 9, 11, 14, 17, 19–21, 24, 29–31, 33, 35, 37, 39–41, 43, 44, 55–58, 61–63, 65, 68, 71, 79, 80, 86–91, 95, 96, 99, 102, 107–111, 113, 115–120, 122, 127, 130, 134, 135, 140, 142, 144–148, 150, 157, 175
Bundestagswahlen,
– 1949, 31, 32
– 1953, 32
– 1957, 32
– 1961, 29, 32, 52, 55, 118
– 1965, 29, 31, 34, 52–56, 58, 75, 116, 118
– 1969, 33, 77, 88, 90, 113–117, 119
Bundesverfassungsgericht, 20, 31, 156
Bundeswehr, 10, 32, 42, 77–79, 115, 119, 153
– atomare Bewaffnung, 10, 73–75, 91
– Bundesverteidigungsministerium, 77–79
– Gewerkschaftserlaß, 78
– „Starfighter"-Krise, 77, 78
– Zusammenarbeit mit Israel, 42

CDU, 9–11, 14, 23, 27, 29, 32, 40, 41, 43, 45, 52–56, 61, 62, 64, 66, 68, 76, 77, 79, 80, 83, 84, 86–89, 95, 96, 100, 107–109, 113–118, 120, 121, 133, 134, 138, 142, 149, 178
– Berliner Programm, 121
– 17. Bundesparteitag, 120, 121
– Exil-CDU, 144
CDU (DDR), 64
China, Volksrepublik, 24, 25, 27
– chinesisch-sowjetischer Konflikt, 24, 25
CSU, 9–11, 14, 27, 29, 30, 32, 40, 41, 43, 45, 52, 53, 55, 56, 62, 66, 68, 76, 77, 79, 80, 83–89, 100, 107–109, 113–118, 120, 133, 134, 149, 178
CVP (Christliche Volkspartei), 55

DDR,
– Anerkennung, 36, 45, 57, 62, 75, 93, 97, 124–127, 130, 131, 149, 158, 168–170, 172, 177, 179
– Antrag auf Aufnahme in die UNO, 169, 177
– Auswärtige Beziehungen, siehe dort
– Beziehungen zur BRD, 20–24, 33, 61–63, 68, 70, 72–74, 94, 97–103, 124–131, 147, 148, 152, 154, 167–171, 173, 175–179
– Beziehungen zu Westberlin, 136–143, 145–154, 167, 170, 177, 179
– Bildungswesen, siehe dort
– Briefwechsel Stoph-Kiesinger 1967, 97–103, 173, 178
– Deutsche Konföderation, 170, 172
– Entwicklungshilfe, siehe dort
– Gesetze, siehe dort
– Grenzgebiete, 158, 159
– Jugend, 157, 159, 160, 165
– Kulturpolitik, 173
– Mauerbau (13. August 1961), 136, 139, 157, 177
– Neujahrsbotschaft von Walter Ulbricht 1967 (Zehn-Punkte-Programm), 97, 169–171
– Paß- und Visapflicht für Reisen zwischen BRD und Westberlin, 148–151, 175
– Politik der Abgrenzung, 179
– Post- und Fernmeldewesen, 173
– Reiseverkehr zwischen DDR und BRD, 20, 22, 63, 65, 69, 70, 93, 94, 129, 164, 175
– Reparationen, 167, 168, 177

– Sport, 168
– Staatsbürgerschaft, 158, 164, 171, 172
– Staatssekretariat für gesamtdeutsche (westdeutsche) Fragen, 171
– Treffen Brandt-Stoph in Erfurt, 124–128, 154, 157, 178, 179
– Treffen Brandt-Stoph in Kassel, 128–131, 154, 178, 179
– Verfassung von 1949, 172, 174, 175
– Verfassung von 1968, 174, 175
– Verkehrswesen, 173
– Verträge, siehe dort
– Volkspolizei, 159
– Währung, 164
– Wiedervereinigungsthesen, 94, 95, 127, 162, 163, 169, 174
– Wirtschaft, siehe dort
– Zeitungsaustausch zwischen DDR und BRD, 24, 65, 69, 94
Demoskopische Umfragen, 10, 52, 55, 83, 85, 116
DFU (Deutsche Friedens-Union), 55
DGB (Deutscher Gewerkschaftsbund), 15, 16
– Grundsatzprogramm von 1963, 15, 16
DP (Deutsche Partei), 32
Drei-Staaten-Theorie, 19, 21, 22
DRP (Deutsche Reichspartei), 31–33

EFP (Europäische Föderalistische Partei), 55
EFTA (Europäische Freihandelsassoziation), 19
Eichmann-Prozeß, 43
Entwicklungshilfe (BRD), 120, 122
Entwicklungshilfe (DDR), 43, 168
EP (Europa-Partei), 117
Euratom (Europäische Atomgemeinschaft), 72
Europäische Integration, 12, 15, 19, 26–28, 50, 122, 123
Europäische Sicherheitskonferenz, 130, 177
Europarat, 48
EWG (Europäische Wirtschaftsgemeinschaft), 14, 19, 28, 49–51, 120, 121–123
– Agrarpolitik, 49, 50, 121, 123
– Beitritt Großbritanniens, 49, 121–123
– Europa-Konferenz in Den Haag, 121–123
– Krise 1965, 49–51

FDJ (Freie Deutsche Jugend), 165
FDP, 9–11, 14, 20, 29, 37, 40, 41, 52, 55, 56, 64, 68, 76, 77, 79, 80, 83–87, 108, 114–118, 142, 175
„Formierte Gesellschaft", 57
Friedensforschung, 120
Friedensvertrag, 20, 22, 33, 34, 58, 61, 102, 161, 163, 164
FSU (Freisoziale Union), 55, 117

Genfer Konferenz 1959, 20
Gesamtdeutsche Partei/BHE, 84, 85, 117
Gesamtdeutscher Block/BHE, 32
Gesetze (BRD),
– Berlinhilfegesetz, 11, 149, 150
– Gesetz über die Berechnung strafrechtlicher Verjährungsfristen, 40, 41
– Gesetz über eine befristete Freistellung von der deutschen Gerichtsbarkeit, 68, 70
– Gesetz über die Mitbestimmung im Bergbau und der eisen- und stahlerzeugenden Industrie, 16
– Notstandsverfassung, 52, 53, 62, 70, 108, 109, 147–150
Gesetze (DDR),
– Gesetz über das einheitliche sozialistische Bildungswesen, 165
– Gesetz über die Nichtverjährung von Kriegsverbrechen, 37
– Jugendgesetz, 159, 160
– Staatsbürgerschaftsgesetz, 171, 172
– Strafgesetzbuch, 173, 174
– Strafprozeßordnung, 173, 174

Hallstein-Doktrin, 23, 93, 168

IG Metall, 108
Internationale Atomenergie-Organisation, 72

Kirchen (BRD), 10, 30
- evangelische, 58–61
- katholische, 59–61, 75, 76
Kirchen (DDR), 157, 164
KPD, 10, 19, 20, 100
Kreßbronner Kreis, 88
Kriegsverbrechen, 37–41, 51
Kuratorium Unteilbares Deutschland, 20, 21, 58

LDPD (Liberal-Demokratische Partei Deutschlands), 64

Mai-Rebellion in Frankreich 1968, 108, 112
Marxismus, 104, 105, 147, 178
MFL (Multilaterale nukleare Streitmacht), 12, 14, 18
Münchner Abkommen, 100, 110

Nahost-Krise 1964/65, 41–47
Nationale Front, 172
NATO, 12, 14, 15, 42, 46, 47, 50, 62, 91, 150, 151, 154, 168
NDPD (Nationaldemokratische Partei Deutschlands), 64
NPD, 20, 30–33, 52, 55, 83–85, 88, 90, 110, 116, 117, 146, 148, 152
NVA (Nationale Volksarmee), 140, 152, 159, 176
- Intervention in der CSSR, 176
- Militärdoktrin der DDR, 176

Oder - Neiße - Grenze, 36, 59-61, 73, 75, 100, 110, 124, 132, 134
Olympische Spiele, 168
Ost- und Deutschlandpolitik, 12, 19–25, 30, 33–36, 48, 49, 57, 58, 71–75, 90–95, 97–103, 109–111, 124–135, 154, 163, 170, 171, 173, 175, 176, 178, 179
- Alleinvertretungsanspruch der BRD, 48, 68, 90, 91, 93, 98, 99, 130, 163
- Anerkennung bzw. Nichtanerkennung der DDR, 10, 36, 57, 58, 90, 91, 93, 98, 99, 102, 119, 131, 138, 149, 178, 179
- Berlin, siehe dort
- Briefwechsel Stoph-Kiesinger 1967, 97–103, 173, 178
- Friedensnote der Bundesregierung 1966, 71–75, 90, 109
- Gewaltverzicht, 72, 90, 98, 99, 109–111, 131–134, 179
- Hallstein-Doktrin, 23, 93, 168
- Memorandum des Regierenden Bürgermeisters von Berlin 1964, 34
- Oder-Neiße-Grenze, siehe dort
- Reiseverkehr zwischen BRD und DDR, 20, 22, 63, 65, 69, 70, 93, 94, 129, 164, 175
- Selbstbestimmungsrecht, 22–24, 34, 36, 48, 57, 69, 90, 101, 102, 120, 127, 133, 163
- Treffen Brandt-Stoph in Erfurt, 124–128, 154, 157, 178, 179
- Treffen Brandt-Stoph in Kassel, 128–131, 154, 178, 179
- Vertrag zwischen der BRD und der Sowjetunion (Moskauer Vertrag), 131–133, 135, 179
- Vertrag zwischen der BRD und der Volksrepublik Polen (Warschauer Vertrag), 133–135, 179
- Wiedervereinigung, 10, 11, 20–22, 33–36, 48, 57, 58, 61, 62, 73, 74, 92, 99, 101, 102, 127, 128, 131, 133
- Zeitungsaustausch zwischen BRD und DDR, 24, 65, 69, 94

Pionierorganisation „Ernst Thälmann", 165
Potsdamer Abkommen, 73, 74, 92, 110, 134, 147, 161, 163, 170, 171, 177, 179
„Prager Frühling" 1968, 108, 175

RGW (Rat für gegenseitige Wirtschaftshilfe), 162

Sachverständigenrat zur Begutachtung der gesamtwirtschaftlichen Entwicklung, 30, 80, 81
- Jahresgutachten 1967, 80, 81

SDS (Sozialistischer Deutscher Studentenbund), 104, 108, 142, 147
SED, 61–71, 94, 95, 100, 124, 130, 158, 166, 167, 169, 172, 173, 175, 176, 178, 179
- VI. Parteitag, 172
- VII. Parteitag, 94, 95, 97, 172
- Redneraustausch mit der SPD, 61–71, 94, 169, 173, 178
- Zentralorgan „Neues Deutschland", 24, 43, 47, 66, 143, 152, 172, 176
SPD, 9, 10, 13, 14, 17, 29–31, 34, 36, 40, 41, 43, 52–55, 57, 61–71, 76, 77, 84–89, 94, 100, 108, 109, 113–118, 136, 138, 141, 142, 149, 153, 169–171, 173, 178
- Deutschlandplan, 67
- Godesberger Programm, 29, 30, 52, 62, 66
- Parteitag 1964, 29, 30
- Parteitag 1966, 61, 66, 67
- Redneraustausch mit der SED, 61–71, 94, 169, 173, 178
„Spiegel"-Affäre, 56
Springer-Konzern, 107, 131
SRP (Sozialistische Reichspartei), 31
Staatsrat der DDR, 20, 62, 97, 150, 158, 164, 166, 169, 173, 175, 176
Ständige Konferenz der Kultusminister, 30, 103
Studentenbewegung (BRD), 104–108, 142, 143, 147
Suez-Kanal, 42

UAP (Unabhängige Arbeiter-Partei), 55, 117
UNO, 101, 124, 125, 128, 161, 162, 169, 177
- Charta der Vereinten Nationen, 101, 110, 120, 124, 132, 134, 169

Vatikanisches Konzil 1965, 59, 60
VDS (Verband Deutscher Studentenschaften), 104
Verjährung von NS-Verbrechen, 37–41, 46, 51
Verträge,
- Deutsch-französischer Freundschaftsvertrag, 19, 26, 27, 29
- Deutschlandvertrag, 108, 109
- Handelsabkommen der BRD mit der Sowjetunion, 22
- Vertrag über die Nichtweiterverbreitung von Kernwaffen, 175, 176
- Vertrag über ein begrenztes Verbot von Kernwaffenversuchen, 19, 30, 158
- Vertrag über Freundschaft, gegenseitigen Beistand und Zusammenarbeit zwischen der DDR und der Sowjetunion, 24, 161–164
- Vertrag zwischen der BRD und Israel, 41
- Vertrag zwischen der BRD und der Sowjetunion (Moskauer Vertrag), 131–133, 135, 179
- Vertrag zwischen der BRD und der Volksrepublik Polen (Warschauer Vertrag), 133–135, 179
Volkskammer der DDR, 38, 63, 65, 128, 150, 158, 172–174

Warschauer Pakt, 12, 72, 95, 111, 118, 151, 153, 162, 177
- Intervention in der CSSR, 151, 176, 178
Westdeutsche Rektorenkonferenz, 103
WEU (Westeuropäische Union), 75
Wirtschaft (BRD),
- Arbeitslosigkeit, 81, 82, 112
- Aufwertung der DM 1969, 112, 113, 115, 116, 119
- ausländische Arbeitskräfte, 81, 82, 112, 155
- Außenhandel, 81, 112, 119
- Mitbestimmung der Arbeitnehmer, 15, 16
- Osthandel, 23, 36
- Rezession 1966/67, 79–84, 111
- Streiks, 116
- Strukturkrise im Ruhrgebiet, 76
- Währungskrise 1968, 112, 113
Wirtschaft (DDR),

– Entwicklung 1949–1969, 177, 178
– Fünf-Tage-Arbeitswoche, 172
– Kooperation mit der sozialistischen Staatengruppe, 177, 178
– Neues Ökonomisches System (NÖSPL), 166, 167, 172, 177
– Produktionssteigerung, 157, 166
– Sozialistischer Wettbewerb, 159, 166
– Staatliche Plankommission, 160, 166
– Verluste durch den Kalten Krieg, 167, 168
– Volkswirtschaftsplan, 159, 160, 167
– Zusammenarbeit mit der VAR, 43

Wissenschaftsrat, 103

Zentrum, 117